韓國 漢字訓音硏究 3

南基卓

도서출판 월인

머리글

筆者가 『韓國漢字訓音研究』라는 이름으로 韓國語文教育研究會 選定 1級 配定漢字 代表訓音에 관한 내용을 책으로 묶은 것이 2005년이고, 特級Ⅱ 配定漢字 代表訓音 관련 글을 책으로 엮은 『韓國漢字訓音研究2』는 2009년에 나왔다. 本書는 이에 이어진 訓音 연구로 特級 新習配定漢字 1,328자의 代表訓音 관련 글을 묶은 것이다. 이 분야는 필자의 전공 영역이기는 하지만, 책으로 엮는 이 시점에서 다시 돌이켜 보니 부족하고 미진한 점이 한두 군데가 아니어서 역시 면구스러움을 금할 수 없다.

本書는 앞서 출간되었던 서적들과 더불어 처음부터 한국 한자의 代表訓音을 확정하기 위한 노력의 일환으로 이루어졌다. 그 동안 常用漢字에 대해서는 충분한 논의가 있었고, 또 상용한자에서 벗어난 準常用漢字나 非常用漢字 일부에 대해서는 지난 拙稿에서의 논의를 통하여 이미 시도한 바가 있다. 본서에서는 韓國語文教育研究會 配定 特級 漢字 5,978자 가운데 아직 代表訓音이 명확히 논의되어 있지 않았던 1,328자를 대상으로 그 이름을 부여해 보려한 것이다. 물론 본서에서 이루어진 이러한 작업은 이제 출발점에서 막 벗어난 단계일 뿐이다.

本書는 『語文研究』 통권 137호~141호에 「韓國語文教育研究會 選定 特級 配定漢字 代表訓音에 대한 고찰(Ⅰ), (Ⅱ), (Ⅲ), (Ⅳ), (Ⅴ)」로 실렸던 내용을 添削, 增補한 것이다. 본서는 논문 발표 이후에도 미진한 부분을 일부 다른 字典 등을 추가로 참고하여 내용을 첨삭하였지만 다음에 다시 본다면 역시 또 수정을 가하지 않을 수 없을 것이다. 그럼에도 본서를 출판하는 것은 이 시점에서 이 책으로 그 동안의 연구 성과를 임시 정리하고 뒷날의 연구의 자료로 삼고자 함이며 같은 분야를 연구하는 분들에게 비판을 받을 지라도 혹 약간의 도움이라도 되었으면 하는 바람이 있어서이다. 본서가 독자 여러분의 아낌없는 叱

正이 더해져 後學들의 공부와 발전에 보탬이 되고, 나아가 많은 분들의 연구가 이어질 수 있는 계기가 될 수 있기를 기대한다.

그 동안 이 책의 집필과 출판 과정에서 여러 분의 도움을 받았다. 이 분들에게 깊은 감사의 마음을 전한다.

2018년 2월

南基卓 삼가 씀

目次

Ⅰ. 緖言

1992年 12月에 처음 실시된 社團法人 韓國語文會 主管 韓國漢字能力檢定會 施行 全國漢字能力檢定試驗은 特級부터 8級에 이르기까지 총 15개 級數에서 檢定試驗을 실시해 왔다.[1] 그간 수많은 應試者들이 본 시험을 거쳤으며, 특히 지난 2001年 教育人的資源部로부터 國家公認資格을 취득한 이후로는 응시자 수가 年 100만 명을 웃돌 만큼 外形的으로도 크게 성장해 왔다. 지난 2008年 2月의 제38회 檢定試驗부터는 特級과 特級Ⅱ 試驗을 실시하여 왔다.

韓國語文教育硏究會에서는 全國漢字能力檢定試驗 1級~8級의 總 配定漢字인 3,500字에 대하여는 이미 漢字別로 代表訓音을 選定하여 발표함으로써, 本 試驗에 응시하는 이들에게 學習의 편의를 제공하고, 이를 全國漢字能力檢定試驗에 反映해 왔다. 더불어 1級 수준보다 上位의 難易度를 지닌 特級Ⅱ와 特級의 新習配定漢字에 대해서도 시험 실시를 전후하여 代表訓音 선정 작업을 진행하여 왔다. 拙著 『韓國漢字訓音硏究(Ⅱ)』를 통하여 4,650字의 特級Ⅱ 配定漢字에 대한 代表訓音을 정리하여 보였고, 이어서 本書를 통하여 特級 配定漢字의 代表訓音도 일단 정리하여 보이기로 한다.

本書는 지난 2008年 3月과 6月, 9, 12月에 발간된 <語文硏究> 제34권 제1호~제34권 제4호(韓國語文教育硏究會, 通卷 제137호, 제138호, 제139호, 제140호) 및 2009년 3月에 발간된 <語文硏究> 제35권 제1호(韓國語文教育硏究會, 通卷 제141호)에 수록되었던 「韓國語文教育硏究會 選定 特級 配定漢字 代表訓音에 대한 고찰(Ⅰ), (Ⅱ), (Ⅲ), (Ⅳ), (Ⅴ)」을 묶어서 수정, 보완 정리한 것으로서, 特級 配定漢字 5,978字 가운데 特級Ⅱ 이하의 配定漢字를 제외한 特級 專用漢字 1,328字의 代表訓音을 선정하기 위한 試案으로 작성한 글이다. 따라서 本書의 硏究目的이나 方法 및 代表訓音의 選定原則 등은 앞서 간행하였던 서적에 제시되어 있는 내용과 큰 차이 없이 계속 이어질 것임을 밝혀 둔다.

1. 硏究目的

本書는 韓國語文教育硏究會 선정 特級 配定漢字의 教育的인 機能을 提高하고, 漢字에 대한 더 넓고 깊은 理解增進에 기여함을 목적으로 삼고 있다.

1) 시험이 처음 실시된 1992년 당시에는 1급부터 8급까지 모두 11개 級數體系로 이루어졌지만, 현재는 特級과 特級II를 포함하여 모두 15개 급수 체계로 이루어져 실시되고 있다.

國內의 漢字辭典이나 玉篇 등의 字典類에서 제시하고 있는 漢字의 訓이 저마다 다른 까닭에, 이를 이용하는 사람들로 하여금 지금도 많은 混亂을 겪게 하고 있는 현실에서 全國漢字能力檢定試驗에 응시하는 이들이나, 시험을 採點하는 이들 또한 이러한 혼란에서 벗어나기 어려울 것임은 분명하다. 本書는 이러한 불편함을 改善하기 위하여 特級用 新習配定漢字의 代表訓音 選定案을 마련하여 제시하고자 한다.

이는 全國漢字能力檢定試驗에도 필요할 뿐만 아니라, 나아가 우리말을 제대로 익히고 쓰고자 하는 모든 이들에게도 도움이 될 것으로 期待한다.

2. 研究範圍 및 方法

韓國語文敎育研究會에서 선정한 特級用 配定漢字의 數는 모두 5,978字이다. 이 特級 漢字는 우리 傳統社會의 學術과 詩文의 根幹이 된 四書三經에 출현하는 漢字들을 바탕으로 하여 『千字文』, 『擊蒙要訣』 등 전통 漢字漢文 學習書類와, 『史記』, 『漢書』, 『三國史記』, 『高麗史』 등 韓中史書, 韓中의 詩文集類 등 기타 東洋古典에서 使用頻度가 높은 한자를 추려낸 뒤, 여기에 大法院 선정 人名用漢字도 일부를 뽑아 現代社會에서 활용되는 人名用漢字를 보충하여 선정한 것이다. 다만 이 한자들 가운데 4,650字는 이미 기존의 特級Ⅱ 配定漢字로서 代表訓音이 정해져 있는 까닭에,[2] 本書에서는 4,650字를 제외한 나머지 1,328字를 對象으로 삼아 代表訓音의 選定案을 마련하고자 한다.

本書에서는 이 1,328字를 대상으로 하여 代表訓音 선정의 大原則과 細部原則을 먼저 세우고, 이들 選定原則에 따라 『古今漢韓字典』(南廣祐 編, 仁荷大出版部)과 『韓國漢字語辭典』(檀國大 東洋學研究所), 『漢韓大字典』(民衆書林), 『동아 百年玉篇』(두산동아출판사), 『大漢韓辭典』(敎學社) 및 北韓의 『새옥편』에 제시되어 있는 訓音들의 비교·분석을 통하여 選定案을 마련하되, 相異한 경우 과거의 文獻資料들과 현대의 國語辭典 등을 典據로 삼아 代表訓音을 선정하였다.

2) 우리나라에서 사용하고 있는, 韓國標準研究院 선정 電算用漢字, 이른바 完成形漢字의 수는 모두 4,888자이다. 하지만 이들 가운데 異體字나 一字多音字 등의 이유로 인해 중복된 한자의 수 238字를 제외하면, 결과적으로 남는 한자의 수는 4,650字이다. 이 4,650字의 한자들이 特級Ⅱ 配定漢字로 마련된 것이며, 이에 대해서는 拙著(2009)에서 이미 살펴보았음을 밝혀 둔다.

II. 代表訓音 選定原則

1. 大原則

特級用 配定漢字라 해도, 그 代表訓音을 선정하는 목적은 漢文이나 中國語를 理解하기 위한 수단으로서가 아닌, 어디까지나 國語使用의 측면에서 깊고 넓은 이해의 폭을 增進하는 데 필요한 수단으로서의 文字를 익히게 하는 데 있다. 따라서 國語의 측면에서 普遍的이고 合理的인 訓音을 선정하는 것을 大原則으로 하며, 細部原則 사항은 이 大原則의 前提下에서 검토될 것이다.

2. 細部原則

細部原則은 本書의 大原則을 따르는 前提에서, 旣存의 (社)韓國語文會 · (社)傳統文化硏究會 主管下에 제정된 敎育漢字 代表訓音 選定에 나타난 選定原則을 기초로 하여 정하였음을 밝혀 둔다. 아울러 필요에 따라 一部 細部項目을 추가하여 적용하였다.

(1) 代表訓音의 選定趣旨를 존중하여 一字一訓一音을 원칙으로 한다.
 * 一字一訓一音 原則이 지켜지기 어려운 글자는 章을 달리하여 논의하겠다.
(2) 用言(動詞 · 形容詞)의 경우 基本形이 아닌 /-ㄹ, -할/ 形態의 冠形形으로 한다.
 * 喝 꾸짖다 갈 → 꾸짖을 갈 瞰 굽어보다 감 → 굽어볼 감
(3) 訓音의 典據가 분명히 드러나 있는 『古今漢韓字典』(南廣祐 編著, 仁荷大出版部)과 『韓國漢字語辭典』(檀國大學校 東洋學硏究所)에 나타난 訓音을 代表訓音의 기준으로 삼는다.
(4) 訓音의 典據가 분명히 드러나 있더라도 현재 전혀 쓰이지 않는 뜻의 경우나, 典據가 분명하지 않을 경우에는 현재 폭넓게 쓰이고 있는 辭典的 意味를 제시한다. 이때 사전적 의미는 『標準國語大辭典』(國立國語硏究院, 斗山東亞)의 定義를 기준으로 한다.
(5) 漢字音의 경우 典據가 분명히 드러나 있더라도 현재 전혀 쓰이지 않는 경우 代表音 設定에서 제외한다. 이때 현재 그 音의 사용 여부의 판단은 위의 『標準國語大辭典』 및 「大韓民國 戶籍法施行規則 第37條에 따른 大法院 選定 人名用 漢字表」를 기준으로 한다.
(6) 固有語를 존중한다.
 * 嘉 가상할 → 아름다울 錮 금고할 → 막을

(7) 뜻 解釋에 오류가 없을 경우 句節形式보다는 單語形式을 존중한다.
* 轂 바퀴통 (O) 바퀴 테 (X)

(8) 訓 설정에 쓰는 단어는 現代國語의 標準語 범위 안에서 이루어지도록 한다.

(9) 北韓의 『새옥편』, 『漢韓大字典』(民衆書林), 『동아 百年玉篇』(두산동아출판사), 『大漢韓辭典』(教學社)의 訓音도 함께 참조하여 훈음을 제시한다.

(10) 複數 訓音이 필요하다고 판단되는 漢字는 章을 달리하여 提示한다.

(11) 字形은 『康熙字典』 및 『新字典』의 正字體를 基準으로 삼는다. 俗字와 正字 구분이 필요한 漢字는 章을 달리하여 提示한다.

Ⅲ. 漢字別 代表訓音

特級 新習配定漢字 1,328字 가운데 277字의 漢字들은 本書에서 참고한『古今漢韓字典』,『韓國漢字語辭典』,『동아 百年玉篇』,『漢韓大字典』및 北漢의『새옥편』등의 文獻에 나타나 있는 訓音이 모두 일치하거나 大同小異하였다. 따라서 本書에서는 이들을 제외한 1,051字에 대해 검토하였는바, 여기에서는 이들 1,051字의 검토 결과만을 제시하기로 한다.[3] 그 내용을 典據에 따른 訓音과 現在의 辭典的 意味에 따른 訓音으로 나누어 살펴보면 다음과 같다.

1. 典據에 따른 訓音

特級 配定漢字의 代表訓音은 典據에 따른 訓音 設定을 기본으로 한다. 이에 따라『古今漢韓字典』과『韓國漢字語辭典』의 訓音을 代表訓音의 기준으로 삼는다 해도, 이들 자료가 典據에 따르지 않았을 경우에는 이를 반영하지 않고, 전거를 찾아 반영하였다. 다만 일부 現代國語의 맞춤법에 어긋난 訓들은 현재의 맞춤법에 맞추어 수정하였다.[4] 또한 여러 訓音이 나타나는 한자들도 있는데, 이러한 경우에는 현대국어에서의 쓰임 여부에 따라 代表訓音을 설정하였다.

아래에 典據에 따라 訓音을 설정한 한자들을 제시한다.[5]

---

3) 1,328字 전체에 대해서는 부록에 정리하여 제시하기로 한다.

4) 現代國語의 標準語에 어긋난 경우도 현재의 규정에 맞게 수정하였다.

5) 漢字別로 기존의 字典類들에서 제시한 訓을 함께 제시한다. 여기서 <古今>은『古今漢韓字典』, <韓國>은『韓國漢字語辭典』, <北韓>은『새옥편』, <民衆>은『漢韓大字典』, <東亞>는『東亞百年玉篇』, <教學>은『大漢韓辭典』의 略號이며, 이외의 문헌이 脚註에 인용될 경우 略號「 」로 표기한다.(參考文獻－2.引用 文獻 및 略號. 참조).

順番	音價	漢字	古今	韓國	北韓	民衆	東亞	敎學
1	가	哿[6]	가할 가		가하다,아름답다 가	옳을,머리꾸미개 가	좋을(부인의머리꾸미개) 가	가할,머리꾸미개 가
2	가	斝[7]	옥잔 가		옥잔 가	옥잔 가	술잔 가	술그릇 가
3	가	檟[8]	가나무 가		노나무,차나무 가	개오동나무 가	개오동나무 가	개오동나무,차나무 가
4	가	葭[9]	갈대 가	갈 가	갈 가	갈대 가	1.갈대 가2.멀 하	1.어린갈대,갈피리 가2.멀 하
5	각	卻[10]	물리칠 각(却)		물리칠 각	물러날,물리칠,뒤집을,어조사,도리어,틈 각(却의 本字)	물리칠 각(却의 本字)	1.물러날,물리칠,사양할,없앨,막을멈출,피할 각(却의 本字)2.틈,사이벌어질 극
6	간	榦[11]	줄기 간(幹)	줄기 간(幹)	1.줄기 간 2.우물 란간 한	1.담결기둥,줄기,바로잡을 간 2.우물난간 한	1.줄기,귀틀 간 2.주관할 관(幹의 본자 榦)	1.산뽕나무,담기둥,줄기 간 2.우물난간 한

6) 가할 가 : 「字類上:58」에 '올흘ㅅ 가', 「釋要上:17」에 '가할 가', 「新字1:22」에 '올흘, 아름다울 가' 등으로 나타나 있어 典據를 따르되, '可'와의 구분을 고려하여 '가할 가'로 代表訓音을 설정하였다. 다만 이들 文獻에서 한결같이 '可'와 '嘉'의 뜻으로 설명하고 있는 점을 감안한다면, 이를 고려한 複數訓을 설정하는 것도 검토할 만하다.

7) 옥잔 가 : 「字類下:4」에 '잔 가', 「釋要上:57」, 「新字2:21」에 '옥잔 가'로 나타나 있어 典據를 따르되, 다른 字典들에서 두루 제시하고 있는 訓音도 함께 고려하여 '옥잔'을 代表訓으로 설정하였다.

8) 노나무 가 : 「字類下:60」에 '츄목 가', 「釋要上:70」에 '노나무 가', 「新字:2:37」에 '가나무 가' 등으로 나타나 있어 典據를 따르되, 현대국어에서도 그 쓰임이 유지되고 있는 固有語인 점을 고려하여 '노나무'를 代表訓으로 설정하였다. 다만 『標準國語大辭典』 등 현대의 國語辭典類 대다수가 '가나무'와 '노나무' 모두 '개오동나무'를 基本標題語로 제시하고 있는 점을 감안한다면, 다른 字典들에서 제시한 것처럼, '개오동나무'를 代表訓으로 설정하는 것도 검토할 만하다.

9) 갈대 가/멀 하 : 「訓蒙比叡上:4」에 '굘 가', 「字類下:57」, 「釋要下:49」, 「新字3:53」에 '갈 가'로 나타나 있어 典據를 고려하되, '葭莩, 葭簀, 葭蘆, 葭葦' 등에서의 쓰임을 고려하여 '갈대 가'로 代表訓音을 설정하였다. 한편 다른 字典들에서 두루 제시하고 있는 점도 감안하여 複數訓音으로 설정하였다.

10) 물리칠 각 : 「字類上:58」, 「釋要上:14」, 「新字1:19」 등에서 '却'과 同字로 설명하고 있는 점과, '卻立 卻掃 卻月' 등에서의 뜻을 고려하여 '물리칠 각'을 代表訓音으로 설정하였다.

11) 줄기 간/우물난간 한 : 「字類上:6」, 「釋要上:37」, 「新字1:47」 등에서 '幹'과 通字로 설명하고 있는 점을 고려하여 '줄기 간'을 代表訓音으로 설정하되, 다른 字典들에서 두루 제시하고 있는 訓音도 함께 고려하여 複數訓音을 설정하였다.

順番	音價	漢字	古今	韓國	北韓	民衆	東亞	敎學
8	간	瞯[12)]	엿볼 간		엿 볼 간	1.엿볼간2.곁눈질할,흰자위,姓 한	1.엿볼 간2.지릅뜰 한	1.엿볼 간 2.곁눈질할,눈치켜뜰 한
11	감	歁[13)]	서운할 감	서운할 감	서운하다 감	서운할,구멍,근심할,구할 감	시름겨울 감(함)	만족하지 않을,근심하는모양 감
13	감	酣[14)]	술 즐길 감	술즐길 감(함)	취할 감	즐길,한창 감	즐길 감	흥겨울, 술을 즐길, 즐거울 감
14	강	橿[15)]	참 죽 나 무 강		참죽나무,호미'자루	감탕나무 강	나무이름(감탕나무) 강	감탕나무,호밋자루 강
20	갱	鏗[16)]	금석 소리 갱		[鏗鈜]쇠북소리[鏗鎗]종소리와북소리가뒤석이다[鏗]금석소리	금속 소리,거문고소리,칠 갱	금옥 소리 갱(本音:경)	소리,칠,견실할 갱
22	거	筥[17)]	광주리 거			1.둥구미,볏단 거 2.밥통 려	1.광주리 거 2.밥통 려	광주리,벼네줌 거

12) 엿볼 간/한 : 「新字3:15」에 '엿볼 간/한'으로 나타나 있고, 「釋要下:14」 등에서 '覵'과 同字로 설명하고 있는 점을 고려하여 典據를 따라 複數音을 설정하였다.

13) 서운할 감 : 「釋要上:72」에 '뜻에차지못할 감', 「新字2:40」에 '서운할, 싸부릴 감' 등으로 나타나 있어 典據를 따르되, 다른 字典들에서 두루 제시하고 있는 訓音도 함께 고려하여 '서운할 감'을 代表訓音으로 설정하였다.

14) 술즐길 감 : 「新字4:23」에 '술질길 감'으로 나타나 있어 典據를 고려하되, '酣臥 半酣' 등에서의 쓰임도 함께 고려하여, '술즐길 감'을 代表訓音으로 설정하였다.

15) 참죽나무/호미자루 강 : 「釋要上:70」에 '박달나무, 호미ㅅ자로 강', 「新字2:37」에 '참죽나무, 호미자루 강' 등으로 나타나 있어 典據를 따르되, 이들 문헌에서 뜻으로 함께 설명하고 있는 '櫄'을 「釋要上:17」, 「新字2:38」 등에서 '참죽나무 강'으로 제시하고 있는 점과, 다른 字典들에서 두루 제시하고 있는 訓音도 함께 고려하여 '참죽나무/호미자루'의 複數訓音을 설정하였다.

16) 금석소리 갱 : 「類合下:55」에 '쇳소릐 갱', 「釋要下:92」에 '쇠와돌소래 갱', 「新字4:28」에 '금석소리 갱'으로 나타나 있어 典據를 따르되, 다른 字典들에서 두루 제시하고 있는 訓音도 함께 고려하여 '금석소리'를 代表訓音으로 설정하였다.

17) 광주리 거/밥통 려 : 「訓蒙比叡中:7」에 '광조리', 「釋要下:24」에 '광주리 거'로 나타나 있어 典據를 고려하되, 다른 字典들에서 두루 제시하고 있는 訓音도 함께 고려하여 複數訓音을 설정하였다.

順番	音價	漢字	古今	韓國	北韓	民衆	東亞	敎學
24	거	蘧[18]	패랭이 꽃 거		[蘧麥]패랭이 꽃 [蘧蘧] 자득한 모양	패랭이꽃,주막, 놀랄 거	1.풀 이름,형태 있는 모양 거 2.술패랭이 꽃 구	구맥,연꽃 거(구)
29	겁	跲[19]	엎드러질 겹		엎드러지다 겁	넘어질,번갈아 겁	넘어질 겁	넘어질,막힐, 발굴 겁
31	격	鬲[20]	솥		가마 격	1.솥 력 2.막을, 姓 격	1.솥 력 2.손잡이 격	1.솥 력 2.가로막을 격 3.잡을 액
32	격	鴃[21]	왜가리 격		백로격[鵙와 同字]	때까치 격	때까치 격	1.백로 격2.뱁새 결 3.자규 계
33	격	綌[22]	굵은 갈포 격		굵은 갈포 격	칡베 격	칡베 격	갈포 격
35	격	鵙[23]	왜가리 격		백로격[鵙와 同字]	때까치 격	때까치 격	백로 격

18) 패랭이꽃 거 : 「字類下:53」, 「釋要下:54」 등에 '석죽화 거', 「新字:3:57」에 '파랑이쏫 거'로 나타나 있어 典據를 따르되, 固有語인 점을 고려하여 '패랭이꽃 거'를 代表訓音으로 설정하였다.

19) 엎드러질 겁 : 「字類上:45」에 '너머질 겁', 「釋要下:78」에 '업더질 겹', 「新字4:13」에 '업드러질 겹' 등으로 나타나 있어 典據를 따르되, 여러 文獻에서 제시하고 있는 '엎드러지다'를 代表訓으로 설정하였다. 또한 한자의 音에 대해서는, 現代의 電算用漢字에서는 '겁' 音으로만 나타나는 점과, 다른 字典들에서도 '겁' 音만을 제시하고 있는 점을 고려하여 '겹' 音은 代表訓音에서 제외하였다.

20) 솥 력, 가로막을 격 : 「釋要下:109」, 「新字4:46」에 '다리굽은솟 력'으로 나타나 있어 典據를 고려하여 '솥 력'을 代表訓音으로 설정하되, 다른 字典들에서 두루 제시하고 있는 訓音도 함께 고려하여 '가로막을 격'도 複數訓音으로 설정하였다.

21) 왜가리 격 : 「字類下:65」, 「釋要下:112」, 「新字4:49」 등에 '鵙'과 同字로 설명하고 있는 점을 고려하여 '왜가리 격'을 代表訓音으로 설정하였다. 다만 앞의 「釋要下:112」, 「新字4:49」에서는 '접동새 격'으로도 訓音을 제시하고 있는 점을 감안한다면, '접동새'가 '두견'의 방언인 점을 고려하여, 이를 반영한 複數訓 설정도 검토할 만하다.

22) 굵은갈포 격 : 「訓蒙比叡中:15」, 「訓蒙東國」에 '굴근뵈 격', 「釋要下:30」에 '굵은갈포 격' 등으로 나타나 있어 典據를 따르되, 뜻이 좀더 구체적인 점을 고려하여 '굵은 갈포'로 설정하였다.

23) 왜가리 격 : 「釋要下:114」에 '왜걸이 격', 「新字4:49」, 「新字4:50」에 '왜가리 격' 등으로 나타나 있어 典據를 따라 '왜가리 격'을 代表訓音으로 설정하였다. 다만 『標準國語大辭典』 등 국어사전들에서 '鵙'을 '때까치'의 同義語로 제시하고 있는 점을 감안한다면, 이를 반영한 複數訓의 설정도 검토할 만하다.

順番	音價	漢字	古今	韓國	北韓	民衆	東亞	敎學
36	견	狷24)	미친 개,고집할 견	편협할 견	편협하고 조급하다,근실하다,조수하다,고상하다,청렴하다	성급할,견개할 견	성급할 견	성급할,고지식할,고집스러울 견
37	견	畎25)	밭 고랑 견		밭이랑 견	밭고랑,산골짜기 견	밭도랑,밭이랑 견	밭 도랑,통할,산골짜기 견
38	견	繾26)	마지 않을 견		[繾綣]정의가 살뜰하다.곡진하다,서로 떨어지지 아니하다	곡진할 견	곡진할 견	떨어지지 아닐할 견,정깊을 견,얽매일 견
39	견	蠲27)	1.덜 견2.정결할 견	덜 견	덜 견	조촐할,밝을,밝힐,덜,나을,노래기,그리마 견	밝을 견	밝힐,깨끗할 견
40	견	獧28)	뛸 견		1.편협하고 조급하다 견 2.급하다,빠르다 현	성급할,견개할 견	1.견개할 견2.급할 환	1.견개할 견2.빠를,총명할,경박할 현

24) 고집스러울 견 : 「字類上:64」에 '광견 견', 「釋要上:92」에 '편협할,고집스러울 견', 「新字2:65」에 '고집할 견' 등으로 나타나 있어 典據를 따르되, '狷介, 狷狂' 등에서의 뜻과, 다른 字典들에서 두루 제시하고 있는 訓音도 함께 고려하여 '고집스러울 견'을 代表訓音으로 설정하였다.

25) 밭고랑 견 :「訓蒙比叡上:4」에 '고랑 견', 「字類下:28」에 '볻고랑 견', 「釋要下:5」에 '밧도랑 견', 「新字3:6」에 '밧돌앙 견' 등으로 나타나 있어 典據를 따르되, '田中溝'로 풀이되어 있는 점을 고려하여 '밭고랑 견'을 代表訓音으로 설정하였다.

26) 곡진할 견 : 「釋要下:33」에 '다정스럴 견', 「新字3:36」에 '곡진할 견' 등으로 나타나 있어 典據를 따르되, '繾綣' 등에서 쓰인 뜻과, 다른 字典들에서 두루 제시하고 있는 訓音도 함께 고려하여 '곡진할 견'을 代表訓音으로 설정하였다.

27) 덜/정결할 견 : 「類合下:14」, 「新字3:63」 등에 '덜 견'으로 나타나 있어 典據를 따라 '덜 견'을 代表訓音으로 설정하되, '蠲減, 蠲蕩, 蠲弊' 등에서의 뜻과, 다른 字典들에서 두루 제시하고 있는 訓音도 함께 고려하여 複數訓을 설정하였다.

28) 뛸 견/급할 현 : 「釋要上:94」, 「新字2:66」 등에 '뛸 견'으로 나타나 있어 典據를 따라 '뛸 견'을 代表訓音으로 설정하되, 다른 字典들에서 두루 제시하고 있는 訓音도 함께 고려하여 複數訓音을 설정하였다.

順番	音價	漢字	古今	韓國	北韓	民衆	東亞	教學
42	결	闋[29]	마칠 결	마칠 결	마칠 결	끝날,마칠,쉴,다할,빌 결	1.문 닫을(마치다,다하다) 결2.마칠 계	1.연주가 끝날,다할 결2.삼봉창 규
44	겸	歉[30]	흉년들 겸		1.흉년,흉년들다 겸 탐내다 감	1.흉년들,뜻하지않을 겸2.탐할 감	흉년들 겸	흉년들,식욕을채우지못할,적을,한품을,겸연쩍을,만족스러울 겸(감)
47	경	檠[31]	등잔걸이 경		등경 경	등경걸이,등불,도지개,바로잡을 경	도지개 경	도지개,등잔받침,접시 경
48	경	罄[32]	다할 경	다할 경	다할 경	빌,다할,다,경쇠,보일 경	빌 경	빌,다할 경
49	경	駉[33]	살찌고 큰 경		[駉駉]말이 살진 모양	살질,굳셀 경	목장 경	말살지고튼튼한모양,목장 경
50	경	黥[34]	자자(刺字)할 경		교조올경(墨刑也,刺字也)	자자(刺字),姓 경	묵형 경	형벌이름,문신 경

29) 마칠 결 : 「釋要下:94」에 '마층 결', 「新字4:30」에 '맛칠 결' 등으로 나타나 있어 典據를 따르되, '闋服, 闋制' 등에서의 뜻을 고려하여 代表訓音을 '마칠 결'로 설정하였다.

30) 흉년들 겸/탐할 감 : 「字類上:8」에 '흉년 겸', 「釋要上:72」, 「新字2:40」 등에 '흉년들/적을/낫블 겸, 탐할 감'으로 나타나 있어 典據를 따르되, '歉弊(흉년이 들어 곤궁함.), 歉荒(흉년이 들어 농작물 수확이 형편없음.), 災歉(자연재해로 말미암아 곡식의 열매가 잘 여물지 못함.)' 등에서의 뜻과, 다른 字典들에서 두루 제시하고 있는 訓音도 함께 고려하여 複數訓音을 설정하였다.

31) 등잔걸이 경 : 「兒學上:11」, 「釋要上:70」에 '등경 경', 「新字2:37」에 '등잔거리 경' 등으로 나타나 있어 典據를 따르되, 다른 字典들에서 두루 제시하고 있는 訓音도 함께 고려하여 代表訓音을 '등잔걸이 경'으로 설정하였다.

32) 다할 경 : 「字類上:71」에 '다홀ㅅ', 「釋要下:34」, 「新字3:36」 등에 '다할 경'으로 나타나 있어 典據를 따르되, '돈이나 물건 따위가 바닥이 나 다 없어짐.'의 뜻으로 쓰이는 '罄竭, 罄盡, 罄乏, 枯罄' 등에서의 뜻을 고려하여 '다할 경'을 代表訓音으로 설정하였다.

33) 말살찌고클 경 : 「字類下:69」에 '몰술딜 경', 「釋要下:105」에 '말살지고클 경', 「新字4:43」에 '살지고큰말 경' 등으로 나타나 있어 典據를 따르되, 다른 字典들에서 두루 제시하고 있는 訓音도 함께 고려하여 '말살찌고클 경'을 代表訓音을 설정하였다.

34) 자자(刺字)할 경 : 「字類下:31」에 'ᄌᆞ지 경', 「釋要下:117」에 '자자할 경', 「新字4:53」에 '자자 경' 등으로 나타나 있어 典據를 따르되, 다른 字典들에서 두루 제시하고 있는 訓音도 함께 고려하여 '자자(刺字)할 경'을 代表訓音으로 설정하였다.

順番	音價	漢字	古今	韓國	北韓	民衆	東亞	教學
51	경	䋁35)	소정강이뼈 경			정강이 뼈 경	정강이뼈 경	소의정강이뼈 경
54	고	刳36)	쪼갤 고		쪼개다,속을 파내다	가를 고	가를 고	
55	고	杲37)	밝을 고		밝다,높다	1. 밝을,높을,姓 고	밝을 고(本音: 호)	밝을,높을 고
56	고	槀38)	마른나무 고	마른나무 고(槁)	나무가 마르다,말린 물고기	마를 고 (槁의 本字)	마를 고 (槁와 同字)	1.마를,나무이름 고2.위로할 호
57	고	櫜39)	칼집 고		병기,갑옷따위를 넣는 기구,거두어 넣다	활집,갑옷전대,전동,보따리,쌀 고	활집 고	활집,갑옷을 넣어두는 자루 고
59	고	羖40)	염소 고	염소 고	수양,[羖]염소	암양,불깐양 고	검은 암양(불깐양) 고	검은숫양 고

35) 소의정강이뼈 경 : 「釋要上:91」에 '소정갱이뼈 경', 「新字2:63」에 '쇠정강이뼈 경'으로 나타나 있어 典據를 따라 代表訓音을 '소의정강이뼈 경'으로 설정하였다.

36) 쪼갤 고 : 「釋要上:10」에 '쪼갤 고', 「新字1:15」에 '쪽일 고'로 나타나 있어 典據를 따르되, '刳腹, 刳割' 등의 語例에서 쓰이는 뜻을 고려하여 代表訓音으로 '쪼갤 고'를 설정하였다.

37) 밝을 고 : 「釋要上:63」에 '날돗을 고', 「新字2:28」에 '밝을 고'로 나타나 있어 典據를 따르되, 다른 字典들에서 두루 제시하고 있는 訓音도 함께 고려하여 '밝을 고'를 代表訓音으로 설정하였다.

38) 마를 고 : 「兒學下:10」에 '나무마를 고', 「釋要上:68」에 '마를 고', 「新字2:35」에 '마른나무 고' 등으로 나타나 있어 典據를 따르되, 이들 文獻에서 '槁'와 同字로 설명하고 있는 점과, 現代國語의 '枯槁, 鼻槁' 등에서 쓰이는 뜻을 고려하여 '마를 고'를 代表訓音으로 설정하였다. '호' 音에 대해서는 현대국어에서 쓰임이 거의 없는 것으로 판단하였다.

39) 칼집 고 : 「訓蒙比叡中:14」에 '궁뎌 고', 「字類下:34」에 '동기 고', 「釋要上:70」에 '활ㅅ집 고', 「新字2:38」에 '칼집, 활견대, 젼동 고' 등으로 나타나 있어 典據를 따르되, 다른 字典들에서 두루 제시하고 있는 訓音도 함께 고려하여 複數訓音을 설정하였다.

40) 염소 고 : 「訓蒙比叡下:4」, 「類合上:14」, 「字類下:72」 등에 '염쇼 고'로 나타나 있어 典據를 따라 代表訓音으로 '염소 고'를 설정하였다.

順番	音價	漢字	古今	韓國	北韓	民衆	東亞	教學
63	고	槀41)	원고 고		짚 고	짚,초,화살대,위로할 고(稿와 同字)	볏짚 고(稿와 同字)	볏짚 고,초고,돌아다닐 고
65	고	翶42)	노닐 고		[翶翔]노닐다 거닐다	날 고	날 고(本音:요)	날 고
66	곡	觳43)	곱송그릴 곡		1.다하다 곡 2.윤'기가 없다, 다하다 각	1.뿔잔,다할,말,곱송그릴곡2.견줄,마를,뒷다리,검소할,발등,척박할 각	1.뿔잔 곡2.견줄 각	1.휘 곡,죽음을 두려워하는 모양 곡2.메마를 각,발등 각,견줄 각
67	곡	轂44)	속 바퀴 곡		바퀴통 곡	바퀴통,수레,밀,묶을 곡	바퀴통 곡	바퀴통, 수레 곡
71	곤	鯀45)	곤어 곤		물'고기	곤어 곤	물고기 이름 곤	물고기이름,사람이름 곤
72	공	悾46)	정성 공		1.정성,[悾憁]실심한 모양 공2.미덥다 강	정성,어리석을,경황없을 공	정성,뜻얻지 못할 공	정성스러운 모양 공(강),뜻을 얻지 못할 공

41) 원고/볏짚 고 : 「訓蒙比叡上:19」에 '글초 고', 「字類上:76」, 「兒學上:7」에 '짚 고', 「釋要下:20」, 「新字3:23」에 '벼집 고' 등으로 나타나 있어 典據를 따르되, 이들 문헌에서 '稿'와 同字로 설명하고 있는 점과, 現代國語에서 '稿'의 쓰임을 함께 고려하여 複數訓을 설정하였다.

42) 노닐 고 : 「釋要下:37」에 '논일 고', 「新字3:39」에 '노릴(닐) 고' 등으로 나타나 있어 典據를 따라 代表訓音을 '노닐 고'로 설정하였다.

43) 곱송그릴 곡/비교할 각 : 「釋要下:66」에 '곱송구릴 곡', 「新字4:2」에 '곱송거릴/다할 곡, 파리할/비교할 각' 등으로 나타나 있어 典據를 따르되, 다른 字典들에서 두루 제시하고 있는 訓音도 함께 고려하여 複數訓音을 설정하였다.

44) 바퀴통 곡 : 「字類下:9」, 「兒學上:10」에 '구을통 곡', 「釋要下:82」에 '박회통, 사람천거할 곡', 「新字4:17」에 '속박휘, 천거할 곡' 등으로 나타나 있어 典據를 따르되, '轂擊, 轂輪' 등에서의 뜻과, 다른 字典들에서 두루 제시하고 있는 訓音도 함께 고려하여 '바퀴통 곡'을 代表訓音으로 설정하였다.

45) 곤어 곤 : 「字類上:35」, 「新字4:47」에 '곤어 곤'으로 나타나 있어 典據를 따라 代表訓音으로 '곤어 곤'을 설정하였다. 한편 이들 文獻에서는 뜻으로 '大魚'를 제시하고 있는 점과 特級Ⅱ 配定漢字 가운데 '鯤'이 '곤어 곤'으로 설정되어 있는 점을 고려한다면, '大魚'의 뜻을 풀이하여 '큰물고기'를 代表訓으로 설정하는 것도 고려할 만하다.

46) 정성 공/미쁠 강 : 「釋要上:44」에 '정성스러울 공, 밋블 강', 「字類上:52」, 「新字2:3」에 '졍셩 공, 밋블 강'으로 나타나 있어 典據를 따르되, 다른 字典들에서 두루 제시하고 있는 訓音도 함께 고려하여 複數訓音을 설정하였다.

順番	音價	漢字	古今	韓國	北韓	民衆	東亞	教學
73	공	邛47)	병 될 공		수고롭다, 병들다,언덕	오랑캐,언덕,고달플,앓을,姓 공	언덕 공	언덕,수고로울 공
74	과	夸48)	사치할 과	자랑할 과	큰체하다,사치하다	풍칠,자랑할,아첨할,아름다울,클,겨룰,약할,헛될,걸칠 과	자랑할 과	1.사치할 과,뽐낼 과,과장할 과 2.아름다울 후
77	곽	霍49)	곽란 곽	빠를 곽(확)	빠르다	빠를,흩어질,사라질,나라이름,나라이름 곽	빠를 곽(本音:확)	1.새가급히날아오르는소리,에워쌀,콩잎,곽란,두루미,눈멀,사라질 곽2.사인 사
79	관	盥50)	낯 씻을 관	낯씻을 관	낯을 씻다,손을 씻다	대야,씻을 관	씻을 관	손씻을 관,씻을,대야 관,제사이름 관
81	관	鸛51)	황새 관	황새 관	황새 관	황새 관	1.황새 관2.구관조 권	1.황새 관,관아관2.권욕 권3.환단 환
85	괄	栝52)	전 나무 괄	도지개 괄	전나무,도지개	1.향나무,틀이름괄2.땔나무,활고자 첨	1.노송나무괄2.땔 나무 첨	1.전나무 괄,도지개 괄2.지팡이 첨,부지깽이 첨

---

47) 수고할 공 : 「釋要下:85」에 '수고할, 싸일홈 공' 「新字4:21」에 '병될, 어지러울 공' 등으로 나타나 있어 典據를 따르되, 다른 字典들에서 두루 제시하고 있는 訓音도 함께 고려하여 '수고할 공'을 代表訓音으로 설정하였다.

48) 사치할/자랑할 과 : 「釋要上:25」, 「新字1:31」에 '사치할 과'로 나타나 있어 典據를 따르되, 다른 字典들에서 두루 제시하고 있는 訓音도 함께 고려하여 複數訓을 설정하였다.

49) 곽란/빠를 곽 : 「釋要下:97」에 '곽란 곽', 「新字4:34」에 '빠를 곽' 등으로 나타나 있어 典據를 따르되, '癨氣, 霍亂'과 '霍焉, 霍然' 등에서 쓰이는 뜻과 다른 字典들에서 두루 제시하고 있는 訓音도 함께 고려하여 複數訓을 설정하였다.

50) 낯씻을 관 : 「訓蒙比叡下:5」에 '늣시슬 관', 「倭解上:44」, 「新字3:12」에 '세슈홀, 낫씻을, 손씻을 관' 등으로 나타나 있어 典據를 따르되, '盥漱, 盥櫛' 등에서의 뜻과, 다른 字典들에서 두루 제시하고 있는 訓音을 고려하여 代表訓音으로 '낯씻을 관'을 설정하였다.

51) 황새 관 : 「兒學上:7」, 「釋要下:115」, 「新字4:51」 등에 '황새 관'으로 나타나 있어 典據를 따라, 代表訓으로 '황새'를 설정하였다. '권' 音과 '환' 音에 대해서는 현대국어에서 쓰임이 거의 없는 것으로 판단하였다.

52) 전나무 괄/부지깽이 첨 : 「字類下:60」에 '뎐나무', 「新字2:30」에 '젼나무 괄', 「釋要上:67」에 '부직강이 첨' 등으로 나타나 있어 典據를 따르되, 다른 字典들에서 두루 제시하고 있는 訓音도 함께 고려하여 複數訓音을 설정하였다.

順番	音價	漢字	古今	韓國	北韓	民衆	東亞	教學
86	괄	聒[53)]	요란할 괄		떠들다,시끄럽다	떠들썩할,어리석을,올챙이 괄	떠들썩할 괄	떠들썩할 괄
88	광	纊[54)]	고은 솜 광		고운 솜 광	솜,솜옷,누에고치 광	솜 광	솜,고치 광
90	괴	瑰[55)]	옥돌 괴	옥돌 괴	옥이름,기이하다	구슬,진기할,클 괴	구슬 이름 괴	구슬,아름다운 옥 괴
92	괵	虢[56)]	나라이름 괵		나라이름 괵	발톱자국 괵	범 발톱 자국 괵	범이할퀸발톱자국,나라이름 괵
93	굉	觥[57)]	뿔잔 굉		크다, 뿔로 만든 술잔	뿔잔,클,굿굿할 굉	뿔잔 굉	뿔잔,클,풍성할 굉
94	굉	軦[58)]	고삐 굉		수레 앞 가름대를 가죽으로 싼 손잡이	수레앞 가로나무 굉	수레 앞턱 가로 나무 감은 가죽 굉	거식의 손잡는 곳 굉

53) 떠지껄일 괄 : 「字類上:37」에 '딕써일 괄', 「兒學下:3」에 '들넬 활' 「釋要下:38」에 '요한할 괄', 「新字3:41」에 '써짓거릴 괄' 등으로 나타나 있어 典據를 따르되, '聒耳(귀가 따갑도록 지껄이고 떠듦.)' 등에서의 뜻과, 다른 字典들에서 두루 제시하고 있는 訓音, 그리고 현대국어에서도 그 쓰임이 유지되고 있는 固有語인 점을 함께 고려하여 代表訓音으로 '떠지껄일 괄'을 설정하였다. '활' 音에 대해서는 현대국어에서 쓰임이 거의 없는 것으로 판단하였다.

54) 고운솜 광 : 「釋要下:33」, 「新字3:36」에 '고은솜 광'으로 나타나 있어 典據를 따라 代表訓으로 '고운솜'을 설정하였다.

55) 옥돌 괴 : 「釋要下:2」, 「新字3:3」에 '옥돌, 불구슬, 보배 괴' 등으로 나타나 있어 典據를 따르되, 다른 字典들에서 두루 제시하고 있는 訓音도 함께 고려하여 '옥돌'을 代表訓으로 설정하였다.

56) 나라이름 괵 : 「字類上:24」에 '괵국 괵', 「倭解下:2」, 「釋要下:54」, 「新字:3」58 등에 '괵나라 괵'로 나타나 있어 典據를 따르되, 다른 字典들에서 두루 제시하고 있는 訓音도 함께 고려하여 '나라이름'을 代表訓音으로 설정하였다.

57) 뿔잔 굉 : 「釋要下:66」에 '시우쁠잔 굉', 「新字4:2」에 '쁠잔 굉'으로 나타나 있어 典據를 따르되, 單語形인 '뿔잔'을 代表訓으로 설정하였다.

58) 고삐 굉 : 「字類下:10」에 '곧비 굉', 「釋要下:99」, 「新字4:36」에 '차압턱에맨곱비 굉'으로 나타나 있어 典據를 따르되, 單語形인 점을 고려하여 '고삐'를 代表訓으로 설정하였다.

順番	音價	漢字	古今	韓國	北韓	民衆	東亞	敎學
97	교	姣[59)	아름다울, 아 양 부 릴 교		아름답다,아양 부리다	아름다울,슬기 있을,얕볼,姓,음란할 교	1.예쁠 교2.음란할 효	1.아름다울 교 2.음란할 효
98	교	磽[60)	자갈땅 요 (교)		메마른 자갈땅,굳다,굳은 돌	메마를 교	메마른 땅 교	단단할 교,나쁠,돌이고르지 아니할 교
103	교	荍[61)	금규화 교		금규화	당아욱 교	당아욱 교(수)	금규,메밀 교
104	교	鷮[62)	장끼 교			꿩 교	꿩 교	꿩 교
106	구	劬[63)	수고할 구		힘쓰다.수고하다	힘들일 구	수고로울 구	애쓸,위로할 구
107	구	媾[64)	화친할 구	겹사돈 구	겹사돈,사랑하다,화친하다	겹혼인할,괼,교접할,교접,화친할,화친 구	화친할 구	겹혼인,사랑할,화친할구

59) 아름다울/아양부릴 교 : 「新字1:34」에 '아름다울, 아양부릴 교'로 나타나 있어 典據를 따르되, '姣姣, 姣童' 등에서의 뜻과, 다른 字典들에서 두루 제시하고 있는 訓音도 함께 고려하여 複數訓을 설정하였다.

60) 자갈땅 교 : 「釋要下:17」에 '자갈짜 교', 「新字3:19」에 '돌자갈짜 교'로 나타나 있어 典據를 따르되, 單語形인 '자갈땅'을 代表訓으로 설정하였다.

61) 금규화 교 : 「釋要下:46」, 「新字3:51」에 '금규화 교'로 나타나 있어 典據를 따라 '금규화'를 代表訓으로 설정하였다. 하지만 『標準國語大辭典』에서 '금규화'는 標題語로 올라 있지 않고, 다만 '금규'를 '당아욱'의 同義語로 제시하고 있는 점을 고려한다면, '금규' 또는 '당아욱'을 代表訓으로 설정하는 것도 검토할 만하다.

62) 장끼 교 : 「字類下:63」에 '쟝씨 교', 「新字4:51」에 '쮕 교'로 나타나 있어 典據를 따르되, '꿩'으로 訓을 제시한 「新字4:51」에서도 '長尾雉(꼬리가 긴 꿩)'로 풀이하고 있는 점을 고려하여 '장끼'를 代表訓으로 설정하였다.

63) 수고할 구 : 「釋要上:11」에 '수구할 구', 「新字1:16」에 '슈고할 구'로 나타나 있어 典據를 따르되, '劬勤, 劬勞' 등에서 쓰이는 뜻을 고려하여 代表訓音으로 '수고할 구'를 설정하였다.

64) 겹혼인/화친할 구 : 「字類上:30」에 '겹혼인 구', 「釋要上:28」에 '겹사돈, 화합할 구', 「新字1:36」에 '거듭혼인할, 화친할 구' 등으로 나타나 있어 典據를 따르되, '媾和' 등에서의 뜻과, 다른 字典들에서 두루 제시하고 있는 訓音도 함께 고려하여 複數訓을 설정하였다.

順番	音價	漢字	古今	韓國	北韓	民衆	東亞	教學
108	구	嫗65)	할미 구		할미 구	할미,계집,따스히할 구	1. 할미 구(本音:음)2.산 이름 후	할머니,여자,품어서따뜻하게할,화열한모양,공순한모양 구(本音:우)
109	구	彀66)	활 당길 구		화살을 먹이여 세게 당기다	당길,구율 구	당길,활고자 구	활당길,활쏘는 표준,활쏠,넉넉할,함정구,활고자 구
110	구	捄67)	흙 파올릴 구	구원할,그칠 구	흙을 파올리다. 파담다	담을,길,구원할 구	담을,건질 구	흙담을,긴모양,과실의송이,구제할 구
112	구	漚68)	거품 구		물 거품,푹 담그다	담글,거품,갈매기 구	담글,거품 구(本音:우)	담글,물거품 구
114	구	疚69)	오랜 병 구		오랜 병,오래 앓다,근심스럽고 괴롭다	오래 앓을,꺼림할,상 구	오랜 병 구	고질병,가난할,슬퍼하고근심할,부끄러워할 구
115	구	窶70)	가난할 구	가난할 구	가난하다	1.가난할 구2.좁은땅 루	1.가난할 구2.높고 좁은 곳 루	1.가난할 구,천박할 구,기량이 작을 구2.협소한언덕 루

65) 할미 구 : 「訓蒙比叡上:17」, 「新字1:36」에 '할미 구', 「字類上:31」에 '노모 구', 「釋要上:28」에 '노파, 몸으로녹일 구' 등으로 나타나 있어 典據를 따르되, 다른 字典들에서 두루 제시하고 있는 訓音도 함께 고려하여 '할미 구'를 代表訓音으로 설정하였다.

66) 활당길 구 : 「字類下:32」에 '당길 구', 「釋要上:40」에 '활가득히당길 구', 「新字1:50」에 '활당길 구'로 나타나 있어 典據를 따르되, '彀率' 등에서의 뜻과, 구체적인 뜻을 나타내는 점을 고려하여 '활당길 구'를 代表訓音으로 설정하였다.

67) 흙파올릴 구 : 「釋要上:50」에 '담쌋는흙올닐 구', 「新字2:11」에 '흙파올릴 구'로 나타나 있어 典據를 따르되, 다른 字典들에서 두루 제시하고 있는 訓音도 함께 고려하여 '흙파올릴 구'를 代表訓音으로 설정하였다.

68) 거품 구 : 「訓蒙比叡上:30」에 '거폼 구', 「字類上:18」에 '거품 우', 「釋要上:82」, 「新字2:53」 등에 '물거품 구' 등으로 나타나 있어 典據를 따르되, 구체적인 뜻을 나타내는 점을 고려하여 '거품'을 代表訓으로 설정하였다.

69) 오랜병 구 : 「釋要下:7」, 「新字3:7」에 '오랜병 구'로 나타나 있어 典據를 따라 '오랜병'을 代表訓으로 설정하였다.

70) 가난할 구/기울어진땅 루 : 「類合下:28」에 '가난 구', 「釋要上:30」, 「新字3:24」에 '가난할 구, 기울어진짜 루' 등으로 나타나 있어 典據를 따르되, 다른 字典들에서 두루 제시하고 있는 訓音도 함께 고려하여 複數訓音으로 설정하였다.

順番	音價	漢字	古今	韓國	北韓	民衆	東亞	教學
116	구	糗71)	미싯가루 구	미숫가루 구	볶은 쌀,미시' 가루	건량,죽,姓 구	볶은쌀, 양식 구	
117	구	覯72)	만나 볼 구		볼 구	만날,이룰,볼,합칠, 볼, 피동사 구	만날 구	만날,~을 당할 구
120	구	雊73)	장끼 울음 구	장끼 구	꿩이 울다	울 구	장끼 울 구	꿩울 구
121	국	匊74)	움킬 국	움킬 국	웅큼,마되(古量名)의 이름	움킬,손바닥 국 (掬의 本字)	움켜 뜰 국	움킬,두손바닥안 국
123	권	棬75)	나무 그릇 권		나무로 만든 바리, 소의 코뚜레	나무그릇,힘쓸,코두레 권	나무 그릇,코뚜레 권	나무 그릇,코뚜레 권
124	권	綣76)	정다울 권		[繾綣]정의가 살뜰하다. 곡진하다,서로 떨어지지 아니 하다	굽을,정다울,목도리 권	1.정다울 권2. 다발로 묶을 균	정다울,굽힐,생각할 권

71) 미숫가루 구 : 「兒學上:6」에 '마른밥 구', 「釋要下:28」, 「新字3:30」에 '복근쌀, 미시가루 구'로 나타나 있어 典據를 따르되, 單語形인 점을 고려하여 '미숫가루'를 代表訓으로 설정하였다.

72) 만나볼 구 : 「類合下:29」에 '볼 구', 「字類上:37」에 '만놀ㅅ 구', 「釋要下:65」, 「新字4;1」에 '맛나볼 구' 등으로 나타나 있어 典據를 따르되, 다른 字典들에서 두루 제시하고 있는 訓音도 함께 고려하여 '만나볼 구'를 代表訓音으로 설정하였다.

73) 장끼울 구 : 「訓蒙比叡下:4」에 '울 구', 「字類下:63」, 「釋要下:96」에 '쩡울 구', 「新字4:33」에 '장끼우름 구' 등으로 나타나 있어 典據를 따르되, 이들 文獻에서 주로 '雄雉鳴'의 뜻으로 풀이하고 있는 점을 고려하여 '장끼울 구'를 代表訓音으로 설정하였다.

74) 움큼 국 : 「釋要上:12」에 '줌 국', 「新字1:17」에 '움큼, 움킬 국' 등으로 나타나 있어 典據를 따르되, 주로 '움큼'의 뜻으로 제시하고 있음을 고려하여 '움큼'을 代表訓으로 설정하였다. 또한 이들 文獻에서 '掬'과 通한다고 설명하고 있는데, '掬'이 動詞的 用法으로 주로 쓰이는 반면 '匊'은 依存的이기는 하나, 名詞的 用法이 우세한 것으로 판단하였다.

75) 나무그릇 권 : 「字類下:5」에 '나무그른 권', 「釋要上:66」에 '동구리 권', 「新字2:32」에 '휘여맨든나무바리, 쇠코두레 권' 등으로 나타나 있어 典據를 따르되, 다른 字典들에서 두루 제시하고 있는 訓音도 함께 고려하여 '나무그릇'을 代表訓으로 설정하였다.

76) 정다울 권 : 「釋要下:31」, 「新字3:33」에 '정다울 권'으로 나타나 있어 典據를 따라 代表訓音으로 '정다울 권'을 설정하였다.

順番	音價	漢字	古今	韓國	北韓	民衆	東亞	敎學
126	궤	匱[77]	갑궤	궤 궤	다할 궤	함,삼태기,다할 궤	함 궤	상자,삼태기,모자랄,무너질 궤
127	궤	氿[78]	구멍 샘 궤		옆으로 나는 샘	1.샘 궤2.물가 구	샘 궤	샘이옆에서솟을,물가의마른 흙 궤
128	궤	簋[79]	제기 궤		보궤	궤 궤	제기 이름 궤	그릇,도자기 궤
129	궤	跪[80]	꿇을 궤	꿇어 앉을 궤	꿇어앉을 궤	꿇어앉을,무릎 꿇고절할,발 궤	꿇어앉을 궤	꿇을,게발,발,姓 궤
130	궤	餽[81]	먹일 궤	먹일 궤	먹일 궤	보낼,姓 궤	보낼 궤	제사지낼,양식,보낼 궤
134	규	刲[82]	찌를,벨 규		찌르다,찔러 죽이다,베다,떼여 내여 차지하다	벨,찌를 규	찌를 규	

77) 갑/다할 궤 : 「字類上:24」에 '업슬 궤', 「兒學下:10」에 '다할 궤', 「釋要上:13」에 '궤, 다할 궤', 「新字1:18」에 '갑,궤,다할,업슬 궤' 등으로 나타나 있어 典據를 따르되, '궤'를 제시한 文獻에서도 '匣'의 뜻으로 설명하고 있는 점과, 다른 字典들에서 두루 제시하고 있는 訓音도 함께 고려하여 複數訓을 설정하였다.

78) 구멍샘 궤 : 「字類上:17」에 'ᄉᆞ얍날 궤, 「釋要上:75」에 '엽흐로나는샘 궤', 「新字2:45」에 '구멍샘 궤' 등으로 나타나 있어 典據를 따르되, 다른 字典들에서 두루 제시하고 있는 訓音도 함께 고려하여 '구멍샘'을 代表訓으로 설정하였다.

79) 보궤 궤 : 「兒學上:10」에 '밥그릇 궤', 「釋要下:62」에 '대제 궤', 「新字3:28」에 '보궤 궤' 등으로 나타나 있어 典據를 따르되, 현대국어에서는 주로 '簋(종묘와 문묘 및 그 밖의 나라 제사 때에 쓰던 祭器.), 簠簋(祭享 때에, 기장과 피를 담는 그릇. 네모난 보와 둥근 궤가 한 벌을 이룬다.)'에 한정하여 쓰이는 점을 고려하여 '보궤'를 代表訓으로 설정하였다.

80) 꿇을 궤 : 「類合下:5」, 「字類上:43」, 「兒學下:4」에 '꿀 궤', 「釋要下:78」, 「新字4:13」에 'ᄭᅮ러안질 궤' 등으로 나타나 있어 典據를 따르되, '跪拜, 跪伏, 跪謝, 跪像' 등에서 두루 쓰이는 뜻을 고려하여 '꿇을 궤'를 代表訓音으로 설정하였다.

81) 먹일 궤 : 「釋要下:104」에 '먹일, 공궤할 궤', 「新字4:41」에 '먹일 궤' 등으로 나타나 있어 典據를 따르되, 이들 文獻에서 '饋'와 同字로 설명하고 있는 점을 고려하여 '먹일 궤'를 代表訓音으로 설정하였다.

82) 찌를/벨 규 : 「字類上:79」, 「釋要上:10」에 '찌를 규', 「新字1:15」에 '찌를, 버일 규'로 나타나 있는데, 이들 문헌에서 한결같이 '刺'와 '割'의 뜻을 함께 풀이하고 있는 까닭에, 典據를 따라 複數訓을 설정하였다.

順番	音價	漢字	古今	韓國	北韓	民衆	東亞	敎學
136	규	睽[83]		어그러질 규	어그러지다, 륙십 사 괘의 하나,눈을 흘기다	외면할,등질,부릅뜰,규쾌 규	1.사팔눈 규2.부릅뜰 계	1.반목할규,어그러질,괘이름,땅이름,눈부릅뜨는모양 규2.눈이움푹들어간모양 기
141	규	騤[84]	말 건장할 규		1.[騤騤]말이건장한모양규 2.[騤]등에 가마가 있는 말 결	달릴,건장할 규	말 끌밋할 규	말이위의를 갖추고가는 모양,빠르게달리는모양 규
143	균	麕[85]	노루 균		1.노루 균(균) 2.무리 군	1.노루균2.떼질 군	1.고라니 균2.떼 지을 군	1.노루 균,나라이름 균2.묶을,떼지을 군
144	극	亟[86]	급할 극	빠를 극	1.빠를 극2.자주 기	1.빠를,급히,빨리,성급할,중해질 극2.자주,갑자기 기	1.빠를 극2.자주 기	1.빠를 극,요긴할 극2.자주 기,오래가지아니할 기
145	극	殛[87]	귀양 보낼 극		죽이다,가두어서 고생을 시키다	죄줄,꾸짖을 극	죽일 극	죽일,내쫓을,벌할극

83) 어그러질/반목할 규 : 다른 字典들에서 두루 제시하고 있는 訓音을 고려하여 複數訓을 설정하였다.

84) 말건장할 규 : 「字類下:69」, 「釋要下:106」, 「新字4:43」 등에 '말건장할 규'로 나타나 있어 典據를 따라 代表訓音으로 '말건장할 규'를 설정하였다.

85) 노루 균 : 「字類下:73」, 「兒學上:7」, 「釋要下:116」 등에 '노루 균', 「新字4:52」에 '고란이 균'으로 나타나 있어 典據를 따르되, 다른 字典들에서 두루 제시하고 있는 訓音도 함께 고려하여 '노루'를 代表訓으로 설정하였다.

86) 빠를 극/자주 기 : 「釋要上:2」에 '빨을 극, 창졸 긔', 「新字1:3」에 '급할/빠를 극, 자조 긔' 등 대부분의 文獻에서 複數音으로 나타나 있어 典據를 따르되, 다른 字典들에서 두루 제시하고 있는 訓音도 함께 고려하여 複數訓音으로 설정하였다.

87) 귀양보낼 극 : 「字類下:28」에 '죄쥴 극', 「釋要上:73」에 '죽일 극', 「新字2:42」에 '구양보낼, 구양가 죽을 극' 등으로 나타나 있어 典據를 따르되, 다른 字典들에서 두루 제시하고 있는 訓音도 함께 고려하여 '귀양보낼 극'을 代表訓音으로 설정하였다.

順番	音價	漢字	古今	韓國	北韓	民衆	東亞	教學
147	근	墐88)	묻을 근		진흙,묻다,바르다,개천둑'길	매흙질 할,묻을,도랑옆길 근	매흙질할 근	묻을,바를,도랑길,찰흙 근
149	급	岌89)	산 높을 급	산높을 급	산이 높은 모양	높을,위태로울 급	높을 급	높이솟을,위태로울 급
150	긍	亘90)	뻗칠 긍	뻗칠 긍	1.구할선2.건널,뻗칠,걸칠,넓이,길이,극진할 긍(亙과 同字)3.굳셀,머뭇거릴,푯말,하관틀,근심할 환(桓과 同字)	펼선(亘의本字) 걸칠 긍(4급)	베풀 선(亘의本字) 뻗칠,다할,두루,이끌,가로지를 긍	뻗칠 긍
151	기	僛91)	비스듬할 기		[僛僛]취하여 춤추는 모양	춤출 기	취하여 춤추는 모양 기	술에취하여 춤추는모양 기
152	기	墍92)	흙 바를 기		매흙질하다,취하다,쉬다	맥질할,취할,쉴 기	매흙질할 기	흙바를,가질,쉴 기(희)

88) 묻을 근 : 「字類上:93」에 '출흙 근', 「新字1:30」에 '무듬,바를 근' 등으로 나타나 있어 典據를 따르되, 다른 字典들에서 두루 제시하고 있는 訓音도 함께 고려하여 '묻을 근'을 代表訓音으로 설정하였다.

89) 산높을 급 : 「字類上:14」에 '급업 급', 「釋要上:32」, 「新字1:41」에 '산쭙볏할 급' 등으로 나타나 있어 典據를 따르되, '岌嶪, 岌岌' 등에서 쓰이는 뜻과, 다른 字典들에서 두루 제시하고 있는 訓音도 함께 고려하여 '산높을 급'을 代表訓音으로 설정하였다.

90) 뻗칠 긍 : 「字類上:21」, 「釋要上:2」에 '뻗칠 긍', 「新字1:3」에 '쌔칠,버들,통할 긍' 등으로 나타나 있어 典據를 따르되, 다른 字典들에서 두루 제시하고 있는 訓音도 함께 고려하여 '뻗칠 긍'을 代表訓音으로 설정하였다. 한편 '선' 音과 '환' 音에 대해서는 현대국어에서 쓰임이 거의 없는 것으로 판단하였다.

91) 비틀거려춤출 기 : 「字類下:40」에 '춤출 긔', 「釋要上:7」에 '취한춤비틀거릴 긔', 「新字1:10」에 '비쓰레할, 춤비틀거려출 긔' 등으로 나타나 있어 典據를 따르되, 다른 字典들에서 두루 제시하고 있는 訓音도 함께 고려하여 '비틀거려춤출 기'를 代表訓音으로 설정하였다.

92) 흙바를 기 : 「釋要上:23」, 「新字1:30」 등에 '흙발를, 쉴 긔'로 나타나 있어 典據를 따르되, 다른 字典들에서 두루 제시하고 있는 訓音도 함께 고려하여 '흙바를 기'를 代表訓音으로 설정하였다. '희' 音에 대해서는 현대국어에서 쓰임이 거의 없는 것으로 판단하였다.

順番	音價	漢字	古今	韓國	北韓	民衆	東亞	教學
153	기	忮[93]	사나울 기		사납다,해치다,거역하다,질투하다	해칠,탐할,거스를 기	해칠기(本音:지)	해칠,거스를,고집스러울 기
155	기	旂[94]	쌍룡그린 기		기'발 이름,기'발의 총칭	기,姓 기	기 기	기 기
157	기	曁[95]	미칠 기		다못(與).및,미치다,미치지 못하다	및,미칠,굳셀 기	1.및 기2.성 글	1.및 기,미칠 기 2.성 글
158	기	歧[96]	갈림길 기	두갈래길 기	갈래`길	갈림길,갈래,갈릴,육발이 기	1.갈림길 기(岐와 同字)2.육발이,발돋움할,힘쓸 기(跂와 同字)	갈림길,나뉠,육발이 기
159	기	綦[97]	쑥빛 비단 기	들메끈 기	쑥빛 비단	연둣빛,무늬비단,들메끈,검푸른빛,검붉은빛,신자국 기	연둣빛 비단 기	비단,들메끈,검푸를,극도에 이를 기
160	기	羇[98]	말굴레 기(羈)	나그네 기	나그네	타관살이할,나그네,굴레 기	나그네 기	말굴레,구금할 기(羈와同字)

93) 사나울 기 : 「釋要上:42」에 '한악할 기', 「新字2:1」에 '사오나울, 용셤낼 기' 등으로 나타나 있어 典據를 따르되, 다른 字典들에서 두루 제시하고 있는 訓音도 함께 고려하여 '사나울 기'를 代表訓音으로 설정하였다.

94) 용대기 기 : 「字類上:36」에 '긔 긔', 「釋要上:58」에 '룡대긔 긔', 「新字2:22」에 '쌍룡그린, 방울단 긔' 등으로 나타나 있어 典據를 따르되, 이들 文獻에서 한결같이 '交龍旗, 懸鈴旗'로 설명하고 있는 점을 고려하여 '용대기'를 代表訓音으로 설정하였다.

95) 미칠 기 : 「字類上:68」에 '믿츨 긔', 「新字2:25」에 '미칠, 다못 긔'로 나타나 있어 典據를 따르되, 다른 字典들에서 두루 제시하고 있는 訓音도 함께 고려하여 '미칠 기'를 代表訓音으로 설정하였다.

96) 두갈래길 기 : 「倭解下:54」에 '가림 기', 「字類上:27」에 '길갈닐 기', 「釋要上:73」에 '두길ㅅ거리 기', 「新字1:41」에 '두갈내길, 길가지 기' 등으로 나타나 있어 典據를 따르되, '歧貳' 등에서의 뜻과, 다른 字典들에서 두루 제시하고 있는 訓音도 함께 고려하여 '두갈래길'을 代表訓으로 설정하였다.

97) 쑥빛비단 기 : 「字類上:90」에 '신끈 긔', 「釋要下:30」에 '반뵈, 신들메 긔', 「新字3:33」에 '쑥빗비단, 들메끈 긔' 등으로 나타나 있어 典據를 따르되, 다른 字典들에서 두루 제시하고 있는 訓音도 함께 고려하여 '쑥빛비단'을 代表訓으로 설정하였다.

98) 굴레/나그네 기 : 「字類上:69」, 「釋要下:35」, 「兒學上:10」, 「新字3:38」 등에 '굴레, 나그내 기'로 나타나 있어 典據를 따르되, 이들 문헌에서 '羈'와 同字로 설명하고 있는 점과, 현대국어의 '羈旅/羇旅, 羈縻/羇縻, 羈屬/羇屬' 등 많은 단어들에서 서로 混用되어 쓰이는 점을 함께 고려하여 複數訓을 설정하였다.

順番	音價	漢字	古今	韓國	北韓	民衆	東亞	教學
161	기	跂99)	발가락 기	발돋움할 기	륙발이,기여다니다,발을펴고앉다,발을저겨디디다	육발,길,발돋움할,오를,밟을,나아갈,어긋날,힘쓸 기	육발이, 발돋움할,힘쓸 기	1.육발이,발돋움할,발을드리우고서앉을,힘쓰는모양기2.굽있는나막신 극
162	기	頎100)	헌걸찰 기	헌칠할 기	키가 큰 모양	1.헌걸찰 기2.가엾을 간	1.헌걸찰 기2.작을 간	1.헌칠한 모양,기보,姓 기2.측은한 모양,강인한모양 간
163	기	芑101)	흰 차조 기			차조, 상추, 풀 기	흰 차조 기	백량속 기
164	기	夔102)	조심할 기		외발짐승,[夔夔]조심하고두려워하는모양	짐승이름,도깨비,조심할,姓기(夔의訛字)	조심할 기(夔와 同字)	짐승이름,산괴,나라이름,조심하는모양,뛸,姓기
166	기	軝103)	수레 굴통대 기		수레바퀴통의 밖으로 나온 부분	바퀴통끝 기	바퀴통 머리 기	수레바퀴통장식 기
168	난	赧104)	무안할 난		부끄러울 난	붉힐,두려워할 난	얼굴 붉힐 난	부끄러워할,두려워할 난

99) 육발이 기 : 「字類上:43」에 '뉵볼 기', 「釋要下:77」에 '륙발ㅅ가락, 버레길 기', 「新字4:12」에 '륙발이, 배로긜, 발적여듸들 기' 등으로 나타나 있어 典據를 따르되, 다른 字典들에서 두루 제시하고 있는 점과, 현대국어에서도 단어로 쓰임이 유지되고 있는 점도 함께 고려하여 '육발이'를 代表訓으로 설정하였다.

100) 헌걸찰 기 : 「釋要下:101」에 '헌거룰 긔', 「新字4:38」에 '헌걸찰 긔'로 나타나 있어 典據를 따르되, 다른 字典들에서 두루 제시하고 있는 訓音도 함께 고려하여 '헌걸찰 기'를 代表訓音으로 설정하였다. '간' 音에 대해서는 현대국어에서 쓰임이 거의 없는 것으로 판단하였다.

101) 흰차조 기 : 「字類上:75」에 '빅량미, 싀화 긔', 「釋要下:45」에 '흰차조, 싀화 긔', 「新字3:48」에 '와여목이조, 싀화, 풀 기' 등으로 나타나 있어 典據를 따르되, 다른 字典들에서 두루 제시하고 있는 訓音도 함께 고려하여 '흰차조'를 代表訓音으로 설정하였다.

102) 조심할 기 : 「釋要上:24」, 「新字1:32」에 '외발즘생, 조심할 기'로 나타나 있어 典據를 따르되, 이들 文獻에서 '夔'와 同字로 설명하고 있는 점을 고려하여 '조심할 기'를 代表訓音으로 설정하였다.

103) 수레굴통대 기 : 「字類下:9」에 '굴통긋 기', 「釋要下:80」에 '박회통내민긋 기', 「新字4;15」에 '수레굴통대 기' 등으로 나타나 있어 典據를 따르되, 다른 字典들에서 제시하고 있는 訓이 저마다 다른 까닭에, 뜻이 좀더 구체적이면서도 短語形인 점을 고려하여 '수레굴통대'를 代表訓으로 설정하였다.

104) 부끄러울 난 : 「類合下:15」에 'ᄂᆞᆺ더울 란', 「字類上:51」에 '붇그러울 난', 「新字4:11」에 '얼골빗붉얼, 무안할 난' 등으로 나타나 있어 典據를 따르되, '赧顔' 등에서의 뜻과, 固有語 單語인 점을 고려하여 '부끄러울 난'을 代表訓音으로 설정하였다.

順番	音價	漢字	古今	韓國	北韓	民衆	東亞	敎學
171	낭	曩[105]	지난번 낭		접때 낭	접때,姓 낭	접때 낭	접때 낭
172	내	迺[106]	어조사 내		이에 내(乃와 同字)	이에,너,비로소,姓 내	이에 내	이에,비로소,너내
173	내	鼐[107]	큰솥 내		큰 솥 내	가마솥 내	솥귀 뀁 나무 경	큰솥 내
174	녕	佞[108]	재주있을 녕(영)		재주,말재주,아첨하다녕	재주있을,말재주있을,아첨할,사특할,위선 녕	아첨할 녕	재주,아첨할,말잘할,유약할
175	녕	甯[109]	정성 녕(영)		편안 녕(寧의 통속자)	소원,차라리,姓 녕	차라리 녕	편안할,소원,고을이름
176	노	呶[110]	지껄일 노		지껄이는 소리 노	떠들썩할 노	지껄일 노	떠들썩할,말많이할 노

105) 지난번 낭 : 「字類上:6」에 '져즘끠 낭', 「釋要上:61」에 '지난번 낭', 「新字2:25」에 '저즘게, 뎌때, 아레, 지난번 낭' 등으로 나타나 있어 典據를 따르되, '曩時, 曩日, 曩者' 등에서 두루 쓰인 뜻과, 현재까지도 그 형태가 유지되고 있는 單語形인 점을 고려하여 '지난번'을 代表訓으로 설정하였다.

106) 이에 내 : 「字類上:65」, 「釋要下:83」에 '이에 내', 「新字4:18」에 '어조사, 너 내' 등으로 나타나 있어 典據를 따르되, 이들 文獻에서 '乃'와 同字로 설명하고 있는 점과, 다른 字典들에서 두루 제시하고 있는 訓音도 함께 고려하여 '이에 내'를 代表訓音으로 설정하였다.

107) 큰솥 내 : 「字類下:3」, 「釋要下:118」에 '큰솟 내'로 나타나 있어 典據를 따라 代表訓으로 '큰솥'을 설정하였다.

108) 재주있을/아첨할 녕 : 「類合下:25」에 '말잘홀 령', 「字類下:28」에 '교힐홀 녕', 「釋要上:3」에 '재조, 아첨할 녕', 「新字1:5」에 '재조잇을, 아첨할 녕' 등으로 나타나 있어 典據를 따르되, '不佞(편지글에서 재주가 없는 사람이라는 뜻으로, 말하는 이가 대등한 관계에 있는 사람에게 자기를 문어적으로 낮추어 이르는 일인칭 대명사.), 便佞(말로는 모든 일을 잘할 것 같으나 실속이 없음.)' 등과, '邪佞(간사하게 남에게 아첨하는 일.), 佞惑(아첨하여 유혹함.), 諂佞(매우 아첨함.)' 등에서 두루 쓰인 뜻과, 다른 字典들에서 두루 제시하고 있는 訓音도 함께 고려하여 複數訓을 설정하였다.

109) 차라리 녕 : 「字類上:35」에 '뎡셩 녕', 「釋要下:5」에 '고을일흠, 성 녕', 「新字3:6」에 '차라리 녕' 등으로 나타나 있어 典據를 따르되, 다른 字典들에서 제시하고 있는 訓音도 함께 고려하여 '차라리 녕'을 代表訓音으로 설정하였다.

110) 지껄일 노 : 「字類上:66」에 '들넬 노', 「釋要上:16」에 '짓거리는소래 노', 「新字1:21」에 '짓거릴 노'로 나타나 있어 典據를 따르되, 다른 字典들에서 두루 제시하고 있는 訓音도 함께 고려하여 '지껄일 노'를 代表訓音으로 설정하였다.

順番	音價	漢字	古今	韓國	北韓	民衆	東亞	教學
177	노	孥111)	자식 노		자식, 처자 노	처자 노	자식,처자 노	처자, 자녀, 종 노
181	누	耨112)	호미 누	호미누	김맬 누	괭이,갈,김맬,성 누	김맬 누(녹)	김맬, 호미, 꾸짖을, 신음할, 남녀가서로기뻐하는모양,성 누
182	뉴	忸113)	1.익힐 뉴(유)2.부끄러울 뉵(육)		1.익다. 습관되다 뉴2.부끄럽다 뉵	1.친압할, 익을 뉴2.부끄러워할 뉵	1.길들 뉴2.부끄러워할 뉵	1.익숙해질 뉴 2.부끄러워할 뉵
183	뉴	狃114)	버릇사나울 뉴(유)	익숙할 뉴	개의 버릇이 사납다,친압하다,익숙하다,익히다,나아가다	익을,익힐,탐할, 바로잡을 뉴	1.친압할 뉴2. 짐승 이름 뉵	익숙해질,탐낼, 맡을, 얽매일, 교만할뉴
184	뉴	鈕115)	인꼭지 뉴(유)		인의 꼭지,단추	꼭지,손잡이,姓 뉴	1.인꼭지 뉴2. 칼 추	1.도장꼭지,손잡이뉴2. 형구 추

111) 자식 노 : 「字類上:29」에 '자식 노', 「新字1:38」에 '아들, 쳐자 노' 등으로 나타나 있어 典據를 따르되, 다른 字典들에서 두루 제시하고 있는 訓音도 함께 고려하여 '자식 노'를 代表訓音으로 설정하였다.

112) 호미 누 : 「字類下:7」에 '기음연쟝 누', 「釋要下:37」, 「新字3:40」에 '호미 누'로 나타나 있어 典據를 따르되, 다른 字典들에서 두루 제시하고 있는 訓音도 함께 고려하여 '호미'를 代表訓으로 설정하였다.

113) 익을 뉴/부끄러울 뉵 : 「字類上:51」, 「新字2:1」에 '익을 뉴, 붓그러울 뉵', 「釋要上:42」에 '붓그러울 뉵'으로 나타나 있어 典據를 따르되, 다른 字典들에서 두루 제시하고 있는 訓音도 함께 고려하여 複數訓音을 설정하였다.

114) 익숙할 뉴 : 「類合下:29」에 '버릇사뫁 류', 「字類上:74」에 '닉을 뉴', 「釋要上:92」에 '친압할, 익숙할 뉴', 「新字2:64」에 '개버르장이사오나울, 친압할, 익을 뉴' 등으로 나타나 있어 典據를 따르되, '狃習' 등에서의 뜻과, 다른 字典들에서 두루 제시하고 있는 訓音도 함께 고려하여 '익숙할 뉴'를 代表訓音으로 설정하였다.

115) 인꼭지 뉴 : 「字類下:12」에 '꼭디 뉴', 「釋要下:89」, 「新字4:25」에 '인꼭지 뉴'로 나타나 있어 典據를 따르되, 다른 字典들에서 두루 제시하고 있는 訓音도 함께 고려하여 '인꼭지'를 代表訓音으로 설정하였다.

順番	音價	漢字	古今	韓國	北韓	民衆	東亞	敎學
186	닐	昵116)	친할 닐(일)	친근할 닐	1.친근하다, 친압하다 닐 2.아버지의 사당 녜	1.친할 닐2.풀, 아교 직3.아비 사당 녜	1.친할 닐2.풀 직3.선고 녜	1.친근할,사랑하는사람,가까울,아버지사당 닐2.풀 직
192	달	怛117)	슬플 달	슬플 달	슬플 달	놀랄,애태울,슬퍼할 달	슬플 달	1.슬퍼할,놀랄,애태우는모양,두려워할달2.교만하고방자할 단
193	달	闥118)	궐문 달		문지방 달	1.뜰,문,빠를달 2.문빗장 건	1.문 달2.돌출한 네모진 나무 건	문,침실,빠른모양,문의안쪽 달
194	담	黮119)	검을 담		1.검다 담2.어두운 모양 탐3.오디 심	1.검을담2.어두울 탐3.오디 심	1.검을 담2.어두울 탐3.오디 심	1.검을담2.어두울 탐3.오디 심
197	담	菼120)	달 담		달 담	물억새 담	물억새 담	어린물억새 담
198	담	萏121)	연봉오리 담		꽃이 활짝 핀 모양	연꽃,연꽃봉오리 담	연꽃 봉오리 담	함담,화려한모양담

116) 친근할 닐/아비사당 녜 : 「字類下:28」에 '간가울 닐', 「釋要上:60」에 '친근할 닐', 「新字2:23」에 '갓갑게할 닐, 아비사당 녜' 등으로 나타나 있어 典據를 따르되, 다른 字典들에서 두루 제시하고 있는 訓音도 함께 고려하여 複數訓音을 설정하였다. '직' 音에 대해서는 현대국어에서 쓰임이 거의 없는 것으로 판단하였다.

117) 슬플/놀랄 달 : 「類合下:18」에 '가슴알폴 달', 「字類上:43」에 '설울 달', 「新字2:2」에 '놀나울, 슬플 달' 등으로 나타나 있어 典據를 따르되, '怛傷'과 '怛然' 등에 쓰인 뜻과, 다른 字典들에서 두루 제시하고 있는 訓音도 함께 고려하여 複數訓을 설정하였다.

118) 대궐문 달 : 「類合下:36」에 '궁문 달', 「釋要下:94」, 「新字4:30」에 '대궐문 달'로 나타나 있어 典據를 따라 '대궐문'을 代表訓으로 설정하였다.

119) 검을 담/어두울 탐/오디 심 : 「字類下:45」에 '암담 담', 「釋要下:117」에 '검을/구름건을 담, 어두을 탐', 「新字4:53」에 '검을 담, 오듸 심, 어둑침침할 탐' 등으로 나타나 있어 典據를 따르되, 다른 字典들에서 두루 제시하고 있는 訓音도 함께 고려하여 複數訓音을 설정하였다. 다만 '탐' 音과 '심' 音에 대해서는 현대국어에서 그 쓰임이 거의 없는 것으로 판단되기는 하나, 典據를 가지고 있을 뿐만 아니라, 대부분의 字典들에서도 複數訓音을 제시하고 있기에 이를 반영한 것이나, 하나의 漢字에 세 가지 서로 다른 訓音을 代表訓音으로 설정할 것인가에 대해서는 재검토할 만하다.

120) 달 담 : 「訓蒙比叡上:4」, 「字類下:57」, 「字類下:57」 등에 '달 담'으로 나타나 있어, 典據에 따라 代表訓으로 '달'을 설정하였다.

121) 연봉오리 담 : 「釋要下:48」에 '련ㅅ봉우리', 「新字3:52」에 '련봉오리'로 나타나 있어 典據를 따라 代表訓으로 '연봉오리'를 설정하였다.

順番	音價	漢字	古今	韓國	北韓	民衆	東亞	教學
203	당	儻[122]	고상할 당	갑자기 당	혹시,구차하다,락심한모양 당(倘와 同字)	기개있을,갑자기,구차할,혹시,흐릴,실의할,姓 당	빼어날 당	세속에얽매이지않을,정신이황홀할,혹시,만약,치우칠,제멋대로할,우연히 당
205	당	鐺[123]	목 쇠사슬 당	1.쇠사슬 당2.노구솥 쟁	1.[鐺]북소리 당2.옹솥 쟁	1.종고소리,쇠사슬 당2.솥 쟁	1.쇠사슬 당2.솥 쟁	1.낭당,종고소리,귀걸이당2.탕관,번철 쟁
207	대	懟[124]	원망할 대		원망할 대	원망할 대	1.원망할 대2.고민 추	원망할,사나울 대(추)
208	대	憝[125]	원망할 대		원망하다,악하다	원망할,모진사람 대	원망할 대	원망할,간악할,멸망시킬대
210	대	譈[126]	원망할 대		원망하다.미워하다	원망할,미워할,죽일 대	원망할 대	원망할 대
211	도	叨[127]	탐낼 도	외람할 도	탐내다,욕되다,외람되다	탐할,욕되게할,외람할 도	탐낼 도	탐할,함부로,잔인할도

122) 고상할/구차할 당 : 「字類下:26」에 '덕당 당', 「釋要上:8」에 '억매지아늘, 혹그러할 당', 「新字1:11」에 '고상할, 너눌, 구차할 당' 등으로 나타나 있어 典據를 따르되, 다른 字典들에서 두루 제시하고 있는 訓音도 함께 고려하여 複數訓音을 설정하였다.

123) 목쇠사슬 당/노구 쟁 : 「釋要下:92」에 '목얽는사슬 당', 「新字4:28」에 '목얽는쇠사실 당, 노구 쟁'으로 나타나 있어 典據를 따르되, 다른 字典들에서 두루 제시하고 있는 訓音도 함께 고려하여 複數訓音을 설정하였다.

124) 원망할/악할 대 : 「字類上:51」에 '원망 대', 「釋要上:46」에 '원망할, 악할 대, 「新字2:7」에 '원망할 대' 등으로 나타나 있어 典據를 따르되, '憤懟(성을 내어 원망함.), 怨懟(=원망.)' 등에서 쓰이는 뜻과, 앞의 文獻에서 '憝'와 同字로 설명하고 있는 점을 고려하여 複數訓을 설정하였다.

125) 원망할/악할 대 : 「字類上:51」에 '원망 대', 「釋要上:46」에 '원망할, 악할 대, 「新字2:7」에 '원망할 대' 등으로 나타나 있어 典據를 따르되, '大憝(아주 괘씸하고 알미운 惡人.)' 등에서의 뜻과, 다른 字典들에서 두루 제시하고 있는 訓音도 함께 고려하여 複數訓을 설정하였다.

126) 원망할 대 : 「釋要下:71」, 「新字4:6」에 '원망할 대'로 나타나 있어 典據를 따르되, 다른 字典들에서 두루 제시하고 있는 訓音도 함께 고려하여 '원망할 대'를 代表訓音으로 설정하였다.

127) 탐할 도 : 「字類上:57」에 '탐도 도', 「釋要上:15」에 '참람할 도', 「新字1:20」에 '탐할, 욕될, 외람할 도'로 나타나 있어 典據를 따르되, 다른 字典들에서 두루 제시하고 있는 訓音도 함께 고려하여 '탐할 도'를 代表訓音으로 설정하였다.

順番	音價	漢字	古今	韓國	北韓	民衆	東亞	教學
212	도	慆[128]	기쁠 도		기쁘다,방자하다,의심하다	방자할,기뻐할,난잡할,지날,지낼,오랠,감출,의심할 도	기뻐할 도	기뻐할,감출,의심할도
213	도	擣[129]	다듬을 도	다음을 도	다듬을 도	1.찧을,칠 도2.뺄 주	1.찧을 도2.모일 주	1.찧을,두드릴 도2.모일주
216	도	闍[130]	성문 도		1.[闉闍]성문도(사)2.[闍維]화장하다사	1.망대,성문도2.梵語 '사'의 음의 음역에 쓰임	1.망루 도2.화장할 사	1.성문망루 도(사)2.사리 사
217	도	鼗[131]	작은북 도		소고 도	땡땡이 도	땡땡이 도	북이름 도
220	도	綯[132]	노끈 도		새끼 도	끈,노,새끼 도	끈 도	끈,새끼 도
222	도	荼[133]	씀바귀 도	씀바귀 도	씀바귀 도	1.씀바귀,방가지똥,물억새이삭,띠,해독도2.옥이름 서	1.씀바귀도2.차 다3.땅 이름 야 4.띠꽃 사(여)	1.씀바귀도2.차나무 다3.성 야4.옥홀 서

128) 기뻐할 도 : 「釋要上:45」에 '깃버할', 「新字2:5」에 '깃불'로 나타나 있어 典據를 따르되, 다른 字典들에서 두루 제시하고 있는 訓音도 함께 고려하여 '기뻐할 도'를 代表訓音으로 설정하였다.

129) 두드릴 도 : 「類合下:7」에 '디흘 도', 「倭解下:3」에 '두ᄃᆞ릴 도', 「新字2:15」에 '두드딜, 다질 도'로 나타나 있어 典據를 따르되, 현대국어의 '擣鍊, 擣衣, 擣葯, 擣砧' 등에 두루 쓰이는 뜻을 고려하여 '두드릴 도'를 代表訓音으로 설정하였다. '주' 音에 대해서는 현대국어에서 쓰임이 거의 없는 것으로 판단하였다.

130) 성문(城門) 도/화장할 사 : 「字類上:27」에 '셩문 도', 「釋要下:94」에 '셩우희문 도, 화장할 사', 「新字4:30」에 '셩문층대 도, 화장할 사' 등으로 나타나 있어 典據를 따르되, '闍黎, 闍梨, 闍毗' 등에 쓰인 뜻과, 다른 字典들에서 두루 제시하고 있는 訓音도 함께 고려하여 複數訓音을 설정하였다.

131) 작은북 도 : 「字類下:40」에 '쟈근북 도', 「釋要下:118」, 「新字4:54」에 '소고 도'로 나타나 있어 典據를 따르되, 固有語인 점을 고려하여 '작은북'을 代表訓으로 설정하였다.

132) 노끈 도 : 「字類上:95」에 '노끈 도', 「釋要下:31」에 'ᄭᅩ올 도', 「新字3:33」에 '삭기 도'로 나타나 있어 典據를 따르되, 뜻이 좀 더 구체적으로 나타나 있는 '노끈 도'를 代表訓音으로 설정하였다.

133) 씀바귀 도 : 「字類下:52」, 「釋要下:47」, 「新字3:51」 등에 '씀바귀 도'로 나타나 있어 典據를 따라 代表訓音으로 '씀바귀'를 설정하였다. '다', '야', '사' 音에 대해서는 현대국어에서 쓰임이 거의 없는 것으로 판단하여 代表訓音에서는 제외하였다.

順番	音價	漢字	古今	韓國	北韓	民衆	東亞	教學
224	독	櫝134)	궤 독		궤,함,작은관독	함,널,넣을,목침독	함 독	함,널,합독
225	독	黷135)	더러울 독		어지러워 지다,더러워지다,무례하고,방자하다,번다하다,검다,무릅	더러울,더럽힐,친압할 독	더럽힐 독	더러울,욕볼,업신여길,더럽힐,남용할독
226	독	匵136)	손궤 독		궤,함,작은관독(櫝와同字)	궤 독	궤 독	궤,작은관독
227	동	侗137)	1.지각없을 동2.키 멀쑥할 통		1.[倥侗]철없는모양동2.큰 모양 통	1.정성 동2.미련할,클,아플,姓통	1.정성 동2.클 통	
228	동	僮138)	아이종 동		종 동	아이,종,어리석을,조심할 동	아이 동	아이,성대한모양,종동
229	동	彤139)	붉은 칠할 동	붉은칠할 동	붉은 칠을 하다. 붉다	붉은칠,성 동	붉을 동	붉게칠할,붉을,동관의붓동

134) 궤 독 : 「字類下:21」, 「釋要上:70」에 '궤 독', 「兒學上:11」에 '함 독', 「新字2:38」에 '함, 널, 관 독' 등으로 나타나 있어 典據를 따르되, 여러 文獻과 다른 字典들에서 폭넓게 제시하고 있는 점을 고려하여 '궤'를 代表訓으로 설정하였다.

135) 더러울 독 : 「類合下:3」, 「釋要下:118」에 '더러울 독'으로 나타나 있어 典據를 따르되, 다른 字典들에서 두루 제시하고 있는 訓音도 함께 고려하여 '더러울 독'을 代表訓音으로 설정하였다.

136) 손궤 독 : 「新字1:18」에 '손궤, 손작, 함 독'으로 나타나 있어 典據를 따르되, 뜻이 좀 더 구체적으로 나타나 있는 점을 고려하여 '손궤'를 代表訓으로 설정하였다.

137) 지각없을 동/키클 통 : 「釋要上:4」에 '지각업슬 동, 킈클 통', 「新字1:6」에 '분편모르기 동, 키멀숙할 통' 등으로 나타나 있어 典據를 따르되, 다른 字典들에서 두루 제시하고 있는 訓音도 함께 고려하여 複數訓音을 설정하였다.

138) 아이종 동 : 「字類上:36」, 「兒學上:1」에 'ᄋᆞ희죵 동', 「釋要上:7」, 「新字1:10」에 '아이종, 굽실거릴 동' 등으로 나타나 있어 典據를 따르되, '僮隸, 僮僕, 僮指' 등에서의 뜻과, 다른 字典들에서 두루 제시하고 있는 訓音도 함께 고려하여 '아이종'을 代表訓으로 설정하였다.

139) 붉은칠할 동 : 「釋要上:40」, 「新字1:51」에 '붉은칠할 동'으로 나타나 있어 典據를 따라 代表訓音으로 '붉은칠할 동'을 설정하였다.

順番	音價	漢字	古今	韓國	北韓	民衆	東亞	教學
233	등	滕[140]	등나라 등			오를,등나라 등	물 솟을 등	물솟아오를,말을떠벌릴,나라이름등
234	등	縢[141]	노,꿰맬 등			봉할,행전,노,주머니 등	봉할 등	봉할,끈,묶을,행전,자루 등
237	라	蠃[142]	소라 라(나)		螺와 같음; 나나니벌	고둥,나나벌 라	나나니벌,소라 라	달팽이,고둥라
242	랑	稂[143]	강아지풀 랑(낭)		가라지 랑	가라지 랑	강아지풀 랑	강아지풀,벼쭉정이 랑
244	래	倈[144]			올 래(來와 同字)	올,위로할 래(徠와 同字)	올 래, 위로할 래(徠와 同字)	올,위로할 래(徠와 同字)
245	래	勑[145]	勅 一 > 敕 칙서 칙		1.위로하다 래2.바르다 칙	1.위로할래2.신칙할,조서 칙	1.위로할 래2.조서 칙	1.위로할 래2.바룰,신칙할,조서,명령할 칙

140) 물솟아오를/나라이름 등 : 「倭解下:2」에 '등나라 등', 「釋要上:81」에 '등나라, 물쒸여소슬 등', 「新字2:52」에 '물솟아오를, 말줄줄할 등'으로 나타나 있어 典據를 따르되, 다른 字典들에서 두루 제시하고 있는 訓音도 함께 고려하여 複數訓을 설정하였다.

141) 노/꿰맬 등 : 「釋要下:32」에 '봉할, 행전 등', 「新字3:34」에 '노, 깨어맬, 뭇글 등'으로 나타나 있어 典據를 따르되, 다른 字典들에서 두루 제시하고 있는 訓音도 함께 고려하여 複數訓을 설정하였다.

142) 나나니벌 라 : 「兒學上:8」에 '쇼라 라', 「釋要下:59」에 '소라 라, 나나니벌 라', 「新字3:63」에 '소라 라, 나나벌 라' 등으로 나타나 있어 典據를 따르되, 『標準國語大辭典』에서 '蜾蠃'를 '나나니벌'의 同義語로 처리하고 있는 점을 고려하여 '나나니벌'을 代表訓으로 설정하였다.

143) 가라지 랑 : 「釋要下:50」에 '가랒 랑', 「字類上:76」, 「新字3:22」에 '가라지 랑' 등으로 나타나 있어 典據를 따르되, 현대국어에서도 쓰이는 점을 고려하여 '가라지'를 代表訓으로 설정하였다. 또한 『標準國語大辭典』에서 '낭유(稂莠)'를 '강아지풀'의 同義語로 처리하고 있음을 고려한다면, '강아지풀'을 複數訓으로 설정하였다.

144) 올/위로할 래 : 「字類上:7」, 「釋要上:4」, 「新字1:6」 등에서 '來'와 同字로 설명하고 있어 典據를 따르되, 여러 字典들에서 제시하고 있는 訓音과 글자의 形聲을 고려하여 複數訓을 설정하였다.

145) 위로할 래/조서 칙 : 「字類下:29」, 「新字1:16」, 「新字2:20」 등에서 '敕' 同字로 설명하고 있어 典據를 따르되, 여러 字典들에서 제시하고 있는 訓音과 글자의 形聲을 고려하여 複數訓音을 설정하였다. 다만 현대 電算用漢字 코드에서는 '래' 音을 기본으로 채택하고 있어 '래' 音을 앞에 내세웠다.

順番	音價	漢字	古今	韓國	北韓	民衆	東亞	敎學
246	려	厲146)	엄할 려(여)	사나울 려	가다듬을 려	1.숫돌,갈,엄할,사나울,위태로울,빠를,맑을 려2.문둥병,문둥이 라	1.갈 려2.문둥병 라	1.숫돌,갈,떨칠,헤아려볼,조련할려2.나병 라
247	려	膂147)	힘 려		힘쓸 려	등골뼈,힘 려	등골뼈 려	등골뼈,힘,질려
248	려	蠡148)	좀 먹을 려(여)		1.표주박,좀먹다 려2.소라 리3.소라 라	1.나무좀,좀먹을,표주박,사람이름려2.옴,고둥,연이을 라	1.좀먹을,달팽이 려2.표주박 라	1.좀먹을,여제려2.표주박,이록 리3.소라,족라 라
249	력	櫟149)	가 죽 나 무 력(역)	굴참나무 력	떡갈나무,로략질하다 력(륵)	상수리나무,난간,문지를,칠,밟고넘을,姓 력	1.상수리나무 력2.고을 이름 약3.문지를 로	1.상수리나무,난간,칠,새이름 력,땅이름 력 2.약양 약

---

146) 사나울/숫돌 려 : 「類合下:31」에 '미올 려', 「字類上:32」에 '샤우나울 려', 「釋要上:14」에 '엄할/악할/옷것지안코것널 려', 「新字1:19」에 '갈(磨)/엄할/위태할/지을/사나울/권할/병들 려' 등으로 나타나 있어 典據를 따르되, '厲氣(못된 돌림병을 일으키는 기운.), 厲民(백성을 가혹하게 부림.), 厲聲(성이 나서 큰 소리를 지름. 또는 그 소리.)' 등에서의 뜻을 고려하여 '사나울 려'를 代表訓音으로 설정하였다. 또한 앞의 여러 문헌에서 '礪'와 同字 혹은 通字로 설명하고 있는 점을 고려하여 複數訓을 설정하였다. '라' 音에 대해서는 현대국어에서 쓰임이 거의 없는 것으로 판단하였다.

147) 등골뼈 려 : 「訓蒙比叡上:14」에 '허리 려', 「類合上:41」에 '등뼈 려', 「釋要下:41」에 '힘 려', 「新字3:44」에 '사등이뼈/등성마루뼈/힘셀 려' 등으로 나타나 있어 典據를 따르되, 『標準國語大辭典』에서 '脊膂'를 '척추' 혹은 '등골뼈'의 동의어로 처리하고 있으며, '등성마루뼈' 역시 '등골뼈'가 標準語인 것으로 제시하고 있는 점을 고려하여 '등골뼈'를 代表訓으로 설정하였다.

148) 좀먹을 려/소라 라 : 「釋要下:59」에 '늡일홈/나무속에좀먹을 려', 「新字3:63」에 '표주박/좀먹을 려, 달팡이/소라/옴 라' 등으로 나타나 있어 典據를 따르되, 여러 字典에서 제시한 訓音을 고려하여 複數訓音을 설정하였다. 한편 '以蠡測海(蠡測)'의 뜻을 고려한다면 '표주박 려'의 訓音을 설정하는 것도 검토할 만하다.

149) 떡갈나무 력 : 「字類下:61」에 '덥갈나무 력', 「釋要上:71」에 '도토리 력', 「新字2:38」에 '가죽나무/로략질할 력' 등으로 나타나 있어 典據를 따르되, 『標準國語大辭典』에서 '櫟木'을 '떡갈나무'의 同義語로 처리하고 있음을 고려하여 '떡갈나무'를 代表訓으로 설정하였다.

順番	音價	漢字	古今	韓國	北韓	民衆	東亞	教學
255	령	苓150)	복령 령(영)		도꼬마리, 풀이름	도꼬마리, 감초, 버섯 령	1. 도꼬마리 령2. 풀 이름 련	1. 도꼬마리, 향초이름, 씀바귀, 복령, 시들령2. 연꽃 련
256	령	蛉151)	고추잠자리 령(영)		[蜻蛉]잠자리 [螟蛉]뽕나무 벌레	잠자리, 명령 령	잠자리 령	명령, 청령, 영궁, 영고령
258	로	纑152)	베올 로(노)	누인 베올 로	베올, 이긴삼실	실, 누일, 삼, 삼베, 설필 로	실 로	삼실, 삼누일로
260	롱	隴153)	언덕 롱(농)	밭두둑 롱	언덕 롱	밭두둑, 언덕, 따이름, 姓 롱	고개 이름 롱	산이름, 땅이름, 왕성할, 언덕, 성 롱
261	뢰	罍154)	술잔 뢰(뇌)	술잔 뢰	준. 두루미, 세수그릇	1. 술그릇, 대야 뢰2. 술그릇 루	술독 뢰(루)	술그릇, 대야 뢰

150) 복령(茯苓) 령 : 「字類下:52」, 「釋要下:46」에 '복령 령', 「釋要下:54」에 '감초 령', 「新字3:50」에 '돗고마리/풍냉이 령' 등으로 나타나 있어 典據를 따르되, 현재까지 그 쓰임이 유지되고 있는 '복령'과 '감초', '도꼬마리'가 서로 다른 식물이기는 하나, 앞의 여러 문헌에서 '藥名'으로도 설명하고 있는 점과, 주로 '茯苓'의 語形으로만 쓰이는 점을 고려하여 '복령'을 代表訓으로 설정하였다.

151) 고추잠자리 령 : 「訓蒙比叡上:11」, 「釋要下:55」에 '잠자리 령', 「字類下:82」에 '썅자치 령', 「釋要下:60」에 '썅나무버레 령', 「新字3:59」에 '고초잠자리/썅나무버레 령' 등으로 나타나 있어 典據를 따르되, 이들 문헌에서 '赤卒' '赤卒蜻'의 뜻으로 설명하고 있는 점을 고려하여 '고추잠자리'를 代表訓으로 설정하였다. 한편 『標準國語大辭典』에서 '청령(蜻蛉)'을 '잠자리'의 同義語로 처리하고 있는 점이나, '명령(螟蛉)'의 뜻을 '빛깔이 푸른 나비와 나방의 애벌레'로 풀이하고 있는 점을 고려한다면 '잠자리'와 '뽕나무벌레'의 訓을 함께 설정하는 것도 검토할 만하다.

152) 베올 로 : 「訓蒙比叡中:12」에 '뵛오리 로', 「字類上:83」에 '뵈실 로', 「釋要下:33」에 '뵈올 로', 「新字3:36」에 '익인베올 로' 등으로 나타나 있어 典據를 따르되, 여러 字典에서 주로 '베올'의 뜻으로 제시하고 있음을 고려하여 '베올'을 代表訓으로 설정하였다.

153) 언덕 롱 : 「字類上:25」, 「兒學上:3」에 '언덕 롱', 「釋要下:96」에 '짜일홈 롱', 「新字4:33」에 '밧두렁/두덕 롱' 등으로 나타나 있어 典據를 따르되, 『標準國語大辭典』에서 '隴上:'을 '밭 안의 높은 곳. 혹은 언덕의 위.'로 설명하고 있는 점을 고려하여 '언덕'을 代表訓으로 설정하였다.

154) 술잔 뢰 : 「字類下:4」에 '잔 뢰', 「釋要下:34」에 '술잔 뢰', 「新字3:37」에 '뢰문노흔술잔/셰수그릇 뢰' 등으로 나타나 있어 典據를 따르되, 일반적인 뜻의 單語形인 점을 고려하여 '술잔'을 代表訓으로 설정하였다.

順番	音價	漢字	古今	韓國	北韓	民衆	東亞	教學
262	뢰	耒155)	따비 뢰(뇌)	쟁기 뢰	따비 뢰	쟁기,쟁깃술 뢰	쟁기 뢰	쟁기 뢰
263	료	潦156)	장마 료(요)	장마 료(로)	장마 로(료)	큰비,장마,길바닥물 료	큰비,적실,강이름 료(本音:로)	1.큰비오는모양,물에잠길,노수 로2.강이름,거칠,초라할 료
264	료	繚157)	동일 료(요)	동일 료	동이다,묶다,다듬다,다스리다	얽힐,감길,두를,묶을,다스릴 료	1.감길,다스릴 료2.사람 이름 요	감길,에울,제사이름,타래,길을돌아서갈,어지러울,다스릴료
265	루	摟158)	안을 루		이끌 루	끌 루	끌어 모을 루	끌어모을,펄,안을 루
269	류	虆159)	덩굴 류(유)		덩굴,칡덩굴	1.덩굴 류2.들것라		덩굴식물 류
270	륙	僇160)	욕할 륙		욕하다,욕되다	욕 륙	1.욕보일 륙2.느릴 류	1.죽일,모욕할,힘합칠륙2.조금 료

155) 따비/쟁기 뢰 : 「類合上:28」에 'ᄯᅡ부 뢰', 「倭解下:2」, 「字類下:6」, 「兒學上:11」, 「釋要下:37」 등에 'ᄯᅡ뷔 뢰', 「新字3:40」에 '장기/굽정이/훌칭이 뢰' 등으로 나타나 있어 典據를 따르되, 많은 문헌에서 제시하고 있는 점과, 현재에도 쓰임이 유지되고 있는 점을 고려하여 '따비'를 代表訓으로 설정하였다. 또한 『標準國語大辭典』에서 '耒耜'를 '쟁기'의 同義語로 처리하고 있음을 고려하여 '쟁기'를 複數訓으로 설정하였다.

156) 장마 료/로 : 「訓蒙比叡上:3」, 「倭解上:10」에 '비ㅅ물 료', 「字類上:8」에 '쟝마 로', 「釋要上:83」에 '장마/비ㅅ물/길ㅅ바닥물 로', 「新字2:54」에 '큰비/길바닥물/쟝마물/쟝마비/혓늙을 로' 등으로 나타나 있어 典據를 따르되, 이들 문헌에서 함께 제시하고 있는 音과, 여러 字典에서 제시한 訓音을 고려하여 '장마'를 代表訓으로 삼으면서 複數音을 설정하였다.

157) 동일 료 : 「字類上:21」에 '둘울 료', 「釋要下:33」에 '얽힐 료', 「新字3:35」에 '동일/둘릴/다듬을 료' 등으로 나타나 있어 典據를 따르되, 현대국어에서는 그 語例가 흔치 않은 점을 고려하여 여러 字典들에서 두루 제시하고 있는 '동일 료'를 代表訓音으로 설정하였다.

158) 안을 루 : 「字類上:32」에 '끠어안을 루', 「釋要上:53」에 '안을 루'로 나타나 있어 典據를 따르되, 주로 '안다'의 뜻으로 제시하고 있음을 고려하여 '안을 루'를 代表訓音으로 설정하였다.

159) 덩굴 류 : 「釋要下:54」, 「釋要下:53」에 '덩굴 류', 「釋要下:53」에 '츩덩굴 류'로 나타나 있어 典據를 따라 代表訓으로 '덩굴'을 설정하였다.

160) 욕할 륙 : 「新字1:10」에 '욕할 륙'으로 나타나 있어 典據를 따라 代表訓音으로 '욕할 륙'을 설정하였다.

順番	音價	漢字	古今	韓國	北韓	民衆	東亞	教學
272	름	廩161)	쌀 곳간 름(늠)	쌀창고 름	고'집 름	곳집,녹미,구호미 름	곳집 름	1.곳집,쌓을,양식,녹봉,나누어줄름2.물넘칠,평탄하지않을 람
277	리	莅162)	임할 리(이)	임할 리	림 하다 [莅莅] 물'소리	임할 리	다다를 리(률)	임할,참가할,감시할,집행할,빨리나는모양 리
281	리	詈163)	꾸짖을 리(이)		꾸짖다 리	꾸짖을,빗대어 욕할 리	꾸짖을 리	욕할 리
283	립	苙164)	구리때 립(입)		구리때,짐승우리	어수리,우리 립	1.우리 립2.구릿대 급	우리,백지 립(깁)
285	막	藐165)	아득할 막	작을 묘	1.지초,소홀한모양,아름다운모양,아득한모양막2.멀다,작다,약하다 묘	1.멀 막2.작을,약할,업신여길 묘	1.아득할 막2.멀 묘3.지치 모	1.자초,너를,멀,웅려할 막2.작을,깔볼,이쁠 묘

161) 쌀곳간 름 : 「類合上:18」에 '쌀고 름', 「字類上:91」에 '창름 름', 「兒學上:9」에 '쌀고앙 름', 「新字1:49」에 '쌀광 름' 등으로 나타나 있어 典據를 따르되, '廩庫, 廩囷,, 儲廩' 등에서의 뜻을 고려하여 '쌀곳간'을 代表訓으로 설정하였다.

162) 임할 리 : 「字類下:24」에 '림홀 리', 「釋要下:47」에 '림할/자리 리, 「新字3:51」에 '다흘/림할 리' 등으로 나타나 있어 典據를 따르되, 이들 文獻에서 공통적으로 제시하고 있는 점을 고려하여 '임할 리'를 代表訓音으로 설정하였다.

163) 꾸짖을 리 : 「釋要下:67」에 '비대고욕설할 리', 「訓蒙比叡下:7」, 「類合下:33」, 「字類上:49」, 「新字4:3」 등에 '꾸지질 리'로 나타나 있어 典據를 따르되, 單語形인 점을 고려하여 '꾸짖을 리'를 代表訓音으로 설정하였다.

164) 구릿대/짐승우리 립 : 「字類下:53」에 '빅립 립', 「釋要下:46」에 '구리댓/즘생우리 립', 「新字3:50」에 '구리대/짐승울이 립' 등으로 나타나 있어 典據를 따르되, 固有語인 점과 서로의 의미 차이가 큰 점을 고려하여 複數訓을 설정하였다.

165) 멀 막/작을 묘 : 「字類下:43」에 '쟈글 묘/막', 「釋要下:52」에 '경흘이볼 막, 멀/적을/약할 묘', 「新字3:56」에 '멀/작을/쉽게볼/약할 묘, 지초/아름다울/약간 막' 등으로 나타나 있어 典據를 따르되, 현대국어의 語例가 흔치 않은 점과 여러 字典들에서 제시하고 있는 訓音을 고려하여 複數訓音을 설정하였다.

順番	音價	漢字	古今	韓國	北韓	民衆	東亞	教學
289	매	沬166)	희미할 매		1.희미하다 매2.낯을 씻다 회	1.땅이름,어둑어둑할 매2.씻을 회	1.땅 이름 매 2.낯 씻을 회	1.땅이름,어둑어둑할매2.세수할 회
292	매	霾167)	흙비 매	흙비 매	흙비 매	흙비올 매	흙비 올 매	흙비올,가릴,숨을,묻힐,어둑어둑할매
295	맥	霢168)	가랑비 맥		[霂]가랑비. 霂과 同字	가랑비 맥	가랑비 맥(멱)	가랑비,땀흐르는 모양 맥
297	모	旄169)	털기 모		기'발꾸미개의하나,기'발,노루의털이 길다,늙은이	기,늙은이 모	깃대 장식,늙은이 모	들소꼬리,들소꼬리로장식한기,들소,산언덕,모두,늙은이,눈어두울모
298	모	眊170)	눈동자 모	흐리멍텅할 모	눈이 흐리다,늙은이	흐릴,늙은이 모	눈 흐릴 모	눈흐릴,흐트러질,늙은이,기의털장식,실망할 모(막)

166) 희미할 매/낯씻을 회 : 「釋要上:77」에 '고을일홈/희미하게밝을 매', 「新字2:47」에 '별반작거릴 매, 낫씻을 회' 등으로 나타나 있어 典據를 따르되, 현대국어의 語例가 흔치 않은 점과 여러 字典들에서 제시하고 있는 뜻을 고려하여 複數訓音을 설정하였다.

167) 흙비 매 : 「訓蒙比叡下:1」에 '흙비 믹', 「字類上:5」, 「兒學上:3」, 「釋要下:98」 등에 '토우 매' 등으로 나타나 있어 典據를 따르되, 固有語인 점과, 『標準國語大辭典』에서 '霾雨'를 '흙이 날리는 비바람'으로 설명하고 있는 점을 고려하여 '흙비'를 代表訓으로 설정하였다.

168) 가랑비 맥 : 「字類上:3」, 「兒學上:3」에 '간은비 믹', 「釋要下:97」에 '적은비 맥', 「新字4:34」에 '가랑비 맥' 등으로 나타나 있어 典據를 따르되, 單語形인 점을 고려하여 '가랑비'를 代表訓으로 설정하였다.

169) 털기(旗) 모 : 「字類下:36」에 '털휘 모', 「兒學上:12」에 '털긔 모', '「釋要上:58」에 '긔/언덕압놉흘/늙을/개발털 모', 「新字2:22」에 '쇠꾀리/노루솜털 기' 등으로 나타나 있어 典據를 따르되, 單語形인 점을 고려하여 '털기 모'를 代表訓音으로 설정하였다.

170) 눈흐릴/늙을 모 : 「釋要下:11」에 '눈흐리멍덩할 모', 「新字3:13」에 '눈어둘/눈흐릴 모' 등으로 나타나 있어 典據를 따르되 여러 字典에서 제시한 訓音인 점을 고려하여 '눈흐릴 모'를 代表訓音으로 설정하였다. 또한 앞의 여러 文獻에서 '耄'와 通字 혹은 同字로 설명하고 있는 점을 고려하여 複數訓으로 설정하였다.

順番	音價	漢字	古今	韓國	北韓	民衆	東亞	教學
299	모	耄[171]	늙을 모		늙은이 모	늙을,늙은이모	늙은이 모	늙은이,정신이 흐릴,늙을 모
304	몽	濛[172]	이슬비 몽	이슬비 몽	보슬비가 내리는 모양	가랑비올,흐릿할 몽	가랑비 올,큰물 몽	가랑비내리는 모양,자욱할,강이름,광대한 모양,혼돈한모양몽
305	몽	矇[173]	소경 몽	청맹과니 몽	청맹관이	먼눈,소경 몽	청맹과니 몽	청맹과니,악관,어두울 몽
306	몽	饛[174]	밥수북히 담을 몽		수북하게 담다	수북이 담을 몽	수북이 담을 몽	음식을그릇가득히담은모양몽
307	묘	眇[175]	애꾸 묘	외눈 묘	외눈 묘	애꾸눈,외눈질할,작을,멀,다할 묘	애꾸눈,이루어질 묘	작은눈,애꾸눈,자세히볼,하찮을,정묘할묘

171) 늙을 모 : 「類合下:44」, 「字類上:31」에 '늙을 모', 「釋要下:37」에 '구십구세 모', 「新字3:40」에 '늙은이 모' 등으로 나타나 있어 典據를 따르되, '耄期(여든 살에서 백 살까지의 나이. 耄는 80~90세, 期는 100세를 이른다.), 耄耋(나이가 들어 늙음. 또는 그런 사람.), 昏耄(늙어서 정신이 흐릿함. 또는 그런 사람.)' 등에서의 쓰임을 고려할 때 名詞보다는 形容詞로서의 쓰임이 큰 것으로 판단하여 '늙을 모'를 代表訓音으로 설정하였다.

172) 이슬비 몽 : 「釋要上:84」에 '이슬비/긔운순전할 몽', 「新字2:56」에 '비부실부실올/긔운덩얼이 몽' 등으로 나타나 있어 典據를 따르되, 單語形인 것과 固有語인 점을 고려하여 '이슬비'를 代表訓으로 설정하였다.

173) 소경 몽 : 「訓蒙比叡中:2」에 '쇼경 몽', 「字類下:17」에 '청밍 몽', 「兒學下:3」에 '밍관이 몽', 「釋要下:14」, 「新字3:15」에 '청맹관이 몽' 등으로 나타나 있어 典據를 따르되, '矇瞽(=맹인.), 矇瞍(맹인으로서 점치는 일을 직업으로 하는 사람.)' 등에서의 뜻을 고려하여 '소경'을 代表訓으로 설정하였다. 다만 앞의 여러 문헌에서 '有眸無珠不見' 혹은 '有瞳不見'의 뜻으로 설명하고 있는 점을 고려한다면 '청맹과니'를 代表訓으로 설정하는 것도 검토할 만하다.

174) 밥수북히담을 몽 : 「字類上:77」, 「釋要下:104」에 '그릇에찰 몽', 「新字4:41」에 '밥수북히담을 몽' 등으로 나타나 있어 典據를 따르되, 한자의 形聲과, 여러 字典에서 제시한 訓音을 고려하여 '밥수북히담을 몽'을 代表訓音으로 설정하였다.

175) 애꾸눈 묘 : 「字類下:17」에 '외눈 묘', 「釋要下:11」에 '액수/적을 묘', 「新字3:13」에 '한눈짜긋할/액구눈/작을/아득할 묘' 등으로 나타나 있어 典據를 따르되, 『標準國語大辭典』에서 '眇目'을 '애꾸눈이'의 同義語로 처리하고 있는 점을 고려하여 '애꾸눈'을 代表訓으로 설정하였다.

順番	音價	漢字	古今	韓國	北韓	民衆	東亞	教學
308	묘	茆[176]	띠 묘		1.나물 이름 모(묘)2.개'버들 류	1.순채묘2.띠,풀섶 모3.갯버들 류	1.순채 묘2.풀숲 모	순채,풀더부룩이날,띠 묘(류)
309	무	廡[177]	행랑 무		행랑,큰 집	곁채,지붕,처마,집,무성할 무	집,무성할 무	곁채,집,큰집,처마,술그릇,초목이무성할 무
313	문	捫[178]	어루만질 문		어루만지다,잡다	잡을,더듬을 문	어루만질 문	잡을,더듬을,더위잡을 문
315	미	弭[179]	활끝 미	활고자 미	활꽂이,쉬다,편안케하다,어루만지다	활,활고자,그칠,잊을,편아히할,좇을,姓 미	활고자 미	각궁,활고자,그칠,편안하게할,잊을,순종할, 성 미
316	미	瀰[180]	물 가득할 미		1.물이 가득하다 미2.물이흐르는 모양 니	치런치런할,흐를,아득할 미	물 넓을,세차게 흐를 미	1.물넓은모양,물깊고그득한모양,가득할미2.물흐를 니

176) 띠 묘/갯버들 류 : 「釋要下:47」에 '순채 류', 「新字3:50」에 '조약이 류', 「新字3:51」에 '순나물/조악이 모, 띄 묘, 개버들 류' 등으로 나타나 있어 典據를 따르되, 현대국어에서도 단어로 유지되고 있는 점과 여러 字典에서 제시한 訓音을 고려하여 複數訓音을 설정하였다. '모' 音에 대해서는 현대국어에서 쓰임이 거의 없는 것으로 판단하였다.

177) 월랑 무 : 「類合下:36」에 '기슭집 무', 「字類上:91」에 '긴집 무', 「釋要上:38」에 '위랑 무', 「新字1:48」에 '월랑/거느림채/문간방/더불욱할 무' 등으로 나타나 있어 典據를 따르되, 현재까지 單語形이 유지되고 있는 것과 여러 字典에서 제시한 訓音을 고려하여 '월랑'을 代表訓으로 설정하였다.

178) 어루만질 문 : 「兒學下:3」에 '만질 문', 「字類上:72」, 「釋要上:51」에 '어로만질 문', 「新字2:13」에 '어루만질/더듬을/잡을 문' 등으로 나타나 있어 典據를 따르되, 이들 여러 訓 가운데 다른 訓의 뜻을 含意하면서도 좀 더 구체적인 뜻을 나타내는 점을 고려하여 '어루만질 문'을 代表訓音으로 설정하였다.

179) 활고자 미 : 「訓蒙比叡中:14」에 '고재 미', 「類合下:33」에 '활집ᄭᅵᆯ 미', 「字類下:32」에 '활고디/부리울 미', 「釋要上:39」에 '활ᄶᅩ지 미', 「新字1:50」에 '활고지/편안할/어루만질 미' 등으로 나타나 있어 典據를 따르되, 현대국어에서도 단어로 유지되고 있는 '활고자'를 代表訓으로 설정하였다.

180) 물가득할 미 : 「訓蒙比叡下:15」에 'ᄀᆞ독홀 미', 「字類上:19」에 '물만홀 미', 「釋要上:85」에 '물촬촬흘너갈 미', 「新字2:56」에 '물즐편할/물치렁치렁할 미' 등으로 나타나 있어 典據를 따르되, 여러 字典에서 제시한 訓音을 고려하여 '물가득할 미'를 代表訓音으로 설정하였다.

順番	音價	漢字	古今	韓國	北韓	民衆	東亞	敎學
317	미	糜181)	죽 미	싸라기 미	싸락 미	죽,싸라기,문드러질,소비할,멸할,부서질,부술 미	죽 미	죽,싸라기,훼상할,흩을,기장,눈썹,성 미
318	미	麋182)	고라니 미	고라니 미	고라니, 누렁이,물'가,눈썹,물크러지다	순록,물가,눈썹,궁궁이,姓 미	큰 사슴 미	사불상,부서질,진무를,물가,눈썹,죽, 풀이름,검을,성 미
329	반	胖183)	살찔 반		살질 반	희생, 안심, 클 반	희생반쪽,편안할,안심 반	희생의반쪽,갈비살,반쪽,고깃조각,편안할반,살질반
330	반	鞶184)	가죽띠 반		큰,수건을 넣은 작은 주머니 띠	띠,주머니 반	큰 띠 반	큰띠,주머니,뱃대끈반
331	발	浡185)	우쩍 일어날 발		일어나다,성하다,바다이름	우쩍일어날,용솟음할 발	일어날 발	일어나는모양,성할,샘솟을,발해발

181) 죽 미 : 「類合下:99」에 '믈그여댈 미', 「字類上:78」에 '쌰락이 미', 「兒學上:13」에 '미음 미', 「釋要下:28」에 '죽/물커질 미', 「新字3:30」에 '쌀아기/죽/물커질 미' 등으로 나타나 있어 典據를 따르되, 『標準國語大辭典』에서 '糜爛'를 '미음이나 죽 따위를 통틀어 이르는 말'로 설명하고 있는 점을 고려하여 '죽'을 代表訓으로 설정하였다. 다만 固有語라는 점을 고려한다면, '싸라기'를 代表訓으로 설정하는 것도 검토할 만하다.

182) 고라니 미 : 「訓蒙比叡上:10」에 '사슴 미', 「字類下:73」, 「兒學上:7」에 '큰사슴 미', 「釋要下:116」에 '고란이/물ㅅ기슭 미', 「新字4:51」에 '고란이/물가 미' 등으로 나타나 있어 典據를 따르되, '麋骨, 麋鹿' 등에서의 뜻을 고려하여 '고라니'를 代表訓으로 설정하였다.

183) 살찔 반 : 「字類上:46」에 '몸클 반', 「新字3:43」에 '살질/반짝(半) 반' 등으로 나타나 있어 典據를 따르되, 여러 字典에서 제시한 訓音을 고려하여 '살찔 반'을 代表訓音으로 설정하였다.

184) 가죽띠 반 : 「字類上:89」에 '디디(大帶) 반', 「釋要下:99」에 '큰씌 반', 「新字4:36」에 '가죽씌,거울쑤민가죽 반' 등으로 나타나 있어 典據를 따르되, 이들 문헌에서 '가죽'의 뜻을 많이 설명하고 있는 점을 고려하여 代表訓으로 '가죽띠'를 설정하였다.

185) 우쩍일어날 발 : 「釋要上:78」, 「新字2:49」에 '웃적일어날 반'으로 나타나 있어, 典據를 따라 '우쩍일어날 발'을 代表訓音으로 설정하였다.

順番	音價	漢字	古今	韓國	北韓	民衆	東亞	教學
334	방	厖[186)	클 방	클 방	클 방	두터울,클,넉넉할,섞일,姓 방	클 방(本音:망)	1.두터울,어지러울방(本音:망)2.분명히 나누어지지 않은 모양 몽
335	방	幫[187)	방조할 방	도울 방	가죽신 방	도울,패거리,단체 방	도울 방	신의양쪽면,댈,도울,단체,무리방
337	번	翻[188)	번역할 번	뒤칠 번	뒤칠 번	날,나부낄,뒤집힐,뒤집을, 변할,번역할, 도리어 번	날 번	날,움직일,뒤집을,바꿀 번
338	번	蘩[189)	쑥 번		새발쑥 번	산흰쑥,별꽃 번	산흰쑥 번	백호 번
340	벽	辟[190)	물리칠 벽	물리칠 벽	물리칠 벽	1.임금,임,법,부를,다스릴, 길쌈할 벽2.피할 피3.비유할,비유컨대 비	1.임금벽2.피할 피3.견줄비4.그칠 미5.썰 백	1.법,죄,형벌,다스릴,본받을,임금,열, 일굴,물리칠,편벽할,저밀벽2.피할피3.비유할,가두를,팔,곁눈질할 비4.그칠미

186) 클 방 : 「字類下:72」, 「釋要上:14」, 「新字1:19」에 '클 방'으로 나타나 있어 典據를 따라 代表訓音으로 '클 방'을 설정하였다.

187) 도울 방 : 「字類上:90」, 「釋要上:36」, 「新字1:46」 등에서 '幇'의 同字로 설명하고 있는 점을 고려하여 '도울 방'을 代表訓音으로 설정하였다.

188) 날/뒤칠 번 : 「字類下:85」에 '뒤틸 번', 「釋要下:36」에 '날/뒤집힐 번', 「倭解下:37」, 「兒學下:9」에 '번듸길 번', 「新字3:39」에 '번듯길/업치락뒤치락할 번' 등으로 나타나 있어 典據를 따르되, 이들 문헌에서 주로 '飛'와 '飜'의 뜻으로 설명하고 있는 점과 여러 字典에서 제시한 訓音을 고려하여 複數訓을 설정하였다.

189) 흰쑥 번 : 「訓蒙比叡上:5」, 「訓蒙東國·尊經·東國上9」에 '쑥 번', 「字類下:52」에 '흰쑥 번', 「釋要下:54」에 '애탕쑥 번', 「新字3:57」에 '새발쑥 번' 등으로 나타나 있어 典據를 따르되, 이들 문헌에서 한결같이 '白蒿'의 뜻으로 설명하고 있는 점을 고려하여 '흰쑥'을 代表訓으로 설정하였다.

190) 물리칠 벽 : 「釋要下:83」에 '인군/물니칠/부를/형벌/법 벽', 「新字4:17」에 '인군/남편계/법/물리칠/간사할/편벽될/형벌/밝을/부를/무루칭할 벽' 등으로 나타나 있어 典據를 따르되, 여러 字典에서 제시한 訓音을 고려하여 代表訓音으로 '물리칠 벽'을 설정하였다. '피' 音과 '비' 音에 대해서는 현대국어에서 쓰임이 거의 없는 것으로 판단하였다. 다만 몇몇 字典에서 이들을 제시하고 있는 점을 고려한다면 複數訓音으로 설정하는 것도 검토할 만하다.

順番	音價	漢字	古今	韓國	北韓	民衆	東亞	敎學
341	변	籩[191]	제기 이름 변	대제기 변	대접시,변두	변(대오리를 결어서 만든과실을 담는 제기) 변	제기 이름 변	대그릇,종 변
343	병	缾[192]	병 병	병 병(甁)	단지,두레박 병	두레박 병	병 병	병 병(甁)
344	병	迸[193]	흩을 병		뿔뿔이 달아나다	솟아나올,흩어질,달아날,물리칠 병(辶+幷)의 속자)	달아날 병	달아날,솟아날,튀어나올,물리칠,터질,튕길.부릴 병
346	보	鴇[194]	너 새 보		너 새 보	능에,오총이 보	능에 보	능에,노기,오총이 보
351	복	葍[195]	순무 복	순무 복	순무 복	메,무 복	메꽃 복	선복,나복 복
353	봉	丰[196]	예쁠 봉	풀우거질 봉	예쁘다	어여쁠,우거질 봉	예쁠 봉(풍)	1.예쁠,무성할 봉2.풍채 풍

---

191) 제기이름 변 : 「字類下:3」에 '죽긔 변', 「釋要下:27」에 '대제긔 변', 「新字3:29」에 '변두 변' 등으로 나타나 있어 典據를 따르되, 『標準國語大辭典』에서 '籩豆'를 '제사 때 쓰는 그릇인 변(籩)과 두(豆)를 아울러 이르는 말'로 설명하고 있는 점을 고려하여 '제기이름'을 代表訓으로 설정하였다.

192) 병 병 : 「字類下:4」, 「兒學上:10」, 「釋要下:4」 등에 '병 병', 「新字3:5」, 「新字3:36」에 '물장군 병'으로 제시하면서 '甁'의 同字로 설명하고 있어 典據를 따르되, '물장군'은 현대의 '물장군'과 다른 뜻으로, '물을 담는 통'의 뜻이었던 점을 고려하여 '병'을 代表訓으로 설정하였다.

193) 흩어질 병 : 「類合下:33」에 '내틸/흐틀 병', 「字類下:38」에 '흗흘', 「釋要下:84」, 「新字4:19」에 '흐터져다라날 병' 등으로 나타나 있어 典據를 따르되, 현대국어에서의 쓰임을 고려하여 代表訓音으로 '흩어질 병'을 설정하였다.

194) 너새 보 : 「訓蒙比叡上:8」에 '너싀 부', 「字類下:65」에 '너새 보', 「兒學上:7」에 '너홰 부', 「釋要下:112」에 '너홰 보', 「新字4:49」에 '너홰/너새 보'로 나타나 있어 典據를 따르되, 현대국어에서의 쓰임을 고려하여 '너새'를 代表訓으로 설정하였다.

195) 순무 복 : 「字類下:57」에 '쓴나물 부', 「釋要下:49」에 '예무우 복', 「新字1:3」에 '순무 복'으로 나타나 있어 典據를 따르되, 여러 字典에서 제시한 訓音을 고려하여 '순무'를 代表訓으로 설정하였다.

196) 예쁠 봉 : 「訓蒙比叡下:14」에 '풍칙날 봉', 「釋要上:1」에 '어엿불 봉', 「新字1:1」에 '어엿블 봉, 풀다복히나을 봉'으로 나타나 있어 典據를 따르되, 여러 字典에서 제시한 訓音을 고려하여 '예쁠 봉'을 代表訓音으로 설정하였다. '풍' 音에 대해서는 현대국어에서 쓰임이 거의 없는 것으로 판단하였다.

順番	音價	漢字	古今	韓國	北韓	民衆	東亞	敎學
354	봉	菶197)	풀 우거질 봉		[菶菶] 풀이 무성한 모양	우거질 봉	풀 무성할 봉	초목우거진모양,어수선하게 헝클어질 봉
355	봉	唪198)	크게 웃을 봉		크게 웃다	껄껄웃을,씨많을 봉	껄껄 웃을 봉	크게웃을,열매많이 달릴 봉
356	봉	葑199)	순무 봉	줄뿌리 봉	1.순무,줄뿌리 봉2.순무 풍(豐과 同字)	순무,줄뿌리 봉	1.순무,줄뿌리 봉2.순무 빙	1.무청봉(풍)2.줄뿌리 봉
359	부	桴200)	대마루 부	떼 부	떼 부	마룻대,북채 부	마룻대,뗏목 부	마룻대,북채,품을,덮을,질경이,떼 부
362	부	裒201)	모을 부	모일 부, 덜 부	모으다,덜다	1.모을,모일,줄,덜,포로,사로잡을,많을 부2.자락큰 옷 보	1.모을부2.큰자락 보	1.모일,줄일,착취,포로,많을부 2.넓은옷자락 포3.벼자랄,출중한모양,옷을 화사하게차린 모양 유(褎와同字)

197) 풀우거질 봉 : 「字類下:49」에 '셩홀 봉', 「釋要下:47」에 '풀억어질봉', 「新字3:52」에 '풀더북더북할 봉'으로 나타나 있어 典據를 따르되, 여러 字典에서 제시한 訓音을 고려하여 '풀우거질 봉'을 代表訓音으로 설정하였다.

198) 크게웃을 봉 : 「字類上:48」에 '우숨 봉', 「釋要上:17」에 '크게우슬 봉', 「新字1:23」에 '썰썰웃을 봉'으로 나타나 있어 典據를 따르되, 여러 字典에서 제시한 訓音을 고려하여 '크게웃을 봉'을 代表訓音으로 설정하였다.

199) 순무 봉 : 「字類下:51」에 '무우 봉', 「兒學上:5」에 '무우 봉', 「釋要下:48」에 '순무우 풍, 고미쌜희 봉', 「新字3:53」에 '배채 풍, 순무 봉, 방기쑤리 봉'으로 나타나 있어 典據를 따르되, 여러 字典에서 제시한 訓音을 고려하여 '순무'를 代表訓으로 설정하였다. '풍' 音과 '빙' 音에 대해서는 현대국어에서 쓰임이 거의 없는 것으로 판단하였다.

200) 대마루 부 : 「字類下:11」에 '쎄 부, 북치 부', 「釋要上:65」에 '마르재 부', 「釋要上:77」에 '쎄 부, 거품 부', 「新字2:31」에 '대마루 부, 북채 부, 쎄 부'로 나타나 있어 典據를 따르되, 이들 문헌에서 주로 '棟'의 뜻으로 설명하고 있는 점을 고려하여, 현재에도 쓰임이 유지되고 있는 '대마루'를 代表訓으로 설정하였다.

201) 모을 부 : 「類合下:24」에 '뫼홀 부', 「字類下:24」에 '모울 부', 「釋要下:62」에 '모을 부', 「新字3:65」에 '모홀 부, 덜 부'로 나타나 있어 典據를 따르되, 여러 字典에서 제시한 訓音을 고려하여 '모을 부'를 代表訓音으로 설정하였다. '보'와 '포' 音에 대해서는 현대국어에서 쓰임이 거의 없는 것으로 판단하였다.

順番	音價	漢字	古今	韓國	北韓	民衆	東亞	教學
363	부	鈇202)	작두 부	작두 부	작두 부	도끼부	도끼 부	작두,도끼 부
366	분	枌203)	흰 느릅나무 분		흰 느릅나무	흰느릅나무,마룻대 분	나무 이름 분	백유,겹들보 분
371	분	豶204)	불친 돼지 분		거세한 돼지,우리	불 깐 돼지,없앨 분	불 깐 돼지 분	분양,불깐돼지 분(豮와同字)
372	분	饙205)	선밥 분		쪄서 익힌 밥	잦히는 밥,찔 분	찔 분	찔,찐밥 분
374	불	艴206)	성 발끈 낼 불		1.[艴然]얼굴을붉혀성내다불2.[艴如]발끈 하다 발	1.발끈할 불2.발끈할,색칠할 발	1.발끈할 불2.새벽 배	1.색칠할불2.성낸얼굴 빛 발
376	불	韍207)	슬갑,보불 불		보불 불	수,슬갑,姓 불	수 불	수,폐슬,인끈,대부의 예복,성 불

202) 작두/도끼 부 : 「字類下:34」에 '쟉도 부', 「釋要下:89」, 「新字4:24」에 '쟉도/독긔 부' 등으로 나타나 있어 典據를 따르되, 이들 문헌에서 '작두'의 뜻과 '도끼'의 뜻을 함께 나타내는 것으로 설명하고 있는 점과, 여러 字典에서 제시한 訓音을 고려하여 複數訓音을 설정하였다.

203) 흰느릅나무 분 : 「訓蒙比叡上:5」에 '느릅나모 분', 「字類下:60」에 '쥬염나무 분', 「釋要上:63」에 '흰느릅나무 분', 「新字2:28」에 '힌느름나무 분'으로 나타나 있어 典據를 따르되, 여러 字典에서 제시한 訓音을 고려하여 '흰느릅나무'를 代表訓으로 설정하였다.

204) 불깐돼지 분 : 「訓蒙比叡下:4」에 '악대돋 분', 「字類下:72」에 '불릴돋 분', 「釋要下:74」에 '불친돗 분', 「新字4:9」에 '불친돗 분'으로 나타나 있어 典據를 따르되, 『標準國語大辭典』에서 '불치다'의 標準語가 '불까다'로 제시되어 있는 점을 고려하여 '불깐돼지'를 代表訓으로 설정하였다.

205) 찐밥 분 : 「訓蒙比叡下:6, 訓蒙東國」에 '아싀뺄 분', 「字類上:79」에 '아이뗄 분', 「釋要下:104」에 '찐밥 분', 「新字4:41」에 '찐밥 분, 선밥 분'으로 나타나 있어 典據를 따르되, 『標準國語大辭典』에서 '선밥'을 北韓語로 구분하고 있는 점을 고려하여 '찐밥'을 代表訓으로 설정하였다. 다만 '선밥'을 北韓語로만 볼 것인가에 대한 점은 再考의 여지가 있다.

206) 성발끈낼 불/발 : 「釋要下:45」에 '성낸빗 발, 성낼 불', 「新字3:48」에 '성발끈낼 불/발'로 나타나 있어 典據를 따르되, 뜻이 좀더 구체적인 점을 고려하여 '성발끈낼 불'을 代表訓音으로 설정하였다. 또한 이들 文獻 및 여러 字典들에서도 '발' 音을 함께 제시하고 있는 점을 고려하여 複數音을 설정하였다. '배' 音에 대해서는 현대국어에서 쓰임이 거의 없는 것으로 판단하였다.

207) 슬갑/보불 불 : 「字類上:86」에 '보불 불', 「釋要下:118」에 '보불 불', 「新字4:53」에 '보불 불, 슬갑 불'로 나타나 있어 典據를 따르되, 여러 字典들에서도 두루 함께 제시하고 있는 점을 고려하여 複數訓을 설정하였다.

順番	音價	漢字	古今	韓國	北韓	民衆	東亞	教學
377	불	芾208)	슬갑 불		[芾芾]무성하다,초목이 우거지다, 폐슬	1.작을,姓 비2.우거질.슬갑 불	1.작은 모양 비2.초목 우거질 불	1.작은모양,성비(패)2.초목우거진모양, 폐슬 불
382	비	剕209)	발꿈치 벨 비		발을 베다	발벨 비	발 벨 비	발자를 비
384	비	悱210)	분할 비		분하다, 분내다	말나오지 아니할 비	표현 못할 비	표현하려고애쓸 비
389	비	腓211)	장단지 비		장딴지, 병들다,피하다	장딴지,앓을,피할 비	장딴지 비	종아리, 피할, 병들, 발베는형벌, 병폐, 짚신 비
391	비	閟212)	닫을 비	깊을 비	닫다,으슥하다,신비롭다	닫을,닫힐 비	문 닫을 비	문닫을, 숨길, 그칠, 끝낼, 묻을, 삼갈, 그윽할, 신, 비밀스러울, 병이름 비

208) 슬갑/우거질 불 : 「類合上:31」에 '폐슬 블', 「字類上:81」에 '폐슬 불', 「釋要下:45」에 '나무무성할 비, 초목욱어질 불', 「新字3:49」에 '나무더북할 비, 초목욱어질 불, 실갑 불'로 나타나 있어 典據를 따르되, 여러 字典들에서도 두루 함께 제시하고 있는 점을 고려하여 複數訓을 설정하였다. '비' 音에 대해서는 현대국어에서 쓰임이 거의 없는 것으로 판단하였다.

209) 발벨 비 : 「訓蒙比叡下:13」에 '발버힐 비', 「訓蒙尊經」에 '발버힐 비', 「訓蒙東國」에 '발버힐 비', 「字類下:32」에 '볼베일 비', 「釋要下:78」에 '발버일 비', 「新字1:15」에 '발굼치버일 비'로 나타나 있어 典據를 따르되, 여러 字典에서 제시한 訓音을 고려하여 '발벨 비'를 代表訓音으로 설정하였다.

210) 분할 비 : 「字類上:48」에 '분흗ㅅ 비', 「釋要上:44」에 '분할 비', 「新字2:3」에 '분낼 비'로 나타나 있어 典據를 따르되, 單語形인 점과 '憤悱' 등에서의 뜻을 고려하여 '분할 비'를 代表訓音으로 설정하였다.

211) 장딴지 비 : 「訓蒙比叡上:13」에 '허튀 비', 「字類上:42」에 '어복 비', 「釋要下:40」에 '장ㅅ단지 비', 「新字3:44」에 '장단지 비, 병들 비, 피할 비'로 나타나 있어 典據를 따르되, 固有語인 점과 여러 字典에서 제시한 訓音을 고려하여 '장딴지 비'를 代表訓音으로 설정하였다.

212) 닫을 비 : 「類合下:33」에 '다돌 비', 「釋要下:93」에 '닷을 비, 그윽할 비', 「新字4:29」에 '으슥할 비, 신그러울 비, 다들 비'로 나타나 있어 典據를 따르되, 여러 字典에서 제시한 訓音을 고려하여 '닫을 비'를 代表訓音으로 설정하였다.

順番	音價	漢字	古今	韓國	北韓	民衆	東亞	敎學
400	빈	儐[213)	인도할 빈	인도할 빈	인도하다. 안내하다, 나아가다, 베풀다, (어떤 의식의 진행을) 돕는 사람	인도할, 대접할, 베풀, 나갈, 무리칠, 찡그릴 빈	인도할, 찡그릴 빈	인도할, 진열할, 물리칠, 공경할, 찡그릴 빈
401	빈	擯[214)	물리칠 빈	내칠 빈	내칠 빈	물리칠, 인도할 빈	물리칠 빈	물리칠, 인도할, 부모 빈
402	빈	蘋[215)	마름 빈	마름 빈	개구리밥, 마름	네가래, 개구리밥, 사과 빈	네가래 빈	네가래, 빈과 빈
403	빈	豳[216)	나라이름 빈		1.나라이름 2.문채가 있는 모양 (邠와 同字)	1.나라이름, 姓 빈 2.얼룩 반	1.나라이름 빈 2.알록 알록할 반	1.나라이름, 성 빈 2.얼룩얼룩할 반
404	빈	邠[217)	나라이름 빈		나라이름, 문채가 있는 모양	땅이름, 빛날, 姓 빈(豳와 同字)	나라 이름, 빛나다, 문채가 성한모양 빈	나라이름, 고을이름, 문채가성대한모양, 성 빈

213) 인도할 빈 : 「字類上:32」에 '빈졉 빈', 「釋要上:7」에 '인도할/도을/손대접할 빈', 「新字1:11」에 '인도할/나갈/베풀/손대접할 빈' 등으로 나타나 있어 典據를 따르되, 여러 字典에서 공통적으로 제시한 訓音인 점을 고려하여 '인도할 빈'을 代表訓音으로 설정하였다. 한편 이들 資料文獻에서 공통적으로 제시하고 있는 점을 고려하여 '손대접하다'를 複數訓으로 설정하는 것도 검토할 만하다.

214) 물리칠 빈 : 「字類上:73」에 '물니틸 빈', 「釋要上:55」에 '내칠 빈', 「新字2:17」에 '물리칠/버릴/손임맛는사신 빈' 등으로 나타나 있어 典據를 따르되, 많은 字典에서 제시하고 있는 訓音을 고려하여 '물리칠 빈'을 代表訓音으로 설정하였다. 한편 앞의 「新字2:17」에서 '손임맛는사신'의 訓을 제시하면서 '儐'과 同字로도 설명하고 있는 점을 고려한다면 이를 複數訓으로 설정하는 것도 검토할 만하다.

215) 마름 빈 : 「訓蒙比叡上:5」에 '머구릐밥 빙, 말왐 빈', 「訓蒙東大上:9」에 '머구릐밥 빙, 말왐 빈', 「類合上:8」에 '말왐 빈', 「字類下:56」에 '큰부평 빈', 「釋要下:53」에 '큰개고리밥 빈', 「新字3:57」에 '말음 빈'으로 나타나 있어 典據를 따르되, 여러 字典에서 제시한 訓音을 고려하여 '마름'을 代表訓으로 설정하였다.

216) 나라이름 빈 : 「釋要下:85」, 「新字4:21」 등에서 '邠'과 同字로 설명하고 있는 점에 따라 '나라이름'을 代表訓으로 설정하였다. '반' 音에 대해서는 현대국어에서 쓰임이 거의 없는 것으로 판단하였다.

217) 나라이름 빈 : 「釋要下:7」에 '나라일홈 빈', 「新字4:21」에 '빈나라 빈', 「新字4:9」에 '빈나라 빈'으로 나타나 있어 典據를 따르되, 本攷에서는 國名에 관한 訓의 경우 '나라이름'으로 代表訓을 설정하고 있는 점을 고려하였다.

順番	音價	漢字	古今	韓國	北韓	民衆	東亞	敎學
405	빈	鬢218)	구렛나루 빈	구렛나루 빈	귀밑 빈	살쩍 빈	살쩍 빈	살쩍 빈
409	사	傞219)	취한춤 사		[傞傞]취하여 춤 추는 모양	춤출 사	취하여 춤추는 모양 사	술에취해 춤추는 모양 사
410	사	榭220)	정자, 사당 사		정자,사당집	정자,사정,사당,곳집 사	정자 사	정자,대청
411	사	汜221)	늪.소 사		지류가 다시 원류에 합치다,못,늪,물가	지류,웅덩이,물가,물이름 사	지류 사	지류, 웅덩이, 물가, 강이름 사
412	사	笥222)	옷상자 사	상자 사	상자	상자 사	상자 사	옷상자,밥소쿠리,갑옷 사
413	사	鯊223)	상어, 모래무지 사	상어 사	모래무지,상어	문절 망둥어,상어 사	문절 망둑 사	모래무지,상어 사

218) 살쩍 빈 : 「倭解上:16」, 「兒學上:2」에 '귀밋 빈', 「字類上:40」, 「釋要下:109」에 '살적 빈', 「新字4:46」에 '구레나룻 빈' 등으로 나타나 있어 典據를 따르되, 『標準國語大辭典』에서 '鬢毛'를 '살쩍'의 同義語로 처리하고 있는 점을 고려하여 '살쩍'을 代表訓으로 설정하였다.

219) 취한춤 사 : 「字類下:40」에 '춈출 사', 「釋要上:6」에 '취한춤 사', 「新字1:9」에 '춤빗슬거려출 사'로 나타나 있어 典據를 따르되, 한자의 形聲을 고려하여 '취한춤'을 代表訓으로 설정하였다.

220) 정자/사당 사 : 「字類上:91」에 '집 샤', 「兒學上:9」에 '딕집 샤', 「釋要上:68」에 '사정 사', 「新字2:35」에 '뎡자 샤, 사당집 샤, 사뎡 샤'로 나타나 있어 典據를 따르되, 여러 字典에서 제시한 訓音을 고려하여 複數訓을 설정하였다.

221) 늪 사 : 「字類上:16」에 'ᄉᆞ슈 ᄉᆞ', 「釋要上:76」에 '물이갈너서ᄶᅡ도루합할 사', 「新字2:45」에 '늡·소/물갈라졋다도로합할/몽사 사' 등으로 나타나 있어 典據를 따르되, 固有語 單語形인 점과 여러 字典에서 제시한 訓音을 고려하여 '늪'을 代表訓으로 설정하였다. 다만 현대국어에서는 주로 '몽사(蒙汜)'에 한정하여 쓰이는 점을 고려한다면 複數訓을 설정하는 것도 검토할 만하다.

222) 옷상자 사 : 「訓蒙比叡中:7」에 '섥 ᄉᆞ', 「類合上:28」에 '섥 ᄉᆞ', 「倭解下:15」에 '섥 ᄉᆞ', 「字類下:5」에 '샹ᄌᆞ ᄉᆞ', (兒學上:11」에 '상ᄌᆞ 사', 「釋要下:23」에 '상자 사', 「新字3:26」에 '옷상자 사'로 나타나 있어 典據를 따르되, 뜻이 구체적으로 표현되어 있다는 점을 고려하여 '옷상자'를 代表訓으로 설정하였다.

223) 상어/모래무지 사 : 「兒學上:8」, 「釋要下:110」에 '상어 사', 「字類下:77」, 「新字4:47」에 '상어/모래무치 사' 등으로 나타나 있어 典據를 따르되, 『標準國語大辭典』에서 '鯊魚'를 '沙魚'와 더불어 '모래무지'나 '상어'의 同義語로 처리하고 있는 점을 고려하여 複數訓을 설정하였다. '새'와 '시'音에 대해서는 현대국어에서 쓰임이 거의 없는 것으로 판단하였다.

順番	音價	漢字	古今	韓國	北韓	民衆	東亞	教學
416	사	耜[224]	따비 사	보습 사	보습 사	보습 사	보습 사	보습, 쟁기로 땅일굴 사
417	사	葸[225]	겁낼 사		두려워 하는 모양	삼갈, 두려워할 사	1.순박할 새2. 삼갈 시	두려워할, 기뻐하지아니할 시(本:사)
418	사	蹝[226]	천천히 걸을 사		천천히 걷는 모양, 뒤축이 없는 신 사	짚신, 밟을 사	짚신, 밟을 사	짚신, 춤출때신는 신 사
419	삭	鑠[227]	쇠 녹일 삭		녹일 삭	녹일, 녹을, 아름다울, 정정할 삭	녹일 삭	1.쇠붙이를녹일, 녹을, 스며들, 비방할, 아름다울삭2. 불로지질 약
420	산	潸[228]	눈물 줄줄 흘릴 산			눈물흐를, 비올 산(潸와 同字)	눈물 흐를 산	눈물흐르는 모양, 눈물, 비내리는모양 산

224) 따비/보습 사 : 「訓蒙比叡中:9」에 '짜보 ᄉᆞ', 「類合上:28」에 '보십 ᄉᆞ', 「字類下:6」에 '짜뷔날 ᄉᆞ', 「釋要下:37」에 '짜뷔ㅅ술 사', 「新字3:40」에 '보습 사'로 나타나 있어 典據를 따르되, 여러 字典에서 제시한 訓音을 고려하여 複數訓을 설정하였다.

225) 겁낼 사 : 「字類上:50」에 '두려울 ᄉᆞ', 「釋要下:49」에 '겁내일 사', 「新字3:53」에 '눈휘둥그러할 사'로 나타나 있어 典據를 따르되, 單語形인 점과 뜻이 구체적으로 표현되어 있다는 점을 고려하여 '겁낼 사'를 代表訓音으로 설정하였다. '새' 音과 '시' 音에 대해서는 현대국어에서 쓰임이 거의 없는 것으로 판단하였다.

226) 천천히걸을 사 : 「釋要下:80」에 '천천이거를 사, 뒤축없는적은신 새'로 나타나 있어 典據를 따르되, 뜻이 자연스러운 점을 고려하여 '천천히걸을 사'를 代表訓音으로 설정하였다.

227) 쇠녹일 삭 : 「類合下:50」에 '쇠노길 샥', 「字類下:2」에 '녹일 샥', 「釋要下:92」에 '쇠녹일 삭', 「新字4:28」에 '쇠녹일 샥, 아름답다할 샥'으로 나타나 있어 典據를 따르되, 뜻이 구체적으로 표현되어 있는 점을 고려하여 '쇠녹일 사'를 代表訓音으로 설정하였다.

228) 눈물줄줄흘릴 산 : 「字類上:50」에 '눈물날 산', 「釋要上:83」에 '눈물술술나올 산', 「新字2:54」에 '눈물줄줄흘릴 산'으로 나타나 있어 典據를 따르되, 뜻이 구체적으로 표현되어 있는 점을 고려하여 '눈물줄줄흘릴 산'을 代表訓音으로 설정하였다.

順番	音價	漢字	古今	韓國	北韓	民衆	東亞	敎學
422	상	殤229)	어려서 죽을 상		어려서 죽다 상	일찍죽을 상	일찍죽을 상	일찍죽을,횡사할,전사자 상
423	상	鱨230)	날치 상		자가사리	자가사리 상	자가사리 상	황상어,모상어 상
424	생	眚231)	재앙 생	재앙 생	눈에 백태가 끼다,잘못하다,재앙,병들다,덜다	흐릴,잘못,재앙,덜 생	눈에 백태 낄 생	눈에백태낄,허물,재앙,고통,덜,부서질,야윌생
425	서	噬232)	씹을 서	씹을 서	물 서	물,미칠 서	씹을 서	씹을,깨물,삼킬,미칠 서
426	서	湑233)	이슬 맺힐 서		이슬이 맺힌 모양, 맑은 술,거른 술,성한 모양	거를,이슬많이 내릴,우거질,맑을,깨끗할 서	거를 서	술거를,맑을,이슬의모양,무성한모양,즐길,아름다울,바람이불어스쳐가는모양서

229) 어려서죽을 상 : 「字類下:19」에 ‘ᄋᆞ히상ᄉᆞ 샹’, 「釋要上:73」에 ‘아해죽업 상’, 「新字2:42」에 ‘어려서죽을 상’ 등으로 나타나 있어 典據를 따르되, ‘殤服, 殤死’ 등에서 쓰이는 뜻을 고려하여 ‘어려서죽을 상’을 代表訓音으로 설정하였다.

230) 자가사리/날치 상 : 「字類下:77」에 ‘황상어 상’, 「兒學上:8」에 ‘샹어 상’, 「釋要下:112」에 ‘자가사리 상’, 「新字4:48」에 ‘날치 상’으로 나타나 있어 典據를 따르되, 『標準國語大辭典』에서 ‘黃鱨魚’를 ‘자가사리’의 同義語로 처리하고 있음을 고려하여 ‘자가사리’를 代表訓으로 설정하였다. 또한 ‘날치’와 ‘자가사리’가 서로 다른 종류의 물고기라는 점과 다른 字典에서도 제시하고 있는 점을 함께 고려하여 複數訓을 설정하였다.

231) 재앙 생 : 「字類下:32」에 ‘과실 싱’, 「釋要下:12」에 ‘재앙 생’, 「新字3:13」에 ‘백태낄/재앙/모로고지은죄/어질병/조곰상할 생’ 등으로 나타나 있어 典據를 따르되, 『標準國語大辭典』에서 ‘眚災’를 ‘과실이나 재난 따위로 잘못을 저지름. 또는 그로 말미암아 생긴 재앙’으로 설명하고 있는 점 및 여러 字典에서 두루 제시하고 있는 訓音을 고려하여, ‘재앙’을 代表訓으로 설정하였다.

232) 씹을 서 : 「類合下:33」, 「倭解下:24」에 ‘물 셔’, 「字類上:80」에 ‘너흘 셔’ 「釋要上:20」에 ‘씹을 서’, 「新字1:25」에 ‘씹을/미칠 셔’ 등으로 나타나 있어 典據를 따르되, 『標準國語大辭典』에서 ‘反噬’를 ‘기르던 짐승이 은혜를 잊고 주인을 해침’ 등의 뜻으로 설명하고 있는 점과 여러 字典에서 두루 제시한 訓音을 고려하여 ‘씹을 서’를 代表訓音으로 설정하였다.

233) 이슬맺힐 서 : 「字類上:82」에 ‘걸을ㅅ 셔’, 「釋要上:80」에 ‘이슬매칠 서’, 「釋要下:87」에 ‘거른술 서’, 「新字2:50」에 ‘이슬방울매칠 셔, 셩할 셔, 술걸을 셔’로 나타나 있어 典據를 따르되, 여러 字典에서 제시한 訓音을 고려하여 ‘이슬맺힐 서’를 代表訓音으로 설정하였다.

順番	音價	漢字	古今	韓國	北韓	民衆	東亞	敎學
427	서	紓[234]	늘어질 서	늘어질 서	느지러지다, 풀다	느슨할, 느슨하게할, 풀 서	느슨할 서	느슨할, 풀, 펼, 너그러워질 서
428	서	癙[235]	근심 병 서		근심 걱정으로 난 병	병들, 부스럼 서	속 끓일 서	연주창, 울화병 서
429	서	藇[236]	마 여		1. 아름답다 서2. 마, 산약 여	1. 아름다울, 姓 서2.마 여	1.아름다울, 姓 서(여)2. 향초이름, 참마 여	1.술맛좋을서2. 서여 여
431	석	腊[237]	육포 석		마른 고기, 심하다	포, 심할 석	1. 포석2. 납향 랍	1.포, 말릴, 매우, 주름석2. 납향 랍
432	석	舃[238]	신 석		신, 큰 모양	1.신, 클, 빛날, 염밭석2. 까치, 姓 작	1.신석2. 까치 작3. 아름찰 탁	1.신, 개펄, 주춧돌, 큰모양, 이을, 빛날석2. 까치, 성 작
433	석	鼫[239]	다람쥐 석		날'다람쥐, 쥐 종류의 하나	석서, 땅강아지 석	석서 석	석서, 누고 석

234) 늘어질 서 : 「類合下:18」에 '누길 셔', 「字類上:55」에 '눅힐 셔', 「釋要下:29」에 '더딜 서, 프러질 서', 「新字3:31」에 '늘어질 셔, 풀 셔, 놋쳐줄 셔'로 나타나 있어 典據를 따르되, 여러 字典에서 제시한 訓音을 고려하여 '늘어질 서'를 代表訓音으로 설정하였다.

235) 근심병 서 : 「字類下:16」에 '근심ㅅ병 셔', 「釋要下:9」에 '근심하야난병 서', 「新字3:10」에 '속끌일 셔'로 나타나 있어 典據를 따르되, 여러 字典에서 제시한 訓音을 고려하여 '근심병'을 代表訓으로 설정하였다.

236) 아름다울 서/마 여 : 「類合上:7」에 '마 여', 「釋要下:88」에 '아름다은술 서', 「新字3:56」에 '아름다울 셔, 마 여' 등으로 나타나 있어 典據를 따르되, 여러 字典에서 제시한 訓音을 고려하여 複數訓音을 설정하였다.

237) 육포 석 : 「訓蒙比叡中:11」에 '보육 셕', 「字類上:78」에 '간육 셕', 「釋要下:40」에 '포 석'으로 나타나 있기는 하나, 이들 文獻에서 '乾肉' 혹은 '肉脯'로 설명하고 있는 점을 고려하여, 현재에도 자주 쓰이는 單語인 '육포'를 代表訓으로 설정하였다.

238) 신 석 : 「字類上:90」에 '신 셕', 「釋要下:43」, 「新字3:46」에 '신/아람찰 셕' 등으로 나타나 있어 典據를 따르되, 여러 字典에서 두루 제시한 訓音을 고려하여 '신(履)'을 代表訓으로 설정하였다. '탁'과 '작'音에 대해서는 현대국어에서 쓰임이 거의 없는 것으로 판단하였다.

239) 다람쥐 석 : 「字類下:75」에 '다룹쥐 셕', 「釋要下:119」에 '오기서 석', 「新字4:54」에 '셕쥐 셕'으로 나타나 있어 典據를 따르되, 固有語인 점과 현재에도 쓰이는 單語인 점을 고려하여 '다람쥐'를 代表訓으로 설정하였다.

順番	音價	漢字	古今	韓國	北韓	民衆	東亞	教學
434	석	螫[240)	쏠 석	쏠 석	벌레가 쏘다	쏠, 성낼, 해독 석	1쏠석, 2성낼 학	쏠, 해독, 성낼 석
435	석	裼[241)	벗어 맬 석		1.팔을 드러내다, 등거리 석2. 포대기 체	1. 웃통벗을, 팔 드러낼, 웃옷 석 2.포대기 체	1.웃통 벗을 석 2.포대기 체	1. 윗통벗을, 석의, 어깨드러낼 석2.포대기 체
560	선	墠[242)	제터 선		제단 선	제사터 선	제터 선	1. 깨끗하게닦은교회의땅, 제터, 청소할선2. 느릿할 천
566	설	挈[243)	1. 끌설2. 이지러질 계	끌 설	1.끌 설2.이지러지다, 새기다 계	1. 끌, 가지런히 할, 절박할 설2. 끊을, 그슬릴, 문서 계	1.손에 들 설(本音:결)2.끊을 계	1. 들, 거느릴, 들어보일, 잡을 설(本音:계)2. 새길, 계약, 끊을, 영리할 계3. 홀로 갈

240) 쏠 석 : 「訓蒙比叡下:5」에 '벌쏠 셕', 「釋要下:58」, 「新字3:62」에 '쏠 셕' 등으로 나타나 있어 典據를 따르되, 여러 字典에서 제시한 訓音을 고려하여 '쏠 석'을 代表訓音으로 설정하였다.

241) 벗어맬 석/포대기 체 : 「訓蒙比叡下:9」에 '바술텩 셕', 「字類上:87」에 '온멜 셕, 테 셕', 「釋要下:62」에 '옷버서멜 석', 「新字3:66」에 '포대기 테, 벗어맬 셕, 등거리 셕'으로 나타나 있어 典據를 따르되, 여러 字典들에서도 함께 제시하고 있는 점을 고려하여 複數訓音을 설정하였다.

242) 제터 선 : 「字類下:21」에 '판위 션', 「新字1:31」에 '졔터 션'으로 나타나 있어 典據를 따르되, 여러 字典에서 제시한 訓音을 고려하여 '제터'를 代表訓으로 설정하였다.

243) 끌 설/이지러질 계 : 「類合下:28」에 '자볼 혈', 「字類上:72」에 '쯔을 결/혈', 「釋要上:50」에 '불노 점치는거북지질 계, 쯔을 설', 「新字2:11」에 '이질어질/거북졈칠 계, 쓸/달아올릴 셜' 등으로 나타나 있어 典據를 따르되, '挈家, 挈眷' 등에서의 音과 뜻을 고려하여 '설' 音을 기본으로 하되, 여러 字典에서 제시한 訓音을 고려하여 複數訓音을 설정하였다. 한편 '결'과 '혈'音에 대해서는 이미 '설'로 變音되어, 현대국어에서 쓰임이 거의 없는 것으로 판단하였다.

順番	音價	漢字	古今	韓國	北韓	民衆	東亞	教學
443	설	絏[244]	맬 설		(자유롭지 못하게) 매다. 구속하다	1.고삐,줄,맬,도지개 설2.뛰어넘을 예(紲와 同字)	1.맬 설2.소매 예	1.고삐,오라줄,묶을,도지개,평복 설2.소매 예
444	섬	憸[245]	아첨할 섬	간사할 섬	간살을 부리며 재잘거리다,간사스럽게 아첨하다,험피하다,간사스럽다	간사할 섬(험)	간사할 섬	간사할 첨(섬,험)
445	섭	韘[246]	건널 섭		깍지 섭	깍지 섭	깍지 섭	깍지,준설할 섭

244) 맬 설/소매 예 : 「字類下:31」에 '밀ㅅ 셜', 「釋要下:29」에 '맬 설', 「新字3:32」에 '맬 셜'로 나타나 있어 典據를 따르되, 여러 字典에서 제시한 訓音을 함께 고려하여 複數訓音을 설정하였다.

245) 아첨할 섬 : 「類合下:33」에 '입놀카올 쳠', 「字類下:28」에 '아당 셤, 험 쳠', 「釋要上:47」에 '험피할 험, 아첨할 섬', 「釋要下:72」에 '험피할 험', 「新字2:7」에 '간사할 셤, 간사이말할 험'으로 나타나 있어 典據를 따랐다. '첨' 音과 '험' 音에 대해서는 현대국어에서 쓰임이 거의 없는 것으로 판단하였다.

246) 깍지 섭 : 「訓蒙比叡中:14」에 '헐겁지 셥', 「釋要上:40」에 '각지 섭', 「新字4:37」에 '깍지 셥'으로 나타나 있어 典據를 따르되, 여러 字典에서 제시한 訓音을 함께 고려하여 '깍지'를 代表訓으로 설정하였다.

順番	音價	漢字	古今	韓國	北韓	民衆	東亞	敎學
446	성	騂[247]	붉은 소 성		붉은 말,붉은 소	절따말, 붉을, 붉힐 성	붉은 말 성	절따말, 붉을, 활의모양이 갖추어진모양 성
448	세	帨[248]	수건 세	수건 세	수건 세	수건, 손씻을 세	수건 세	수건,손닦을 세
449	소	愬[249]	하소연할 소		1.하소연하다, 참소하다소2. 두려워하다 색	1.하소연할,참소할 소2.두려워할,놀랄 색	1.하소연할 소2.두려워할 색	1.하소연할,비방할,하소연,향할소2.두려울 색
450	소	繅[250]	고치 켤 소	고치 켤 소	1.고치를 켜다 소2.옥받침 조	1.켤 소2.옥받침,문채 조	1.고치 켤 소 2.문채 조	1.고치켤소2.문채,관끈,옥받침 조
451	소	翛[251]	날개 소리 소		1.매인데가 없는 모양2.[翛翛]날아가는 소리,새의 깃이 모지라진 모양	1.날개찢어질 소2.빠를 유	1.날개 찢어질 소2.빨리 나는 모양 숙3.빠른 모양 유	1.날개해진모양, 홀가분한모양, 흔들리는소리, 섞인모양, 앙상한모양소2.빠를 숙

247) 붉은소 성 : 「字類下:44」에 '붉을 셩', 「釋要下:106」에 '붉은소 셩', 「釋要下:66」에 '활점아드릴 셩', 「新字4:43」에 '붉은소 셩, 절다말 셩, 활물정물정할 셩'으로 나타나 있어 典據를 따르되, 여러 字典에서 제시한 訓音을 고려하여 '붉은소'를 代表訓으로 설정하였다. 다만 한자의 形聲 및 다른 字典들에서 함께 제시하고 있는 訓音을 고려한다면 '붉은말'을 複數訓으로 설정하는 것도 검토할 만하다.

248) 수건 세 : 「釋要上:36」에 '찰수건 세', 「字類上:88」, 「兒學上:12」, 「新字1:45」에 '슈건 셰' 등으로 나타나 있어 典據를 따르되, 여러 字典에서 제시한 訓音을 고려하여 '수건'을 代表訓으로 설정하였다.

249) 하소연할 소/두려워할 색 : 「字類下:30」에 '샤울 소, 샤울 식', 「釋要上:45」에 '놀납고두려을 색', 「新字2:4」에 '고할 소, 하소할 소, 두려워할 색'으로 나타나 있어 典據를 따르되, 여러 字典에서 제시한 訓音을 함께 고려하여 複數訓音을 설정하였다.

250) 고치켤 소 : 「訓蒙比叡下:8」에 '실혈 소', 「倭解下:10」에 '실혀 소', 「字類上:82」에 '고치켤 소, 고치켤 조', 「兒學下:5」에 '고치켤 소', 「釋要下:32」에 '고치켤 소, 옥바침 오, 색방석 조', 「新字3:35」에 '고치켤 소, 옥바팀 조'로 나타나 있어 典據를 따르되, 여러 字典에서 제시한 訓音을 고려하여 '고치켤 소'를 代表訓音으로 설정하였다. '조' 音에 대해서는 현대국어에서 쓰임이 거의 없는 것으로 판단하였다.

251) 날개소리 소 : 「字類下:67」에 '긷히야딜 쇼, 싣히야딜 슉', 「釋要下:36」에 '깃소래 소', 「新字3:39」에 '날애치는소리 쇼, 모질아질 쇼'로 나타나 있어 典據를 따르되, 여러 字典에서 제시한 訓音을 고려하여 '날개소리'를 代表訓으로 설정하였다.

順番	音價	漢字	古今	韓國	北韓	民衆	東亞	教學
452	소	艘[252]	고물 소		배 소	배 소	배 소	배,척 소
453	소	蛸[253]	갈거미 소		버마재비 새끼,[蛸蛸]납거미	갈거미,오징어초	갈거미,사마귀 할 소	소소(갈거미),표소(버마재비의 알의 덩이),성 소
457	속	樕[254]	참나무 속		[樸樕]작은 나무	덤불,떡갈나무 속	떡갈나무 속	작은나무 속
458	속	蔌[255]	푸성귀 속		나물수(속),[蔌蔌]비루하다,세찬바람소리	푸성귀,나물,姓 속	푸성귀 속(수)	나물,누추할,바람이 세차게 부는 모양;물이 흐르는 모양;꽃이떨어지는모양;성 속(수)
459	속	藚[256]	쇠귀나물 속		약초	질경이 택사 속	택사 속	택사 속
460	속	觫[257]	곱송그릴 속		[觳觫]두려워하는모양	곱송그릴 속	곱송그릴 속	죽음을 두려워하는 모양 속

252) 고물[船尾] 소 : 「訓蒙比叡中:13」에 '빗고믈 쵸', 「字類下:11」, 「釋要下:44」에 '배ㅅ고리 소', 「新字3:47」에 '고물/정탐하는배 쇼' 등으로 나타나 있어 典據를 따르되, 여러 字典에서 제시한 訓音을 고려하여 '고물'을 代表訓으로 설정하였다. 다만 訓의 뜻을 명확히 할 수 있다는 점에서는 '뱃고물'을 代表訓으로 설정하는 것도 검토할 만하다.

253) 갈거미 소 : 「訓蒙比叡上:11」에 'ᄀᆞᆯ거믜 쇼', 「字類下:81」에 '거믜 쇼', 「釋要下:60」에 '낙거믜 소', 「新字3:63」에 '락거믜 쇼'로 나타나 있어 典據를 따랐다.

254) 참나무 속 : 「字類下:61」에 '춤나무 속', 「釋要上:69」에 '쩍갈나무 속', 「新字2:36」에 '쌍갈나무 속, 토리참나무 속'으로 나타나 있어 典據를 따르되, 여러 字典에서 제시한 訓音을 고려하여 '참나무'를 代表訓으로 설정하였다.

255) 푸성귀 속 : 「字類下:55」에 '희쒸 속', 「釋要下:50」에 '푸성귀 수, 더러울 속, 바람서슬 속', 「新字3:55」에 '나물 수, 나물 속, 더러울 속, 바람서슬 속'으로 나타나 있어 典據를 따르되, 여러 字典에서 제시한 訓音을 고려하여 '푸성귀'를 代表訓으로 설정하였다.

256) 쇠귀나물 속 : 「字類下:53」에 '틱샤 쇽, 쇠귀나물 쇽', 「釋要下:53」에 '쇠귀나물 속', 「新字3:57」에 '소혀나물 쇽'으로 나타나 있어 典據를 따르되, 여러 字典에서 제시한 訓音을 고려하여 '쇠귀나물'을 代表訓으로 설정하였다.

257) 곱송그릴 속 : 「字類下:71」에 '곡려울 속', 「釋要下:66」에 '곱송구릴 속', 「新字4:2」에 '곱송거릴 속'으로 나타나 있어 典據를 따르되, 현재에서 쓰이는 語形인 점을 고려하여 '곱송그릴 속'을 代表訓音으로 설정하였다.

順番	音價	漢字	古今	韓國	北韓	民衆	東亞	教學
461	속	餗258)	삶은 나물 속		곰 속	솥안 음식 속	죽 속	솥안의 음식 속
462	손	飧259)	저녁밥, 물만밥 손		밥 손	저녁밥,지을,말,먹을 손	저녁밥 손	저녁밥,익힌음식,물로밥을말,먹을,편연 손
464	송	竦260)	공경할 송	두려울 송	공경하다,두렵다,높이다,움직이다	공경할,두려워할,놀랄,올릴,움츠릴,발돋움할,설,우뚝솟을 송	삼갈 송	발돋움할,집중할,공경할,잡을,두려워할,흔들 송
465	쇄	洒261)	뿌릴 쇄	1닦을 쇄,2 씻을 세	1.뿌리다쇄2.씻다 세3.엄숙한모양,물이깊다 선4.높은모양 최 5.뿌리다,큰비파 사 6.뿌리다 새	1.뿌릴,시원할쇄2.씻을세3.엄숙할,깊을,뿌릴,떨,놀랄 선4.험할 최	1.물 뿌릴 쇄 2.씻을 세3.삼갈,놀랄 선4.험할 최 5.물부을 신	1.물뿌릴,흩뿌릴,소탈할쇄(새)2.씻을 세3.공손할,떠는모양,깊을 선4.높고험한모양 최 5.놀라는모양 산

258) 삶은나물 속 : 「字類上:77」에 '음식 속', 「釋要下:103」에 '삶은나물 속', 「新字4:41」에 '곰 속'으로 나타나 있어 典據를 따르되, 구체적인 뜻을 제시하고 있는 점과, 여러 字典에서 제시한 訓音을 고려하여 '삶은나물'을 代表訓으로 설정하였다.

259) 저녁밥/물만밥 손 : 「訓蒙比叡中:10」에 '믈믄밥 손', 「字類上:77」에 '저녁먹이 손, 물말이 손', 「釋要下:103」에 '저녁밥 손, 물만밥 손', 「新字4:40」에 '저녁밥 손, 물만밥 손'으로 나타나 있어 典據를 따르되, 여러 字典에서 제시한 訓音을 함께 고려하여 複數訓을 설정하였다.

260) 공경할 송 : 「類合下:54」에 '숫그러 숑', 「釋要下:23」에 '가다듬을 송, 소승길 송', 「新字3:25」에 '공경할 숑, 두려울 숑, 높힐 숑'으로 나타나 있어 典據를 따르되, 여러 字典에서 제시한 訓音을 고려하여 '공경할 송'을 代表訓音으로 설정하였다.

261) 뿌릴 쇄/씻을 세 : 「類合下:8」에 '믈쁘릴 쇄', 「字類上:46」에 '씨슬 셰, 쌀일 쇄, 쌀일 새, 쌀일 사, 쌀일 최, 쌀일 션', 「釋要上:78」에 '조심할/물깁흘 선, 놉흘 최', 「新字2:48」에 '씻을 셰, 셜치할 셰, 쑤릴 새, 옷독할 최, 닥글 쇄, 엄숙할/물깁흘 션, 으슬으슬떨릴 션, 쇄락할 사' 등으로 나타나 있어 典據를 따르되, 여러 字典에서 제시한 訓音을 함께 고려하여 複數訓音을 설정하였다. '선' 音에 대해서는 현대국어에서 쓰임이 거의 없는 것으로 판단하였다.

順番	音價	漢字	古今	韓國	北韓	民衆	東亞	敎學
466	쇄	瑣262)	옥가루 쇄	옥가루 쇄	옥 소리,옥 가루,좀스럽다 세쇄하다	잘,천할,가루,쇠사슬,姓 쇄	자질 구레할 쇄	옥소리,자잘할,천할,하찮을,사슬,궁궐 쇄(本音 :솨)
467	수	叟263)	할아비 수		늙은이 수	늙은이,쌀이는 소리 수	늙은이,쌀 씻는 소리,움직일 수(本音:소)	1.늙은이,부족이름수2.쌀 씻는 소리 소
470	수	睟264)	바라볼 수	흠치르르할 수	바로 보는 모양,눈이 맑다,윤택한 모양	함치르르할,맑을,순수할 수	바로 볼 수	볼,번지르르한 모양,순일할 수
471	수	瞍265)	소경 수		소경 수	소경 수	소경 수(소)	소경,늙은이 수(소)
472	수	樕266)	문배 수		돌배,팔배.홍배	돌배나무 수	돌배나무 수	산배나무,따를,깊을 수
474	수	繻267)	고운비단 수			명주,명주조각 수(유)	고운명주 수(유)	채색비단,젖을,통행증 유(수)

262) 옥가루 쇄 : 「類合下:61」에 '흑ㅂㄷ 쇄', 「字類上:55」에 '간을 솨', 「釋要下:2」에 '옥가루/쇄할 쇄, 옥가루 세', 「新字3:3」에 '옥가루/잘/좀스러울/대궐문아로삭일 쇄'로 나타나 있어 典據를 따랐다.

263) 늙은이 수 : 「訓蒙比叡上:17」, 「類合上:17」에 '한아비 수', 「字類上:31」에 '로인 수', 「兒學上:1」에 '늘구니 수', 「釋要上:14」에 '늙은이/얼신네/쌀씻는소래 수', 「新字1:20」에 '어른/쌀씻는소리/늙은이 슈' 등으로 나타나 있어 典據를 따르되, 여러 字典에서 제시한 訓音을 고려하여 '늙은이'를 代表訓으로 설정하였다.

264) 바로볼 수 : 「字類上:37」에 '발우볼 슈', 「釋要下:12」에 '눈맑을/윤택할 수', 「新字3:14」에 '쪽바루볼/흠치를할 슈' 등으로 나타나 있어 典據를 따르되, 이들 문헌에서 주로 '視正'의 뜻으로 설명하고 있음을 고려하여 '바로볼 수'를 代表訓音으로 설정하였다.

265) 소경 수 : 「字類下:18」에 '소경 수', 「釋要下:13」에 '판수 수', 「新字3:15」에 '소경/장님/판수/봉사 수' 등으로 나타나 있어 典據를 따르되, '소경, 판수, 장님, 봉사' 들이 모두 같은 뜻이라는 점과, 여러 字典에서 제시한 訓音을 고려하여 '소경'을 代表訓으로 설정하였다.

266) 산배 수 : 「字類下:57」에 '묏비 슈', 「釋要上:70」에 '문배 수', 「新字2:37」에 '팟배나무 슈' 등으로 나타나 있어 典據를 따르되, 여러 字典에서 제시한 訓音을 고려하여 '산배'를 代表訓으로 설정하였다.

267) 고운비단 수 : 「釋要下:33」에 '고은깁/비단통부 수', 「新字3:36」에 '톡밴깁/비단보람 슈' 등으로 나타나 있어 典據를 따르되, 그 뜻이 쉽게 표현된다는 점을 고려하여 '고운비단'을 代表訓으로 설정하였다.

順番	音價	漢字	古今	韓國	北韓	民衆	東亞	教學
476	숙	俶268)	비롯할 숙		비로소,[倜儻](뜻이커)구속이없다	1.비로서,지을,정돈할,착할 숙 2.기재있을,뛰어날 척	1.비롯할 숙,2.뛰어날 척	1.착할,처음,지을,정돈할,두터울숙2.호협할,뛰어날 척
479	순	鶉269)	메추리 순	메추리 순	1.메추라기 순2.독수리,소리개 단	메추라기,별이름 순 수리 단	1.메추라기 순2.수리 단	1.암순,아름다울,별자리이름,누더기,순조순 2.독수리 단
480	순	犉270)	입술 검은 누른 소 순		입술이 검은 누렁소,키가 일곱 자 되는 소	누르고 입술 검은 소 순	누르고 입술 검은 소 순	털은누렇고입술은검은소 순
483	습	熠271)	빛날 습		빛나다.환하다	고울,빛날,빛,반딧불 습	빛날 습(本音:읍)	빛날,도깨비불 습
484	습	隰272)	진펴리 습	습할 습	진 펄,개간한 땅	진펄,따비밭,물가,姓 습	진 펄 습	1.진펄,개간지,가,고을이름,주이름,姓습2.사람이름 섭

268) 비롯할 숙 : 「光千28」에 '비르술 숙', 「字類上:71」에 '비로솔 슉, 비로솔 텩', 「釋要上:5」에 '비로소/착할/지을/심할 숙', 「新字1:8」에 '비롯을/지을/정돈할/심할/착할 숙, 고상할 텩' 등으로 나타나 있어 典據를 따르되, 여러 字典에서 제시한 訓音을 고려하여 '비롯할 숙'을 代表訓音으로 설정하였다. '척' 音에 대해서는 현대국어에서 쓰임이 거의 없는 것으로 판단하였다.

269) 메추리 순 : 「訓蒙比叡上:9」에 '모ᄎ라기 슌', 「倭解下:21」에 '몰ᄎᄅ기 슌', 「字類下:65」에 '뫼쵸락이 슌', 「兒學上:7」에 '뫼초라기 순', 「釋要下:13」에 '뫼차라기 순', 「新字4:50」에 '모추락이/옷해여질 슌, 수리 단' 등으로 나타나 있어 典據를 따랐다. '단' 音에 대해서는 현대국어에서 쓰임이 거의 없는 것으로 판단하였다.

270) 입술검은누렁소 순 : 「字類上:91」에 '황쇼 순', 「釋要上:91」에 '입수얼검은누른소 순', 「新字2:63」에 '누르고입설검은소 슌, 일곱자소 슌' 등으로 나타나 있어 典據를 따르되, 여러 字典에서 제시한 訓音을 고려하여 '입술검은누렁소'를 代表訓으로 설정하였다.

271) 빛날 습 : 「字類上:5」에 '빋날 읍', 「釋要上:88」에 '크게빗날/반딋불 습', 「新字2:60」에 '환할/선명할/반디불반작거릴 습' 등으로 나타나 있어 典據를 따르되, 여러 字典에서 제시한 訓音을 고려하여 '빛날 습'을 代表訓音으로 설정하였다. 여러 문헌에서 '熠'의 本音으로 설명하고 있는 '읍'音에 대해서는 현대국어에서 쓰임이 거의 없는 것으로 판단하였다.

272) 진펄 습 : 「字類上:20」에 '비습 습', 「新字4:33」에 '진펴리 습'으로 나타나 있어 典據를 따르되, 固有語인 점을 고려하여 '진펄'을 代表訓으로 설정하였다.

順番	音價	漢字	古今	韓國	北韓	民衆	東亞	敎學
485	시	偲[273)	힘쓸 시		[偲偲]서로 알뜰히 충고하는 모양,재주,굳세다,수염이 많은 모양	1.책선할,굳셀,똑똑할,수염많을 시2.굳셀,똑똑할,수염많을 시(本音:채)	굳셀 시	간절히권할,재주많을 시
486	시	兕[274)	외뿔소 시	외뿔소 시	짐승 이름	외뿔소 시	외뿔들소 시,(本音:사)	외뿔소 시
487	시	枲[275)	수삼 시		모시 시	모시풀 시	모시풀 시	수 삼 시
489	시	諟[276)	다스릴 시		이 시,다스리다,살피다	이,바를,바로잡을,자세히할 시	1.이 시2.자세히 살필 체	1.바로잡을시2.살필 체
490	시	釃[277)	술거를 시		술을 거르다	1.거를,나눌 시 2.거를,나눌 소 3.묽은 술 리	1.거를 시2.거를 소3.싱거운 술 리	1.술거를,따를,나뉘어져흐를 시(소)2.싱거운 술 리
491	식	栻[278)	점치는 판 식		점 판	점판 식	점치는 기구 식	나무이름,점치는기구 식

273) 힘쓸 시 : 「字類上:64」에 '힘쓸 싀/치', 「釋要上:6」에 '살피고힘쓸/재조만을 싀', 「新字1:8」에 '간절이책망할 채/시, 굿셀 채/시, 채슈염날 채/시' 등으로 나타나 있어 典據를 따르되, 여러 字典에서 제시한 訓音을 고려하여 '힘쓸 시'를 代表訓音으로 설정하였다. '채' 音에 대해서는 현대국어에서 쓰임이 거의 없는 것으로 판단하였다.

274) 외뿔소 시 : 「釋要上:8」에 '외쁠난들소 시', 「新字1:12」에 '외쁠소/쁠잔 시' 등으로 나타나 있어 典據를 따르되, 여러 字典에서 제시한 訓音을 고려하여 '외뿔소'를 代表訓으로 설정하였다.

275) 수삼 시 : 「字類上:82」에 '모시 시', 「兒學上:6」, 「釋要上:63」에 '수삼 시', 「新字2:28」에 '수삼 시, 독고마리 시' 등으로 나타나 있어 典據를 따르되, 여러 文獻에서 제시하고 있는 점을 고려하여 '수삼'을 代表訓으로 설정하였다.

276) 다스릴 시 : 「字類上:63」에 '샬필 시', 「釋要下:69」에 '이/다스릴/자세할 시', 「新字4:5」에 '이/살필/다스릴 시' 등으로 나타나 있어 典據를 따르되, 여러 字典에서 제시한 訓音을 고려하여 '다스릴 시'를 代表訓音으로 설정하였다. '체' 音에 대해서는 현대국어에서 쓰임이 거의 없는 것으로 판단하였다.

277) 술거를 시 : 「訓蒙比叡下:7」에 '거를 싀', 「字類上:82」에 '걸을 싀, 걸을 소', 「釋要下:88」에 '술거를 싀', 「新字4:24」에 '술거를 싀'로 나타나 있어 典據를 따르되, 구체적인 뜻을 나타내고 있는 점과 글자의 形聲을 고려하여 '술거를 시'를 代表訓音으로 설정하였다. '리' 音에 대해서는 현대국어에서 쓰임이 거의 없는 것으로 판단하였다.

278) 점치는판 식 : 「字類上:59」에 '나무판 식', 「釋要上:64」에 '점치는판 식', 「新字2:30」에 '점판 식'으로 나타나 있어 典據를 따르되, 구체적인 뜻을 나타내는 점을 고려하여 '점치는판'을 代表訓으로 설정하였다.

順番	音價	漢字	古今	韓國	北韓	民衆	東亞	教學
492	신	贐279)	노자 신	노자 신	재물,로자,로수	전별할,예물 신	전별할 신	예물,전별금,공물,보낼 신
494	신	甡280)	수두룩할 신		[甡甡]많은 모양,우글우글한모양	우물 우물 할 신	모이는 모양 신	많은모양 신
495	심	諗281)	고할 심		고하다,꾀하다,서로 생각하다,알다	간할,숨을,생각할 심	고할 심	고할,생각할,자세할,간할,자세히살필,잘 알,몰래숨을 심
496	아	迓282)	맞을 아	맞을 아	맞을 아	마중할 아	마중할 아	맞이할,맞받아칠,달아날 아
497	악	咢283)	깜짝 놀랄 악		노래를 화답하다,[咢咢]관이 높은 모양,바른 말을 하다	놀랄,북칠,높을,곧은말할,칼날	놀랄 악	북칠,바른말할,칼날,높은모양,놀랄,지붕모서리 악

279) 노자 신 : 「釋要下:76」에 '신행할 신', 「新字4:11」에 '로자 신, 로수 신'으로 나타나 있어 典據를 따르되, 여러 字典에서 제시한 訓音을 고려하여 '노자'를 代表訓音으로 설정하였다.

280) 수두룩할 신 : 「字類上:70」에 '어러 신', 「釋要下:5」에 '수두룩할 신', 「新字3:5」에 '만을 신, 우물우물할 신'으로 나타나 있어 典據를 따르되, 뜻이 좀 더 구체적으로 표현된 것으로 판단하여 '수두룩할 신'을 代表訓音으로 설정하였다.

281) 고할 심 : 「字類下:27」에 '고ᄒᆞᆯ 심', 「釋要下:69」에 '꾀 심, 서로생각할 심', 「新字4:5」에 '고할 심, 생각할 심, 꾀할 심'으로 나타나 있어 典據를 따르되, 여러 字典에서 제시한 訓音을 고려하여 '고할 심'을 代表訓音으로 설정하였다.

282) 맞을 아 : 『類合下:36』에 '마ᄌᆞᆯ 아', 『字類上:69』에 '맏즐 아', 『釋要下:83』에 '마즐 아', 『新字4:18』에 '마질 아' 등으로 나타나 있어 典據를 따라 '맞을 아'를 代表訓音으로 설정하였다.

283) 깜짝놀랄 악 : 『字類下:41』에 '북틸 악', 『釋要上:16』에 '한갓북만울닐 악, 바른말 악', 『新字1:22』에 '깜짝놀날 악, 바른말할 악' 등으로 나타나 있어 典據를 따르되, '咢咢'에서 쓰이는 뜻을 고려하여 '깜짝놀랄 악'을 代表訓音으로 설정하였다. 다만 이들 文獻에서 '直言'의 뜻으로도 설명하고 있는 점을 감안한다면 複數訓을 설정하는 것도 검토할 만하다.

順番	音價	漢字	古今	韓國	北韓	民衆	東亞	教學
499	알	戞[284]	창 알		창,치다,(戛의통속자)	창,칠,어근버근할,법알(戛의속자)	창알(戛의속자)	창,상례,칠알,(本音:갈)(戛의속자)
500	알	訐[285]	들춰낼 알	들추어낼 알(갈)	남의 비밀을 발그 집다	1.들추어낼,비방할 알(本音:갈)2.거리낌 없이 말할 계	1.들추어낼알(本音:갈)2.기탄없이 말할 계	1.들추어낼,긴모양알(本音:갈)2.직언할 계
501	알	頞[286]	콧줄기 알		코'마루 알	콧대 알		1.콧대.이마 알 2.사람이름 안
503	암	黯[287]	검을 암	시꺼멀 암	새 까맣다, 섭섭한 모양	검을,어두울,슬퍼할 암	어두울 암	검을,어두울,슬플 암
504	앙	卬[288]	나 앙	나 앙	나 앙	나,오를,우러러볼,姓 앙	나,우러를 앙	나,모일,오를,격력할,노하게할,고개들,바랄,의지할 앙
507	애	僾[289]	비슷할 애	어렴풋할 애	슬프고 기막히다	어렴풋할,흐느낄 애	어렴풋할 애	희미할,돋보기,목멜 애

284) 창/어근버근할 알 : 「釋要上:48」에 '양지창/알알할 알', 「新字2:8」에 '창/지꼘/어근버근할 알' 등으로 나타나 있어 典據를 따르되, 주로 '戟'의 뜻으로 설명하고 있는 점과, 여러 字典에서 '戛'의 俗字로 설명하고 있는 점을 고려하여 '창'을 代表訓으로 설정하였다. 또한 '戞戞, 戞過' 등에서 쓰이는 뜻을 함께 고려하여 複數訓을 설정하였다. '갈' 音에 대해서는 현대국어에서 쓰임이 거의 없는 것으로 판단하였다.

285) 들추어낼 알 : 「訓蒙比叡下:12」에 '허믈니롤 알', 「類合下:33」에 '늡할 알', 「釋要下:66」에 '발각할 알', 「新字4:2」에 '들쳐낼 알' 등으로 나타나 있어 典據를 따르되, 여러 字典에서 제시한 訓音을 고려하여 '들추어낼 알'을 代表訓音으로 설정하였다.

286) 콧대 알 : 『字類上:38』에 'ㅅ고줄기 알', 『釋要下:101』, 『新字4:38』 등에 '코줄기 알'로 나타나 있어 典據를 따르되, 『標準國語大辭典』에서 '콧줄기'를 '콧대'의 비표준어로 설명하고 있는 점을 고려하여 '콧대'를 代表訓으로 설정하였다.

287) 검을 암 : 「字類下:44」에 '검을 암', 「字類上:35」에 '어득 암', 「釋要下:117」에 '깁게검을/리별하기참아어려워할 암', 「新字4:53」에 '싯검을/아득할 암' 등으로 나타나 있어 典據를 따르되, 여러 字典에서 제시한 訓音 및 글자의 形聲을 고려하여 '검을 암'을 代表訓音으로 설정하였다.

288) 나 앙 : 「字類上:65」에 '나 앙', 「釋要上:13」에 '나/격동할 알', 「新字1:19」에 '나/격앙할 앙' 등으로 나타나 있어 典據를 따르되, 여러 字典에서 제시한 訓音을 고려하여 '나'를 代表訓으로 설정하였다.

289) 비슷할/돋보기 애 : 『字類上:49』에 '익연 익', 『釋要上:7』에 '방불할/안경 애', 『新字1:10』에 '비슷할/흙흙늣길/돗보기 애' 등으로 나타나 있어 典據를 따르되, '僾然, 僾逮' 등에 쓰이는 뜻과 여러 字典에서 제시하고 있는 訓音을 함께 고려하여 複數訓을 설정하였다.

順番	音價	漢字	古今	韓國	北韓	民衆	東亞	教學
508	애	藹[290]	성할 애	초목우거질 애	총잡하다,[藹藹]초목이성한모양,화기로운모양	우거질,온화할,姓 애	1.열매 많이 열림,우거질 애 2.우거질 알	많은 모양,우거진모양,운기,아름다울,온화할,비출 애
509	애	餲[291]	밥쉴 애		밥이 쉬다	1.쉴 애(알)	쉴 애	1.밥쉴,물품이변하여냄새날 애(알)2.한구할
510	액	戹[292]	좁을 액		액 액(厄와 同字)	좁을,고생할,액 액	좁을 액	좁을,목,곤할,궁곤할,재앙 액
511	액	阨[293]	막힐 액	1.막힐 액 2.좁을 애	1.막히다, 거리끼다,곤박하다 액2.좁을 애	1.막힐,고난 액 2.험할,좁을 애	1.막힐액2.좁을 애	1.막힐,곤군할,막아서지킬,재앙액2.험준할,요해처,좁을 애
512	앵	嚶[294]	꾀꼬리 소리 앵		[嚶嚶]새 우는 소리	울 앵	새소리 앵	새소리 앵
513	약	禴[295]	봄 제사 약		봄'제사	봄 제사	종묘 제사 이름 약	종묘제사이름 약

290) 초목우거질 애 : 『類合下:54』에 ‘셩홀 애’, 『字類下:53』에 ‘셩홀 애’, 『釋要下:53』에 ‘수두룩할/초목욱어질 애’, 『新字3:57』에 ‘만흘/초목욱어질 애’ 등으로 나타나 있어 典據를 따르되, ‘藹然, 藹鬱’ 등에 쓰이는 뜻을 고려하여 ‘초목우거질 애’를 代表訓音으로 설정하였다.

291) 밥쉴 애 : 『訓蒙比叡下:6』에 ‘쉴 애’, 『釋要下:103』에 ‘밥쉴 애’, 『新字4:41』에 ‘밥쉴 애/알’로 나타나 있어 典據를 따르되, 여러 字典에서 제시한 訓音 및 글자의 形聲을 고려하여 ‘밥쉴 애’를 代表訓音으로 설정하였다. ‘알’ 音에 대해서는 현대국어에서 쓰임이 거의 없는 것으로 판단하였다.

292) 좁을 액 : 「新字2:8」에 ‘되창문/좁을/간난할/곤할/재앙 액’ 등으로 나타나 있어 典據를 따르되, 여러 字典에서 제시한 訓音을 고려하여 ‘좁을 액’을 代表訓音으로 설정하였다.

293) 막힐 액/좁을 애 : 「新字4:31」에 ‘좁은목 애, 맥힐/거릿길/액색할 액’ 등으로 나타나 있어 典據를 따르되, ‘阨塞, 阨窮’ 등에서 쓰이는 뜻과, 여러 字典에서 제시한 訓音을 고려하여 複數訓音을 설정하였다.

294) 꾀꼬리소리 앵 : 『釋要上:20』에 ‘새소래 앵’, 『新字1:26』에 ‘꾀꼴이소리 앵’ 등으로 나타나 있어 典據를 따르되, 여러 字典에서 제시한 訓音 및 글자의 形聲을 고려하여 ‘꾀꼬리소리’를 代表訓으로 설정하였다.

295) 봄제사 약 : 『字類下:21』에 ‘여름졔 약’, 『釋要下:19』에 ‘녀름ㅅ제사일홈 약’, 『新字3:21』에 ‘봄제사 약’으로 나타나 있어 典據를 따르되, 여러 字典에서 제시한 訓音을 고려하여 ‘봄제사’를 代表訓으로 설정하였다.

順番	音價	漢字	古今	韓國	北韓	民衆	東亞	教學
514	약	瀹[296)]	지질 약	적실 약	담그다,적시다,삶다,씻다,다스리다	삶을,데칠,다스릴,씻을 약	데칠 약	적실,데칠,물길틀,물살빠른모양 약
518	양	鍚[297)]	말 이마방울 양		당 노 양	당로(當盧),방패장식 양	당노 양	말이마의장식물,방패뒷면장식,땅이름양
520	어	圉[298)]	마부 어		금하다,막다,마부,변방	마부,마구간,변방,옥,기를,姓 어	마부 어	말기를,말기르는 사람,막을,변방,감옥,악기이름 어
522	어	飫[299)]	배부를 어	배부를 어	먹기 싫어 하다,배부르다	실컷먹을,잔치 어	물릴 어	포식할,잔치베풀,잔치,줄,익히들을,살찔 어
523	어	饇[300)]	배부를 어		배부르다	배부를 어	배부를 어(우)	배부르게 먹을 어(우)

296) 데칠/지질 약 : 『字類上:80』에 '데틸 약', 『釋要上:85』에 '데칠/적실/씨슬 약', 『新字2:57』에 '적실/씻을/지질/데칠/출렁거릴 약' 등으로 나타나 있어 典據를 따르되, 여러 字典에서 제시한 訓音을 고려하여 複數訓을 설정하였다.

297) 말이마치장 양 : 『字類下:70』에 '머리방울 양', 『釋要下:91』에 '말니마치장 양', 『新字4:27』에 '당노 양' 등으로 나타나 있어 典據를 따르되, 여러 字典에서 제시한 訓音 및 글자의 形聲을 고려하여 '말이마치장'을 代表訓으로 설정하였다.

298) 마부 어 : 『字類下:62』에 '어리 어', 『釋要上:21』에 '마부/변방/느른할/막을 어', 『新字1:27』에 '마부/변방/어릿어릿할 어' 등으로 나타나 있어 典據를 따르되, 여러 字典에서 제시한 訓音을 고려하여 '마부'를 代表訓으로 설정하였다.

299) 배부를 어 : 『類合下:17』에 '빈브를 어', 『光千34』에 '빋출 어', 『石千』에 '슬믤 어', 『註千』에 '슬흘 어', 『字類上:81』에 '비불울 어', 『釋要下:103』에 '배부를 어', 『新字4:40』에 '먹시기를/배부를 어' 등으로 나타나 있어 典據를 따르되, 여러 字典에서 제시한 訓音을 고려하여 '배부를 어'를 代表訓音으로 설정하였다.

300) 배부를 어 : 『字類上:81』에 '비불을 우/어', 『釋要下:104』에 '배부를 우', 『新字4:41』에 '배부를 어/우' 등으로 나타나 있어 典據를 따르되, 여러 字典에서 제시한 訓音을 고려하여 代表訓音으로 설정하였다. '우' 音에 대해서는 현대국어에서 쓰임이 거의 없는 것으로 판단하였다.

順番	音價	漢字	古今	韓國	北韓	民衆	東亞	敎學
524	억	嶷301)	산 이름 의(억)	1.어린아이 지각있을 억2.산이름 의	1.어린 아이가 지각이 있다 억2.[九嶷] 산이름 의	1.산 모양,높을, 숙성할 억2.산이름 의	1.높을 억2.산 이름 의	1.나이는어리나총명할,덕이 높을,높을억2. 산이름 의
526	얼	櫱302)	서자 얼	움 얼	나무 그루터기	서자,천민,재앙, 괴롭힐,치장할, 姓 얼(孼의 속자)	서자 얼	서자,움,재앙, 거스름,양조할 얼
527	엄	閹303)	고자 내시 엄	고자 엄	고자,내시	고자,환관,성할, 숨길 엄	내시 엄	내시,불깔,영합할,문짝,제어할,다 엄
530	여	旟304)	새매그린기 여		기'발 이름	기,펄렁거릴 여	기 여	기,오를 여
531	여	洳305)	물이름 여	축축할 여	[沮洳]진펄	습한땅,강이름 여	강이름,잠길 여	여하,축축할 여
532	여	畬306)	세해된밭 여			1.새밭 여2.따비밭,姓 사	1.새밭 여2.따비밭 사	1.신전 여2.화전일굴,화전, 종족이름 사

301) 숙성할 억/산이름 의 : 『字類上:12』에 '구의산 의/억', 『釋要上:34』에 '산일홈 의/억, 어린아해지각 잇슬 억', 『新字1:44』에 '구의산 의, 슉셩할 억' 등으로 나타나 있어 典據를 따르되, '岐嶷' 등에서 쓰이는 뜻과, 여러 字典에서 제시한 訓音을 함께 고려하여 複數訓音을 설정하였다.

302) 서자 얼 : 「字類上:30」, 「釋要上:29」, 「新字1:38」 등에서 '孼'과 同字 혹은 通字로 설명하고 있는 점과, 여러 字典에서도 '孼'의 同字 혹은 俗字로 설명하고 있는 점을 고려하여 '서자'를 代表訓으로 설정하였다.

303) 고자/내시 엄 : 『倭解上:51』, 『字類上:36』에 '고쟈 엄', 『釋要下:94』에 '내관 엄', 『新字4:30』에 '고자/내관 엄' 등으로 나타나 있어 典據를 따르되, '閹人, 閹官' 등에서 쓰이는 뜻과, 여러 字典에서 제시한 訓音을 고려하여 複數訓을 설정하였다.

304) 기(旟) 여 : 『釋要上:59』에 '새매그린긔 여', 『字類下:36』, 『新字2:22』에 '긔 여' 등으로 나타나 있어 典據를 따르되, 여러 字典에서 제시한 訓音 및 글자의 形聲을 고려하여 '기'를 代表訓으로 설정하였다.

305) 물이름/축축할 여 : 『訓蒙比叡上:3』에 '즌퍼리 셔', 『字類上:20』에 '비습 여', 『釋要上:77』에 '축축할 여', 『新字2:47』에 '여슈/물저즐/번질 여' 등으로 나타나 있어 典據를 따르되, 주로 '洳水, 洳河' 등 固有名詞로 쓰이는 점과 '沮洳' 등에서 쓰이는 뜻을 고려하여 複數訓을 설정하였다.

306) 세해된밭 여/따비밭 사 : 『字類上:28』에 '볻갈 여', 『釋要下:6』에 '삼년된밧 여, 화전 사', 『新字3:6』에 '세해된밧 여, 짜븨밧 사' 등으로 나타나 있어 典據를 따르되, 여러 字典에서 제시한 訓音을 고려하여 複數訓音을 설정하였다.

順番	音價	漢字	古今	韓國	北韓	民衆	東亞	教學
533	여	鸒[307)	갈가마귀 여		갈가마귀 여	큰부리까마귀 여	떼까마귀 여	여사(갈가마귀) 여
535	역	洫[308)	빨리 흐를 역			1.빨리 흐를 역 2.도량,해자 혁	1.빨리 흐를 역 2.해자 혁	1.물빨리흐를,슬퍼할역2.해자 혁
536	역	閾[309)	문지방 역		문전 역	문지방 역	문지방 역(혁)	문지방,출입문,제한할,난간 역
537	역	埸[310)	지경 역		밭두둑,지경	밭 두둑,변방 역	밭두둑 역(本音:익)	밭두둑,변방 역
540	역	緎[311)	혼솔 역		갖옷 혼솔,꿰매다	꿰멜,솔기 역	솔기 역	솔기,스무올 역
541	역	罭[312)	물고기 그물 역		고기 그물	그물 역	어망 역	가는그물 역
542	역	鶂[313)	거위소리 역(예)			1.거위소리예2.새이름역(鷁과 同字)	새 이름 역(예)	물새이름,거위의 우는소리 역(예)

307) 갈까마귀 여 : 『訓蒙比叡上:9』에 'ᄀᆞᆯ가마괴 여', 『字類下:64』에 'ᄀᆞᆯ가마귀 여', 『釋要下:115』, 『新字4:51』에 '갈가마귀 여' 등으로 나타나 있어 典據를 따르되, 현대의 標準語形인 '갈까마귀'를 代表訓으로 설정하였다.

308) 빨리흐를 역/해자 혁 : 『釋要上:79』에 '쌀니흐를 역', 『新字2:50』에 '쌀리흐를 역, 해잣/믈잣/서러울 혁' 등으로 나타나 있어 典據를 따르되, 여러 字典에서 제시한 訓音을 고려하여 複數訓音을 설정하였다.

309) 문지방 역 : 「訓蒙比叡中:4」에 '문젼 역', 「兒學上:9」, 「釋要下:94」, 「新字4:30」 등에 '문지방 역'으로 나타나 있어 典據를 따르되, '閾內, 閾外' 등에서 쓰이는 뜻과, 여러 字典에서 제시한 訓音을 고려하여 '문지방'을 代表訓으로 설정하였다.

310) 지경/밭두둑 역 : 『字類上:22』, 『釋要上:22』에 '지경 역', 『新字1:29』에 '밧두둑/변방 역' 등으로 나타나 있어 典據를 따르되, 여러 字典에서 제시한 訓音을 함께 고려하여 複數訓을 설정하였다.

311) 혼솔 역 : 『字類上:84』에 '갈틸 역', 『釋要下:31』에 '갓옷혼솔 역', 『新字3:33』에 '혼솔 역' 등으로 나타나 있어 典據를 따르되, 여러 字典에서 제시한 訓音 및 글자의 形聲을 고려하여 '혼솔'을 代表訓으로 설정하였다.

312) 물고기그물 역 : 『字類下:8』에 '그물 역', 『釋要下:34』에 '고기금울 역', 『新字3:37』에 '물고기그물 역' 등으로 나타나 있어 典據를 따르되, 여러 字典에서 제시한 訓音을 고려하여 '물고기그물'을 代表訓으로 설정하였다.

313) 거위소리 역/예 : 『字類下:63』에 '물새 역, 물새 예', 『釋要下:13』에 '거유소래 역', 『新字4:50』에 '수 역, 거위소리 예' 등으로 나타나 있어 典據를 따르되, 여러 字典에서 제시한 訓音을 고려하여 複數音을 설정하였다.

順番	音價	漢字	古今	韓國	北韓	民衆	東亞	教學
546	연	蜎[314]	벌레꿈틀거릴 연	벌레 꿈적일 연	1.[蜎蜎]벌레가기는모양연2.장구벌레 견	1.장구벌레,휠,길,姓 연2.장구벌레 견	장구벌레 연	1.벌레 움직이는 모양,장구벌레,굽을 연2.날 현
548	염	冉[315]	나아갈 염	약할 염	약할 염	늘어질, 갈, 姓 염	나아갈 염	1.나아갈,연약할,거북등의가장자리염2.나라이름 남
549	염	饜[316]	싫을 염		배부르다, 물리다,그치다,만족하게 여기다,싫다	포식할,흐뭇할 염	물릴 염	배부르게 먹을,만족할,싫어할 염
551	염	燄[317]	불 당김 염		불이당기다,[燄燄]불이 퍼지는모양	불꽃, 불조금타오를 염	불 당길,불꽃 염	불타오르기 시작하는 모양,불빛,밝게비출,태울,권세있을 염(焰의 本字)
552	엽	饁[318]	들 밥 먹일 엽		먹일 엽	들밥, 들밥내갈 엽	들밥 엽	들에밥을보낼,사냥물로제사지낼 엽

314) 벌레꿈틀거릴 연 : 『字類下:83』에 ‘버레 연’, 『釋要下:56』에 ‘버레숨적일/깁고넓을 연, 장구애비 견’, 『新字3:60』에 ‘버레굼질거릴/우렁찰 연, 장구버레 견’으로 나타나 있어 典據를 따르되, 여러 字典에서 제시한 訓音을 고려하여 ‘벌레꿈틀거릴 연’을 代表訓音으로 설정하였다. ‘견’ 音에 대해서는 현대국어에서 쓰임이 거의 없는 것으로 판단하였다.

315) 나아갈 염 : 『字類上:59』에 ‘염 염’, 『新字1:12』에 ‘나아갈/침로할 염’ 등으로 나타나 있어 典據를 따르되, 여러 字典에서 제시한 訓音을 고려하여 ‘나아갈 염’을 代表訓音으로 설정하였다.

316) 싫을/배부를 염 : 『字類上:81』에 ‘슬컨 염’, 『新字4:41』에 ‘시를/물릴 염’ 등으로 나타나 있어 典據를 따르되, ‘饜食’ 등에서 쓰이는 뜻과, 여러 字典에서 제시한 訓音을 고려하여 複數訓을 설정하였다.

317) 불당길 염 : 『字類上:10』에 ‘불띨 염’, 『兒學上:5』에 ‘불씃 염’, 『釋要上:88』에 ‘불처음당길 염’, 『新字2:60』에 ‘불당길/불번적거릴 염’ 등으로 나타나 있어 典據를 따르되, 여러 字典에서 제시한 訓音을 고려하여 ‘불당길 염’을 代表訓音으로 설정하였다.

318) 들밥먹일 엽 : 『訓蒙比叡下:5』에 ‘이바돌 녑’, 『字類上:80』에 ‘들먹이 엽’, 『釋要下:104』에 ‘들밥먹일 엽’, 『新字4:41』에 ‘들점심먹일 엽’ 등으로 나타나 있어 典據를 따르되, 여러 字典에서 제시한 訓音을 고려하여 ‘들밥먹일 엽’을 代表訓音으로 설정하였다.

順番	音價	漢字	古今	韓國	北韓	民衆	東亞	敎學
553	영	嬴[319)	가득할 영	남을 영	남을 영	성,풀,가득할,뻗을,나타날,남을,끝 영	찰 영	가득찰,질,남을,기름질,이길,더할,두를,새길,가 영
554	영	縈[320)	얽힐 영	얽힐 영	둘리다,빙빙돌리다,매다	얽힐,두를,굽을 영	얽힐 영	두를,굽을,매일 영
555	영	贏[321)	남을 영	남을 영	남을 영	남을,나머지,돈벌이,지나칠,풀릴,펴질,받을,쌀,질,이길,나아갈 영	남을 영	이윤을남길,을나,풀릴,나아갈,받아들일,짊어질,이길,쌀 영
556	영	郢[322)	땅이름 영		땅 이름	초나라 서울 영	땅 이름 영	도읍이름,절기이름,필영,姓 영
557	영	攖[323)	찌를 영		다닥치다,가까이하다,어지럽게하다,당기다,이끌다,집다,얽히다	가까이할,어지러울,걸릴 영	다가설 영	다가설,어그러질,어지럽힐,휘감길 영

319) 가득할 영 : 「字類上:33」에 '영셩 영', 「釋要上:29」에 '진나라성/프러질 영', 「新字1:37」에 '성/풀/가득할/남어지 연' 등으로 나타나 있어 典據를 따르되, '嬴羨' 등에서 쓰이는 뜻과, 여러 字典에서 제시한 訓音을 함께 고려하여 '가득할 영'을 代表訓音으로 설정하였다. '연' 音에 대해서는 현대 국어에서 쓰임이 거의 없는 것으로 판단하였다.

320) 얽힐 영 : 「類合下:59」에 '버믈 영', 「字類上:21」, 「釋要下:32」,에 '얽힐 영', 「新字3:34」에 '얽힐/맬 영' 등으로 나타나 있어 典據를 따르되, 여러 字典에서 제시한 訓音을 고려하여 '얽힐 영'을 代表訓音으로 설정하였다.

321) 남을 영 : 「類合下:62」에 '느러날 영', 「字類下:15」에 '남을 영', 「兒學下:9」에 '늘 영', 「釋要下:76」에 '넉넉할 영', 「新字4:11」에 '이남을/메일 영' 등으로 나타나 있어 典據를 따르되, '贏餘, 贏縮' 등에 쓰이는 뜻을 고려하여 '남을 영'을 代表訓音으로 설정하였다.

322) 땅이름 영 : 『釋要下:85』에 '짜일홈 영', 『字類上:25』, 『新字4:21』에 '영짜 영'으로 나타나 있어 典據를 따르되, 여러 字典에서 제시한 訓音을 고려하여 '땅이름'을 代表訓으로 설정하였다.

323) 찌를/가까이할 영 : 『字類上:38』에 '찔을 영', 『釋要上:55』에 '닥듸릴/얽힐 영', 『新字2:18』에 '찔을/집을/어지러울/갓가이할/얼킬 영' 등으로 나타나 있어 典據를 따르되, 여러 字典에서 제시한 訓音을 고려하여 複數訓으로 설정하였다.

順番	音價	漢字	古今	韓國	北韓	民衆	東亞	教學
558	예	睨[324]	흘겨볼 예		곁눈으로 보다	곁눈질할, 노려볼, 엿볼, 기울 예	흘겨볼 예	흘겨볼, 엿볼, 볼, 돌아볼, 기울 예
559	예	蕊[325]	꽃술 예		꽃술, 초목이 모도록하게 난모양	1. 꽃술, 꽃 예2. 모일 전	1. 꽃술예2. 꽃더부룩 할 전	꽃술, 꽃, 초목더부룩이난모양 예(本音:유)
560	예	蚋[326]	모기 예		모기 예	파리매예(蜹와 同字)	파리, 독충예(蜹와同字)	초파리, 모기예(蜹와同字)
561	예	鷖[327]	갈매기 예		갈매기, 봉황, 검푸르다	갈매기, 봉황, 감색 예	갈매기, 검푸른 빛 예	갈매기, 전설상의 새이름, 검푸른비단 예
562	예	麑[328]	사슴새끼 예		사슴의 새끼	사자, 사슴새끼 예	사자 예	사슴새끼 예
563	예	勩[329]	피로할 이(예)		수고롭다 이(예)	수고로울, 괴로울 예(이)	수고로울 예(이)	지칠, 용서할 예(이)
566	예	羿[330]	후예 예		옛날 사수의 이름	사람이름, 날아오를 예	사람이름 예	사람이름 예

324) 흘겨볼 예 : 『字類上:38』에 '견볼 예', 『兒學下:2』에 '빗겨볼 예', 『新字3:14』에 '흘겨볼/해찌우러질 예'로 나타나 있어 典據를 따르되, 여러 字典에서 제시한 訓音을 고려하여 '흘겨볼 예'를 代表訓音으로 설정하였다.

325) 꽃술 예 : 「兒學上:6」, 「釋要下:53」, 「新字3:55」에 '쏫술 예', 「新字3:57」에 '옛술 예' 등으로 나타나 있어 典據를 따르되, 여러 字典에서 제시한 訓音을 고려하여 '꽃술'을 代表訓으로 설정하였다.

326) 모기 예 : 『字類上:80』에 '모긔 예', 『釋要下:57』에 '바구미/모긔 예', 『新字3:59』에 '모기 예', 『新字3:60』에 '초눈/하루살이 예' 등으로 나타나 있어 典據를 따르되, 여러 字典에서 제시한 訓音을 고려하여 '모기'를 代表訓으로 설정하였다.

327) 갈매기 예 : 「字類下:63」, 「釋要下:114」에 '갈마기 예', 「新字4:50」에 '갈맥이/수악새/봉새 예' 등으로 나타나 있어 典據를 따르되, 여러 字典에서 제시한 訓音을 고려하여 '갈매기'를 代表訓으로 설정하였다.

328) 사슴새끼 예 : 「字類下:73」, 「釋要下:116」에 '사슴삿기 예', 「新字4:52」에 '사슴색기/사지 예' 등으로 나타나 있어 典據를 따르되, 여러 字典에서 제시한 訓音을 고려하여 '사슴새끼'를 代表訓으로 설정하였다.

329) 수고로울 예/이 : 『訓蒙比叡下:13』에 '잇블 예', 『字類上:56』에 '수구 이/예', 『釋要上:12』에 '수구할 이', 『新字1:17』에 '수고러울 이/예' 등으로 나타나 있어 典據를 따르되, 여러 字典에서 제시한 訓音을 고려하여 複數音을 설정하였다.

330) 사람이름 예 : 『字類上:35』에 '샤수 예', 『釋要下:36』에 '예ㅅ적활스승의일홈 예', 『新字3:38』에 '후에 예' 등으로 나타나 있어 典據를 따르되, 여러 字典에서 제시한 訓音을 고려하여 '사람이름'을 代表訓으로 설정하였다.

順番	音價	漢字	古今	韓國	北韓	民衆	東亞	敎學
567	예	輗[331)]	안장 예		멍에 마구리	끌채 끝 예	끌채 끝 쐐기 예	끌채끈의 멍에, 장애가될, 비예 예
568	오	忤[332)]	거스릴 오	거 스 를 오	거스를 오	거스를, 미워할, 섞일 오	거스를 오	거스를, 섞일 오
569	오	汙[333)]	더러울 오		더러울 오	1. 괸물, 낮을, 더러울, 더럽힐, 더러움, 굽힐, 빨 오 2. 팔 와(汚와 同字)	1. 더러울, 씻을 오2. 굽힐 우3. 땅 팔 와(汚와 同字)	1. 더러울, 때, 더럽힐, 욕될, 씻을, 괸물, 구덩이, 낮을 오2. 구부릴 우 3. 팔, 과장할 와
570	오	隩[334)]	감출 오	감출 오	물'굽이, 깊다, 감추다 오	1. 물굽이, 숨길, 숨을 오2. 거처, 따뜻할 욱	1. 굽이 오2. 굽이 욱	1. 은미할, 깊을, 방의서남쪽구석, 거처오2. 물굽이, 따뜻할, 감출, 주이름 욱
572	오	奡[335)]	거만할 오		거만하다, 날래고 굳센 모양	오만할, 헌걸찰, 사람이름, 姓 오	오만할 오	오만할, 힘찰, 사람이름 오
576	올	杌[336)]	가 지 없 는 나무 올		[杌隉]위태롭다	등걸, 위태할 올	위태로울 올	위태로울, 걸상, 등걸, 흔들 올

331) 멍에막이 예 : 『字類上:9』에 '멍에막이 예', 『釋要下:81』에 '멍에가로막이 예', 『新字4:16』에 '수레채마구리 예' 등으로 나타나 있어 典據를 따르되, 여러 字典에서 제시한 訓音을 고려하여 '멍에막이'를 代表訓으로 설정하였다.

332) 거스를 오 : 「字類上:42」에 '거슬일 오', 「釋要上:42」에 '거사릴 오', 「新字2:1」에 '거스를/미워할 오' 등으로 나타나 있어 典據를 따르되, '忤視, 忤耳' 등에서 쓰이는 뜻과, 여러 字典에서 제시한 訓音을 고려하여 '거스를 오'를 代表訓音으로 설정하였다.

333) 더러울 오 : 「類合下:61」, 「字類上:10」 「釋要上:76」 등에서 '汚'를 '더러울 오'를 제시하면서 '汙'를 同字로 설명하고 있는 점을 고려하여, 典據를 따라 '더러울 오'를 代表訓音으로 설정하였다.

334) 감출 오 : 『字類上:17』에 '물ㅅ가 욱/오', 『新字4:33』에 '감출/물가언덕/아래목/네모퉁이 욱' 등으로 나타나 있어 典據를 따르되, 여러 字典에서 제시한 訓音을 고려하여 '감출 오'를 代表訓音으로 설정하였다.

335) 거만할 오 : 『字類上:35』에 '거만 오', 『釋要上:25』에 '날낼 오', 『新字1:33』에 '거만할/헌걸찰 오' 등으로 나타나 있어 典據를 따르되, 여러 字典에서 제시한 訓音을 고려하여 '거만할 오'를 代表訓音으로 설정하였다. 또한

336) 가지없는나무/위태로울 올 : 「字類上:35」에 '도올 올', 「新字2:28」에 '우무질어진나무/수선할 올' 등으로 나타내면서, 한결같이 '木無枝'의 뜻으로 설명하고 있는 점을 고려하여 典據를 따르되, 여러 字典들에서 제시하고 있는 訓音과, '杌隉' 등에서 쓰이는 뜻을 함께 고려하여 複數訓을 설정하였다.

順番	音價	漢字	古今	韓國	北韓	民衆	東亞	教學
578	옹	雝337)	화할 옹	할미새 옹	화락하다	화락할, 할미새 옹	할미새, 막을 옹	옹거, 화할, 다정하게우는새소리, 덮어가릴, 요리할 옹
579	옹	顒338)	우러를 옹	우러를 옹	큰 머리, 크다, 우러러 보다, 엄정한 모양	엄숙할, 클, 힘셀, 姓 옹	공경할 옹	1.큰머리, 엄정한모양, 앙모할(우러러사모하다)옹2.새이름여
582	완	垸339)	회 섞어 바를 완		칠에 회를 섞어 바르다	바를 완	바를 완(환)	1.제방 완2.바를, 구를, 환 환
583	완	盌340)	은바리 완		사발 완(椀와 同字)	주발 완	주발 완	주발 완
587	요	儌341)	1.구할 요2.갓 교	돌아다닐 요(교), 구할 요	구하다, 가리다, 맞다, 순행하다, 변방의 경계선 요	돌, 순라군, 변방, 구할, 훔칠, 막을 요(本音:교)	구할, 순찰할, 맞을 요(本音:교)	1.돌아다닐, 변방, 끝, 빼앗을, 들추어낼, 요행 요(本音:교)2.구할, 가로막을, 부러들일 요
588	요	殀342)	단명할 요		요망할 요	일찍죽을, 죽일 요	일찍 죽을 요	일찍죽을, 죽일 요

---

337) 화할/할미새 옹 : 『釋要下:96』에 '화할 옹', 『釋要上:39』에 '벽옹 옹', 『新字3:33』에 '화할/벽 옹' 등으로 나타나 있어 典據를 따르되, 여러 字典에서 제시한 訓音을 고려하여 複數訓을 설정하였다.

338) 우러를 옹 : 『字類下:24』에 '울얼 옹', 『釋要下:101』에 '옹망할/온공스러을/머리클 옹', 『新字4:39』에 '우럴/클/온공할 옹' 등으로 나타나 있어 典據를 따르되, '顒望(크게 우러러 바람.), 顒祝(잘되게 해 달라고 크게 빎.)' 등에서 쓰이는 뜻과, 여러 字典에서 제시한 訓音을 고려하여 '우러를 옹'을 代表訓音으로 설정하였다.

339) 회섞어바를 완 : 『釋要上:22』에 '칠에회석거칠할 완', 『新字1:28』에 '칠에회석거바를 완'으로 나타나 있어 典據를 따르되, 여러 字典에서 제시한 訓音을 고려하여 '회섞어바를 완'을 代表訓音으로 설정하였다.

340) 주발 완 : 『訓蒙比叡中:6』에 '사발 원', 『字類下:3』에 '샤발 완', 『釋要上:66』에 '중발 완', 『新字3:12』에 '은바리 완'으로 나타나 있어 典據를 따르되, 여러 字典에서 제시한 訓音을 고려하여 '주발'을 代表訓으로 설정하였다.

341) 구할 요/변방 교 : 「字類上:22」에 '가ㅅ지경 교', 「釋要上:42」에 '구할/순행할/가려낼/부를/지경 요', 「新字1:52」에 '구할/가릴/마즐/돌아다닐/변방/순라 요' 등으로 나타나 있어 典據를 따르되, 여러 字典에서 제시한 訓音을 고려하여 複數訓音을 설정하였다.

342) 일찍죽을 요 : 『字類下:19』에 '요촉 요', 『新字2:41』에 '단명할/요사할/일즉죽을/끈을 요' 등으로 나타나 있어 典據를 따르되, 여러 字典에서 제시한 訓音을 고려하여 '일찍죽을 요'를 代表訓音으로 설정하였다.

順番	音價	漢字	古今	韓國	北韓	民衆	東亞	教學
589	요	蕘[343]	땔나무할 요	나무할 요	섶나무,나무하다,나무'군,나물 이름	땔나무,나무꾼 요	1.풋나무 요2.순무 뇨	섶나무,땔나무할,나무꾼,요화 요
590	요	葽[344]	아기풀 요			애기풀,우거질 요	풀 이름,원지 요	수요,구미초,풀무성한모양,새끼 요
592	용	冗[345]	한산할,일없을 용			한가로울,가외,쓸데없을,번거로울,떠다닐,바쁠 용	쓸데없을 용	쓸데없을,한가할,용렬할,바쁠,흩어질,번잡할,어지러워질 용
593	용	踴[346]	뛸 용		뛸 용	뛸,춤출,오를,신,심히,미리 용(踊와 同字)	뛸 용(踊와同字)	뛸,오를,값오를,신발,미리,솟아날 용(踊와同字)
594	용	鄘[347]	재 용		성,나라이름	땅이름,담 용	나라이름 용	나라이름,姓 용
598	우	耰[348]	고무래 우		고무래,씨를 덮다	곰방메,씨앗덮을,갈 우	씨 덮을 우	씨를뿌려흙으로 덮을,곰방메,호미자루 우

343) 나무할 요 : 『訓蒙比叡下:2』, 『字類下:50』에 '셥나무 요', 『釋要下:51』에 '나무할 요', 『新字3:55』에 '나무할 요'로 나타나 있어 典據를 따르되, 여러 字典에서 제시한 訓音을 고려하여 '나무할 요'를 代表訓音으로 설정하였다.

344) 아기풀 요 : 『字類下:55』에 '요초 요', 『釋要下:49』에 '아기풀/풀성할 요', 『新字3:53』에 '아기씨풀/청멸앗/풀더북더북할 요'로 나타나 있어 典據를 따르되, 여러 字典에서 제시한 訓音을 고려하여 '아기풀'을 代表訓으로 설정하였다.

345) 일없을/번잡할 용 : 「釋要上:30」에 '번잡스러울/밧블 용', 「新字1:38」에 '한산할/일업슬/긴치아니할/밧블/번잡할/떠다닐 용' 등으로 나타나 있어 典據를 따르되, 이들 文獻에서 '冗'과 함께 쓰인다고 설명하고 있어 '일없을 용'을 代表訓音으로 설정하였고, 여기에 이들 文獻과 여러 字典에서 함께 제시하고 있는 訓 가운데 代表訓과 뜻이 相反되는 점을 중시하여 '일없을/번잡할 용'의 複數訓을 설정하였다.

346) 뛸 용 : 「字類下:19」, 「釋要下:78」, 「新字4:13」 등에 '뛸 용'으로 제시하면서 '踊'과 同字 혹은 通字로 설명하고 있는 점을 고려하여 '뛸 용'을 代表訓音으로 설정하였다.

347) 나라이름 용 : 『字類上:24』에 '용짜 용', 『釋要下:86』에 '나라일홈 용', 『新字4:22』에 '재/용나라 용'으로 나타나 있어 典據를 따르되, 여러 字典에서 제시한 訓音을 고려하여 '나라이름'을 代表訓으로 설정하였다.

348) 고무래 우 : 『訓蒙比叡下:3』에 '삐두플 우', 『字類下:7』에 '고미러 우', 『兒學上:11』에 '호믜자로 우', 『釋要下:37』에 '곰방메 우', 『新字3:40』에 '고밀 애' 등으로 나타나 있어 典據를 따르되, 여러 字典에서 제시한 訓音을 고려하여 '고무래 우'를 代表訓音으로 설정하였다. '애' 音에 대해서는 현대국어에서 쓰임이 거의 없는 것으로 판단하였다.

順番	音價	漢字	古今	韓國	北韓	民衆	東亞	教學
604	우	訏[349]	속일 우		1.거짓2.[訏訏]크다	1.클,거짓,과장할 우2.시끄러울 호	1.클 우2.떠들 호	속일,클,탄식할,드넓을 우(本音:후)
605	욱	燠[350]	더울 욱		더울 욱	1.따뜻할 욱2.위로할 오	1.따뜻할 욱2.입김 몰아 불 오(本音:우)	1.따뜻할,따뜻하게할,선명할 욱(오)2.위로하는 소리 우
606	욱	勖[351]	힘쓸 욱	힘쓸 욱	힘쓰다.	힘쓸,권면할 욱(勗의 訛字)		1.힘쓸,권면할 욱2.힘쓸 무
608	욱	薁[352]	머루 욱		[蘡薁]산포도머루	까마귀 머루,산앵두나무 욱	까마귀머루 욱(오)	머루,산앵도나무 욱
609	운	沄[353]	물 콸콸 흐를 운		물이 돌아 흐르다	돌아흐를,깊을,넓을 운	소용돌이 칠 운	물이빙돌아흐르는 모양,넓을 운
610	울	菀[354]	무성할 울(원)	1.답답할 울2.우거질 원	1.성한 모양 울2.성한 나무 원	1.우거질,동산,姓 원2.쌓일 울	1.무성할 울2.쌓을 운3.자완 완	1.무성할 울2.쌓일 운3.자원,굽힐,동산 원

349) 속일 우 : 『字類下:27』에 '쓸 후/우', 『釋要下:66』에 '속일/클 우', 『新字4:2』에 '거짓 후/우, 클 후/우'로 나타나 있어 典據를 따르되, 여러 字典에서 제시한 訓音을 고려하여 '속일 우'를 代表訓音으로 설정하였다. '후' 音에 대해서는 현대국어에서 쓰임이 거의 없는 것으로 판단하였다.

350) 더울 욱 : 『訓蒙比叡下:1』에 '더울 욱', 『字類上:5』에 '더울 욱/오', 『釋要上:88』에 '더을 욱/오', 『新字2:60』에 '속답답할/옹옹거릴 오, 더울 욱'으로 나타나 있어 典據를 따르되, 여러 字典에서 제시한 訓音을 고려하여 '더울 욱'을 代表訓音으로 설정하였다. '오' 音에 대해서는 현대국어에서 쓰임이 거의 없는 것으로 판단하였다.

351) 힘쓸 욱 : 「類合下:13」, 「釋要上:12」, 「新字1:16」 등에 '힘쓸 욱'으로 나타나 있으면서, '勗'의 同字 혹은 俗字로 설명되어 있는 점을 고려하여 '힘쓸 욱'을 代表訓音으로 설정하였다.

352) 머루 욱 : 「字類下:50」, 「釋要下:52」에 '머루 욱', 「新字3:56」에 '새머루 욱' 등으로 나타나 있어 典據를 따르되, 여러 字典에서 제시한 訓音을 고려하여 '머루'를 代表訓으로 설정하였다.

353) 물콸콸흐를 운 : 『釋要上:76』에 '굴너흐를 운', 『新字2:45』에 '물콸콸흐를 운' 등으로 나타나 있어 典據를 따르되, 여러 字典에서 제시한 訓音을 고려하여 '물콸콸흐를 운'을 代表訓音으로 설정하였다.

354) 무성할 울/원 : 『字類下:49』에 '셩홀 울', 『釋要下:48』에 '무성할 울, 약일홈 원', 『新字3:52』에 '더북할 원, 욱어질 울' 등으로 나타나 있어 典據를 따르되, 여러 字典에서 제시한 訓音을 고려하여 複數音을 설정하였다. 다만 『標準國語大辭典』에서 '개미취'의 同義語로 제시하고 있는 '紫菀'의 경우 '자완'으로 읽는 점을 감안한다면, '무성할 울/자완 완'의 複數訓音을 설정하는 것도 검토할 만하다.

順番	音價	漢字	古今	韓國	北韓	民衆	東亞	教學
611	원	騵355)	붉은 말 원		배가 흰 월다말	절따말 원	배 흰 월따말 원	흰배말 원
612	원	黿356)	큰 자라 원		큰 자라	자라,영원 원	자라 원	큰자라, 영원 원
613	월	刖357)	발꿈치 자를 월		발꿈치를 베다	발꿈치 벨 월	벨 월	
614	월	軏358)	멍에 막이 월		멍에 마구리	끌채끝 월	끌채 끝 월	끌채끝의멍에 월
615	위	喟359)	한숨 쉴 위	탄식 위	탄식 위	한숨쉴,한숨 위	한숨 위(本音: 귀)	1. 한숨쉴위2. 불쌍히여길 괴
616	위	煒360)	빛날 위		시뻘겋다,빛나다	1.빨갈,성할위2. 빛,빛날휘	1.빨갈 위2.빛날 휘	1.붉게빛날위2. 빛날 휘
617	위	闈361)	대궐안문 위		문 위	문,대궐,안방,과장 위	대궐 작은문 위	문,안방,과장, 과거시험 위

355) 붉은말 원 : 『字類上:68』에 '류마 원', 『釋要下:106』에 '배희고갈기검은붉은말 원', 『新字4:43』에 '배휜류거말 원' 등으로 나타나 있어 典據를 따르되, 여러 字典에서 제시한 訓音을 고려하여 '붉은말'을 代表訓으로 설정하였다. 다만 이들 文獻에서 漢字로 설명하고 있는 '騮馬白腹'에서의 '騮馬'가 흔히 '털빛이 붉고 갈기가 검은 말'의 뜻인 '월따말'을 나타낸다는 점을 고려한다면 '배흰월따말'을 代表訓으로 설정하는 것도 검토할 만하다.

356) 큰자라 원 : 『訓蒙比叡上:10』, 『字類下:78』에 '쟈라 원', 『釋要下:118』에 '큰자라 원', 『新字4:53』에 '큰자라 원' 등으로 나타나 있어 典據를 따르되, 여러 字典에서 제시한 訓音과 글자의 形聲을 고려하여 '큰자라'를 代表訓으로 설정하였다.

357) 발꿈치벨 월 : 『訓蒙比叡下:13』에 '발버힐 월', 『字類下:22』에 '베일 월/왈', 『釋要上:10』에 '발버일 월', 『新字1:14』에 '발굼치버일 월/왈' 등으로 나타나 있어 典據를 따르되, 여러 字典에서 제시한 訓音을 고려하여 '발꿈치벨 월'을 代表訓音으로 설정하였다. '왈' 音에 대해서는 현대국어에서 쓰임이 거의 없는 것으로 판단하였다.

358) 멍에막이 월 : 『字類下:9』, 『釋要下:80』에 '멍에막이 월', 『新字4:15』에 '멍에맥이 월' 등으로 나타나 있어 典據를 따르되, 여러 字典에서 제시한 訓音을 고려하여 '멍에막이'를 代表訓으로 설정하였다.

359) 한숨쉴 위 : 『字類上:49』에 '탄식귀 위/괴', 『釋要上:18』에 '한숨쉴 위', 『新字1:23』에 '한숨쉴 귀/위/괴' 등으로 나타나 있어 典據를 따르되, '喟然' 등에서 쓰이는 뜻과, 여러 字典에서 제시한 訓音을 고려하여 '한숨쉴 위'를 代表訓音으로 설정하였다. '귀'와 '괴' 音에 대해서는 현대국어에서 쓰임이 거의 없는 것으로 판단하였다.

360) 빛날 위 : 『類合下:24』에 '빗날 위', 『字類上:5』에 '빋날 위', 『釋要上:87』에 '벌걸/환할 위', 『新字2:59』에 '볽얼/환할 위' 등으로 나타나 있어 典據를 따르되, 여러 字典에서 제시한 訓音을 고려하여 '빛날 위'를 代表訓音으로 설정하였다. 다만 다른 字典들 대부분에서 '휘' 音을 함께 제시하고 있는 점을 중시한다면 複數音을 설정하는 것도 검토할 만하다.

361) 대궐안작은문 위 : 「類合下:36」에 '궁문 위', 「字類上:92」에 '자근문 위', 「釋要下:94」에 '대궐안적은문 위', 「新字4:30」에 '대궐숩문 위' 등으로 나타나 있어 典據를 따르되, 이들 文獻에서 한결같이 '宮中小門' 혹은 '宮中之門'으로 설명하고 있는 점을 고려하여 '대궐안작은문'을 代表訓으로 설정하였다.

順番	音價	漢字	古今	韓國	北韓	民衆	東亞	教學
621	유	帷362)	휘장,장막 유	장막 유	장막 유	휘장,덮을,가릴 유	휘장 유	휘장,휘장칠 유
622	유	揉363)	부드럽게 할 유	휠 유	순하게 하다, 나무를 휘다, 곧게하다	주무를,순하게 할,섞일,휠,바로잡을 유	주무를,휠 유	바로잡을,따르게할,비빌,뒤섞일 유
624	유	窬364)	판장문 유		1.판벽에낸 되창유2.문 곁에 낸 구명 두	협문,뚫을 유(두)	협문 유(두)	문옆작은구멍,팥,넘을,변기 유(두)
626	유	萮365)	가라지 유		가라지,추하다	가라지 유	1.강아지풀 유2.고들빼기 수	구미초,추할 유
627	유	鮪366)	상어 유		물'고기 이름	다랑어 유	다랑어 유	다랑어,강이름 유
628	유	黝367)	검푸를 유		검푸른 빛,검은 빛으로 바르다	검푸른 빛,검푸를,칠할 유	검푸를 유	1.엷게검푸를,칠할유2.고을이름 이

362) 휘장/장막 유 : 「字類上:95」에 '장 유', 「兒學上:9」에 '앙장 유', 「釋要上:36」에 '휘장 유', 「新字1:45」에 '휘장/장막/수레휘쟝 유' 등으로 나타나 있어 典據를 따르되, 여러 字典에서 제시한 訓音을 고려하여 複數訓을 설정하였다.

363) 휠 유 : 『類合下:37』에 '구필 유', 『字類上:64』에 '교유 유', 『釋要上:52』에 '휠/순할/나무굽으릴 유', 『新字2:14』에 '풀부더럽게할/휠/잡을 유' 등으로 나타나 있어 典據를 따르되, 여러 字典에서 제시한 訓音을 고려하여 '휠 유'를 代表訓音으로 설정하였다.

364) 판장문 유 : 『釋要下:22』에 '판장문 유, 문엽혜적은쪽문/요강 두', 『新字3:24』에 '판장문 유, 문겻구멍 우' 등으로 나타나 있어 典據를 따르되, 여러 字典에서 제시한 訓音을 고려하여 '판장문 유'를 代表訓音으로 설정하였다. '두' 音에 대해서는 현대국어에서 쓰임이 거의 없는 것으로 판단하였다.

365) 가라지 유 : 『訓蒙比叡上:5』에 'ᄀᆞ랏 유', 『字類上:76』에 '가라지 유', 『兒學上:7』에 '돌피 유', 『釋要下:47』에 '가랏 유', 『新字3:51』에 '가지/추할 유' 등으로 나타나 있어 典據를 따르되, 여러 字典에서 제시한 訓音을 고려하여 '가라지 유'를 代表訓音으로 설정하였다.

366) 상어 유 : 『字類下:77』에 '유어 유', 『釋要下:110』에 '고기일홈 유', 『新字4:47』에 '상어 유' 등으로 나타나 있어 典據를 따르되, 여러 字典에서 제시한 訓音을 고려하여 '상어'를 代表訓으로 설정하였다.

367) 검푸를 유 : 『釋要下:117』에 '검푸른빗 유', 『新字4:53』에 '금푸를/웃둑할/검은칠할 유' 등으로 나타나 있어 典據를 따르되, 여러 字典에서 제시한 訓音을 고려하여 '검푸를 유'를 代表訓音으로 설정하였다.

順番	音價	漢字	古今	韓國	北韓	民衆	東亞	教學
637	유	褎[368]	옷 잘 입을 유		1.나아가다,길다,곡식이 무성한 모양,옷을 잘 입은 모양2.소매 수	1.옷 잘입을,우거질 유2.소매 수	1.나아갈 유 2.소매 수	1.벼자랄,출중한모양,옷을화사하게 차린모양유2.소매 수
642	율	汩[369]	물흐를 율		물이흐르는 모양,빠르다	흐를,빠를,맑을,姓 율	1.빠질 골2.흐를 율	1.흐를,빠를,가는 모양,깨끗한모양,깊은물 율2.다스릴,어지럽힐,잠길,통하게할,휘저을,물흐르는소리,姓 골 3.물결일 홀
643	율	繘[370]	드레박줄 율		드레박줄 율	1.두레박줄 율(귤)2.실낱 결	1.두레박줄 율2.실오리 결	두레박줄,두레박질할 귤(율)
646	은	嚚[371]	미련할 은	어리석을 은	미련하다,모질다	어리석을,말다툼할 은	어리석을 은	어리석을,사특할 은
647	은	憖[372]	물을 은		원하다,묻다,상하다,삼가다	억지로,원할,부족할,어조사 은	억지로,땅이름 은	원하건대,다칠,기뻐할,삼가는모양,억지로,웃는모양,귄은 은

368) 옷잘입을,나아갈 유/소매 수 : 『釋要下:63』에 '치례할/나아갈/벼성할/길 유', 『新字3:66』에 '나갈/벼닙빼여날/옷잘입을 유, 소매 슈' 등으로 나타나 있어 典據를 따르되, 여러 字典에서 제시한 訓音을 고려하여 複數訓音을 설정하였다.

369) 물흐를 율/빠질 골 : 「釋要上:76」에 '물흐를/빨니거를 율', 「新字2:46」에 '물흐를/싸를/환할/충동일 율' 등으로 나타나 있어 典據를 따르되, 여러 字典에서 제시하고 있는 점과, 현대국어에서 '汩沒'의 語形이 자주 쓰이는 점을 고려하여 複數訓音을 설정하였다.

370) 두레박줄 율 : 『訓蒙比叡中:9』에 '드레줄 휼', 『字類下:5』에 '두레ㅅ쥴 율', 『釋要下:33』에 '드레ㅅ줄 율', 『新字3:35』에 '드레박줄 율' 등으로 나타나 있어 典據를 따르되, 여러 字典에서 제시한 訓音을 고려하여 현대의 標準語形인 '두레박줄'을 代表訓으로 설정하였다. '휼' 音에 대해서는 현대국어에서 쓰임이 거의 없는 것으로 판단하였다.

371) 어리석을 은 : 「字類上:52」에 '완은 은', 「釋要上:20」에 '미련할 은', 「新字1:26」에 '어리석을/말다툼할 은' 등으로 나타나 있어 典據를 따르되, 이들 문헌에서 한결같이 '愚'의 뜻으로 설명하고 있는 점과, 여러 字典에서 제시한 訓音을 고려하여 '어리석을 은'을 代表訓音으로 설정하였다.

372) 물을/원할 은 : 「字類上:49」에 '슬풀 은', 『釋要上:46』에 '슯허할/무를/원할 은', 『新字2:6』에 '물을/공근할/힘쓸/원할/설어워할 은' 등으로 나타나 있어 典據를 따르되, 여러 字典에서 제시한 訓音을 고려하여 複數訓을 설정하였다.

順番	音價	漢字	古今	韓國	北韓	民衆	東亞	敎學
651	읍	挹[373)]	잔질할 읍	뜰 읍	뜰 읍	뜰,누를,당길,읍할 읍	뜰 읍	뜰,이끌,겸손할,읍할 읍
652	읍	浥[374)]	젖을 읍	젖을 읍	1.젖다 배다 읍2.물이 흘러 내리는 모양 압	1.젖을,적실,姓 읍2.흐를 압	1.젖을 읍2.웅덩이,물 흐르는 모양 업	1.젖을,적실,향기가진한모양 읍2.물흘러내리는모양 압3.웅덩이 업
653	의	猗[375)]	불친 개 의	더할 의	1.거세한개,감탄사,길다,의지하다더하다의2.부드럽고 여리다 아	1.불깐개,아,길,어조사,의지할,보탤,잔물결 의2.부드러울 아	1.아름다울,더할,붙을의2.부드러울의(本音:아)3.다리 걷고 건널 기	1.불깐개,아름다울,아,어조사,더할,기댈의2.가냘프고약한모양 아3.고분고분한모양 위
654	의	饐[376)]	밥쉴 의		밥이 쉬다	1.쉴 의2.쉴 애	1.쉴 의(애)2.목멜 열	1.밥쉴,음식이름의(애)2.목멜열

---

373) 뜰/읍할 읍 : 「訓蒙比叡下:7」에 '뜰 읍', 「類合下:41」에 '믈뜰 읍', 「字類上:72」에 '당길 읍', 「釋要上:51」에 '잔질할 읍', 「新字2:12」에 '잔질할/잡아당길 읍' 등으로 나타나 있어 典據를 따르되, 여러 字典에서 제시한 訓音 및 이들 문헌 대부분에서 '揖'의 通字로 설명하고 있는 점을 함께 고려하여 複數訓을 설정하였다.

374) 젖을 읍 : 「訓蒙比叡下:6」에 '달뜰 읍', 「字類上:9」에 '졋즐 읍', 「釋要上:78」에 '저즐 읍/윤택할 업', 「新字2:49」에 '저즐/부를 읍, 흠칠을할 읍/업, 물알에로흐를 압' 등으로 나타나 있어 典據를 따르되, '浥塵' 등에서 쓰이는 뜻과, 여러 字典에서 제시한 訓音을 고려하여 '젖을 읍'을 代表訓音으로 설정하였다. '업'과 '압' 音에 대해서는 현대국어에서 쓰임이 거의 없는 것으로 판단하였다.

375) 불깐개 의/부드러울 아 : 『字類上:47』에 '아름다울 의/아', 『釋要上:92』에 '불친개/길 의, 유순할 아', 『新字2:65』에 '불친개/의흡다할/야들야들할/의지할/휘청거릴/더할/부드러울 의' 등으로 나타나 있어 典據를 따르되, 『標準國語大辭典』에서 '불치다'를 '불까다'의 非標準語로 설명하고 있는 점을 고려하여 '불깐개 의'를 代表訓音으로 설정하였다. 또한 여러 字典에서 제시한 訓音을 함께 고려하여 複數訓音을 설정하였다.

376) 밥쉴 의 : 『訓蒙比叡下:6』에 '쉴 에', 『字類上:81』에 '쉰닉날 의/애', 『釋要下:104』에 '밥상할 의', 『新字4:41』에 '밥쉴 의/애' 등으로 나타나 있어 典據를 따르되, 여러 字典에서 제시한 訓音을 고려하여 複數音으로 설정하였다.

順番	音價	漢字	古今	韓國	北韓	民衆	東亞	敎學
656	이	洟[377)]	콧물 이		코'물 이	1.콧물 이2.눈물 체	1.콧물이2.눈물 체	콧물,콧물흘릴 이(체)
657	이	訑[378)]	자랑할 이		1.[訑訑]자만하여옳은말을싫어하는모양이2.허탄하다 탄	1.으쓱거릴 이2.방종할 탄3.속일 타	1.으쓱거릴이2.방자할탄3.속일 타4.수다할 시	1.뽐낼 이2.방자할 탄3.속일 타
658	이	迤[379)]	든든할 이		1.[逶迤]긴모양 이2.[逶迤]걷는 모양 타	1.연할 이2.갈타	1.비스듬할,굽을 이2.가는 모양 타	1.비스듬할,이어질,향할,굽이질이2.잇닿을 타
661	이	桋[380)]	가시목 이		나무이름	멧대추나무 이	1.나무이름이2.쪼갤 치2.나무이름 제	1.멧대추나무이2.암뽕나무제
662	이	苢[381)]	질경이 이		련'밥,련'밥알[薏苡]율무(苡의 古字)	질경이,율무 이(苡의 本字)	1.질경이 이2.오랑캐 이름 와	부이,의이이(苡의本字)

377) 콧물 이 : 「字類上:50」, 「釋要上:77」, 「新字2:47」 등에 '콧물 이'로 나타나 있어 典據를 따라 '콧물'을 代表訓으로 설정하였다. 다만 앞의 「字類上:50」, 「新字2:47」에서 '涕'와도 뜻이 통하는 것으로 제시되어 있는 점과, 여러 字典에서 '눈물 체'의 訓音을 함께 제시하고 있는 점을 고려한다면 複數訓音을 설정하는 것도 수용할 만하나, 앞의 문헌들에서 '涕'의 뜻을 함께 제시하면서도 그 뜻을 '鼻液'으로 설명하고 있는 점, 그리고 「訓蒙比叡上:15」, 「類合上:22」, 「兒學下:3」 등 여러 문헌에서 이 '涕'를 '눈물 체'로 제시하고 있는 점을 중시한다면 '콧물 이/체'의 複數音을 설정하는 것도 검토할 만하다.

378) 자랑할 이/방탕할 탄 : 『字類上:55』에 '얀흘 이/탄', 『釋要下:66』에 '든든할 이, 방탕할 탄', 『新字4:2』에 '자랑할 이, 방탕할 탄' 등으로 나타나 있어 典據를 따르되, 여러 字典에서 제시한 訓音을 고려하여 複數訓音을 설정하였다.

379) 든든할 이/어정거릴 타 : 『類合下:51』에 '느러갈 이', 『字類上:45』에 '위이 이/타', 『釋要下:83』에 '어정거릴 타', 『新字4:18』에 '든든할 이, 어정거릴 타' 등으로 나타나 있어 典據를 따르되, 여러 字典에서 제시한 訓音을 고려하여 複數訓音을 설정하였다.

380) 가시목 이 : 『字類下:61』에 '이목 이', 『釋要上:64』에 '나무일홈 이', 『新字2:30』에 '가나무/가시목 이' 등으로 나타나 있어 典據를 따르되, 이들 문헌에서 '赤楝' 혹은 '赤棘'의 뜻으로 설명하고 있는 점을 고려하여 '가시목'을 代表訓으로 설정하였다. 다만 몇몇 字典들에서 '赤棘'의 뜻과 관련하여 訓音을 '멧대추나무 이'로 설정하고 있는 점도 검토할 만하다.

381) 질경이 이 : 『訓蒙比叡上:8』에 '뵈짱이 이', 『字類下:53』에 '질경이 미', 『新字3:49』에 '질경이 이' 등으로 나타나 있어 典據를 따르되, 여러 字典에서 제시한 訓音을 고려하여 '질경이 이'를 代表訓音으로 설정하였다. '미' 音에 대해서는 현대국어에서 쓰임이 거의 없는 것으로 판단하였다.

順番	音價	漢字	古今	韓國	北韓	民衆	東亞	敎學
663	이	詒[382]	줄 이		1.주다,말을 보내다이2.속이다 태	1.줄,보냄,끼칠,부칠 이2.속일,게으를 태	1.보낼 이2.속일 태	1.줄 이2.속일,게으른모양 태
664	인	夤[383]	공손할 인		공경하다,조심하다,멀다	조심할,반연할,연줄,멀 인	조심할 인	공경할,지경,깊을,연줄잡을,잇닿을 인
665	인	禋[384]	정결히 제사지낼 인	제사지낼 인	제사를 정성스럽게 지내다,하늘에 제를 지내다	1.제사지낼,공경할,姓 인2.천제제사할 연	1.제사지낼인(연)2.천제에게 제사 지낼 연	제사이름,제사지낼 인
666	인	牣[385]	가득할 인		가득하다,막다,더하다	찰 인	찰 인	가득할,질길 인
667	인	訒[386]	말 더듬거릴 인	말더듬을 인	(말이)굼뜨다,둔하다,어렵다,참다	말적을 인	말더듬을 인	말참을,느릿할 인
668	인	軔[387]	바퀴 고임나무 인		수레바퀴의 굄'대,저지시키다,견고하다	바퀴굄목,정지시킬,길 인	쐐기나무 인	바퀴굄목,굳을,게으름을피울,멈출,수레바퀴 인

382) 줄 이/속일 태 : 『釋要下:67』에 '속일 태', 『新字4:3』에 '줄 이, 느른할 이, 속일 태, 속일 티' 등으로 나타나 있어 典據를 따르되, 여러 字典에서 제시한 訓音을 함께 고려하여 複數訓音을 설정하였다.

383) 공손할 인 : 『釋要上:24』에 '공손할/인연할 인', 『新字1:32』에 '공손할/조심할/반연할/안시할/등골뼈/멀 인' 등으로 나타나 있어 典據를 따르되, 여러 字典에서 제시한 訓音을 고려하여 '공손할 인'을 代表訓音으로 설정하였다.

384) 제사지낼 인 : 「字類下:21」에 '졍결 인', 「釋要下:18」에 '정결이제사지낼 인', 「新字3:20」에 '졍결이졔지낼 인' 등으로 나타나 있어 典據를 따르되, '禋祀(정결히 하고 제사를 지냄.)' 등에서 쓰이는 뜻과, 여러 字典에서 제시한 訓音을 고려하여 '제사지낼 인'을 代表訓音으로 설정하였다.

385) 가득할 인 : 『新字2:62』에 '가득홀/가득할/더할 인' 등으로 나타나 있어 典據를 따르되, 여러 字典에서 제시한 訓音을 고려하여 '가득할 인'을 代表訓音으로 설정하였다.

386) 말더듬거릴 인 : 『訓蒙比叡下:12』에 '말구들 신', 『字類上:66』에 '구둔 인', 『釋要下:66』에 '어눌할 인', 『新字4:2』에 '업드러질/무딜/말써듬거릴 인' 등으로 나타나 있어 典據를 따르되, 여러 字典에서 제시한 訓音을 고려하여 '말더듬거릴 인'을 代表訓音으로 설정하였다.

387) 바퀴고임나무 인 : 『字類下:9』에 '박휘괴옴 인', 『釋要下:80』에 '박회괴임 인', 『新字4:15』.에 '박휘고임나무 인' 등으로 나타나 있어 典據를 따르되, 여러 字典에서 제시한 訓音을 고려하여 '바퀴고임나무'를 代表訓으로 설정하였다.

順番	音價	漢字	古今	韓國	北韓	民衆	東亞	敎學
671	인	駰[388)	회색 얼룩 말 인		얼룩 말	이총마 인	오총이 인	오총이 인
672	일	泆[389)	음탕할 일		물이 출렁거리다,방자하다	음탕할,넘칠 일	끓을 일	방탕할,넘칠,안온한모양 일
673	임	衽[390)	깃옷 임	옷깃 임	옷깃 임	옷섶,솔기,자락,요,나비은살대,깔,여밀임袵	옷깃 임	옷깃,앞섶,상의의앞자락,소매,요,옷깃여밈 임
674	임	袵[391)	깃옷 임		옷깃 임	옷섶,솔기,자락,요,나비은살대,깔,여밀 임(衽와 同字)	옷깃 임(衽와 同字)	옷깃,앞섶,상의의앞자락,소매,요,옷깃여밈 임(衽와 同字)
676	자	柘[392)	산뽕나무 자	산뽕 자	뫼뽕 자	산뽕나무,姓 자	산뽕나무 자	산뽕나무,산뽕나무의잎,적황색,사탕수수,姓 자
677	자	粢[393)	젯밥 자		1.피2.곡식3.쌀 떡	1.기장,곡식,떡 자2.술 제	1.기장 자2.술 제	1.기장,곡식,떡,제사에쓰이는 자2.술 제

388) 회색얼룩말 인 : 『字類下:69』에 '니총마 인', 『釋要下:105』에 '회색얼넉말 인', 『新字4:43』에 '은총이 인' 등으로 나타나 있어 典據를 따르되, 여러 字典에서 제시한 訓音을 고려하여 '회색얼룩말 인'을 代表訓으로 설정하였다. 다만 앞의 문헌들에서 한결같이 '泥驄'으로 설명하고 있는 바, 『標準國語大辭典』에서 '이총이'를 '오총이'의 非標準語로 규정하고 있는 점을 고려한다면 '오총이'를 代表訓으로 설정하는 것도 검토할 만하다. 또한 앞의 「新字4:43」에서 제시하고 있는 '은총이'가 현대국어에서도 쓰임이 유지되고 있는 語形인 점을 중시한다면, 이를 代表訓으로 설정하는 것 역시 검토할 만하다.

389) 음탕할/넘칠 일 : 『類合下:31』에 '음텅 일', 『字類上:54』에 '탕일 일', 『釋要上:77』에 '음탕할 일', 『新字2:47』에 '물결출렁거릴/넘칠/음탕할 일' 등으로 나타나 있어 典據를 따르되, 여러 字典에서 제시한 訓音을 고려하여 複數訓을 설정하였다.

390) 옷깃 임 : 『訓蒙比叡中:12』에 '기슭 심', 『字類上:85』에 '압셥/견무 임', 『釋要下:62』, 『新字3:65』에 '옷섭/요 임', 『新字3:65』에 '옷깃 임' 등으로 나타나 있어 典據를 따르되, 여러 字典에서 제시한 訓音을 고려하여 '옷깃'을 代表訓으로 설정하였다.

391) 옷깃 임 : 『訓蒙比叡中:12』, 『字類上:85』, 『釋要下:62』, 『新字3:65』 등에 한결같이 '衽'의 同字로 나타나 있어 典據를 따라 '衽'과 같이 '옷깃'을 代表訓으로 설정하였다.

392) 산뽕나무 자 : 「類合上:9」, 「兒學上:6」에 '뫼뽕 쟈', 「字類下:59」에 '구지뽕 쟈', 「釋要上:63」에 '산뽕 쟈', 「新字2:29」에 '뫼뽕나무 쟈' 등으로 나타나 있어 典據를 따르되, 여러 字典에서 제시한 訓音을 고려하여 현대의 標準語形인 '메뽕나무'를 代表訓으로 설정하였다.

393) 서직/젯밥 자 : 「字類上:75」에 '셔직 즈', 「釋要下:27」에 '제ᄉ밥 자', 「新字3:29」에 '졔메 자' 등으로 나타나 있어 典據를 따르되, 여러 字典에서 제시한 訓音을 고려하여 複數訓을 설정하였다. '제' 音에 대해서는 현대국어에서 쓰임이 거의 없는 것으로 판단하였다.

順番	音價	漢字	古今	韓國	北韓	民衆	東亞	敎學
679	자	訾[394]	헐 뜯 을 자(訛)	헐뜯을 자	료량하다,헤아리다,생각하다,병통자	헐뜯을,싫어할,방자할,되질할자	헐뜯을,나쁠자	헐뜯을,싫어할,한탄할,따져가늠할,생각할,재물,아,방자할 자
681	자	赭[395]	붉은 흙 자	붉을 자	붉을 자	붉은흙,붉은빛,붉을,벌거벗길,다할 자	붉은 흙 자	붉은흙,붉은안료,적갈색,민둥민둥하게할,붉게물들,자의,적지 자
684	자	訿[396]	헐뜯을 자	헐뜯을 자	료량하다,헤아리다,생각하다,병통,병'집,한정하다,헐다,훼방하다	헐뜯을,싫어할,방자할,되질할,흠,생각할,한정할,아,탄식할,재보 자(訾와 同字)	헐뜯을 자/나쁠 자	헐뜯을,싫어할,비위거스를,따져가늠할,생각할,재물,아,방자할,돌림병,흠 자
685	자	鼒[397]	옹 솥 자		옹 솥		옹달 솥 자	아가리가 작은 솥 자(재)
688	장	戕[398]	찌를 장		찌르다,죽이다,해치다	죽일,상할 장	죽일 장	죽일,해칠,사나울,어지러울,말뚝 장

394) 훼방할 자 : 「字類上:49」에 '나물알 ᄌᆞ', 「釋要下:67」에 '료량할/생각할/훼방할 자', 「新字4:3」에 '어림할/생각할/한정할/허러말할 자' 등으로 나타나 있어 典據를 따르되, '訾謗, 訾毁'가 '훼방'의 同義語로 쓰이는 점과, 여러 字典에서 제시한 訓音을 고려하여 '훼방할 자'를 代表訓音으로 설정하였다. 다만 '毁謗'의 뜻을 명확히 드러낸다는 점을 고려한다면, 여러 字典들에서 두루 제시하고 있는 '헐뜯을 자'를 설정하는 것도 검토할 만하다.

395) 붉은흙 자 : 「訓蒙比叡中:14」에 '블글 쟈', 「字類下:44」에 '붉은흙 쟈', 「釋要下:76」에 '붉은흙/붉을 자', 「新字4:11」에 '붉은흙/죄인의우틔 쟈' 등으로 나타나 있어 典據를 따르되, 여러 字典에서 제시한 訓音을 고려하여 '붉은흙 자'를 代表訓音으로 설정하였다.

396) 훼방할 자 : 「字類上:49」, 「釋要下:67」, 「新字4:3」 등에서 한결같이 '訾'와 同字 혹은 通字로 설명하고 있는 점을 고려하여, '訾'와 같이 '훼방할 자'를 代表訓音으로 설정하였다.

397) 옹솥 자 : 『訓蒙比叡中:6』에 '솓 ᄌᆞ', 『字類下:3』에 '쟈근솓 ᄌᆞ/지', 『釋要下:118』에 '적은솟 자', 『新字4:54』에 '옹솟 자/재' 등으로 나타나 있어 典據를 따르되, 여러 字典에서 제시한 訓音을 고려하여 '옹솥 자'를 代表訓音으로 설정하였다. '재' 音에 대해서는 현대국어에서 쓰임이 거의 없는 것으로 판단하였다.

398) 찌를 장 : 『字類下:38』에 '샹홀 장', 『釋要上:48』에 '죽을 장', 『新字2:8』에 '찌를/죽일/샹할/뭇찌를 장' 등으로 나타나 있어 典據를 따르되, 여러 字典에서 제시한 訓音을 고려하여 '찌를 장'을 代表訓音으로 설정하였다.

順番	音價	漢字	古今	韓國	北韓	民衆	東亞	教學
689	장	漳399)	물이름 장	강이름강	물이름	물이름 장	강이름 장	장수 장
691	장	萇400)	보리수 장	나라 장	[萇楚]나무이름	양도,姓 장	나무이름 장	장초,姓 장
692	장	鏘401)	옥소리 장		옥 소리	울리는소리, 높을 장	금옥소리 장	소리,성한모양, 높은모양,걷는 모양 장
693	재	纔402)	겨우 재	겨우 재		1.겨우,조금 재 2.잿빛,밤색 삼	1.겨우 재2.밤색 삼	1.겨우,만일, 그야말로 재2. 감색비단 삼
694	재	賫403)	가질 재(齎)	쌀 재,자(齎)	쌀 재(齎)	1.가져갈,가져올 재(齎)2.재물 자(齎)3.가져갈, 가져올,가질,지닐,줄 제(齎)	가져올 재(齎) 탄식할,휴대하는물건 자(齎)	1.아,재물,의거할 재(本音:자) (齎의 俗字)2. 보낼,휴대할,품을,구비할,나아가게할,줄,배꼽 제

399) 물이름 장 : 『釋要上:82』에 ‘물일홈 장’, 『字類上:14』, 『新字2:53』에 ‘장슈 쟝’ 등으로 나타나 있어 典據를 따르되, 여러 字典에서 제시한 訓音을 고려하여 ‘물이름’을 代表訓으로 설정하였다.

400) 보리수 장 : 『字類下:61』에 ‘쟝목 쟝’, 『釋要下:48』에 ‘나무일홈/나라일홈 쟝’, 『新字3:52』에 ‘보리수 쟝’ 등으로 나타나 있어 典據를 따르되, 구체적인 나무 이름을 나타낸다는 점을 고려하여 ‘보리수’를 代表訓으로 설정하였다.

401) 옥소리 장 : 「類合下:55」에 ‘쇳소릐 쟝’, 「釋要下:91」, 「新字4:28」에 ‘옥소리 장’ 등으로 나타나 있어 典據를 따르되, 여러 字典에서 제시한 訓音을 고려하여 ‘옥소리’를 代表訓으로 설정하였다.

402) 겨우 재 : 「類合下:22」에 ‘계우 ᄌᆡ’, 「字類上:68」에 ‘계우 ᄌᆡ’, 「釋要下:33」에 ‘겨우/회색빗삼 재’, 「新字3:36」에 ‘겨우/잠간/비롯을/회색비단 재’ 등으로 나타나 있어 典據를 따르되, 여러 字典에서 제시한 訓音을 고려하여 ‘겨우 재’를 代表訓音으로 설정하였다. ‘삼’ 音에 대해서는 현대국어에서 쓰임이 거의 없는 것으로 판단하였다.

403) 가질 재 : 「釋要下:120」에 ‘가질/쌀(裝)/줄(遺)/탄식할 재’, 「新字4:55」에 ‘탄식할/쌀/가질 재’ 등으로 나타나 있어 典據를 따르되, 여러 字典에서 제시한 訓音을 고려하여 ‘가질 재’를 代表訓音으로 설정하였다. ‘자’ 音에 대해서는 현대국어에서 쓰임이 거의 없는 것으로 판단하였다.

順番	音價	漢字	古今	韓國	北韓	民衆	東亞	敎學
695	저	杼404)	북			1.북,얇을 저2.상수리나무,물통 서	1.북저2.상수리,개수통 서	1.북,얇을,매자기 저2.상수리나무,풀,펼,담 서
696	저	氐405)	근본 저	낮을 저	이르다,근본,종족이름	근본,대저,오랑캐이름,별이름,숙일,낮을 저	근본 저,종족이름 저	1.근본,이를,대저,숙일,낮을,종족이름,별이름 저2.지지 지
697	저	罝406)	짐승 그물 저		짐승 그물	그물 저(자)	짐승그물 저,차	토끼잡는 그물,잡을 저(本音:차)
698	저	苴407)	암삼 저		1.씨 있는 삼 저2.신 깔개 자3.상제가 짚는 대지팽이 차	1.깔,꾸러미,삼씨,삼,검을,검정,姓 저2.두엄풀 자3.마른풀,고목,마를 차4.거적 조	1.신 바닥 창 저2.두엄 자3.개구리밥 차4.거친 거적 조5.나라이름 파 6.업신여길 사	1.삼씨,쌀,깔찌,거칠,꿰맬저2.마른 풀,아가위나무,썩은흙 자3.양사양성 사4.종족이름 표
700	저	砠408)	흙산에 돌 박힐 저		돌산,석산	돌산 저	돌산 저	돌산,들쭉날쭉한 모양 저

404) 북(織具) 저 : 「字類下:7」, 「釋要上:62」에 '북 저', 「新字2:28」에 '북/길(長)/도토리 저' 등으로 나타나 있어 典據를 따르되, 『標準國語大辭典』에서 '杼軸'을 '북(織具)'의 同義語로 처리하고 있는 점을 고려하여 '북 저'를 代表訓音으로 설정하였다. 한편 여러 字典들에서 '상수리나무 서'로 '서' 音을 포함하여 複數訓音을 제시하고 있기는 하나, 현대국어에서 '서' 音의 쓰임 여부에 대한 판단이 쉽지 않고, 앞의 「新字2:28」에 제시되어 있는 '도토리'와 '상수리'의 구분 또한 모호한 점이 있는 까닭에, 이에 대한 설정은 제외하기로 한다. 다만 이를 중시할 경우 '북'과 '도토리'의 複數訓 설정은 검토할 만하다.

405) 근본 저 : 「釋要下:28」에 '근본/오랑캐/별일흠/니를 저', 「新字2:44」에 '이를/근본 저' 등으로 나타나 있어 典據를 따르되, 여러 字典에서 제시한 訓音을 고려하여 '근본'을 代表訓으로 설정하였다.

406) 짐승그물 저 : 「訓蒙比叡中:9」에 '그믈 져', 「新字3:37」에 '짐승그물 져' 등으로 나타나 있어 典據를 따르되, '罝麗', '罝罘' 등에 쓰이는 뜻을 고려하여 '짐승그물'을 代表訓으로 설정하였다.

407) 암삼 저/두엄풀 자 : 「類合下:24」에 '수세 져', 「釋要下:45」에 '포저/암삼/신ㅅ바닥 저, 물에뜬검불 차, 두엄 자', 「新字3:49」에 '암삼/쑤렴이/대집팡이/신바닥 져, 마름풀 차, 두엄풀 자' 등으로 나타나 있어 典據를 따르되, '苴布(저포:삼으로 짠 거친 천.)' 등에 쓰이는 뜻과, 여러 字典에서 제시한 訓音을 고려하여 複數訓音을 설정하였다.

408) 돌산 저 : 「釋要上:32」에 '돌산에흙덥힐 저, 산웃둑할 조', 「新字3:17」에 '흙산에돌박일 저' 등으로 나타나 있어 典據를 따르되, 여러 字典에서 제시한 訓音을 고려하여 '돌산 저'를 代表訓音으로 설정하였다. '조' 音에 대해서는 현대국어에서 쓰임이 거의 없는 것으로 판단하였다.

順番	音價	漢字	古今	韓國	北韓	民衆	東亞	教學
702	적	糴409)	쌀 사들일 적	쌀사들일 적	쌀을 사 들이다	쌀살, 산쌀, 姓 적	1.쌀 사들일 적2.성 조	곡식사들일, 씻을,姓,환자 적
704	적	趯410)	뛸 적		[趯趯]뛰는 모양	1.뛸 약2.뛸,놀랄 적	1.뛸약2.뛸 적	1.뛸약2.뛰는모양,찰,칠,필법이름 적
705	적	踖411)	조심해서 걸을 적	밟을 적	밟다,[踖踖] 부끄러워하는모양	밟을,삼갈,재빠를,부끄러워할 적	밟을 적	1.밟을,타넘을, 공손하고재빠른모양,부끄러워하는모양 적 2.착릉 착
707	전	旃412)	기 전		기'발의 하나, 어조사	기,어조사,모직물,姓 전	기 전	기,표창할,이,모직물 전
708	전	畋413)	사냥할 전	사 냥 할 전	사냥하다, 편편한밭	밭갈,사냥할 전	밭갈 전	밭갈,사냥할 전
709	전	翦414)	갈길 전	벨 전	갈길 전	자르,깎을,말잘할, 가위, 화살 전	자를 전,화살 전	자를,죽일,멸할, 깎을,가위,다듬을,모두,옅을,실행할,떨기 전

409) 쌀사들일 적 : 「訓蒙比叡下:9」에 '뽤살뎍', 「釋要下:28」에 '곡식살 적', 「新字3:30」에 '쌀사드릴/빠를 뎍' 등으로 나타나 있어 典據를 따르되, '糴糧', '糴米' 등에 쓰이는 뜻을 고려하여 '쌀사들일 적'을 代表訓音으로 설정하였다.

410) 뛸 적/약 : 「訓蒙比叡下:12」에 '뛰놀 텩', 「字解上:45」에 '뛸 텩', 「釋要下:77」에 '뛸 적', 「新字4:12」에 '팔닥뛸 뎍' 등으로 나타나 있어 典據를 따르되, 여러 字典에서 제시한 訓音을 고려하여 複數訓音을 설정하였다.

411) 조심해서걸을 적 : 「字類上:53」에 '축젹 젹', 「釋要下:78」에 '기름삼갈 적', 「新字4:13」에 '조심해서거를 젹' 등으로 나타나 있어 典據를 따르되, '踖踖', '踖踧' 등에서 쓰이는 뜻을 고려하여 '조심해서걸을 적'으로 代表訓音을 설정하였다. 다만 대부분의 字典에서 '밟을 적'을 함께 제시한 점을 고려한다면 複數訓을 설정하는 것도 검토할 만하다.

412) 기(旗) 전 : 「字類下:36」에 '긔 젼', 「釋要上:58」에 '갈 전', 「新字2:22」에 '긔/말그칠 젼' 등으로 나타나 있어 典據를 따르되, 여러 字典에서 제시한 訓音을 고려하여 '기(旗)'를 代表訓으로 설정하였다.

413) 사냥할/밭 전 : 「訓蒙比叡下:4」에 '산힝 뎐', 「字類下:39」에 '반(田)/사냥 뎐', 「兒學下:5」에 '들산양 뎐', 「釋要下:5」에 '산영할 전', 「新字3:6」에 '산양할/평밧 뎐' 등으로 나타나 있어 典據를 따르되, 여러 字典에서 제시한 訓音과, '畋食, 畋獵' 등에 쓰이는 뜻을 고려하여 複數訓을 설정하였다.

414) 자를 전 : 「類合下:41」에 'ᄆᆞ롤 젼', 「字類下:50」, 「釋要下:36」, 「新字3:39」 등에 '갈길 전' 등으로 나타나 있고, 이들 문헌에서 주로 '斷'과 '削'의 뜻으로 풀이하거나 '剪'의 通字로 설명하고 있어 典據를 따르되, '翦斷', '翦伐', '翦夷' 등에 쓰이는 뜻과, 여러 字典에서 제시한 訓音을 함께 고려하여 '자를 전'을 代表訓音으로 설정하였다.

順番	音價	漢字	古今	韓國	北韓	民衆	東亞	敎學
712	전	靦415)	무안할 전	부끄러울 전	부끄러울 전	부끄러워할,볼 전	부끄러워할 전	1.뻔뻔스런모양,부끄러울,부끄러워하지않을전2.부끄러워하는기색이있는모양 면
713	전	顓416)	오로지 할 전	오로지 전	삼가는 모양,어리다,제마음 대로 하다	오로지,어리석을,姓 전	전단할 전	오로지할,성실하고삼갈,착할,어리석을,姓 전
715	전	鱣417)	전어 전		1.전어 전2.두렁허리 선	1.잉어,철갑상어 전2.두렁허리 선	1.철갑상어 전2.드렁허리 선	1.전어전2.두렁허리 선
721	점	玷418)	옥티 점	옥티 점	옥의 티,잘못되다	이지러질,잘못할,옥티,잘못 점	이지러질,헤아릴 점	옥의티,허물,욕되게할,더럽힐,손으로경중을달아볼 점
722	점	簟419)	대자리 점	대자리 점	대자리,대이름	대자리,삿자리 점	삿자리 점	대자리,점죽 점

415) 부끄러울 전 : 「字類上:51」에 '붇그러울 뎐', 「釋要下:98」에 '무안할 전', 「新字4:35」에 '무안할/불그름이볼 뎐' 등으로 나타나 있어 典據를 따르되, '靦愧', '靦顔' 등에 쓰이는 뜻과, 여러 字典에서 제시한 訓音을 고려하여 '부끄러울 전'을 代表訓音으로 설정하였다.

416) 오로지 전 : 「字類上:32」에 '얼일 젼', 「釋要下:101」에 '무릅쓸 전', 「新字4:39」에 '어리석을/오로지 젼' 등으로 나타나 있어 典據를 따르되, '顓門' 등에 쓰이는 뜻을 고려하여 '오로지 전'을 代表訓音으로 설정하였다.

417) 전어 전/드렁허리 선 : 「類合上:15」, 「字類下:77」, 「新字4:51」에 '젼어 젼', 「釋要下:112」에 '고기일홈 선' 등으로 되어 있어 典據를 따르되, 여러 字典에서 제시한 訓音을 고려하여 '전어 전'을 代表訓音으로 설정하였다. 또한 앞의 문헌들에서 '鱓'과 同字인 것으로 설명하고 있는 점과, 『標準國語大辭典』에서 '鱓魚'를 '드렁허리'의 同義語로 처리하고 있는 점을 고려하여 複數訓音을 설정하였다.

418) 옥티 점 : 「字類下:13」에 '이즐어딜 뎜', 「釋要下:1」에 '옥티/이즈러질 점', 「新字3:1」에 '옥틔 뎜' 등으로 나타나 있어 典據를 따르되, '흠 또는 허물.'의 뜻으로 쓰이는 '玷缺, 玷汚' 등과, '치욕을 당함.'의 뜻으로 쓰이는 '玷辱'에 쓰이는 뜻을 고려하여 '옥티'를 代表訓으로 설정하였다.

419) 대자리 점 : 「訓蒙比叡中:6」, 「字類上:24」, 「倭解下:13」에 '삳 뎜', 「字類上:95」, 「釋要下:26」에 '대자리 점', 「新字3:28」에 '삿자리 뎜' 등으로 나타나 있어 典據를 따르되, 『標準國語大辭典』에서 '筦簟, 竹簟'을 '대자리'의 同義語로 처리하고 있는 점과, 여러 字典에서 제시한 訓音을 고려하여 '대자리'를 代表訓으로 설정하였다. 다만 '蘆簟'을 '삿자리'의 동의어로 처리하고 있는 점에 대해서는 검토할 만하다.

順番	音價	漢字	古今	韓國	北韓	民衆	東亞	教學
723	점	坫420)	잔 돌려 놓는 자리 점		잔을 돌리며 놓는 자리,담,대청모퉁이	잔대,경계 점	경계 점	대,실내에설치한토대,경계 점
726	정	棖421)	문설주 정		문설'주	문설주,기둥,지팡이,멈출,따를,칠 정	1.문설주 정2.사람 이름 장	문설주,기둥,몽둥이,닿을,등자나무,악귀이름,악기소리,사람이름 정
728	정	鋥422)	칼날 세울 정		칼에 광을 내다	칼날세울 정	칼 갈 정	갈 정
731	정	裎423)	옷 정		벌거 벗다	벌거숭이,홑옷,끈 정	벌거숭이,끈 정	앞섶없는홑옷,벌거벗을,패옥매는띠 정
732	정	赬424)	붉을 정	붉을 정	붉다(經와同字)	상서로울조짐,복,바를,姓 정	붉을 정	붉을 정
733	제	娣425)	제수 제		누이동생 제	손아랫누이,손아랫동서 제	여동생 제	아우,손아래동서,시앗,아우 제

420) 잔돌려놓는자리 점 : 「字類上:82」에 'ᄌᆞᆫㅅ쟈리 뎜', 「釋要上:22」에 '병풍/대청모룽이 점', 「新字1:28」에 '잔돌려놋는자리/대청모통이 뎜' 등으로 나타나 있어 典據를 따르되, 여러 字典에서 제시한 訓音을 고려하여 '잔돌려놓는자리'를 代表訓으로 설정하였다.

421) 문설주 정 : 「字類上:92」, 「釋要上:66」에 '문설주 정', 「新字2:33」에 '문설주/막대 졍' 등으로 나타나 있어 典據를 따르되, 여러 字典에서 제시한 訓音을 고려하여 '문설주 정'을 代表訓音으로 설정하였다.

422) 칼날세울 정 : 「訓蒙比叡下:7」에 'ᄀᆞ다ᄃᆞᆷ믈 뎡', 「字類下:35」에 'ᄏᆞᆯ빋닐 졍', 「釋要下:90」에 '칼광낼 정', 「新字4:26」에 '칼날셸 졍' 등으로 나타나나 있어 典據를 따르되, 여러 字典에서 제시한 訓音을 고려하여 '칼날세울 정'을 代表訓音으로 설정하였다.

423) 옷벗을 정 : 「訓蒙比叡下:9」에 '바ᄉᆞᆯ 뎡', 「字類上:87」에 '온버슬 졍', 「釋要下:62」에 '벌거버슬 정', 「新字3:66」에 '벗을 졍' 등으로 나타나 있어 典據를 따르되, '裎裸'에 쓰이는 뜻과, 여러 字典에서 제시한 訓音을 고려하여 '옷벗을 정'을 代表訓音으로 설정하였다.

424) 붉을 정 : 「訓蒙比叡中:14」, 「字類下:44」, 「釋要下:76」, 「新字4:11」 등에 한결같이 '붉을 졍'으로 나타나 있어 典據를 따르되, 여러 字典에서 제시한 訓音을 고려하여 '붉을 정'을 代表訓音으로 설정하였다.

425) 제수 제 : 「訓蒙比叡上:16」에 '겨집동셰 뎨', 「字類上:29」, 「兒學上:1」에 '아우동서 뎨', 「釋要上:27」에 '제수/아래누이 제', 「新字1:35」에 '손알에누의/동셔/계수 뎨' 등으로 나타나 있어 典據를 따르되, 『標準國語大辭典』에서 '娣姒'의 '娣'를 '형제의 아내 가운데 손아래동서'로 풀이하고 있는 점을 고려하여 '제수'를 代表訓으로 설정하였다. '손아래 동서'를 代表訓으로 설정할 수도 있기는 하나, 이 경우 '女性'의 뜻을 명확히 드러내기 어려운 점이 있을 것으로 판단하였다.

順番	音價	漢字	古今	韓國	北韓	民衆	東亞	敎學
736	제	稊426)	가라지, 강아지풀 제		가라지	돌피,싹,움 제	돌피 제	돌피,싹 제
739	제	泲427)	물이름 제		거르다 제	강이름,땅이름,맑은술 제	강이름 제	술거를,강이름,땅이름,짤 제
742	제	鵜428)	사다새 제		사다새	사다새,두견이 제	1.사다새 제2.날다람쥐 이	제호,두견 제
747	조	皁429)	검을 조	검을,하인 조	검을 조	하인,검정,검을,검은비단,쭉정이,상수리,도토리,외양간,마구간 조	하인 조	하인,검을,상수리,구유,마구간,쭉정이,쥐엄나무 조
749	조	蜩430)	말매미 조		매미 조	쓰르라미 조	매미,굼틀거릴 조	매미,전설상의 짐승이름,용이 머리흔드는모양 조
753	조	皂431)	검을 조(皁)	검을,하인 조(皁)	검을 조(皁와 同字)	하인,검정,검을,검은비단,쭉정이,상수리,도토리,외양간 조(皁의 俗字)	하인 조(皁의 俗字)	하인,검을,상수리,구유,마구간 조(皁의 俗字)

426) 가라지 제 : 「訓蒙比叡上:5」에 'ᄀᆞ랏 뎨', 「字類上:76」에 '잡풀 뎨', 「兒學上:7」에 '기음풀 뎨', 「釋要下:20」에 '기음 제', 「新字3:22」에 '가라지 뎨' 등으로 나타나 있어 典據를 따르되, '기음'은 '김'의 非標準語인 점을 고려하여 현대에서도 쓰임이 유지되고 있는 '가라지'를 代表訓으로 설정하였다.

427) 물이름 제 : 「訓蒙比叡下:7」에 '바톨 제', 「字類上:15」에 '졔슈 졔', 「釋要上:77」에 '물일홈 제' 등으로 나타나 있어 典據를 따르되, 여러 字典에서 제시한 訓音을 고려하여 '물이름'을 代表訓으로 설정하였다.

428) 사다새 제 : 「字類下:63」에 '뎨호 뎨', 「訓蒙比叡上:9」, 「釋要下:113」, 「新字4:49」에 '사다새 뎨' 등으로 나타나 있어 典據를 따르되, 『標準國語大辭典』에서 '鵜鶘'를 '사다새'의 同義語로 설명하고 있는 점을 고려하여 '사다새'를 代表訓으로 설정하였다.

429) 검을/하인 조 : 「訓蒙比叡中:14」, 「字類下:45」에 '검을 조', 「釋要下:9」, 「新字3:10」에 '검을/마판/하인/도토리 조' 등으로 나타나 있어 典據를 따르되, '皁蓋', '皁隷' 등에 쓰이는 뜻과, 여러 字典에서 제시한 訓音을 고려하여 複數訓을 설정하였다.

430) 매미 조 : 「訓蒙比叡上:12」, 「字類下:79」, 「釋要下:57」에 '매암이 조', 「新字3:60」에 '말매암이 됴' 등으로 나타나 있어 典據를 따르되, '馬蜩, 蜩甲, 蜩蟬, 蜩螗' 등에 쓰이는 뜻을 고려하여 '매미'를 代表訓으로 설정하였다.

431) 검을/하인 조 : 「字類下:45」에 '皁'의 俗字로 설명하고 있는 점과, 여러 字典에서 제시한 訓音을 고려하여 '皁'와 같은 複數訓을 설정하였다.

順番	音價	漢字	古今	韓國	北韓	民衆	東亞	教學
756	조	阼432)	동계 조		동편에 있는 섬'돌,수작하다	섬돌,보위,제육 조	동편 층계 조	섬돌,제위,국운,제사에쓰는 고기 조
757	종	螽433)	메뚜기 종		메뚜기 종	누리,베짱이,방아깨비,마디충 종	누리 종	
763	주	裯434)	홑이불 주		1.홑옷, 홑'이불 주2.소매 도	1.홑이불 주2.속적삼 도	1.홑이불 주2.속옷 도	1.홑이불 주2.땀받이 도
764	주	輈435)	수레채 주		수레채	끌채,굳셀 주	끌채 주	끌채,수레,행패를부릴,두려워할 주
767	주	咮436)	새 부리 주		부리	부리,별이름 주	1.부리 주2.수다스러울 유	부리,별이름,말많을,새소리 주
774	준	蹲437)	걸터앉을 준	걸터 앉을 준	걸어앉을 준	쭈그릴,모을,춤출,단정할 준	웅크릴 준(本音:존)	앉을,멍하니머물러있을,모을,춤추는모양,머뭇거릴 준

432) 동편섬돌 조 : 「字類上:94」에 '동계 조', 「釋要下:95」, 「新字4:31」에 '동편섬쏠 조' 등으로 나타나 있어 典據를 따르되, 여러 字典에서 제시한 訓音을 고려하여 '동편섬돌'을 代表訓으로 설정하였다.

433) 메뚜기 종 : 「訓蒙比叡上:12」, 「字類下:80」, 「兒學上:8」, 「新字3:62」 등에 한결같이 '메ᄯᅮ기 죵'으로 나타나 있는 점과, 여러 字典에서 제시한 訓音을 고려하여 '메뚜기'를 代表訓으로 설정하였다.

434) 홑이불 주/소매 도 : 「字類上:88」, 「兒學上:12」에 '홋니불 쥬', 「釋要下:62」에 '소매 도, 홋니불 주', 「新字3:66」에 '홋옷/홋입울 쥬, 소매 도' 등으로 나타나 있어 典據를 따르되, 여러 字典에서 제시한 訓音을 함께 고려하여 複數訓音을 설정하였다.

435) 수레채 주 : 「釋要下:81」에 '멍에채끗 주', 「新字4:16」에 '수레채 쥬' 등으로 되어 있어 典據를 따르되, 여러 字典에서 제시한 訓音을 고려하여 '수레채'를 代表訓으로 설정하였다.

436) 새부리 주 : 「兒學上:9」에 '부리 쥬', 「釋要上:16」에 '새부리 주' 등으로 나타나 있어 典據를 따르되, 뜻이 좀더 명확하게 드러나는 '새부리'를 代表訓으로 설정하였다.

437) 걸어앉을 준 : 「訓蒙比叡下:12」, 「類合下:59」, 「字類上:43」, 「兒學下:4」에 '죽숧일 준', 「釋要下:79」에 '거러안즐/춤웃주거릴/모을 준', 「新字4:14」에 '거러안질/모듿/춤웅죽거려출 준' 등으로 나타나 있어 典據를 따르되, 여러 字典에서 제시한 訓音을 고려하여 '걸어앉을 준'을 代表訓音으로 설정하였다. 다만 현대국어에서 '주저앉음'의 뜻으로 설명하고 있는 '蹲踞, 蹲坐, 蹲止' 등에 쓰인 뜻을 중시한다면 '주저앉을 준'을 설정하는 것도 검토할 만하다.

順番	音價	漢字	古今	韓國	北韓	民衆	東亞	教學
775	준	隼[438)]	송골매 준	매 준	새매 준	송골매 준(本音:순)	새매 준	새매,사나운새,코 준
776	줄	崒[439)]	산 높은 모양 줄		산이 높고 가파롭다	험할,무너질 줄	1.험할 줄2.모일 취	
781	지	篪[440)]	지 지		저,대 이름	저 이름 지	저 이름 지	저,대이름 지
788	진	螓[441)]	작은매미 진		매미의 한 가지	씽씽매미 진	씽씽 매미 진	매미의 일종 진
789	질	垤[442)]	개미둑 질		개미'둑,언덕	개밋둑,언덕 질	개밋둑 질	개밋둑, 언덕 질
790	질	絰[443)]	수질 질		수질,요질	질 질	질 질	삼띠,질황 질
793	질	礩[444)]	주춧돌 질		주추 질	주춧돌,막힐,막을 질	주춧돌 질(지)	주춧돌, 막힐 질(지)

438) 새매 준 : 「訓蒙比叡上:8」에 '매 쥰', 「釋要下:96」에 '새매 준', 「字類下:66」, 「新字4:33」에 '새매 슌/쥰' 등으로 나타나 있어 典據를 따르되, 여러 字典에서 제시한 訓音을 고려하여 '새매 준'을 代表訓音으로 설정하였다. '순' 音에 대해서는 현대국어에서 쓰임이 거의 없는 것으로 판단하였다.

439) 산높을 줄 : 「類合下:38」에 '뫼노폴 졸', 「字類上:14」에 '추줄 줄', 「釋要上:33」에 '산놉흘 줄', 「新字1:43」에 '산쏩볏할 줄' 등으로 나타나 있어 典據를 따르되, 여러 字典에서 제시한 訓音을 고려하여 '산높을 줄'을 代表訓音으로 설정하였다.

440) 저[笛] 지 : 「類合下:16」에 '디 디', 「字類下:41」에 '지 지', 「釋要下:25」, 「新字3:27」에 '져 지' 등으로 나타나 있어 典據를 따르되, 앞의 문헌들에서 '橫吹'로 설명하고 있는 점과, 여러 字典에서 제시한 訓音을 고려하여 '저'를 代表訓으로 설정하였다. 다만 『標準國語大辭典』에서 '篪'를 '주로 아악에 쓰는 우리나라 전통 목관 악기'로 설명하고 있는 점을 중시한다면 '지 지'를 代表訓音으로 설정하는 것도 검토할 만하다.

441) 쓰르라미 진 : 「訓蒙比叡上:12」에 '미야미 진', 「字類下:79」에 '쓰르암이 진', 「釋要下:58」에 '적은매암이/왕파리 진', 「新字3:61」에 '매암이 진' 등으로 나타나 있어 典據를 따르되, '蜩螓'에 쓰이는 뜻을 고려하여 '쓰르라미'를 代表訓으로 설정하였다. 다만 '螓首'에 쓰이는 원뜻을 고려한다면 '매미' 혹은 '작은매미'를 代表訓으로 설정하는 것도 검토할 만하다.

442) 개밋둑 질 : 「訓蒙比叡上:2」에 '무들기 딜', 「字類上:13」에 '언덕 딜', 「釋要上:22」에 '개암이두둑 질', 「新字1:28」에 '개미둑 딜' 등으로 나타나 있어 典據를 따르되, 여러 字典에서 제시한 訓音을 고려하여 현대국어의 標準語形인 '개밋둑'을 代表訓으로 설정하였다.

443) 요수질 질 : 「字類下:19」, 「兒學上:12」, 「釋要下:30」에 '요수질 질', 「新字3:32」에 '수딜/요딜 딜' 등으로 나타나 있어 典據를 따르되, '腰絰'과 '首絰'을 함께 아우른 표현이라는 점을 고려하여 '요수질'을 代表訓으로 설정하였다. 다만 『標準國語大辭典』에서는 '요수질'의 표현 대신에 '葛絰'의 語形을 標題語로 제시하고 있는 점을 중시한다면 '갈질'을 代表訓으로 설정하는 것도 검토할 만하다.

444) 주춧돌 질 : 「訓蒙比叡中:6」, 「字類上:91」에 '쥬츄 질', 「釋要下:17」, 「新字3:19」에 '주초돌 질' 등으로 나타나 있어 典據를 따르되, 여러 字典에서 제시한 訓音을 고려하여 '주춧돌 질'을 代表訓音으로 설정하였다. '지' 音에 대해서는 현대국어에서 쓰임이 거의 없는 것으로 판단하였다.

順番	音價	漢字	古今	韓國	北韓	民衆	東亞	敎學
794	질	耋[445]	늙을 질		늙은이 질	늙을,늙은이 질(本音:절)	늙은이 질	늙은이 질(本音:절)
795	질	銍[446]	짧은 낫 질	낫 질	낫 질	낫, 벨, 벼이삭 질	낫 질	짧은낫, 벨, 이삭, 고을이름 질
798	차	泚[447]	물맑을 차				1.맑을 체2.강이름 자(本音:차)	
800	차	佽[448]	도울 차	도울 차	편리하다,돕다,대신하다	잴,도울,나란할,번갈아 차	재빠를 차	날랠,도울,나란할 차
801	차	瑳[449]	옥빛 차		옥 빛이 새뜻하다, 옥이름	고울, 웃을, 갈 차	깨끗할 차	옥빛고울,이드러날,아양떨며웃는모양, 갈 차
802	착	斲[450]	깎을 착		쪼개다,깍다	깎을 차	깍을 착	연장, 깍을, 아로새길 착

445) 늙을 질 : 「類合下:44」, 「字類上:30」에 '늘글 딜', 「釋要下:37」에 '팔십세 질', 「新字3:40」에 '늙은이 딜' 등으로 나타나 있어 典據를 따르되, 여러 字典에서 제시한 訓音을 고려하여 '늙을 질'을 代表訓音으로 설정하였다.

446) 짧은낫 질 : 「訓蒙比叡中:8」에 '낟 딜', 「釋要下:90」에 '저론낫 질', 「新字4:25」에 '갈강낫 질' 등으로 나타나 있어 典據를 따르되, 뜻이 좀더 구체적으로 표현되어 있는 점을 고려하여 '짧은낫 질'을 代表訓音으로 설정하였다.

447) 물맑을 차 : 「新字2:40」에 '물맑알/고을(鮮)/땀축축이날 차/자' 등으로 되어 있어 典據를 따르되, 여러 字典에서 제시한 訓音 및 한자의 形聲을 고려하여 '물맑을 차'를 代表訓音으로 설정하였다. '자' 音에 대해서는 현대국어에서 쓰임이 거의 없는 것으로 판단하였다.

448) 도울 차 : 「字類下:27」에서는 '도울 ᄎᆞ', 「釋要上:4」에 '리할/도을 차', 「新字1:6」에 '편리할/도을/대신 차' 등으로 나타나 있어 典據를 따르되, 여러 字典에서 제시한 訓音을 고려하여 '도울 차'를 代表訓音으로 설정하였다.

449) 옥빛 차 : 「字類下:13」에 '옥빋 차', 「釋要下:2」에 '옥빋/상긋우슬 차', 「新字3:3」에 '옥빗깨긋할/상긋웃을 차' 등으로 되어 있어 典據에 따르되, 여러 字典에서 제시한 訓音을 고려하여 '옥빛'을 代表訓으로 설정하였다. 다만 '웃을 차'를 複數訓으로 설정하는 것은 검토할 만하다.

450) 깎을 착 : 「字類下:1」, 「兒學下:5」, 「釋要上:58」 등에 '싹글 착', 「新字2:22」에 '싹글/쏘길 착' 등으로 나타나 있어 典據를 따르되, '斲木'에 쓰이는 뜻과, 여러 字典에서 제시한 訓音을 고려하여 '깎을 착'을 代表訓音으로 설정하였다.

順番	音價	漢字	古今	韓國	北韓	民衆	東亞	敎學
805	찬	爨451)	불땔 찬	밥지을 찬	불땔 찬	부뚜막,불땔,밥지을 찬	불땔 찬	불땔,부뚜막,종족이름,연극이름,별이름 찬
806	찬	飡452)	1.밥 손2.먹을 찬		1.저녁밥,물에만밥 손2.밥,삼키다,안주 찬	1.밥 손2.먹을 찬	1.밥말 손(餐과 同字)2.먹을 찬(餐과 同字)	1.저녁밥,익힌음식, 물로밥을 말,먹을,편연 손(飧과 同字)2.먹을,밥,찬미할,들을,받을 찬(餐과 同字)
807	찰	扎453)	뽑을 찰		빼다, 뽑다	뺄 찰	뺄 찰	뽑을,찌를,벌릴,베짜는소리,베낄,세울,멈출 찰
810	참	譖454)	참소할 참		참소하다,미덥지 아니하다 참	하리놀,하소연할,거짓참 참(本音:점)	참소할,어긋날 참	하리놀,미덥지 못할 참
811	창	悵455)	슬플 창	슬플 창	슬플 창	원망할,한탄할 창	슬퍼할 창	한스러워할,멍하니 창

---

451) 불땔 찬 : 「類合下:41」에 '밥지을 찬', 「倭解上:49」에 '불지들 찬', 「字類上:79」, 「釋要上:89」 등에 '불쌜 찬' 등으로 되어 있어, 典據에 따르되, '爨婦, 爨室' 등에 쓰이는 뜻과, 여러 字典에서 제시한 訓音을 고려하여 '불 땔 찬'을 代表訓音으로 설정하였다.

452) 먹을 찬/밥 손 : 「釋要下:103」에 '밥먹을/반찬 찬', 「新字2:50」에 '밥 손, 먹을 천' 등으로 나타나 있으며, 이들 외에 「字類上:77」, 「釋要上:80」 등의 여러 문헌에서 '飡, 飧'과 '餐, 饌'의 同義 혹은 同音으로 설명하고 있는 점과, 여러 字典에서 제시한 訓音을 고려하여 複數訓音을 설정하였다.

453) 뽑을 찰 : 「字類上:72」에 '쎌 찰', 「釋要上:48」에 '쌔일 찰', 「新字2:9」에 '쎌/썹을 찰' 등으로 나타나 있어 典據를 따르되, 여러 字典에서 제시한 訓音을 고려하여 '뽑을 찰'을 代表訓音으로 설정하였다.

454) 참소할 참 : 「訓蒙比叡下:12」에 '하솟그릴 참', 「類合下:31」, 「字類下:28」에 '참쇼 참', 「釋要下:71」에 '참소할 참', 「新字4:7」에 '참소/참소할/거짓말 참' 등으로 나타나 있어 典據를 따르되, '譖訴' 등에 쓰이는 뜻과, 여러 字典에서 제시한 訓音을 고려하여 動詞形인 '참소할 참'을 代表訓音으로 설정하였다.

455) 슬플 창 : 「類合下:35」에 '탕홀 탕', 「倭解下:44」에 '쵸챵 챵', 「兒學下:11」, 「釋要上:44」에 '섭섭할 창', 「新字2:3」에 '실심할/섭섭할 창' 등으로 나타나 있어 典據를 따르되, '悵缺, 悵望, 悵惘, 怊悵' 등에서 두루 쓰이는 뜻과, 여러 字典에서 제시한 訓音을 고려하여 '슬플 창'을 代表訓音으로 설정하였다.

順番	音價	漢字	古今	韓國	北韓	民衆	東亞	敎學
812	창	搶456)	빼앗을 창	빼앗을 창	모으다,찌르다,부딪다,부치다	부딪칠,모일,빼앗을,어지러울 창	닿을,돛 올릴,어지러울 창	1.부딪힐,모일,거스를,밀,빼앗을,서둘러 창2.어지러운 모양 청
814	창	窗457)	창 창(窓)		창 창(窓과 同字)	창 창(窓의 本字)	1.창 창(窓의 本字)2.굴뚝 총	1.창 창2.굴뚝 총
815	창	蹌458)	추창할 창		추창할 창(재게 걷다)	추창할,움직일,비틀거릴,춤출 창	추창할 창	걸음걸이에위의가 있는 모양,춤출,머리로부딪칠,급히달릴 창
816	창	鬯459)	향풀 창		제주, 제사에 쓰이는 술,활집,성하다	술이름,자랄,활집 창	울창주 창	울창주,활집,왕성할,울초,시원하게펼,통할,성의를다할 창
817	창	鶬460)	왜가리,꾀꼬리 창		[鶬]기러기 [鶬鴰]왜가리 [鶬鶊]꾀꼬리	재두루미,꾀꼬리 창	왜가리 창	창괄,창우,창경,금으로장식할,쇳소리,걸음걸이에절도가있는모양 창

456) 빼앗을 창 : 「訓蒙比叡下:11」에 '후릴 창', 「字類下:37」에 '쑬울 창', 「釋要上:53」에 '쌔아슬/밧을/모일/막을/휘차갈 창', 「新字2:15」에 '모듬/쐴/막을/찔을/휘차갈/어슈선할/부드칠/닷토아가져갈 창' 등으로 나타나 있어 典據를 따르되, '搶攘, 搶奪' 등에서 쓰이는 뜻과, 여러 字典에서 제시한 訓音을 고려하여 '빼앗을 창'을 代表訓音으로 설정하였다.

457) 창 창 : 「釋要下:22」 등에서 '窓'과 同字 혹은 通字로 설명하고 있는 점과, 여러 字典에서 제시한 訓音을 고려하여 '창'을 代表訓으로 설정하였다.

458) 추창할 창 : 「字類上:43」에 '츄챵 챵', 「釋要下:79」에 '추창할/(춤)너푼거려출 창'으로 되어 있어 典據를 따르되, 여러 字典에서 제시한 訓音을 고려하여 動詞形인 '추창할 창'을 代表訓音으로 설정하였다.

459) 향풀 창 : 「字類下:22」에 '향초 챵', 「釋要下:114」에 '향풀/활집싸을 창' 등으로 되어 있어 典據를 따르되, 여러 字典에서 제시한 訓音을 고려하여 '향풀'을 代表訓으로 설정하였다.

460) 왜가리/꾀꼬리 창 : 「訓蒙比叡上:9」에 '아리새 창', 「字類下:64」에 '아리새/꾀꼬리 챵', 「釋要下:114」에 '꾀꼬리 창', 「新字4:50」에 '왜가리/꾀꼬리 창' 등으로 나타나 있어 典據를 따르되, 『標準國語大辭典』에서 '鶬鶊, 鶬鷄, 鶬鷺' 등을 '왜가리'의 同義語로, '鶬鶊'을 '꾀꼬리'의 同義語로 다루고 있는 점을 함께 고려하여 複數訓을 설정하였다.

順番	音價	漢字	古今	韓國	北韓	民衆	東亞	教學
818	채	瘥461)	병나을 차			1.병 차2.나을 채		1.병,지칠 차2.병나을 채
819	채	瘵462)	허로병 채		허로'병	앓을 채	1.앓을 채2.사귈 체	
820	채	蠆463)	벌 채	전갈 채	전갈	전갈,가시 채	전갈 채	독충의 이름,채개,수채 채
821	책	簀464)	널 책		살평상,쌓이다,삿자리	1.마루,대자리,쌓을,모을 책2.술주자 채	1.살평상 책2.술 짜는 기구 채	살평상,대자리,쌓을 책
822	처	萋465)	풀성할 처		풀이 성하다[萋萋]무성한 모양,구름이 떠 다니는 모양	우거질,아름다울,공손할 처	풀 성하게 우거질 처(체,차)	초목이무성한 모양,알록달록할,쓸쓸할 처
824	척	跖466)	발바닥 척	밟을 척	발'바닥,뛰다,밟다	발바닥,밟을,뛸,사람이름 척	발바닥 척	발바닥,다리,밟을,뛸,사람이름 척
825	척	踖467)	잔 걸음 척		가만 가만 걷다	살살 걸을 척	살금 살금 걸을 척	발소리를 내지 않고 걸을 척

---

461) 병나을 채/역질 차 : 「字類下:18」에 '병나올 채/차', 「釋要下:8」에 '병나을 채, 적은온역 차', 「新字3:9」에 '병나을 채, 역질 차' 등으로 나타나 있어 典據를 따르되, 여러 字典에서 제시한 訓音을 고려하여 複數訓音으로 설정하였다.

462) 허로병 채 : 「字類下:16」에 '로병 채', 「釋要下:8」에 '로점 채', 「新字3:9」에 '허로병 채' 등으로 되어 있어 典據를 따르되, 여러 字典에서 제시한 訓音을 고려하여 '허로병'을 代表訓音으로 설정하였다.

463) 벌(蜂)/전갈 채 : 「訓蒙比叡上:11」에 '전갈 대'로, 「釋要下:59」, 「新字3:62」에 '벌 채' 등으로 되어 있어 典據에 따르되, 이들 문헌에서 주로 '螫蟲' 혹은 '螫蟲蜂'의 뜻으로 설명하고 있는 점을 고려하여 複數訓을 설정하였다.

464) 살평상 책 : 「釋要下:26」에 '평상널/갈ㅅ대발/싸어모을 책', 「新字3:28」에 '살평상/싸일/삿자리 책' 등으로 되어 있어 典據를 따르되, 여러 字典에서 제시한 訓音을 고려하여 '살평상'을 代表訓으로 설정하였다.

465) 풀성할 처 : 「新字2:3」에 '풀더북더북할 쳐', 「釋要下:114」에 '풀성할 처'로 되어 있어, 典據를 따르되 固有語를 중시하였다.

466) 발바닥 척 : 「釋要下:75」에 '밟을/발ㅅ바당 척', 「新字4:12」에 '발바닥 척'으로 되어 있어 典據에 따라 '발바닥'을 代表訓으로 설정하였다.

467) 잔걸음 척 : 「類合下:36」에 '쟈기거를 쳑', 「字類上:44」에 '존거름 쳑'으로 되어 있어 典據를 따르되, 여러 字典에서 제시한 訓音을 고려하여 代表訓音으로 설정하였다.

順番	音價	漢字	古今	韓國	北韓	民衆	東亞	敎學
826	척	蹢[468]	1.굽 적2.깡충뛸 척		1.발을멈추다,던지다척 2.발굽 적	1.머뭇거릴 척2.굽, 던질 적	1.머뭇거릴 척2.굽 적	1.배회할,던질 척2.짐승의 발굽 적
827	천	倩[469]	1.아름다울 천2.빌릴 청		1.얌전하다,어여쁜입매 천2.사위,대신시키다 청	1.남자의미칭,예쁠 천2.사위,고요할 청	1.예쁠 천2.사위 청	1.예쁠,미칭천 2.사위,고용할,청할 청
830	철	啜[470]	훌쩍거릴 철	훌쩍일 철	우는 모양;수다하다,맛보다,먹다	먹을,마실,훌쩍 훌쩍울 철	마실 철	먹을,마실,울먹이는모양,호려낼 철
834	첨	忝[471]	욕될 첨	욕될 첨	욕될 첨	더럽힐,황송할 첨	더럽힐 첨	욕보일,욕,겸사 첨
835	첨	襜[472]	수레 휘장,행주치마 첨		수레휘장,옷이가지런한 모양	행주치마,홑옷,휘장,옷겨드랑이밑 첨	1.행주치마 첨 2.오랑캐 담	1.폐슬,첨유,옷가지런한모양,수레휘장첨2.담람 담
836	첨	舚[473]	핥을 첨		걸어 당기다	낚을 첨	낚을 첨	취할,핥을,달,깊이잠들,즐거워할 첨

468) 머뭇거릴 척/굽 적 : 「新字4:14」에 '강창뛸 척', 「釋要下:79」에 '굽 적'으로 되어 있어 典據를 따르되, 여러 字典에서 제시한 訓音을 고려하여 複數訓音을 설정하였다.

469) 아름다울 천/사위 청 : 「字類上:47」에 '아름다운 쳔', 「釋要上:5」에 '어엿부고엄전할/입매어엿불 천, 사위 천, 빌 청' 등으로 되어 있어 典據를 따르되, 여러 字典에서 제시한 訓音을 고려하여 複數訓音으로 설정하였다.

470) 훌쩍거릴 철 : 「訓蒙比叡下:7」에 '마실 텰', 「新字1:23」에 '훌적거릴 철' 등으로 나타나 있어 典據를 따르되, '啜泣, 啜汁' 등에 쓰이는 뜻과, 여러 字典에서 제시한 訓音을 고려하여 '훌쩍훌쩍 철'을 代表訓音으로 설정하였다.

471) 욕될 첨 : 「新字2:1」, 「釋要上:42」에 '욕될 첨', 「類合下:37」에 '더러일 텸'으로 되어 있어 典據를 따르되, 여러 字典에서 제시한 訓音을 고려하여 '욕될 첨'을 代表訓音으로 설정하였다.

472) 수레휘장 첨 : 「新字3:67」에 '수레휘장/행주치마 쳠'으로 되어 있어 典據를 따르되, '襜帷, 襜褕' 등에서 쓰이는 뜻과, 여러 字典에서 제시한 訓音을 고려하여 '수레휘장'을 代表訓으로 설정하였다.

473) 핥을 첨 : 「釋要下:103」에 '갈거스릴 첨', 「字類上:80」, 「新字4:40」에 '할틀 텸' 등으로 나타나 있어 典據를 따르되, 여러 字典에서 제시한 訓音을 고려하여 '핥을 첨'을 代表訓音으로 설정하였다.

順番	音價	漢字	古今	韓國	北韓	民衆	東亞	敎學
837	체	棣474)	1.산 앵도 체 2.익숙할 태	아가위 체	1.아가위,2.[棣棣]의젓하고 틀에 맞다 태	1.산 앵두나무,통할,姓 체2.익숙할 태	1.산 앵두나무 체2.침착할 태	산앵도나무,통할,익숙한모양 체
838	체	嚔475)	재채기 할 체			재채기,재채기할 체	재채기 체	1.재채기체2.발이걸려넘어질 치
839	체	掣476)	1.당길 철2.끌 체		1.당길(뽑다,당기다,들다,취하다)철2.끌다,끌리다,막히다,막다 체	1.당길 철2.끌 체	1.당길 철2.끌 체	당길,빨리지나갈,뽑을,끌릴 철(체)
844	체	蝃477)	무지개 체		[螮蝀]무지개 (螮와 同字)	무지개 체	1.무지개 체2.거미 철	1.체동 체2.철모 철
846	체	髢478)	다리 꼭지 체	다리 체	다리 체	다리,다리드릴 체	다리 체	다리,다리를 드릴 체
847	초	勦479)	빼앗을 초	노곤할 초	수고롭다,말을 뒤섞다,경첩한 모양	노곤할,괴로워할,표절할,날랠,겁탈할,끊을 초	죽일,노략질할 초	지칠,지치게할,부릴,끊을,죽일,취할,날랠 초

474) 산앵두나무 체/익숙할 태 : 「釋要上:66」에 ‘산앵도 체’, 「新字2:32」에 ‘익슉할 태’ 등으로 되어 있어 典據를 따르되, 여러 字典에서 제시한 訓音을 고려하여 複數訓音을 설정하였다.

475) 재채기할 체 : 「釋要上:20」에 ‘자체기할 체’로 되어 있어 典據를 따르되, 여러 字典에서 제시한 訓音을 고려하여 代表訓音으로 설정하였다.

476) 끌 체/당길 철 : 「字類上:56」에 ‘끄을 쳬, 들 쳘’, 「釋要上:51」에 ‘막힐/끄을 체, 당쳘 철’로 되어 있어 典據를 따르되, 여러 字典에서 제시한 訓音을 고려하여 複數訓音으로 설정하였다.

477) 무지개 체 : 「新字4:20」에 ‘무지개 뎨’, 「釋要下:57」에 ‘무지개 체’로 되어 있어 典據를 따르되, 여러 字典에서 제시한 訓音을 고려하여 ‘무지개’를 代表訓으로 설정하였다.

478) 딴머리 체 : 「訓蒙比叡中:12」, 「倭解上:44」, 「字類上:40」 등에 ‘달의 뎨’, 「釋要下:108」에 ‘쳡지 체’, 「兒學上:12」, 「新字4:45」에 ‘짠머리 뎨’ 등으로 되어 있어 典據를 따르되, ‘加髢(예전에, 부인들이 머리를 꾸미기 위하여 자신의 머리 외에 다른 머리를 얹거나 덧붙이던 일. 또는 그런 모양.), 髢禁(부녀자가 사치로 머리 위에 큰머리나 어여머리를 얹어 꾸미는 일을 금함.)’ 등에서 쓰이는 뜻과, ‘다리(脚)’와 구분할 것을 고려하여 ‘딴머리’를 代表訓으로 설정하였다.

479) 노곤할 초 : 「釋要上:12」에 ‘수구할/경첩할 초’, 「新字1:17」에 ‘수고러울/말젼주할/날렵할 쵸’ 등으로 되어 있어 典據를 따르되, ‘勦民’ 등에서 쓰이는 뜻과, 여러 字典에서 제시한 訓音을 고려하여 ‘노곤할 초’를 代表訓音으로 설정하였다.

順番	音價	漢字	古今	韓國	北韓	民衆	東亞	教學
849	초	譙[480]			[譙譙]털이 나 깃 따위가 모지라지다	꾸짖을,문루,깃 모지라질,姓 초	1.꾸짖을,망루 초2.누구 수	꾸짖을,성루,상할,고을이름,姓 초
850	촉	躅[481]	자취 촉		자취 촉	1.머뭇거릴 촉 2자취 탁	1.머뭇거릴 촉2.자취 탁	1.밟을.가볍게 뛸,서성거릴,촉루촉2.자취 탁
851	촉	蠋[482]	뽕나무 벌레 촉		뽕나무 벌레 촉	나비 애벌레 촉	나비 애벌레 촉	뽕나무벌레 촉
852	총	冢[483]	클 총	클 총	무덤,크다,산꼭대기	무덤,봉토,산꼭대기,언덕,클,맏 총	무덤 총	무덤,클,맏,거느릴,산꼭대기,사 총
855	최	嘬[484]	물 최		물다,씹다,산적 점을 한입에 넣다	물,한입에 넣을 최	물 최	물,한입에다먹어버릴,탐할최
856	최	摧[485]	꺾을 최	꺽을 최	꺽을 최	1.꺾을,꺾일,누를,막을,밀칠,멸할,이를 최2.꼴,꼴벨 좌	1.꺽을 최2.꼴 좌3.물러날 취	높고큰모양,높이솟은모양 최
858	추	甃[486]	우물 벽돌 추	벽돌 추	벽돌로 쌓은 우물 담벽,벽돌을 쌓아 우물을 고치다	벽돌,꾸밀 추	벽돌담 추	우물쌓는벽돌,우물수리할,벽돌,우물,꾸밀,둥글납작할 추

480) 꾸짖을 초 : 「釋要下:68」, 「新字4:4」 등에 '誚'와 通字 혹은 同字로 설명하면서 '华지질 초'로 제시하고 있어 典據를 따라 '꾸짖을 초'를 代表訓音으로 설정하였다.

481) 자취 촉 : 「新字4:14」, 「字類上:44」 등에 '쟈최 촉'으로 되어 있어 典據를 따르되, 여러 字典에서 제시한 訓音을 고려하여 '자취'를 代表訓으로 설정하였다.

482) 뽕나무벌레 촉 : 「新字3:63」, 「釋要下:59」 등에 '뽕나무버레 촉'으로 되어 있어 典據를 따르되, 여러 字典에서 제시한 訓音을 고려하여 '뽕나무벌레'를 代表訓으로 설정하였다.

483) 클/무덤 총 : 「字類下:20」에 '무덤/클 총', 「釋要上:9」에 '클/산니마/벼슬이름 총' 등으로 되어 있어 典據를 따르되, 여러 字典에서 제시한 訓音을 고려하여 複數訓을 설정하였다.

484) 물(齧) 최 : 「釋要上:19」에 '한입에먹을 최', 「新字1:25」에 '물(齧)/산적한입에널 최' 등으로 나타나 있어 典據를 따르되, 여러 字典에서 제시한 訓音을 고려하여 '물 최'를 代表訓音으로 설정하였다.

485) 꺾을 최 : 「類合下:59」, 「字類下:28」, 「釋要下:53」에 '썩글 최', 「兒學下:10」에 '썻거질 최', 「新字2:15」에 '썩글/썩거질/억제할 최' 등으로 나타나 있어 典據를 따르되, '摧謝, 摧折' 등에서 쓰이는 뜻과, 여러 字典에서 제시한 訓音을 고려하여 '꺾을 최'를 代表訓音으로 설정하였다.

486) 우물벽돌 추 : 「釋要下:4」, 「新字3:5」 등에 '우물벽돌 추'로 되어 있어 典據를 따르되, 여러 字典에서 제시한 訓音을 고려하여 代表訓音으로 설정하였다.

順番	音價	漢字	古今	韓國	北韓	民衆	東亞	教學
860	추	縐487)	주름 추		구겨지다,구김'살,세갈포	주름질 추(축)	1.주름질 추(축) 2.거친 명주 초	가는갈포,주름질,주름지게짠 직물 추
861	추	騅488)	푸르고 흰 얼룩말 추		푸른 털과 흰 털이 섞인 말	오추마,姓 추	오추마 추	오추마,항우가 탓던말이름,姓 추
863	추	鶖489)	두루미 추		[鶖鶖]따오기	무수리 추	무수리 추	무수리 추
864	추	麤490)	거칠 추	거칠 추	굵을 추	거칠,매조미쌀,대강 추	거칠 추	거칠,굵을,어렴풋할,현미,멀리갈,신발 추
866	추	緅491)	아청빛 추		야청	보랏빛 추	검붉을 추	청적색 추
867	추	萑492)	달 환		1.풀이우거진모양,익모초추2.달 환	1.익모초 추2.물억새 환	1.풀 많을 추 2.물억새 환	1.익모초,빛깔이아름다운모양 추2.물억새,눈물흘리는모양 환

487) 주름 추 : 「字類上:84」에 '셰갈포 추', 「新字3:34」에 '줄음/가는츩베 추' 등으로 되어 있어, 典據를 따르되, 여러 字典에서 제시한 訓音을 고려하여 '주름'을 代表訓으로 설정하였다.

488) 푸르고흰얼룩말 추 : 「字類下:68」에 '츄마 츄', 「釋要下:106」에 '푸르고흰얼넉말 추', 「新字4:43」에 '청부루말 츄' 등으로 나타나 있어 典據를 따르되, '騅馬, 烏騅馬' 등에서 쓰이는 뜻을 고려하여 '푸르고흰얼룩말 추'를 代表訓音으로 설정하였다. 다만 현대국어에서도 쓰임이 유지되고 있는 단어라는 점을 감안하여 '청부루'를 代表訓으로 설정하는 것도 검토할 만하다.

489) 무수리 추 : 「訓蒙比叡上:11」에 'ᄆᆞ수리 츄', 「字類下:66」에 '물수리 츄', 「釋要下:114」에 '머리민새 추', 「新字4:50」에 '두루미 츄'로 나타나 있어 典據를 따르되, 이들 문헌에서 주로 '禿頭鳥' 혹은 '禿頭水鳥'이 뜻으로 설명하고 있는 점과, 『標準國語大辭典』에서 '鶖鶖'를 '무수리'의 同義語로 처리하고 있는 점을 함께 고려하여 '무수리'를 代表訓으로 설정하였다.

490) 거칠 추 : 「類合下:48」, 「倭解上:31」에 '굴글 추', 「釋要下:116」에 '추할/굵을/성길 추', 「新字4:52」에 '석긜/클/거칠/추할 추' 등으로 나타나 있어 典據를 따르되, '麤物, 麤惡, 麤言, 麤雜' 등에서 두루 쓰이는 뜻을 고려하여 '거칠 추'를 代表訓音으로 설정하였다.

491) 아청빛 추 : 「字類上:84」에 '야청깁 추', 「新字3:33」에 '아청빗 추' 등으로 되어 있어 典據를 따르되, 여러 字典에서 제시한 訓音을 고려하여 '아청빛'을 代表訓으로 설정하였다.

492) 익모초 추/물억새 환 : 「新字3:52」에 '풀우거질 츄, 익모초 환', 「釋要下:47」에 '달 환, 익모초 추' 등으로 되어 있어 典據를 따르되, 여러 字典에서 제시한 訓音을 고려하여 複數訓音을 설정하였다.

順番	音價	漢字	古今	韓國	北韓	民衆	東亞	教學
869	축	妯[493]	동서 축		1.[妯娌]동서축2.동하다,슬프다 추	1.동서 축2.두근거릴 추	1.동서 축2.움직일 추	1.동서 축2.슬퍼할 추
874	출	怵[494]	두려울 출	두려울 출	두려워하다,슬프다	1.두려워할,슬퍼할 출2.꾈 술	1.두려워할 출2.꾈 술	1.두려워할,슬퍼할,달릴 출2.꾈 술
875	충	忡[495]	근심할 충		근심하다[忡忡]근심하는 모양	근심할 충	근심할 충	근심스러운 모양,장식물이 드리워진 모양 충
878	췌	揣[496]	헤아릴 취	헤아릴 췌(취)	헤아릴 췌	헤아릴,시험할,불릴,姓 췌(本音:취)	1.잴 췌(本音:취)2.둥글게 할 단	1.잴,헤아릴,품을,시험할,정할췌2.때릴 추3.뭉칠 단4.흔들 타
879	췌	瘁[497]	병들 췌		파리할 췌	병들,고달플,야윌,무너질, 췌(本音:취)	병들 췌	병들,근심할,수로로울,초췌할,헐릴 췌

493) 동서 축/슬퍼할 추 : 「字類上:29」에 '동셔 축', 「釋要上:26」에 '동서 축, 마암동할/허할 추', 「新字1:34」에 '동셔 축, 슬플 츄' 등으로 나타나 있어 典據를 따르되, 여러 字典에서 제시한 訓音을 고려하여 複數訓音을 설정하였다.

494) 두려울 출 : 「字類上:50」, 「新字2:2」 등에 '두려울 츌'로 되어 있어 典據를 따르되, 여러 字典에서 제시한 訓音을 고려하여 '두려울 출'을 代表訓音으로 설정하였다.

495) 근심할 충 : 「字類上:50」에 '근심 츙', 「釋要上:42」, 「新字2:1」에 '근심할 츙' 등으로 나타나 있어 典據를 따르되, '憂心有忡, 忡忡' 등에서 쓰이는 뜻과, 여러 字典에서 제시한 訓音을 고려하여 '근심할 충'을 代表訓音으로 설정하였다.

496) 헤아릴 췌/취 : 「類合下:41」에 '놉ᄂᆞ지혤 췌', 「字類上:57」, 「兒學下:13」에 '혜ᄋᆞ릴 취', 「釋要上:52」에 '료량할/시험할 취, 혜아릴 타' 「新字2:14」에 '잴/시험할 취, 세알일 타' 등으로 나타나 있어 典據를 따르되, '忖度(촌탁-남의 마음을 미루어서 헤아림.)의 同義語로 쓰이는 '揣量, 揣摩, 揣度' 등과, '揣知(헤아려 앎.)' 등에서 두루 쓰이는 뜻과, 여러 字典에서 제시한 訓音을 고려하여 複數音을 설정하였다. '타' 音에 대해서는 현대국어에서 쓰임이 거의 없는 것으로 판단하였다.

497) 병들 췌/취 : 「字類下:16」에 '로병 취/췌', 「釋要下:7」에 '병들 취/췌', 「新字3:8」에 '병들/슈고로울 췌/취' 등으로 나타나 있어 典據를 따르되, '勞瘁(노췌-지치고 힘들어서 몸이 마르고 핼쑥함.), 營瘁(영췌-기운이 좋음과 병에 시달림.), 殄瘁(진췌-병들어서 시듦.), 盡瘁(진췌/진취-몸이 여위도록 마음과 힘을 다하여 애씀.)' 등에서 쓰이는 뜻을 고려하여 複數音을 설정하였다.

順番	音價	漢字	古今	韓國	北韓	民衆	東亞	教學
880	취	毳498)	솜털 취	솜털 취	1.솜털,짐승의 가는털2.면류관 이름	솜털,배밑털,모직물,털가죽,연약할,맛날,姓,썰매 취	솜털,썰매 취(本音:절)	1.솜털,모직물,짐승의털가죽,무릎취2.덧신 절
881	측	昃499)	해기울 측	날 기울 측	해가 기울다	기울,하오 측	기울 측	기울,오후 측
882	치	哆500)	입벌릴 치		1.입을벌리다 치2.입술이 아래로 처진 모양 차	1.입딱벌릴,클,간사할,많을 치 2.입술처질 차	1.클 치2.입술 늘어뜨릴 차	입벌리,방탕할.흩어질 치(차)
884	치	絺501)	가는 칡베 치		세갈포	칡베,姓,바느질할 치	칡베,수놓을 치	갈포,땅이름,姓,수놓을,글꾸밀 치
891	쾌	噲502)	목구멍 쾌		목구멍,부리,쾌하다	목구멍,시원할,야윌,姓 쾌	1.목구멍 쾌2.야윌 괄	1.목구멍,쾌할,부리,姓 쾌2.까칠까칠할 괄
892	쾌	夬503)	괘이름 쾌	결단할 쾌	결단하다,륙십사괘의 하나	1.터 놓을,쾌괘 쾌2.깍지 결	1.괘 이름 쾌 2.깍지 결	1.결단할,괘이름 쾌2.깍지 결

498) 솜털 취 : 「字類下:75」에 '다북털 츄', 「釋要上:75」에 '솜털 취', 「新字2:44」에 '솜털/담쟝막/맛날(甘) 취' 등으로 나타나 있어 典據를 따르되, 여러 字典에서 제시한 訓音을 고려하여 '솜털'을 代表訓으로 설정하였다.

499) 해기울 측 : 「字類上:4」에 '기울 측', 「釋要上:59」에 날기울을 측', 「新字2:23」에 '해기울어질 측' 등으로 되어 있어 典據를 따르되, '盈昃, 日昃之勞' 등에서 쓰이는 뜻과, 여러 字典에서 제시한 訓音을 고려하여 '해기울 측'을 代表訓音으로 설정하였다.

500) 입벌릴 치 : 「字類上:38」에 '닙벌릴 치/챠', 「釋要上:16」에 '입버릴 치, 입수업느러질 차', 「新字1:22」에 '입짝벌일 치, 입설쳐질 챠' 등으로 나타나 있어 典據를 따르되, 여러 字典에서 제시한 訓音을 고려하여 '입벌릴 치'를 代表訓音으로 설정하였다. '차' 音에 대해서는 현대국어에서 쓰임이 거의 없는 것으로 판단하였다.

501) 가는칡베 치 : 「訓蒙比叡中:15」에 'ᄀᆞ는뵈 티', 「字類上:84」에 '갈포 치', 「釋要下:30」에 '가는갈포 피', 「新字3:52」에 '가는츩베 치' 등으로 되어 있어 典據를 따르되, '綯絺, 絺綌' 등에서 쓰이는 뜻과, 여러 字典에서 제시한 訓音을 고려하여 '가는칡베'를 代表訓으로 설정하였다.

502) 목구멍 쾌 : 「字類上:55」에 '관명ᄒᆞᆯ 쾌', 「釋要上:20」에 '목구멍/쾌쾌할 쾌', 「新字1:25」에 '목구멍/통창할/훤할 쾌' 등으로 나타나 있어 典據를 따르되, 여러 字典에서 제시한 訓音을 고려하여 '목구멍'을 代表訓으로 설정하였다.

503) 괘이름/결단할 쾌 : 「釋要上:25」에 '결단 쾌', 「新字1:32」에 '결단할 쾌', 「新字1:32」에 '틀 쾌'로 제시하면서 한결같이 '卦名'의 뜻을 설명하고 있는 점과, '夬卦'에서의 뜻 및 여러 字典에서 제시한 訓音을 고려하여 複數訓을 설정하였다.

順番	音價	漢字	古今	韓國	北韓	民衆	東亞	敎學
893	타	佗[504)]	짊어 질 타	다를 타	다르다,저,짊어지다,(죄를)더하다	다를.짊어질,姓,풀,끌 타	1.다를,더할,입을 타2.아름다울 이	1.다를,남,짊어질,아름다울,더할,풀어헤칠타2.꼬불꼬불하게 가는모양이
896	타	鼉[505)]	자라 타		자라와 비슷하고 몸이 긴 동물	악어 타	악어 타	타룡 타
900	탁	橐[506)]	자루 탁	전대 탁	전대 탁	전대,풀무,절구질하는소리 탁	전대 탁	1.주머니,담을,풀무,삼태기,절구질하는소리탁2.낙타 락3.자고 자
902	탁	椓[507)]	칠 탁	칠 탁	치다,두드리다,흙을다지다,망치,거세하는 악형	칠,다질,궁형.내시.쫄 탁	칠 탁	1.칠,해칠,헐뜯을,궁형탁(本音:착)2.나무가선채로말라죽을저

504) 짊어질/다를 타 : 「類合下:6」에 '녀너 타', 「新字1:5」에 '다를/짊어질/맘에든든할 타' 등으로 나타나 있어 典據를 따르되, '佗負'과 '佗人' 등에 쓰인 뜻을 고려하여 複數訓을 설정하였다.

505) 자라/악어 타 : 「類合上:15」에 '야기 타', 「字類下:78」에 '타충 타', 「釋要下:118」에 '자라갓고긴물ㅅ고기 타', 「新字4:54」에 '자라 타' 등으로 나타나 있어 典據를 따르되, '鼉鼓'에서의 뜻과, 여러 字典에서 제시한 訓音을 고려하여 複數訓을 설정하였다.

506) 전대 탁 : 「訓蒙比叡中:7」에 '주머니 탁' 「兒學上:11」에 '젼디 탁', 「釋要上:69」에 '전대/힘쓸 탁', 「倭解下:15」에 '쟈ᄅ 탁', 「新字2:37」에 '젼대/도관이/공이소리 탁' 등으로 나타나 있어 典據를 따르되, '龜橐, 囊橐, 網橐, 私橐' 등에서 쓰이는 뜻과, 여러 字典에서 제시한 訓音을 고려하여 '전대'를 代表訓으로 설정하였다.

507) 칠 탁 : 「字類下:32」에 '틸 탁', 「釋要上:66」에 '불알썩을 탁', 「釋要上:58」에 '싹글 촉/착', 「釋要上:52」에 '칠/미일 탁', 「新字2:33」에 '칠/불알썩일 탁' 등으로 나타나 있어 典據를 따르되, 여러 字典에서 제시한 訓音 및 한자의 形聲을 고려하여 '칠 탁'을 代表訓音으로 설정하였다.

順番	音價	漢字	古今	韓國	北韓	民衆	東亞	教學
905	탄	嘽508)	1.헐떡거릴 탄2.시름 없을 천		1.[嘽嘽]헐덕거리다,성한모양,많다,기뻐하다탄2.소리가 느러지다 천	1.헐떡거릴,많을,기뻐할,성할 탄 2.느릴 천	1.헐떡일 탄2.두려울 천	1.헐떡거릴,성할,기뻐할탄2.느릿할 천3.두려워할 단
920	퇴	隤509)	무너질 퇴		무너지다,[隤然]부드러운 모양	무너질,무너뜨릴,내릴,순할,고달플 퇴	1.무너뜨릴 퇴2.무너질 타	무너질,넘어갈,떨어뜨릴,내릴,잃을,부드러운 모양,물이땅밑으로흐를,넘어질,산증퇴
921	투	渝510)		변할 투(유)	변할 투	변할,변경할,넘칠,땅이름 투(本音:유)	달라질 투(本音:유)	
922	특	忒511)	변할 특		어긋나다,변하다,의심하다,허물을 고치다,심하다,간사하다	틀릴,의심할,변할 특	변하다,어긋나다,의심하다,매우	어그러질,변할,의심할,심히,사악할,소리의 형용 특

508) 헐떡거릴 탄/느릿할 천 : 「字類下:42」에 '누을 쳔/탄',「釋要上:19」에 '숨찰/성한모양/출/깃블 탄, 느린소래 천', 「新字1:25」에 '헐덕거릴 탄, 깃거워할/시름업슬/분북바칠 쳔' 등으로 나타나 있어 典據를 따르되, '嘽嘽(탄탄)'과 '嘽緩(천완)'에서의 뜻과 音 및 여러 字典에서 제시한 訓音을 함께 고려하여 複數訓音을 설정하였다.

509) 무너질 퇴 : 「新字4:32」에 '무너질/밋그러질/부드러울 퇴'로 나타나 있고, 「全玉下:59」, 「釋要下:96」에서는 '頹'와 同字로 나타나 있어 典據를 따르되, 여러 字典에서 제시한 訓音을 고려하여 '무너질 퇴'를 代表訓音으로 설정하였다.

510) 변할 투 : 「釋要上:80」에 '변할 투', 「新字1:46」에 '빗변할/더러일 투' 등으로 나타나 있어 典據를 따르되, '渝色', '渝破' 등에 쓰인 뜻과 여러 字典에서 제시한 訓音을 고려하여 '변할 투'를 代表音訓으로 설정하였다.

511) 변할 특 : 「字類上:63」에 '그를 특', 「釋要上:42」에 '틀닐/넘우 특', 「新字2:1」에 '어긔여질/변할/의심할 특' 등으로 나타나 있어 典據를 따르되, 여러 字典에서 제시한 訓音을 고려하여 '변할 특'을 代表訓音으로 설정하였다.

順番	音價	漢字	古今	韓國	北韓	民衆	東亞	教學
923	파	皤[512]	머리횔 파		희다, 배가 크다,[皤皤] 머리가 센 모양,푸진(豊多之貌) 모양	휠,불룩할 파	1.머리센모양 파2.말 옆걸음칠 반	노인머리의 흰 모양,휠,큰배의모양 파
927	패	旆[513]	기 패		큰기'발	기,깃발날릴 패	기 패	기,앞장선수레,전근,깃발이펄럭일,아래로드리워진모양,무성한모양 패
932	편	徧[514]	두루 편	두루 변		두루미칠,두루다닐,두루 편	두루 (변)편,치우칠 편	(遍의 古字) 1.두루,모두,돌아다닐,두루미칠,나눌,번,치울칠 편
933	편	褊[515]	옷 좁을 편	좁을 편(변)	좁을 편	1.좁을,성급할 편(本音:변)2.휘날릴 변	1.좁을 편2.옷날릴 변	좁을,납작할,옷자락날리는모양,한쪽어깨를드러낼 편
935	평	苹[516]	다북쑥 평		다북쑥	1.쑥,사과,돌,개구리밥 평2.병거 편	1.개구리밥 평2.수레이름,부릴 병	개구리밥,쑥,평거,풀이우거진모양,물이빙돌아흐르는모양 평

512) 머리휠 파 : 「釋要下:10」에 '머리휠 파', 「新字3:11」에 '귀밋히쓱히쓱할 파' 등으로 되어 있어 典據를 따르되, 여러 字典에서 제시한 訓音을 고려하여 '머리휠 파'를 代表訓音으로 설정하였다.

513) 기(旗) 패 : 「字類下:36」에 '긔 패', 「釋要上:58」에 '긔/긔ㅅ발나붓길 패', 「新字2:22」에 '긔/긔발날릴 패' 등으로 나타나 있어 典據를 따르되, 여러 字典에서 제시한 訓音을 고려하여 '기(旗)'를 代表訓으로 설정하였다.

514) 두루 편/변 : 「類合下:57」에 '두루 변'으로, 「字類下:29」에 '두루 변/편'으로 되어 있어 典據를 따르되, '均徧(균편-골고루 두루 미침.), 周徧(주편-모든 면에 두루 걸침.)' 등과, '徧搜(변수-두루 찾아다니며 구함.)' 등에서 쓰이는 뜻과 音을 고려하여 複數音을 설정하였다.

515) 옷좁을 편 : 「釋要下:62」에 '옷너풀거릴/옷좁을 편, 좁을 변', 「新字3:66」에 '옷너푼거릴 편, 좁을 변/편' 등으로 나타나 있어 典據를 따르되, '褊檗, 褊急' 등에서의 뜻과, 여러 字典에서 제시한 訓音을 고려하여 '옷좁을 편'을 代表訓音으로 설정하였다. '변' 音에 대해서는 현대국어에서 쓰임이 거의 없는 것으로 판단하였다.

516) 다북쑥 평 : 「釋要下:46」에 '다북쑥 평'으로 되어 있어 典據를 따르되, 여러 字典에서 제시한 訓音을 고려하여 代表訓音을 설정하였다.

順番	音價	漢字	古今	韓國	北韓	民衆	東亞	敎學
936	폐	敝[517)	해질 폐	해질 폐	무너지다,깨지다,옷이해여지다,패하다,지다,버리다,피로하다	해칠,깨질,질,버릴,피폐할,피폐하게할.해진옷,줌통,겸사,가릴 폐	1.해어질,힘쓸 폐(本音:비)2.옷 별	1.해어질,다할,폐해,깨질,질폐,피폐할,지치게할,버릴,해칠,저,가릴,힘쓰는모양 폐2.절뚝거릴 별
937	포	炮[518)	싸서 구울 포	구울 포	구울 포	통째로구울,통째로구운고기,제사 포	통째로구울,터질 포	구울,태울,약만들,부엌,포,폭죽 포
938	포	炰[519)			그슬리다	통째로구울,기세대단할 포	구울 포	구울,울부짖을,불에구울 포
944	표	摽[520)	칠 표	칠 표	치다,지휘하다,물리치다,칼끝,버리다,치다,떨어지다	칠,가슴칠,떨어질,손짓할,칼끝,버릴 표	칠,손짓할 표	칠,떨어질,손짓할,들,때릴,표방할,칼날,떠돌,버릴 표
945	표	殍[521)	굶어 죽을 표		굶어 죽다	주려죽을 표	주려죽을 표	굶어죽을,시체 표(부)
946	표	鑣[522)	자갈 표		말 재갈,[鑣鑣]성한 모양	재갈,성할,푼끌 표	재갈 표	재갈,성한모양,말탈,표창 표

---

517) 해질 폐 : 「字類上:88」에 '희야딜 폐', 「釋要上:56」에 '옷해여질 폐', 「新字2:20」에 '문어질/버릴/해여질/파리할 폐' 등으로 되어 있어, 典據를 따르되, 여러 字典에서 제시한 訓音을 고려하여 '해질 폐'를 代表訓音을 설정하였다.

518) 싸서구울 포 : 「字類上:80」에 '그슬일 포', 「釋要上:86」에 '싸서구을 포', 「新字2:58」에 '거슬을/싸서구을 포' 등으로 되어 있어 典據를 따르되, '炮烙(불에 달구어 지짐.), 炮煮(굽고 끓임.)' 등에서 쓰이는 뜻을 고려하여 '싸서구울 포'를 代表訓音으로 설정하였다.

519) 싸서구울 포 : 「字類上:80」에 '그슬릴 포'로 나타나 있어 典據를 따르되, '炰羔, 炰燔' 등에서의 뜻과, 앞의 문헌에서 '炮'와 同字로 설명하고 있는 점을 고려하여 '炮'와 같은 '싸서구울 포'를 代表訓音으로 설정하였다.

520) 칠 표 : 「釋要上:53」에 '칠/가슴칠/지휘할/칼긋 표', 「新字2:15」에 '칠/둘을/칼긋/찔러밀칠/떨어질/가슴만질 표' 등으로 되어 있어 典據를 따르되, 여러 字典에서 제시한 訓音을 고려하여 代表訓音을 설정하였다.

521) 굶어죽을 표 : 「字類下:19」에 '거리송장 표', 「釋要上:73」에 '굴머죽을 표', 「新字2:42」에 '줄여죽을 표' 등으로 되어 있어 典據를 따르되, 여러 字典에서 제시한 訓音을 고려하여 '굶어죽을 표'를 代表訓音으로 설정하였다.

522) 재갈 표 : 「釋要下:92」에 '자갈 표', 「新字4:28」에 '셩할/말재갈 표' 등으로 나타나 있어 典據를 따르되, 여러 字典에서 제시한 訓音을 고려하여 '재갈'을 代表訓音으로 설정하였다.

順番	音價	漢字	古今	韓國	北韓	民衆	東亞	敎學
953	필	觱[523]	피리 필		[觱沸]샘물이솟아나는 모양,[觱發]바람이차다,[觱篥]악기이름	악기이름,쌀쌀할,용솟음칠 필	필률 필	필률,샘솟는모양,바람쌀쌀할 필
959	핍	偪[524]	핍박할 핍		핍박하다,행전	핍박할,행전,姓 핍	1.다가올 핍(本音:벽)2.나라이름 복	1.핍박할,가까울,좁을,행전,姓 핍(本音:벽) 2.나라이름 복
965	학	翯[525]		깃함치르르할 학	[翯翯]깨끗하고윤'기나는모양	함치르르할,날개깃흴,번쩍일 학(혹)	1.함치르르할 학2.흰 깃 호	새가 함치르르한 모양 학
966	한	熯[526]	마를 한		1.마르다,굽다 한2.불이이글이글한모양,공경하다 선	1.말릴 한2.사를,공경할 선	1.말릴,불기 한2.공경할 연	1.말릴,불사를,구울,쪼일한2.공경할 연
969	한	暵[527]			마르다,말리다,가물다,쪼이다	마를,말릴,더울 한	말릴 한	말릴,시들,무더위한

523) 피리/쌀쌀할 필 : 「訓蒙比叡中:16」, 「字類下:41」에 '필이 필', 「釋要下:66」에 '오랑캐풍뉴 필', 「新字4:2」에 '대평슈/쌀쌀할 필' 등으로 되어 있어 典據를 따르되, 『標準國語大辭典』에서 '觱篥'을 '피리'의 同義語로 제시하고 , '觱發'을 '바람이 쌀쌀한 모양'으로 설명하고 있는 점을 고려하여 複數訓을 설정하였다.

524) 핍박할 핍 : 「釋要上:6」에 '逼幅見'으로 설명되어 있고, 「新字1:9」에 '핍박할 벽/핍'으로 나타나 있어 典據를 따르되, 여러 字典에서 제시한 訓音을 고려하여 '핍박할 핍'을 代表訓音으로 설정하였다.

525) 함치르르할 학 : 「新字4:51」에 '새털함치를 학'으로 나타나 있어 典據를 따르되, '翯翯(새의 아주 흰 깃.)'에서의 뜻과 여러 字典에서 제시한 訓音을 고려하여 '함치르르할 학'을 代表訓音으로 설정하였다.

526) 마를/말릴 한 : 「釋要上:88」에 '불성할/공경할 선', 「釋要上:60」에 '마를 한',, 「新字2:60」에 '마를/구을 한, 불익을익을할/공경스러울 션' 등으로 되어 있어 典據를 따르되, 여러 字典에서 제시한 訓音을 고려하여 複數訓을 설정하였다. '선'과 '연' 音에 대해서는 현대국어에서 쓰임이 거의 없는 것으로 판단하였다.

527) 마를/말릴 한 : 「釋要上:60」에 '마를 한'으로 제시하면서 '熯'의 通字로 설명하고 있는 점과, 여러 字典에서 제시한 訓音을 고려하여 複數訓을 설정하였다.

順番	音價	漢字	古今	韓國	北韓	民衆	東亞	教學
974	합	嗑528)	입 다물 합		(입을)다물다,먹다,수다하다	입다물,말많을 합	말 많을 합(本音:갑) 웃음소리 합	1.다물,어찌,웃음소리 합2.말많을 갑
975	합	柙529)	짐승우리 합		향나무 이름, 짐승의 우리	1.나무이름,우리,수감할 합2.궤 갑	우리 합	1.우리,가둘,궤 합2.나무이름 갑3.염압 압
976	합	盍530)		모둘 합	하불 합	1.모일,어찌아니할,姓 합2.할단새 갈	1.덮을 합2.새이름 갈	1.덮을,합할,어찌아니할,어찌 합2.갈단 갈
977	항	頏531)			새가 날아 내리다,목,소리,목구멍	내려갈,목구멍 항	새 날아 내릴 항	새날아내릴,삼킬,목 항
978	해	醢532)	젓 해	젓갈 해	젓 해	육장,절일,삶을 해	젓갈 해	육장,장,형벌이름 해
980	핵	覈533)	핵실할 핵	핵실할 핵	핵실할 핵	1.핵실할,엄할,씨 핵2.보리싸라기 흘	1.핵실할 핵2.보리 싸라기 흘	1.핵실할,엄격할,씨 핵2.겉보리 헐

528) 입다물 합 : 「釋要上:19」에 '합할/먹을/말수다할/니로쌔칠 합', 「新字1:24」에 '입담을/먹을잔말할 합' 등으로 나타나 있어 典據를 따르되, 여러 字典에서 제시한 訓音을 고려하여 '입다물 합'을 代表訓音으로 설정하였다.

529) 짐승우리 합 : 「釋要上:64」에 '향나무/즘생우리 합', 「新字2:29」에 '향나무/우리/어리 합' 등으로 되어 있어 典據를 따르되, 여러 字典에서 제시한 訓音을 고려하여 '짐승우리'를 代表訓으로 설정하였다.

530) 덮을 합/새이름 갈 : 「全玉下:7」에 '覆也合也', 「字類上:67」에 '何不也覆也合也'로 설명되어 있고, 「新字2:12」에 '덥흘/모들/엇지아니할 합'으로 되어 있어 典據를 따르되, 여러 字典에서 제시한 訓音을 고려하여 複數訓音을 설정하였다.

531) 새날아내릴/목구멍 항 : 「字類下:67」에 '놀아놀일 항', 「釋要下:36」에 '날어오르락나리락할 항', 「新字3:39」에 '오르락내리락날 항' 등으로 나타나 있어 典據를 따르되, 여러 字典에서 제시한 訓音을 고려하여 複數訓을 설정하였다.

532) 젓 해 : 「訓蒙比叡中:10」과 「類合上:30」, 「兒學上:13」, 「倭解上:47」, 「釋要下:87」 등에 '젓 해'로 되어 있어 典據를 따라 '젓'을 代表訓으로 설정하였다. 몇몇 字典에서 '젓갈'을 代表訓으로 제시하고 있기는 하나, 여러 文獻에서 한결같이 '젓'을 訓으로 제시하고 있는 점과, 현대국어의 標準語로도 폭넓게 쓰이고 있는 점을 중시하였다.

533) 핵실할 핵 : 「訓蒙比叡下:12」에 '마촐 힉', 「字類下:30」에 '샤힉 힉', 「釋要下:64」에 '핵실할 핵', 「新字3:68」에 '핵실할/계무거리/씨 핵' 등으로 나타나 있어 典據를 따르되, 여러 字典에서 제시한 訓音을 고려하여 '핵실할 핵'을 代表訓音으로 설정하였다.

順番	音價	漢字	古今	韓國	北韓	民衆	東亞	教學
981	행	悻534)	발끈성낼 행		발끈 성내다	성낼 행	성낼 행	성낼,강직할 행
982	허	栩535)	상수리,도토리 우(허)		상수리나무,[栩栩]기뻐하는모양	상수리나무,기뻐할,姓 허	성낼 행	1.상수리나무,기뻐하는모양,姓허2.땅이름 우
986	혁	洫536)	빌,넘칠 혁		밭도랑,해자,도랑,비단,넘치다	봇도랑,해자,수문,빌,회람할,참람할 혁	1.봇도랑 혁2.넘칠 일	1.도랑,해자,수문,비울,방가질혁2.넘칠,무게단위 일
992	현	莧537)	비름 현		1.자리공 현2.패모 한	비름,자리공 현	1.자리공 현2.비름 한3.방긋웃는 모양 완(本音:환)	1.상륙현2.한채 한3.빙그레웃는모양 완
994	혈	絜538)	1.잴 혈2.조촐할 결	잴 혈	1.재다,묶다혈2.삼한묶음,고요하다,조촐하다,깨끗하다 결	1.잴 혈2.깨끗할,깨끗이할 결	1.헤아릴 혈2.깨끗할 결3.들계4.홀로 갈	1.헤아릴,묶을,강이름혈2.깨끗할,가지런히할,청렴할,청렴하게할,밝을 결
998	혜	嘒539)	반짝거릴 혜		작은모양,반짝이는모양,[嘒嘒]매미소리,풍류소리	작을,매미소리,소리듣기좋을 혜	가냘플 혜	매미소리,소리,희미하게빛날 혜

534) 발끈성낼 행 : 「釋要上:27」에 '발끈할 행', 「新字2:4」에 '밝끈성낼 행'으로 나타나 있어 典據를 따르되, '悻悻'에서 쓰이는 뜻과 여러 字典에서 제시한 訓音을 고려하여 '발끈성낼 행'을 代表訓音으로 설정하였다.

535) 상수리나무 허 : 「訓蒙比叡上:6」에 '가랍나모 우', 「釋要上: 64」에 '가랑나무 허', 「新字2:30」에 '상수리·도토리 후/허' 등으로 되어 있어 典據를 따르되, 여러 字典에서 제시한 訓音을 고려하여 '상수리나무 허/우'의 複數音을 설정하였다.

536) 빌[虛]/넘칠 혁 : 「全玉上:59」에 '虛也濫也田間水道溝'로 설명되어 있고, 「新字2:48」에 '빌/넘칠 혁' 등으로 나타나 있어 典據를 따르되, 여러 字典에서 제시한 訓音을 고려하여 複數訓을 설정하였다.

537) 비름 현 : 「類合上:8」, 「倭解下:5」, 「兒學上:5」에 '비름 현', 「釋要下:47」에 '비름 한, 자리공 현', 「新字3:51」에 패모 한, 비름/자리공 현' 등으로 나타나 있어 典據를 따르되, 여러 字典에서 제시한 訓音을 고려하여 '비름 현'을 代表訓音으로 설정하였다.

538) 잴 혈/깨끗할 결 : 「新字3:32」에는 '잴 혈, 삼한오리/고요할/조촐할 결'로 나타나 있어 典據를 따르되, '絜矩(혈구)'와 '絜齊(결제)' 등에서의 뜻과 音 및 여러 字典에서 제시한 訓音을 고려하여 複數訓音을 설정하였다.

539) 반짝거릴 혜 : 「釋要上:19」에 '적은소래 혜', 「新字1:24」에 '매암이소리/반작거릴 혜'로 되어 있어 典據를 따르되, 여러 字典에서 제시한 訓音을 고려하여 '반짝거릴 혜'를 代表訓音으로 설정하였다.

順番	音價	漢字	古今	韓國	北韓	民衆	東亞	教學
999	혜	徯540)	기다릴 혜	기다릴 혜	1.기다리다 혜2.작은길 계	기다릴,샛길 혜	샛길 혜	기다릴,소로,구금할 혜
1000	혜	盻541)	눈 흘길 혜		눈을 흘기다,[盻盻]가쁜 모양	흘길,돌아볼 혜	1.노려볼 탐2.범이 보는 모양 탐	1.흘겨볼,부지런한모양,볼 혜2.아름다운 눈모양 변
1003	호	嘷542)	고함칠 호		고함지르다,으르렁거리다	부르짖을,姓,꾸짖을 호	부르짖을,거칠게 말할 호	부르짖을,강이름,성,꾸짖을 호
1004	혼	惛543)	흐릴 혼		1.의식이 흐리멍덩하다 혼2.번민하다 민	1.흐릴,혼모할 혼2.번민할 민	1.어리석을 혼2.번민할 민	1.흐릴,미혹할,어지러울,가엾게여겨도울혼2.번민할 민
1006	홍	鬨544)	싸움 소리 홍	싸움소리 홍	싸우다	싸울,떠들 홍(항)	싸울 홍(항)	1.싸울,함성,번성할,어지럽힐,떠들썩할 홍2.마을 항
1007	홍	洚545)			1.물이넘쳐흐르다,[洚洞]물이가없이 넓은모양홍2.물이름 강	큰물 홍	1.큰물 홍2.넘칠 일	1.물넘칠홍2.내릴,강이름 강

540) 기다릴 혜 : 「釋要上:41」에 '기다릴 혜', 「新字1:52」에 '기다릴/이길 혜' 등으로 되어 있어 典據를 따르되, 여러 字典에서 제시한 訓音을 고려하여 代表訓音을 설정하였다.

541) 눈흘길 혜 : 「釋要下:11」에 '눈흘길 혜', 「新字1:13」에 '눈흘길/갑불 혜'로 되어 있어 典據를 따르되, 여러 字典에서 제시한 訓音을 고려하여 '눈흘길 혜'를 代表訓音으로 설정하였다.

542) 부르짖을 호 : 「釋要上:19」에 '크게소래할 호', 「新字1:24」에 '응컬거릴/고함지를 호'로 나타나 있어 典據를 따르되, '嘷爾'에서 쓰이는 뜻과, 여러 字典에서 제시한 訓音을 고려하여 '부르짖을 호'를 代表訓音으로 설정하였다.

543) 흐릴 혼/번민할 민 : 「釋要上:44」에 '흐리멍덩할 혼', 「新字2:3」에 '흐릴/혼미할 혼' 등으로 나타나 있어 典據를 따르되, 여러 字典에서 제시한 訓音을 함께 고려하여 複數訓音을 설정하였다.

544) 싸움소리 홍 : 「字類下:37」에 '쓰울 홍/항', 「釋要下:109」에 '싸오는소래 홍', 「新字4:46」에 '싸홈소리 홍' 등으로 나타나 있어 典據를 따르되, '싸움소리 홍'을 代表訓音으로 설정하였다.

545) 물넘칠 홍 : 「釋要上:77」에 '물넘쳐흐를 홍, 물일흠 강', 「新字2:47」에 '물벅차흐를 홍' 등으로 나타나 있어 典據를 따르되, 여러 字典에서 제시한 訓音을 고려하여 '물넘칠 홍'을 代表訓音으로 설정하였다.

順番	音價	漢字	古今	韓國	北韓	民衆	東亞	敎學
1008	확	矍546)	건장할 확		놀라서 보는 모양,[矍矍] 빨리 달아 나는 모양	두리번거릴,씩씩할,姓 확(本音:곽)	두리번거릴 확(本音:곽)	놀라두리번거리는 모양,다급한모양,눈빛이 빛날 확
1009	확	雘547)	붉을 확		붉을 확	1진사확 2붉을,붉은빛 호	진사 확(호)	진사 확
1010	환	圜548)	돌 환	1.두를 환 2.둥글 원	1.빙 돌다,두르다 환2.둥글다,온전하다,전체 원	1.두를,에울 환 2. 둥글 원	1.두를 환2.둥글 원	1.두를 환2.원,옥,하늘,돌,화폐 원
1011	환	懽549)	기뻐할 환	즐길 환	즐길 환(歡와 同字)	기뻐할 환	기뻐할 환	기뻐할 환 근심있어도하소연할곳이없는 모양 관
1014	환	芄550)	왕골 환		[芄蘭]새박'덩굴	박주가리,우거질 환	왕골 환	환란 환
1015	환	逭551)	도망할 환	도망할 환	피하다,갈마들다,교체하다	달아날 환	피할 환	달아날,면할,바꿀 환

546) 두리번거릴 확 : 「字類上:38」에 '놀놀 확', 「新字3:15」에 '눈두리번거릴 확/곽' 등으로 나타나 있어 典據를 따르되, '矍然, 矍矍' 등에서의 뜻과, 여러 字典에서 제시한 訓音을 고려하여 '두리번거릴 확'을 代表訓音으로 설정하였다.

547) 붉을/진사(辰沙) 확 : 「訓蒙比叡中:14」에 '블글 확', 「釋要下:97」에 '붉은단청 확/학', 「新字4:33」에 '적선지/붉은칠할 확' 등으로 나타나 있어 典據를 따르되, 여러 字典에서 제시한 訓音을 고려하여 複數訓을 설정하였다.

548) 두를 환/둥글 원 : 「釋要上:21」에 '둘닐 환', 「新字1:27」에 '둘릴/에울 환, 옥담 원' 등으로 나타나 있어 典據를 따르되, 이들 文獻에서 '圓'과 同字로도 쓰임을 설명하고 있는 점과, 여러 字典에서 제시한 訓音을 고려하여 複數訓音을 설정하였다.

549) 기뻐할 환 : 「全玉上:37」, 「釋要上:47」에 '歡'과 同字로도 사용함이 설명되어 있고, 「新字2:7」에 '깃거울 환'으로 나타나 있어 典據를 따르되, 여러 字典에서 제시한 訓音을 고려하여 '기뻐할 환'을 代表訓音으로 설정하였다.

550) 왕골 환 : 「訓蒙比叡上:4」에 '새박 환', 「釋要下:45」, 「新字3:49」에 '왕골 환' 등으로 나타나 있어 典據를 따르되, '芄蘭'에서의 뜻과, 여러 字典에서 제시한 訓音을 고려하여 '왕골'을 複數訓으로 설정하였다.

551) 도망할 환 : 「字類下:83」에 '도망 환', 「釋要下:84」, 「新字4:19」에 '도망할 환' 등으로 나타나 있어 典據를 따르되, 여러 字典에서 제시한 訓音을 고려하여 '도망할 환'을 代表訓音으로 설정하였다.

順番	音價	漢字	古今	韓國	北韓	民衆	東亞	教學
1020	회	薈[552)	무성할 회		[薈]초목이 성한 모양	우거질, 일, 숲 회	무성할 회 (本音:외,의)	초목우거진모양, 가려질, 모일 회
1023	효	殽[553)	섞일 효	안주 효	뒤섞이다,어지럽다,안주, 반찬, 살이 붙은 뼈	섞일,섞을,어지러울,어지럽힐, 뼈붙은살,안주, 본받을 효	섞일, 본받을 효	섞일,어지러울, 뼈가붙은살점, 반찬, 산이름, 본받을, 보람 효
1025	효	鴞[554)	부엉이 효		올빼미	올빼미 효	부엉이 효	치효(올빼미) 효 (本音:요)
1027	후	鍭[555)	살촉 후		화살촉	화살,살촉 후	화살 후	후시, 화살촉, 창의한가지,깃의뿌리 후
1030	훤	諠[556)	시끄러울 훤		지껄일 훤	잊을,들렐,떠들, 속일 훤	잊을 훤	왁자지껄할,잊을,속일,펼 훤
1031	훤	諼[557)			잊을 훤	속일,잊을,시쓰러울 훤	속일 훤	속일, 잊을, 원추리, 왁자지껄할훤

552) 초목무성할 회 : 「兒學下:10」에 '무셩할 외', 「釋要下:52」에 '풀많을 회, 가리울 의/회' 등으로 나타나 있어 典據를 따르되, '蘆薈'에서의 뜻과 여러 字典에서 제시한 訓音을 고려하여 '초목무성할 회'를 代表訓音으로 설정하였다. '외'와 '의' 音에 대해서는 현대국어에서 쓰임이 거의 없는 것으로 판단하였다.

553) 섞일/안주 효 : 「釋要上:74」에 '어즈러울 효', 「新字2:43」에 '석길/어지러울/마른안쥬/진안쥬 효' 등으로 나타나 있어 典據를 따르되, 여러 字典에서 제시한 訓音을 고려하여 複數訓을 설정하였다.

554) 부엉이/올빼미 효 : 「訓蒙比叡上:8」, 「類合上:12」에 '부훵이 효'로 되어 있어 典據를 따르되, 『標準國語大辭典』에서 '鴟鴞'를 '부엉이'의 同義語로 설명하고 있는 점을 고려하여 '부엉이''를 代表訓으로 설정하였다. 한편 『標準國語大辭典』에서 '鵋鴞'와 '山鴞'를 '올빼미'의 同義語로 설명하고 있는 점과, 여러 字典에서 제시한 訓音을 고려하여 複數訓을 설정하였다.

555) 화살촉 후 : 「字類下:33」, 「釋要下:91」, 「新字1:46」 등에 '살촉 후'로 되어 있어 典據를 따르되, 여러 字典에서 제시한 訓音을 고려하여 代表訓音을 설정하였다.

556) 지껄일/잊을 훤 : 「釋要下:70」에 '니즐 훤', 「新字4:5」에 '짓거릴/이질 훤' 등으로 나타나 있어 典據를 따르되, '諠競, 諠言'과 '諠己' 등에서 쓰이는 뜻과 여러 字典에서 제시한 訓音을 고려하여 複數訓을 설정하였다.

557) 속일/잊을 훤 : 「全玉下:43」, 「釋要下:70」, 「新字4:5」 등에서 '諠'을 '니즐(이질) 훤'로 제시하면서 '諼'을 通字로 설명하고 있어 典據를 따르되, '詐諼'에서의 뜻과 여러 字典에서 제시한 訓音을 고려하여 複數訓을 설정하였다.

順番	音價	漢字	古今	韓國	北韓	民衆	東亞	敎學
1032	훤	貆[558]	담비 새끼 훤		담비 새끼	1.오소리 훤2.오소리,호저 환	담비 새끼 환(훤)	오소리새끼,호저 환(훤)
1033	훼	虺[559]	독사		1.독사,작은 뱀2.[虺隤]병 들다	1.살무사,작은뱀,우렛소리,성 훼 2.고달플 회	1.살무사 훼2.고달플 회	살무사,작은뱀,석척(도마뱀),많고성할,지쳐서앓을 훼
1034	휘	翬[560]	날개 휠휠 칠 휘	휠휠날 휘	휠휠 날다,꿩의 한 가지	휠휠날,꿩 휘	휠휠 날 휘	휠휠날,꿩,휘두를,빛,오색 깃 휘
1037	휴	攜[561]	끌 휴		끌 휴	끌,들,떨어질,연할,姓 휴(携의本字)	끌 휴(携의 本字)	1.끌,떠날휴2.곤하여약해진모양 혜
1038	휼	遹[562]	좇을 휼		좇다,발어사,사특하다	좇을,이에,姓 휼(本音:율)간사할 휼(本音:술)	1.비뚤휼(本音:율)2.간사할 휼(本音:술)	편벽될,따를,이에,오가는모양,姓 휼
1039	흉	訩[563]	흉악할 흉(兇)		송사하다,다투다,어지럽다,차다,[訩訩]떠들다	떠들썩할,재화,송사할,울 흉	송사할 흉	다툴,난리,두려워할 흉

558) 담비새끼 훤 : 「釋要下:74」, 「新字4:9」에 '담뷔색기 훤/환'으로 나타나 있어 典據를 따르되, 여러 字典에서 제시한 訓音을 고려하여 '담비새끼 훤'을 代表訓音으로 설정하였다. '환' 音에 대해서는 현대국어에서 쓰임이 거의 없는 것으로 판단하였다.

559) 독사/작은뱀 훼 : 「訓蒙比叡上:11」에서는 '독샤 훼', 「新字3:59」에 '이슬/적은배암소리 훼, 비루먹을 회'로 나타나 있어 典據를 따르되, '虺蛇(훼사), 虺蜴(훼역)'과 '虺隤(회퇴)' 등에서의 뜻과 音 및 여러 字典에서 제시한 訓音을 고려하여 複數訓을 설정하였다.

560) 날개휠휠칠/꿩 휘 : 「釋要下:36」에 '날개칠/꿩일흠 휘'로 되어 있고, 「新字1:46」에 '날애활활칠/꿩 휘'로 되어 있어, 典據를 따르되, 여러 字典에서 제시한 訓音을 고려하여 複數訓을 설정하였다.

561) 끌 휴 : 「全玉上:41」, 「字類上:72」, 「兒學下:3」, 「釋要上:53」, 「新字2:13」 등에서 '携'와 同字 혹은 俗字 등으로 설명되어 있어 典據를 따르되, 여러 字典에서 제시한 訓音을 고려하여 '끌 휴'를 代表訓音으로 설정하였다.

562) 좇을/간사할 휼 : 「釋要下:85」에 '조츨/괴휼할휼', 「新字4:20」에 '조칠/지을/간사할 휼'로 되어 있어 典據를 따르되, 여러 字典에서 제시한 訓音을 고려하여 複數訓을 설정하였다.

563) 흉악할/다툴 흉 : 「全玉上:7」 「釋要上:8」, 「新字1:11」 등에 '兇'의 通字 또는 同字로 설명되어 있어 典據를 따르되, 여러 字典에서 제시한 訓音을 고려하여 複數訓을 설정하였다.

順番	音價	漢字	古今	韓國	北韓	民衆	東亞	敎學
1040	흔	釁564)	틈 흔	틈 흔	틈 흔	피칠할,허물,틈,바를,움직일,姓 흔	피바를 흔	피바를,바를,틈,조짐,잘못,힘차게움직일,훈할 흔
1041	흘	仡565)	날랠 흘		머리를 쳐 들다,[仡仡] 건장하고 날랜 모양,높직한 모양	1.날랠,높을,머리들 흘2.흔들릴 올	1.날랠 흘2.불안할 올	1.날랠.우뚝할,고개들,부지런히힘쓸,두려워말못하는모양 흘2.배 흔들리는모양 올
1043	흘	齕566)	씹을 흘	깨물 흘	씹다	깨물,씹을 흘	깨물 흘	깨물,해칠,침탈,턱 흘
1046	희	嘻567)	탄식하는소리 희	화락할 희	탄식하는 소리,[嘻嘻]화락한 소리	화락할,한숨쉴,놀랄 희	웃을 희	아(감탄이나 찬미의 뜻,슬픔이나 유감,놀라움을 나타내는 소리),웃을 희
1047	희	爔568)			불		불 희	불,햇빛 희

564) 틈 흔 : 「訓蒙比叡下:8」에서는 'ᄠᅳᆷ흔', 「字類上:51」, 「釋要下:43」, 「新字4:24」에 '틈 흔' 등으로 나타나 있어 典據를 따르되, '釁隙'에서의 뜻과, 여러 字典에서 제시한 訓音을 고려하여 '틈'을 代表訓으로 설정하였다.

565) 날랠 흘/배흔들리는모양 올 : 「釋要上:3」에 '날낼 흘', 「新字1:4」에 'ᄉᆞᆯ밋할/놉흘 흘' 등으로 나타나 있어 典據를 따르되, 여러 字典에서 제시한 訓音을 고려하여 複數訓音을 설정하였다.

566) 씹을/깨물 흘 : 「訓蒙比叡下:6」, 「倭解上:49」, 「字類上:49」에 '너흘 흘'로 되어 있어 典據를 따르되, '齕齩, 齕啖' 등에서의 뜻과, 여러 字典에서 제시한 訓音을 고려하여 複數訓을 설정하였다.

567) 탄식하는소리/화락할 희 : 「釋要上:19」에 '탄식할 희', 「新字1:46」에 '화락한소리/한숨쉴 휘' 등으로 나타나 있어 典據를 따르되, '嘻笑, 嘻嘻' 등에서 쓰이는 뜻과, 여러 字典에서 제시한 訓音을 고려하여 複數訓을 설정하였다.

568) 불 희 : 「釋要上:89」에 '불 희'로 되어 있어 典據를 따르되, 여러 字典에서 제시한 訓音을 고려하여 代表訓音을 설정하였다.

2. 現在의 辭典的 意味에 따른 訓音

代表訓音을 설정할 때엔 典據를 따르는 것이 本書에서의 1次的 原則이나, 오늘날 쓰이는 訓音이 전거에서 벗어나 있는 漢字들의 경우나 現在의 用例가 그 數爻나 頻度 面에서 매우 限定되어 나타나는 漢字들의 경우도 상당수 있다. 또한 전거의 訓이 오늘날 쓰이지 않는 말일 경우도 있는데, 이러한 漢字들은 전거의 訓音을 반영할 경우 現在의 쓰임과 매우 다르기에 그 學習의 效用價値가 떨어질 수밖에 없다. 따라서 이러한 경우에는 부득이하게 現在의 辭典的 意味에 따라 代表訓音을 설정하였다.

이에 해당하는 漢字들을 아래에 제시한다.

順番	音價	漢字	古今	韓國	北韓	民衆	東亞	教學
7	간	衎[569]			즐겁다,미덥다 간	즐길,기뻐할,곧을,姓 간	즐길,바를 간	즐길,강직할 간
9	간	蕑[570]			란초 간	등골나물,연,연실,姓간	등골 나물(연,풀이름) 간	난초,연밥 간
10	갈	秸[571]			추린벼'짚개(갈)(稭와同字)	짚,볏길,짚자리 갈	1.볏짚 갈2.새이름 길	1.볏짚 갈2.길국 길
12	감	歛[572]				줄,바랄 감	바랄 감	바랄,줄 감(本音:함),렴
15	개	槩[573]			대개 개	평미레,평미리칠,달,대개,절개,풍채 개	평미레 개	평미레,고르게 할 개(槪와 同字)

569) 즐길/곧을 간 : '衎' 字는 典據를 찾아보기가 쉽지 않고, 그 쓰임도 人地名用 한자를 제외하고는 現代國語에서는 흔치 않은 까닭에, 여러 字典들에서 제시하고 있는 訓音과 글자의 形聲을 고려하여 代表訓音을 설정하였다.

570) 난초/연밥 간 : '蕑' 字는 典據를 찾아보기가 쉽지 않고, 그 쓰임도 人地名用 한자를 제외하고는 現代國語에서는 흔치 않은 까닭에, 여러 字典들에서 제시하고 있는 訓音과 글자의 形聲을 고려하여 代表訓音을 설정하였다.

571) 볏짚 갈 : '秸' 字는 典據를 찾아보기가 쉽지 않고, 그 쓰임도 人地名用 한자를 제외하고는 現代國語에서는 흔치 않은 까닭에, 여러 字典들에서 제시하고 있는 訓音과 글자의 形聲을 고려하여 代表訓音을 설정하였다.

572) 바랄 감 : '歛' 字는 典據를 찾아보기가 쉽지 않고, 그 쓰임도 人地名用 한자를 제외하고는 現代國語에서는 흔치 않은 까닭에, 여러 字典들에서 제시하고 있는 訓音과 글자의 形聲을 고려하여 代表訓音을 설정하였다.

573) 평미레 개 : '槩' 字는 典據를 찾아보기가 쉽지 않고, 그 쓰임도 人地名用 한자를 제외하고는 現代國語에서는 흔치 않은 까닭에, 여러 字典들에서 제시하고 있는 訓音과, 『標準國語大辭典』에서 '量槩'를 '평미레(말이나 되에 곡식을 담고 그 위를 평평하게 밀어 고르게 하는 데 쓰는 방망이 모양의 기구.)'의 同義語로 제시하고 있는 점을 고려하여 代表訓音을 설정하였다.

順番	音價	漢字	古今	韓國	北韓	民衆	東亞	敎學
16	개	喈574)			새우는 소리,빠른 모양	새소리,종소리,빠를 개	새소리 개	새소리,빠른모양 개
17	개	湝575)			[湝湝]물이흐르는모양,[湝湝]차다	출렁출렁흐를 개	물 출렁출렁흐를 개	
18	갱	硜576)			소리가 야무지다 갱(경)	돌소리 갱	돌소리 갱(本音:경) 경쇠 경	
19	갱	賡577)		이을 갱	잇다,갚다	이을,갚을 갱	이을 갱	이을,갚을 갱
21	갹	臄578)			입천장,저민고기	윗 입술,순대 갹	1.순대 갹2.새포 거	혀 갹
23	거	莒579)		나라이름 거		감자,나라이름,姓 거	감자 거	1.나라이름,고을이름거2.땅 이름 려

574) 새소리/빠를 개 : '喈' 字는 典據를 찾아보기가 쉽지 않고, 그 쓰임도 人地名用 한자를 제외하고는 現代國語에서는 흔치 않은 까닭에, 여러 字典들에서 제시하고 있는 訓音과 글자의 形聲을 고려하여 代表訓音을 설정하였다.

575) 물흐를 개 : '湝' 字는 典據를 찾아보기가 쉽지 않고, 그 쓰임도 人地名用 한자를 제외하고는 現代國語에서는 흔치 않은 까닭에, 여러 字典들에서 제시하고 있는 訓音과 글자의 形聲을 고려하여 代表訓音을 설정하였다.

576) 돌소리 갱 : '硜' 字는 典據를 찾아보기가 쉽지 않고, 그 쓰임도 人地名用 한자를 제외하고는 現代國語에서는 흔치 않은 까닭에, 여러 字典들에서 제시하고 있는 訓音과 글자의 形聲을 고려하여 代表訓音을 설정하였다.

577) 이을 갱 : '賡' 字는 典據를 찾아보기가 쉽지 않고, 그 쓰임도 人地名用 한자를 제외하고는 現代國語에서는 흔치 않은 까닭에, '賡歌, 賡酬, 賡韻' 등에서 두루 쓰인 뜻과, 여러 字典들에서 제시하고 있는 訓音 및 글자의 形聲을 고려하여 代表訓音을 설정하였다.

578) 순대 갹 : '臄' 字는 典據를 찾아보기가 쉽지 않고, 그 쓰임도 人地名用 한자를 제외하고는 現代國語에서는 흔치 않은 까닭에, 여러 字典들에서 제시하고 있는 訓音과 글자의 形聲을 고려하여 代表訓音을 설정하였다.

579) 나라이름 거 : '莒' 字는 典據를 찾아보기가 쉽지 않고, 그 쓰임도 人地名用 한자를 제외하고는 現代國語에서는 흔치 않은 까닭에, 여러 字典들에서 제시하고 있는 訓音을 고려하여 代表訓音을 설정하였다.

順番	音價	漢字	古今	韓國	北韓	民衆	東亞	教學
25	거	椐580)			령수 나무	느티나무,영수목,따름,울짱 거	영수목 거	나무이름,느티나무 거
26	거	虡581)			쇠북틀	쇠북거는틀,책상 거	쇠북걸이 틀기둥 거	악기틀 거
27	건	褰582)			걷을 건	걷을,올릴,접을,주름잡힐 건	출(추다,바지,들다,걷다) 건	옷 걷어올릴,바지 건
28	걸	朅583)			1.가다 걸2.씩식하다 흘	1.갈 걸2.헌걸찰 흘	갈 걸	떠날,씩씩한모양걸
30	게	愒584)			1.쉬다 게2.탐하다, 장사를 급히 지내다 개 3.두렵게 하다, 으르대다 할	1.쉴 게2.탐낼,서두를 개3.으를 할	1.쉴 게2.굳셀 걸	1.쉴 게(갈)2.탐할,허비할 개3.으를 할
34	격	繳585)	1 동일 교 2. 주살 격		1.주살 격2.얽다, 동이다 교	1.주살,실 작2.얽힐,바칠,갚을,행전 교	1.주살의 줄 작 2.얽힐 교	

580) 느티나무 거 : '椐' 字는 典據를 찾아보기가 쉽지 않고, 그 쓰임도 人地名用 한자를 제외하고는 現代國語에서는 흔치 않은 까닭에, 여러 字典들에서 제시하고 있는 訓音과 글자의 形聲을 고려하여 代表訓音을 설정하였다.

581) 쇠북걸이틀 거 : '虡' 字는 典據를 찾아보기가 쉽지 않고, 그 쓰임도 人地名用 한자를 제외하고는 現代國語에서는 흔치 않은 까닭에, 여러 字典들에서 제시하고 있는 訓音과 글자의 形聲을 고려하여 代表訓音을 설정하였다.

582) 걷을 건 : '褰' 字는 典據를 찾아보기가 쉽지 않고, 그 쓰임도 人地名用 한자를 제외하고는 現代國語에서는 흔치 않은 까닭에, 여러 字典들에서 제시하고 있는 訓音과 글자의 形聲을 고려하여 代表訓音을 설정하였다.

583) 떠날 걸 : '朅' 字는 典據를 찾아보기가 쉽지 않고, 그 쓰임도 人地名用 한자를 제외하고는 現代國語에서는 흔치 않은 까닭에, 여러 字典들에서 제시하고 있는 訓音과 글자의 形聲을 고려하여 代表訓音을 설정하였다. '흘' 音에 대해서는 현대국어에서 쓰임이 거의 없는 것으로 판단하였다.

584) 쉴 게/탐할 개/으를 할 : '愒' 字는 典據를 찾아보기가 쉽지 않고, 그 쓰임도 人地名用 한자를 제외하고는 現代國語에서는 흔치 않은 까닭에, 여러 字典들에서 제시하고 있는 訓音과 글자의 形聲을 고려하여 複數訓音을 설정하였다.

585) 주살 격/바칠 작/얽힐 교 : '繳' 字는 典據를 찾아보기가 쉽지 않고, 그 쓰임도 人地名用 한자를 제외하고는 現代國語에서는 흔치 않은 까닭에, 여러 字典들에서 제시하고 있는 訓音을 고려하여 複數訓音을 설정하였다. 다만 '작' 音에 대해서는 이를 제시한 字典들에서는 '주살의 줄'로 訓을 제시하고 있으나, 本攷에서는 '繳交, 繳納, 繳來, 繳送' 등에 쓰인 뜻을 고려하여 '바치다'의 뜻을 代表訓으로 설정하였다.

順番	音價	漢字	古今	韓國	北韓	民衆	東亞	教學
41	견	豣586)			큰돼지,노루	돼지,노루견	돼지,노루견[豜의속자]	돼지 견
43	결	鱇587)			미늘 달린 고리	쇠고리 결	쇠고리 결	혀 있 는 고 리 결
45	경	冏588)			빛나다	빛날 경	빛날 경	밝음,새나가는 모양 경
46	경	惸589)			독신,외롭다	독신자,근심할 경	근심할 경	근심할,외톨이 경
52	경	睘590)			휘둥그래지다	볼,외로울,근심할경(睘의俗字)	1.놀라서볼경2.돌아올선[睘와同字]	놀라서볼,외로울경[睘와同字]
53	계	炷591)			화덕,풍로,밝다	화덕 계	화덕 계(本音:유), 밝을 계	1.밝을계2.화덕유
58	고	鹽592)			소금밭,견고하지 아니하다,빨다	짠못,호렴,무를,소홀할,마실 고	염지 고	염지의이름,정제하지않은소금,무를,빨아마실,그칠 고

586) 돼지/노루 견 : '豣' 字는 典據를 찾아보기가 쉽지 않고, 그 쓰임도 人地名用 한자를 제외하고는 現代國語에서는 흔치 않은 까닭에, 여러 字典들에서 제시하고 있는 訓音과 글자의 形聲을 고려하여 代表訓音을 설정하였다.

587) 쇠고리 결 : '鱇' 字는 典據를 찾아보기가 쉽지 않고, 그 쓰임도 人地名用 한자를 제외하고는 現代國語에서는 흔치 않은 까닭에, 여러 字典들에서 제시하고 있는 訓音과 글자의 形聲을 고려하여 代表訓音을 설정하였다.

588) 빛날 경 : '冏' 字는 典據를 찾아보기가 쉽지 않고, 그 쓰임도 人地名用 한자를 제외하고는 現代國語에서는 흔치 않은 까닭에, 여러 字典들에서 제시하고 있는 訓音과 글자의 形聲을 고려하여 代表訓音을 설정하였다.

589) 근심할 경 : '惸' 字는 典據를 찾아보기가 쉽지 않고, 그 쓰임도 現代國語에서는 흔치 않은 까닭에, 여러 字典들에서 제시하고 있는 訓音과 글자의 形聲을 고려하여 代表訓音을 설정하였다.

590) 놀라서볼 경 : '睘' 字는 典據를 찾아보기가 쉽지 않고, 그 쓰임도 人地名用 한자를 제외하고는 現代國語에서는 흔치 않은 까닭에, 여러 字典들에서 제시하고 있는 訓音과 글자의 形聲을 고려하여 代表訓音을 설정하였다.

591) 화덕 계 : '炷' 字는 典據를 찾아보기가 쉽지 않고, 그 쓰임도 人地名用 한자를 제외하고는 現代國語에서는 흔치 않은 까닭에, 여러 字典들에서 제시하고 있는 訓音과 글자의 形聲을 고려하여 代表訓音을 설정하였다.

592) 짠못/마실 고 : '鹽' 字는 典據를 찾아보기가 쉽지 않고, 그 쓰임도 人地名用 한자를 제외하고는 現代國語에서는 흔치 않은 까닭에, 여러 字典들에서 제시하고 있는 訓音과 글자의 形聲을 고려하여 代表訓音을 설정하였다.

順番	音價	漢字	古今	韓國	北韓	民衆	東亞	教學
60	고	酤[593]			단술,계명주,술을 사다,술을 팔다	단술,살,팔 고	1. 계명주, 팔 고 2. 계명주 호	계명주, 술을 살,술을 팔 고
61	고	熇[594]					1.뜨거울 혹2.불꽃 일 학3.엄할 효4.불에 쬘 고	1.불길성할 학(혹)2.뜨거운모양 효3.말릴 고
62	고	楛[595]			1. 나무이름, 화살감 호2. 악하다,견고하지 아니하다 고	1.나무이름 호2. 거칠 고		1.나무이름 호 2.거칠 고, 마를 고
64	고	罛[596]		큰 물고기 고	큰 고기 그물	그물,나타날 고	물고기 그물 고	큰어망,험준한 모양 고
68	곤	緄[597]			수띠,노	1.띠,노,새끼,묶음곤2. 오랑캐 이름 혼	1.띠,꿰멜 곤2. 오랑캐 이름 혼	1.띠 곤, 노 곤 2.혼이 혼, 섞일 혼
69	곤	錕[598]			赤金,바퀴통의 속쇠	산이름 곤	붉은 쇠 곤	곤오 곤,붉은쇠,수레바퀴통쇠 곤

593) 단술 고 : '酤' 字는 典據를 찾아보기가 쉽지 않고, 그 쓰임도 人地名用 한자를 제외하고는 現代國語에서는 흔치 않은 까닭에, 여러 字典들에서 제시하고 있는 訓音과 글자의 形聲을 고려하여 代表訓音을 설정하였다.

594) 말릴 고/뜨거울 효 : '熇' 字는 典據를 찾아보기가 쉽지 않고, 그 쓰임도 人地名用 한자를 제외하고는 現代國語에서는 흔치 않은 까닭에, 여러 字典들에서 제시하고 있는 訓音과 글자의 形聲을 고려하여 複數訓音을 설정하였다. '학' 音과 '혹' 音에 대해서는 현대국어에서 쓰임이 거의 없는 것으로 판단하였다.

595) 거칠 고/나무이름 호 : '楛' 字는 典據를 찾아보기가 쉽지 않고, 그 쓰임도 人地名用 한자를 제외하고는 現代國語에서는 흔치 않은 까닭에, 여러 字典들에서 제시하고 있는 訓音과 글자의 形聲을 고려하여 代表訓音을 설정하였다.

596) 큰물고기그물 고 : '罛' 字는 典據를 찾아보기가 쉽지 않고, 그 쓰임도 人地名用 한자를 제외하고는 現代國語에서는 흔치 않은 까닭에, 여러 字典들에서 제시하고 있는 訓音과 글자의 形聲을 고려하여 代表訓音을 설정하였다.

597) 띠 곤/오랑캐이름 혼 : '緄' 字는 典據를 찾아보기가 쉽지 않고, 그 쓰임도 人地名用 한자를 제외하고는 現代國語에서는 흔치 않은 까닭에, 여러 字典들에서 제시하고 있는 訓音과 글자의 形聲을 고려하여 代表訓音을 설정하였다.

598) 붉은쇠 곤 : '錕' 字는 典據를 찾아보기가 쉽지 않고, 그 쓰임도 人地名用 한자를 제외하고는 現代國語에서는 흔치 않은 까닭에, 여러 字典들에서 제시하고 있는 訓音과 글자의 形聲을 고려하여 代表訓音을 설정하였다.

順番	音價	漢字	古今	韓國	北韓	民衆	東亞	教學
70	곤	梱599)		문지방 곤(梱)	문지방,두드리다(梱)	문지방,칠,이룰,도살할,포장한 화물,가지런히 할 곤	문지방,가지런히 할 곤(梱와 同字)	1.문지방,가지런할곤2.통나무 혼
75	과	薖600)			풀 이름,너그러운 모양,배'속이 비다,헛헛하다	너그러울,헛헛할 과	관대할 과	너그러운모양,아름다운모양 과
76	곽	矡601)					바삐갈 곽	
78	관	丱602)		1꿰미 천,2곳 곳	머리 땋은 모양	총각 관	1.쌍쌍투 관2.광석 광	1.쌍쌍투 관,어릴 관2.조광 광
80	관	綰603)		얽을 관	매다,얽다,꿰다	통괄할,꿸,맬 관(本音:완)	얽을 관(本音:완)	맬,통제할,관리할,걱정할,감을 관
82	관	痯604)			속 끓이는 병	앓을,고달플 관	병에 지칠 관	지친모양,우울병 관
83	관	瘝605)					앓을 관	

599) 문지방 곤 : '梱' 字는 典據를 찾아보기가 쉽지 않고, 그 쓰임도 人地名用 한자를 제외하고는 現代國語에서는 흔치 않은 까닭에, 여러 字典들에서 제시하고 있는 訓音과 글자의 形聲을 고려하여 代表訓音을 설정하였다.

600) 너그러울 과 : '薖' 字는 典據를 찾아보기가 쉽지 않고, 그 쓰임도 人地名用 한자를 제외하고는 現代國語에서는 흔치 않은 까닭에, 여러 字典들에서 제시하고 있는 訓音과 글자의 形聲을 고려하여 代表訓音을 설정하였다.

601) 바삐갈 곽 : '矡' 字는 典據를 찾아보기가 쉽지 않고, 그 쓰임도 人地名用 한자를 제외하고는 現代國語에서는 흔치 않은 까닭에, 여러 字典들에서 제시하고 있는 訓音과 글자의 形聲을 고려하여 代表訓音을 설정하였다.

602) 쌍상투 관 : '丱' 字는 典據를 찾아보기가 쉽지 않고, 그 쓰임도 人地名用 한자를 제외하고는 現代國語에서는 흔치 않은 까닭에, 여러 字典들에서 제시하고 있는 訓音과 글자의 形聲을 고려하여 代表訓音을 설정하였다.

603) 얽을 관 : '綰' 字는 典據를 찾아보기가 쉽지 않고, 그 쓰임도 人地名用 한자를 제외하고는 現代國語에서는 흔치 않은 까닭에, 여러 字典들에서 제시하고 있는 訓音과 글자의 形聲을 고려하여 代表訓音을 설정하였다.

604) 병에지칠 관 : '痯' 字는 典據를 찾아보기가 쉽지 않고, 그 쓰임도 人地名用 한자를 제외하고는 現代國語에서는 흔치 않은 까닭에, 여러 字典들에서 제시하고 있는 訓音과 글자의 形聲을 고려하여 代表訓音을 설정하였다.

605) 앓을 관 : '瘝' 字는 典據를 찾아보기가 쉽지 않고, 그 쓰임도 人地名用 한자를 제외하고는 現代國語에서는 흔치 않은 까닭에, 여러 字典들에서 제시하고 있는 訓音과 글자의 形聲을 고려하여 代表訓音을 설정하였다.

順番	音價	漢字	古今	韓國	北韓	民衆	東亞	教學
84	괄	佸[606)			모이다, 이르다			
87	광	桄[607)		광랑나무 광	[桄榔] 나무 이름, 차다(充), 베틀에 가로지른 나무	광랑나무, 가로목 광	광랑나무 광	가로대 광, 가득찰, 광랑나무 광
89	광	迋[608)			1.속이다 광 2.가다, 두렵다 왕	1.속일, 두려워할 광2.갈 왕	1.속일 광2.갈 왕	1.두려워할, 속일광2.갈 왕
91	괴	蕢[609)			1.당비름 괴 2.삼태기 궤	1.흙덩이 괴2.삼태기 궤	1.상할, 흙덩이 괴2. 삼태기 궤	1.거칠어질, 흙덩이 괴2.삼태기 궤
95	교	佼[610)			아름답다, [佼佼] 어여쁜 모양	예쁠, 없신여길, 속일, 나을, 어지럽힐, 姓 교	예쁠 교	예쁠, 업신여길, 사귈 교
96	교	嘐[611)		깨물 교	1.[嘐嘐]깨물 교2.[嘐嘐]뜻이 크고 말도 희떱다 효	1.닭울 교2.뜻클 효	1.소리 교2.큰 소리칠 효	1.소리 교2.클 효

606) 모일 괄 : '佸' 字는 典據를 찾아보기가 쉽지 않고, 그 쓰임도 人地名用 한자를 제외하고는 現代國語에서는 흔치 않은 까닭에, 여러 字典들에서 제시하고 있는 訓音과 글자의 形聲을 고려하여 代表訓音을 설정하였다.

607) 광랑나무 광 : '桄' 字는 典據를 찾아보기가 쉽지 않고, 그 쓰임도 人地名用 한자를 제외하고는 現代國語에서는 흔치 않은 까닭에, 여러 字典들에서 제시하고 있는 訓音과 글자의 形聲을 고려하여 代表訓音을 설정하였다.

608) 속일 광/갈 왕 : '迋' 字는 典據를 찾아보기가 쉽지 않고, 그 쓰임도 人地名用 한자를 제외하고는 現代國語에서는 흔치 않은 까닭에, 여러 字典들에서 제시하고 있는 訓音과 글자의 形聲을 고려하여 代表訓音을 설정하였다.

609) 흙덩이 괴/삼태기 궤 : '蕢' 字는 典據를 찾아보기가 쉽지 않고, 그 쓰임도 人地名用 한자를 제외하고는 現代國語에서는 흔치 않은 까닭에, 여러 字典들에서 제시하고 있는 訓音과 글자의 形聲을 고려하여 代表訓音을 설정하였다.

610) 예쁠/업신여길 교 : '佼' 字는 典據를 찾아보기가 쉽지 않고, 그 쓰임도 人地名用 한자를 제외하고는 現代國語에서는 흔치 않은 까닭에, '佼童, 佼人' 등에서의 뜻과, 여러 字典들에서 제시하고 있는 訓音 및 글자의 形聲을 고려하여 代表訓音을 설정하였다.

611) 깨물 교/클 효 : '嘐' 字는 典據를 찾아보기가 쉽지 않고, 그 쓰임도 人地名用 한자를 제외하고는 現代國語에서는 흔치 않은 까닭에, 여러 字典들에서 제시하고 있는 訓音과 글자의 形聲을 고려하여 代表訓音을 설정하였다.

順番	音價	漢字	古今	韓國	北韓	民衆	東亞	教學
99	교	蹻[612]			1.ㄱ,발을 들다 ㄴ,(蹻蹻)위엄스러운 모양 교2.짚신 갸	1.들,교만할,날쌜,강성할 교2.짚신,썰매,빠를,교만할 갸	1.발돋움할,교만할 교2.짚신 갸3.썰매 곡	1.발을들,교만할 교,튼튼할 교 2.짚신 갸
100	교	儌[613]				갈,구할,속일 교	갈 교	
101	교	敿[614]			끈을 잇다,때려 맞추다	맬 교	맬 교	이을 교
102	교	茭[615]			마른꼴	꼴,벨,깍을,승검초,노 교	1. 꼴, 속임말 교2.뿌리 먹는 풀 효3.도지개 격	1.마른꼴풀,승검초 교2.풀뿌리 효3.도지개 격
105	구	俅[616]			[俅俅]관 꾸미개의 모양,공순한 모양	공순할 구	공손할 구	관을 꾸민모양,공순한모양 구
111	구	搆[617]		얽을 구		끌 구	끌,이해 못할 구	얽을,만날,살,끌 구

612) 발들 교/짚신 갸 : '蹻' 字는 典據를 찾아보기가 쉽지 않고, 그 쓰임도 人地名用 한자를 제외하고는 現代國語에서는 흔치 않은 까닭에, '蹻勇, 蹻捷' 등에서의 뜻과, 여러 字典들에서 제시하고 있는 訓音과 글자의 形聲을 고려하여 代表訓音을 설정하였다.

613) 갈 교 : '儌' 字는 典據를 찾아보기가 쉽지 않고, 그 쓰임도 人地名用 한자를 제외하고는 現代國語에서는 흔치 않은 까닭에, 여러 字典들에서 제시하고 있는 訓音과 글자의 形聲을 고려하여 代表訓音을 설정하였다.

614) 맬 교 : '敿' 字는 典據를 찾아보기가 쉽지 않고, 그 쓰임도 人地名用 한자를 제외하고는 現代國語에서는 흔치 않은 까닭에, 여러 字典들에서 제시하고 있는 訓音과 글자의 形聲을 고려하여 代表訓音을 설정하였다.

615) 마른꼴 교/풀뿌리 효 : '茭' 字는 典據를 찾아보기가 쉽지 않고, 그 쓰임도 人地名用 한자를 제외하고는 現代國語에서는 흔치 않은 까닭에, 여러 字典들에서 제시하고 있는 訓音과 글자의 形聲을 고려하여 代表訓音을 설정하였다. '격' 音에 대해서는 현대국어에서 쓰임이 거의 없는 것으로 판단하였다.

616) 공순할 구 : '俅' 字는 典據를 찾아보기가 쉽지 않고, 그 쓰임도 人地名用 한자를 제외하고는 現代國語에서는 흔치 않은 까닭에, 여러 字典들에서 제시하고 있는 訓音과 글자의 形聲을 고려하여 代表訓音을 설정하였다.

617) 얽을 구 : '搆' 字는 典據를 찾아보기가 쉽지 않고, 그 쓰임도 人地名用 한자를 제외하고는 現代國語에서는 흔치 않은 까닭에, '搆害' 등에서의 뜻과, 여러 字典들에서 제시하고 있는 訓音 및 글자의 形聲을 고려하여 代表訓音을 설정하였다.

順番	音價	漢字	古今	韓國	北韓	民衆	東亞	教學
113	구	璆618)			옥경쇠,아름다운옥,옥소리	옥,옥경쇠,옥소리 구	아름다운 옥구	아름다운옥,옥으로만든경쇠구
118	구	艽619)		멀고 황량하다 구(亓),진교/오독도기 교	1.멀고거칠다구2.[蓁艽]약이름교(亓)	1.변방,두메,깃자리구2.풀이름교	1.나라 끝 구2.오독도기교	1.변방,짐승의깔개 亓2.진교교
119	구	觩620)			뿔이 우로 굽은 모양,활이 빽빽한 모양	굽을,셸,느슨할구	뿔 굽을 구	뿔위로 굽은모양,활팽팽히당긴모양 구
122	굴	詘621)			굽히다,말이막히다,궁하다 굴	굽을,굽힐,말막힐,궁할,다할,기뻐할,짧을 굴	1.굽을굴2.내칠출3.말 더듬을 눌	1.말막힐,굽을,굴복할,욕될,억압받을,몸굽혀공경할 굴2.쫓아낼 출
125	권	鬈622)			머리털이 좋은 모양	고울,갈라빗을권	아름 다울 권	머리털이 아름다울,갈래 머리권
131	궤	匭623)			갑,포장하다,동이다	갑,동일 궤	상자 궤	상자,묶을 궤

618) 옥경쇠 구 : '璆' 字는 典據를 찾아보기가 쉽지 않고, 그 쓰임도 人地名用 한자를 제외하고는 現代國語에서는 흔치 않은 까닭에, 여러 字典들에서 제시하고 있는 訓音과 글자의 形聲을 고려하여 代表訓音을 설정하였다.

619) 변방 구/진교 교 : '艽' 字는 典據를 찾아보기가 쉽지 않고, 그 쓰임도 人地名用 한자를 제외하고는 現代國語에서는 흔치 않은 까닭에, 여러 字典들에서 제시하고 있는 訓音과 글자의 形聲을 고려하여 代表訓音을 설정하였다.

620) 뿔굽을 구 : '觩' 字는 典據를 찾아보기가 쉽지 않고, 그 쓰임도 人地名用 한자를 제외하고는 現代國語에서는 흔치 않은 까닭에, 여러 字典들에서 제시하고 있는 訓音과 글자의 形聲을 고려하여 代表訓音을 설정하였다.

621) 말막힐 굴/내칠 출 : '詘' 字는 典據를 찾아보기가 쉽지 않고, 그 쓰임도 人地名用 한자를 제외하고는 現代國語에서는 흔치 않은 까닭에, 여러 字典들에서 제시하고 있는 訓音과 글자의 形聲을 고려하여 代表訓音을 설정하였다.

622) 머리고울 권 : '鬈' 字는 典據를 찾아보기가 쉽지 않고, 그 쓰임도 人地名用 한자를 제외하고는 現代國語에서는 흔치 않은 까닭에, 여러 字典들에서 제시하고 있는 訓音과 글자의 形聲을 고려하여 代表訓音을 설정하였다.

623) 상자 궤 : '匭' 字는 典據를 찾아보기가 쉽지 않고, 그 쓰임도 人地名用 한자를 제외하고는 現代國語에서는 흔치 않은 까닭에, 여러 字典들에서 제시하고 있는 訓音과 글자의 形聲을 고려하여 代表訓音을 설정하였다.

順番	音價	漢字	古今	韓國	北韓	民衆	東亞	教學
132	궤	垝[624]			허물어지다	무너질 궤	허물어질 궤	무너진 담,무너질 궤
133	귀	宄[625]			간악하다	간악할 귀	도둑 귀	
135	규	樛[626]			나무가 아래로 구부러지다,구하다	늘어져 휠,돌고돌,두루다닐,동여맬,구할,姓 규	휠 규	휠,돌,묶을,구할 규
137	규	糺[627]						1.꼴,휘감길,모을,바로잡을,굽이질,살필,고발할,급할,공경할 규(糾와 同字) 2.느릿한모양 교
138	규	頍[628]			머리를 들다,고깔 모양,머리의 꾸미개	들 규	머리들 규	머리장식,관을 쓴모양 규
139	규	戣[629]				창 규	창 규	삼봉창 규

624) 무너질 궤 : '垝' 字는 典據를 찾아보기가 쉽지 않고, 그 쓰임도 人地名用 한자를 제외하고는 現代國語에서는 흔치 않은 까닭에, 여러 字典들에서 제시하고 있는 訓音과 글자의 形聲을 고려하여 代表訓音을 설정하였다.

625) 간악할 귀 : '宄' 字는 典據를 찾아보기가 쉽지 않고, 그 쓰임도 人地名用 한자를 제외하고는 現代國語에서는 흔치 않은 까닭에, 여러 字典들에서 제시하고 있는 訓音과 글자의 形聲을 고려하여 代表訓音을 설정하였다.

626) 휠 규 : '樛' 字는 典據를 찾아보기가 쉽지 않고, 그 쓰임도 人地名用 한자를 제외하고는 現代國語에서는 흔치 않은 까닭에, 여러 字典들에서 제시하고 있는 訓音과 글자의 形聲을 고려하여 代表訓音을 설정하였다.

627) 살필 규 : '糺' 字는 典據를 찾아보기가 쉽지 않고, 그 쓰임도 人地名用 한자를 제외하고는 現代國語에서는 흔치 않은 까닭에, '糺問' 등에서의 뜻과, 여러 字典들에서 제시하고 있는 訓音 및 글자의 形聲을 고려하여 代表訓音을 설정하였다.

628) 머리들 규 : '頍' 字는 典據를 찾아보기가 쉽지 않고, 그 쓰임도 人地名用 한자를 제외하고는 現代國語에서는 흔치 않은 까닭에, 여러 字典들에서 제시하고 있는 訓音과 글자의 形聲을 고려하여 代表訓音을 설정하였다.

629) 창 규 : '戣' 字는 典據를 찾아보기가 쉽지 않고, 그 쓰임도 人地名用 한자를 제외하고는 現代國語에서는 흔치 않은 까닭에, 여러 字典들에서 제시하고 있는 訓音과 글자의 形聲을 고려하여 代表訓音을 설정하였다.

順番	音價	漢字	古今	韓國	北韓	民衆	東亞	教學
140	규	頄630)			광대뼈, 두텁다	광대뼈 구(규)	광대뼈 구	광대뼈, 얼굴 귀(구)
142	균	箘631)			살대, 죽순, 나무 이름	조릿대, 댓순 균	이대 균	균로균, 죽순, 균계균
146	극	郤632)			틈 극	틈, 姓 극	고을 이름 극	1. 고을이름, 우러를, 틈, 姓 극 2. 물러날 각
148	근	瑾633)				맑을 근	맑을 근	맑을 근
154	기	掎634)			한 쪽 발을 잡아 당기다, 뒤로 당기다, 퉁기다, 의지하다	한다리 끌기, 당길, 뽑을 기	당길, 바르지 않을 기	당길, 견제할, 쏠, 붙잡을 기
156	기	暣635)			별 기	별기운, 姓 기	날씨 기	태양의 기운 기
165	기	羈636)		굴레 기	나그네 기(羈의 통속자)	굴레, 맬, 고삐, 끌, 타관살이할 기(羈의 俗字)	굴레 기(羈의 俗字)	말 굴레, 구금할, 견제할, 얽매일 기(羈의 俗字)

630) 광대뼈 규/구 : '頄' 字는 典據를 찾아보기가 쉽지 않고, 그 쓰임도 人地名用 한자를 제외하고는 現代國語에서는 흔치 않은 까닭에, 여러 字典들에서 제시하고 있는 訓音과 글자의 形聲을 고려하여 代表訓音을 설정하였다.

631) 죽순 균 : '箘' 字는 典據를 찾아보기가 쉽지 않고, 그 쓰임도 人地名用 한자를 제외하고는 現代國語에서는 흔치 않은 까닭에, 여러 字典들에서 제시하고 있는 訓音과 글자의 形聲을 고려하여 代表訓音을 설정하였다.

632) 틈 극 : '郤' 字는 典據를 찾아보기가 쉽지 않고, 그 쓰임도 人地名用 한자를 제외하고는 現代國語에서는 흔치 않은 까닭에, 여러 字典들에서 제시하고 있는 訓音과 글자의 形聲을 고려하여 代表訓音을 설정하였다.

633) 맑을 근 : '瑾' 字는 典據를 찾아보기가 쉽지 않고, 그 쓰임도 人地名用 한자를 제외하고는 現代國語에서는 흔치 않은 까닭에, 여러 字典들에서 제시하고 있는 訓音과 글자의 形聲을 고려하여 代表訓音을 설정하였다.

634) 당길 기 : '掎' 字는 典據를 찾아보기가 쉽지 않고, 그 쓰임도 人地名用 한자를 제외하고는 現代國語에서는 흔치 않은 까닭에, '掎角' 등에서의 뜻과, 여러 字典들에서 제시하고 있는 訓音과 글자의 形聲을 고려하여 代表訓音을 설정하였다.

635) 별 기 : '暣' 字는 典據를 찾아보기가 쉽지 않고, 그 쓰임도 人地名用 한자를 제외하고는 現代國語에서는 흔치 않은 까닭에, 여러 字典들에서 제시하고 있는 訓音과 글자의 形聲을 고려하여 代表訓音을 설정하였다.

636) 말굴레/나그네 기 : '羈' 字는 典據를 찾아보기가 쉽지 않기는 하나, 여러 字典들에서 '羈'의 俗字로 제시하고 있는 점을 고려하여 '羈'와 같은 複數訓을 설정하였다.

順番	音價	漢字	古今	韓國	北韓	民衆	東亞	教學
167	길	姞[637]			성 길	姓,삼갈 길	성 길	삼갈,성 길
169	날	陧[638]						
170	납	軜[639]			속고삐 납	고삐 납	고삐 납	곁마의안쪽고삐 납
178	노	猱[640]			원숭이 노	원숭이 노	원숭이 노	짐승이름,거문고타는법,희롱거릴뇨(뉴)
179	노	怓[641]			심란하다 노	어지러울,지껄일 노	어지러울 노	어지러이떠들,심란할
180	농	穠[642]			꽃나무가 무성한 모양	많을 농	무성할 농	무성할,진할,화려할,농
185	니	柅[643]			1.나무이름,수레바퀴를 멈추는 나무,살피다, 실감개 니2.멈추다 닐	고동목,살필,성할 니	무성할 니	나무이름,굄목,막을니

637) 삼갈 길 : '姞' 字는 典據를 찾아보기가 쉽지 않고, 그 쓰임도 人地名用 한자를 제외하고는 現代國語에서는 흔치 않은 까닭에, 여러 字典들에서 제시하고 있는 訓音과 글자의 形聲을 고려하여 代表訓音을 설정하였다.

638) 위태할 날 : '陧' 字는 典據를 찾아보기가 쉽지 않고, 그 쓰임도 人地名用 한자를 제외하고는 現代國語에서는 흔치 않은 까닭에, 여러 字典들에서 제시하고 있는 訓音과 글자의 形聲을 고려하여 代表訓音을 설정하였다.

639) 고삐 납 : '軜' 字는 典據를 찾아보기가 쉽지 않고, 그 쓰임도 人地名用 한자를 제외하고는 現代國語에서는 흔치 않은 까닭에, 여러 字典들에서 제시하고 있는 訓音과 글자의 形聲을 고려하여 代表訓音을 설정하였다.

640) 원숭이 노 : '猱' 字는 典據를 찾아보기가 쉽지 않고, 그 쓰임도 人地名用 한자를 제외하고는 現代國語에서는 흔치 않은 까닭에, 여러 字典들에서 제시하고 있는 訓音과 글자의 形聲을 고려하여 代表訓音을 설정하였다.

641) 어지러울 노 : '怓' 字는 典據를 찾아보기가 쉽지 않고, 그 쓰임도 人地名用 한자를 제외하고는 現代國語에서는 흔치 않은 까닭에, 여러 字典들에서 제시하고 있는 訓音과 글자의 形聲을 고려하여 代表訓音을 설정하였다.

642) 무성할 농 : '穠' 字는 典據를 찾아보기가 쉽지 않고, 그 쓰임도 人地名用 한자를 제외하고는 現代國語에서는 흔치 않은 까닭에, 여러 字典들에서 제시하고 있는 訓音과 글자의 形聲을 고려하여 代表訓音을 설정하였다.

643) 굄목 니 : '柅' 字는 典據를 찾아보기가 쉽지 않고, 그 쓰임도 人地名用 한자를 제외하고는 現代國語에서는 흔치 않은 까닭에, 여러 字典들에서 제시하고 있는 訓音과 글자의 形聲을 고려하여 代表訓音을 설정하였다.

順番	音價	漢字	古今	韓國	北韓	民衆	東亞	教學
187	단	慱644)			둥글다 단	근심할 단	근심할 단	근심할,둥글단
188	단	溥645)			이슬이많은 모양	이슬많을 단	이슬 많을 단	1.이슬이많은 모양단2.강이름 전
189	단	癉646)			1.지치고 병들다, 지치어 난 병 (단)2. 수고롭다. 괴롭다. 성내다 (다)	1.병들,괴롭힐,황달,굳셀단2.고달플 다	앓을,피로할 단	앓을, 성할, 미워할, 황달 단(다),소아병,가물,역귀 단
190	단	煅647)			단련 단(鍛와 同字)	두드릴,대장일,익힐,엮을,때릴,숫돌,포 단 (鍛의 속자)	쇠 불릴 단(鍛와 同字)	벼릴,쇠망치로 격파할,글다듬을단(鍛와同字)
191	단	襢648)			1.엇멜 단2.붉은 저사옷 전	1.웃통벗을,드러낼단2.소복,오글비단옷 전	1.웃통 벗을 단2.흰 베 전	1.웟통벗을 단 2.전의,옷모양,기 전
195	담	惔649)			타다, 굽다,근심하다	속탈 담	탈 담	태울,편안할담

644) 근심할 단 : '慱' 字는 典據를 찾아보기가 쉽지 않고, 그 쓰임도 人地名用 한자를 제외하고는 現代國語에서는 흔치 않은 까닭에, 여러 字典들에서 제시하고 있는 訓音과 글자의 形聲을 고려하여 代表訓音을 설정하였다.

645) 이슬많을 단 : '溥' 字는 典據를 찾아보기가 쉽지 않고, 그 쓰임도 人地名用 한자를 제외하고는 現代國語에서는 흔치 않은 까닭에, 여러 字典들에서 제시하고 있는 訓音과 글자의 形聲을 고려하여 代表訓音을 설정하였다.

646) 앓을 단 : '癉' 字는 典據를 찾아보기가 쉽지 않고, 그 쓰임도 人地名用 한자를 제외하고는 現代國語에서는 흔치 않은 까닭에, '癉瘧' 등에서의 뜻과, 여러 字典들에서 제시하고 있는 訓音 및 글자의 形聲을 고려하여 代表訓音을 설정하였다.

647) 쇠불릴 단 : '煅' 字는 典據를 찾아보기가 쉽지 않고, 그 쓰임도 人地名用 한자를 제외하고는 現代國語에서는 흔치 않은 까닭에, '煅鐵' 등에서의 뜻과, 여러 字典들에서 제시하고 있는 訓音 및 글자의 形聲을 고려하여 代表訓音을 설정하였다.

648) 웃통벗을 단/흰베 전 : '襢' 字는 典據를 찾아보기가 쉽지 않고, 그 쓰임도 人地名用 한자를 제외하고는 現代國語에서는 흔치 않은 까닭에, 여러 字典들에서 제시하고 있는 訓音과 글자의 形聲을 고려하여 代表訓音을 설정하였다.

649) 속탈 담 : '惔' 字는 典據를 찾아보기가 쉽지 않고, 그 쓰임도 人地名用 한자를 제외하고는 現代國語에서는 흔치 않은 까닭에, 여러 字典들에서 제시하고 있는 訓音과 글자의 形聲을 고려하여 代表訓音을 설정하였다.

順番	音價	漢字	古今	韓國	北韓	民衆	東亞	教學
196	담	耼650)			번번한 귀	귓바퀴 없을,사람이름,姓 담	귓바퀴 없을 담	귀클,즐길,나라이름담
199	담	餤651)			나아가다,씹다,먹이다,떡	나아갈,더할,먹을,먹일,낚을 담	권할,먹을 담	음식을드릴,떡,먹을 담
200	담	驔652)			등마루가 누른 가라,정갱이 털이 흰 말	정강이흰말 담	정강이 흰 말 담(점)	등누른가라말,다리에긴털이난말담(점)
201	담	髧653)			머리칼이 드리운 모양	늘어질 담	늘어질 담	머리털을드리운모양 담
202	당	倘654)		만일 당	혹시, 구차하다,락심한모양 당(儻와 同字)	1.기개있을,갑자기,구차할,혹시,흐릴 당(儻와 同字)2.노닐 상(徜와 同字)	1.혹시 당2.어정거릴 상	1.놀라며의아해할,만일,한가로울,탁월할 당 2.바장일 상
204	당	鏜655)			북소리 당(탕)	종고소리당	종고 소리 당	종고소리,당라당
206	당	螗656)			매미 당	씽씽매미 당	씽씽매미 당	당조,버마재비 당

650) 귓바퀴없을 담 : '耼' 字는 典據를 찾아보기가 쉽지 않고, 그 쓰임도 人地名用 한자를 제외하고는 現代國語에서는 흔치 않은 까닭에, 여러 字典들에서 제시하고 있는 訓音과 글자의 形聲을 고려하여 代表訓音을 설정하였다.

651) 먹을 담 : '餤' 字는 典據를 찾아보기가 쉽지 않고, 그 쓰임도 人地名用 한자를 제외하고는 現代國語에서는 흔치 않은 까닭에, 여러 字典들에서 제시하고 있는 訓音과 글자의 形聲을 고려하여 代表訓音을 설정하였다.

652) 정강이흰말 담 : '驔' 字는 典據를 찾아보기가 쉽지 않고, 그 쓰임도 人地名用 한자를 제외하고는 現代國語에서는 흔치 않은 까닭에, 여러 字典들에서 제시하고 있는 訓音과 글자의 形聲을 고려하여 代表訓音을 설정하였다.

653) 머리늘어질 담 : '髧' 字는 典據를 찾아보기가 쉽지 않고, 그 쓰임도 人地名用 한자를 제외하고는 現代國語에서는 흔치 않은 까닭에, 여러 字典들에서 제시하고 있는 訓音과 글자의 形聲을 고려하여 代表訓音을 설정하였다.

654) 만일 당/노닐 상 : '倘' 字는 典據를 찾아보기가 쉽지 않고, 그 쓰임도 人地名用 한자를 제외하고는 現代國語에서는 흔치 않은 까닭에, '倘來, 倘怳' 등에서의 뜻과, 여러 字典들에서 제시하고 있는 訓音 및 글자의 形聲을 고려하여 代表訓音을 설정하였다.

655) 종고소리 당 : '鏜' 字는 典據를 찾아보기가 쉽지 않고, 그 쓰임도 人地名用 한자를 제외하고는 現代國語에서는 흔치 않은 까닭에, 여러 字典들에서 제시하고 있는 訓音과 글자의 形聲을 고려하여 代表訓音을 설정하였다.

656) 씽씽매미 당 : '螗' 字는 典據를 찾아보기가 쉽지 않고, 그 쓰임도 人地名用 한자를 제외하고는 現代國語에서는 흔치 않은 까닭에, 여러 字典들에서 제시하고 있는 訓音과 글자의 形聲을 고려하여 代表訓音을 설정하였다.

順番	音價	漢字	古今	韓國	北韓	民衆	東亞	教學
209	대	祋[657]			창 대	몽치,姓 대	창 대(탈)	창,양가죽을매단장대 돌(대)
214	도	檮[658]			토막나무 도	등걸이,어리석을 도	1.등걸,관 도2.산 이름 주	1.도올,찧을,널도2.단단한나무,산대 주
215	도	稌[659]			찰벼 도	벼,찰벼 도	1.찰벼 도2.마서	벼 도
218	도	咷[660]			우는소리,아이울음	울 도	울 도	1.울 도2.노래할조
219	도	瘏[661]			앓다. 지치다,(말이)들피지다	앓을 도	앓을 도	지칠 도
221	도	翿[662]			깃일산 도	깃일산 도	우보당 도	기이름 도
223	도	鞉[663]			소고 도(鼗와同字)	땡땡이 도	노도 도	소고 도

657) 창 대 : '祋' 字는 典據를 찾아보기가 쉽지 않고, 그 쓰임도 人地名用 한자를 제외하고는 現代國語에서는 흔치 않은 까닭에, 여러 字典들에서 제시하고 있는 訓音과 글자의 形聲을 고려하여 代表訓音을 설정하였다.

658) 등걸 도/산대 주 : '檮' 字는 典據를 찾아보기가 쉽지 않고, 그 쓰임도 人地名用 한자를 제외하고는 現代國語에서는 흔치 않은 까닭에, 여러 字典들에서 제시하고 있는 訓音과 글자의 形聲을 고려하여 代表訓音을 설정하였다.

659) 찰벼 도 : '稌' 字는 典據를 찾아보기가 쉽지 않고, 그 쓰임도 人地名用 한자를 제외하고는 現代國語에서는 흔치 않은 까닭에, 여러 字典들에서 제시하고 있는 訓音과 글자의 形聲을 고려하여 代表訓音을 설정하였다.

660) 울 도 : '咷' 字는 典據를 찾아보기가 쉽지 않고, 그 쓰임도 人地名用 한자를 제외하고는 現代國語에서는 흔치 않은 까닭에, 여러 字典들에서 제시하고 있는 訓音과 글자의 形聲을 고려하여 代表訓音을 설정하였다.

661) 앓을 도 : '瘏' 字는 典據를 찾아보기가 쉽지 않고, 그 쓰임도 人地名用 한자를 제외하고는 現代國語에서는 흔치 않은 까닭에, 여러 字典들에서 제시하고 있는 訓音과 글자의 形聲을 고려하여 代表訓音을 설정하였다.

662) 깃일산 도 : '翿' 字는 典據를 찾아보기가 쉽지 않고, 그 쓰임도 人地名用 한자를 제외하고는 現代國語에서는 흔치 않은 까닭에, 여러 字典들에서 제시하고 있는 訓音과 글자의 形聲을 고려하여 代表訓音을 설정하였다.

663) 소고 도 : '鞉' 字는 典據를 찾아보기가 쉽지 않고, 그 쓰임도 人地名用 한자를 제외하고는 現代國語에서는 흔치 않은 까닭에, 여러 字典들에서 제시하고 있는 訓音과 글자의 形聲을 고려하여 代表訓音을 설정하였다.

順番	音價	漢字	古今	韓國	北韓	民衆	東亞	教學
230	동	烔664)			[烔烔]화끈화끈하다	더울,불사를 동	뜨거운 모양 동	뜨거운모양 동
231	동	罿665)		새그물 동	덮치기 동	그물 동(충)	새그물 동(충)	그물 동(충)
232	두	斁666)		1. 무너질 두2.싫어할 역	1.패하다, 무너지다 두2.싫다,마치다,밝다, 가리다 역	1.패할 두2.싫어할,성할 역	1.깰 두2.싫어할 역3.바를 도	1.깨뜨려질 두 2.싫어할,성대한 모양 역3.바를, 정도 도
235	등	螣667)				1.등사등2.박각시나방애벌레 특	1.등사 등2.박각시나방 애벌레 특	1.등사등2.누리 특
236	라	羸668)			벌거벗다	벌거벗을 라	벌거벗을 라	벌거벗을/과라 라
238	락	雒669)			새이름,말이름	가리온(말),물이름,땅이름 락	수리부엉이 락	올빼미,표가라,잇달,낙인찍을,강이름,고을이름락

664) 뜨거울 동 : '烔' 字는 典據를 찾아보기가 쉽지 않고, 그 쓰임도 人地名用 한자를 제외하고는 現代國語에서는 흔치 않은 까닭에, 여러 字典들에서 제시하고 있는 訓音과 글자의 形聲을 고려하여 代表訓音을 설정하였다.

665) 새그물 동 : '罿' 字는 典據를 찾아보기가 쉽지 않고, 그 쓰임도 人地名用 한자를 제외하고는 現代國語에서는 흔치 않은 까닭에, 여러 字典들에서 제시하고 있는 訓音과 글자의 形聲을 고려하여 代表訓音을 설정하였다.

666) 무너질 두/싫어할 역 : '斁' 字는 典據를 찾아보기가 쉽지 않고, 그 쓰임도 人地名用 한자를 제외하고는 現代國語에서는 흔치 않은 까닭에, 여러 字典들에서 제시하고 있는 訓音과 글자의 形聲을 고려하여 代表訓音을 설정하였다.

667) 등사 등 : '螣' 字는 典據를 찾아보기가 쉽지 않고, 그 쓰임도 '螣蛇'를 제외하고는 現代國語에서는 흔치 않은 까닭에, 여러 字典들에서 제시하고 있는 訓音과 글자의 形聲을 고려하여 代表訓音을 설정하였다. '특' 音에 대해서는 현대국어에서 쓰임이 거의 없는 것으로 판단하였다.

668) 벌거벗을 라 : '羸' 字는 典據를 찾아보기가 쉽지 않고, 그 쓰임도 人地名用 한자를 제외하고는 現代國語에서는 흔치 않은 까닭에, 여러 字典들에서 제시하고 있는 訓音과 글자의 形聲을 고려하여 代表訓音을 설정하였다.

669) 올빼미/표가라 락 : '雒' 字는 典據를 찾아보기가 쉽지 않고, 그 쓰임도 人地名用 한자를 제외하고는 現代國語에서는 흔치 않은 까닭에, 여러 字典들에서 제시하고 있는 訓音과 글자의 形聲을 고려하여 複數訓을 설정하였다.

順番	音價	漢字	古今	韓國	北韓	民衆	東亞	教學
239	란	爛[670]			늦을 란(면장, 차면, 저물다, 드물다, 다하다, 막다)	막을,난간,병가,늦을,한창,드물,함부로 란	가로막을,무늬 란	가로막을,난간,깊어질,다할,쇠할,잃을 란
240	란	瓓[671]			옥의 문채 란	옥무늬 란	옥 광채 란	옥빛깔,옥돌 란
241	랄	捋[672]			뽑다,만지다	뽑을,틀,만질 랄	집어 딸 랄	딸,못날,문지를
243	래	騋[673]			키가 일곱자 되는 말	큰 말 래	큰 말 래	키가칠척인말 래
250	력	酈[674]			땅이름 력	1.땅이름,姓 력 2.땅이름 려	1.고을이름 력 2.땅이름 리	1.고을이름,姓력 2.땅이름 리
251	련	孌[675]			순종하다,사모하다,어여쁜모양	아름다울,그리워할,따를 련	아름다울 련	아름다울,사모할 련
252	렬	栵[676]			1.떡갈 나무 렬 2.나무가 줄 지어 나다 례	1.선밤나무 렬2.늘어설 례	1.산밤나무 렬 2.나무 늘어설 례	1.산밤나무 렬(례) 2.총생할 렬(례)

670) 가로막을 란 : '爛' 字는 典據를 찾아보기가 쉽지 않고, 그 쓰임도 人地名用 한자를 제외하고는 現代國語에서는 흔치 않은 까닭에, 여러 字典들에서 제시하고 있는 訓音과 '爛入'에서의 뜻을 고려하여 代表訓音을 설정하였다.

671) 옥빛 란 : '瓓' 字는 典據를 찾아보기가 쉽지 않고, 그 쓰임도 人地名用 한자를 제외하고는 現代國語에서는 흔치 않은 까닭에, 여러 字典들에서 제시하고 있는 訓音과 글자의 形聲을 고려하여 代表訓音을 설정하였다.

672) 뽑을/문지를 랄 : '捋' 字는 典據를 찾아보기가 쉽지 않고, 그 쓰임도 人地名用 한자를 제외하고는 現代國語에서는 흔치 않은 까닭에, 여러 字典들에서 제시하고 있는 訓音과 글자의 形聲을 고려하여 複數訓을 설정하였다.

673) 큰말 래 : '騋' 字는 典據를 찾아보기가 쉽지 않고, 그 쓰임도 人地名用 한자를 제외하고는 現代國語에서는 흔치 않은 까닭에, 여러 字典들에서 제시하고 있는 訓音과 글자의 形聲을 고려하여 代表訓音을 설정하였다.

674) 땅이름 력/리 : '酈' 字는 典據를 찾아보기가 쉽지 않고, 그 쓰임도 人地名用 한자를 제외하고는 現代國語에서는 흔치 않은 까닭에, 여러 字典들에서 제시하고 있는 訓音과 글자의 形聲을 고려하여 複數音을 설정하였다.

675) 아름다울 련 : '孌' 字는 典據를 찾아보기가 쉽지 않고, 그 쓰임도 人地名用 한자를 제외하고는 現代國語에서는 흔치 않은 까닭에, 여러 字典들에서 제시하고 있는 訓音과 글자의 形聲을 고려하여 代表訓音을 설정하였다.

676) 산밤나무 렬/늘어설 례 : '栵' 字는 典據를 찾아보기가 쉽지 않고, 그 쓰임도 人地名用 한자를 제외하고는 現代國語에서는 흔치 않은 까닭에, 여러 字典들에서 제시하고 있는 訓音과 글자의 形聲을 고려하여 複數訓音을 설정하였다.

順番	音價	漢字	古今	韓國	北韓	民衆	東亞	教學
253	렴	蘞677)			경대 렴	거지덩굴, 덩굴 렴	1.거지덩굴 렴 2.풀 맛 매울 험	1.백렴 렴2.풀맛얼얼할 험
254	령	姈678)			녀자가어여쁘고영리하다.	여자의자, 여자영리할 령	여자 이름 령	여자약삭빠를령
257	로	壚679)		검은 흙 로	검은 석비레, 술`집	검은석비레, 목로,화로 로	흙토 로	검은석비레, 술청,화로로
259	록	彔680)		새길, 푸른 돌 록		나무새길, 근본 록	새길 록	근본, 나무를 새길 록
266	류	纍681)		가둘 루(류)	감다, 얽동이다, 구속하다, 가두다, 줄, 바'줄,연좌 루(류)	연이을,연이어질, 고달플,쌓일,가둘, 갇힐,얽힐,매달릴, 바,갑옷그릇 루	1.맬,산 이름, 연루시킬 루2. 산 이름 루	1.얽힐,가둘,갑옷상자,연좌시킬,밧줄,연루될 루2.쌓을, 뢰
267	류	懰682)			좋아하다, 어여쁘다, 묶다, 숙박하다	아름다울, 근심할 류	근심할, 아름다울 류	근심할,머무를, 아름다울류

677) 거지덩굴 렴 : '蘞' 字는 典據를 찾아보기가 쉽지 않고, 그 쓰임도 人地名用 한자를 제외하고는 現代國語에서는 흔치 않은 까닭에, 여러 字典들에서 제시하고 있는 訓音과 글자의 形聲을 고려하여 代表訓音을 설정하였다.

678) 여자영리할 령 : '姈' 字는 典據를 찾아보기가 쉽지 않고, 그 쓰임도 人地名用 한자를 제외하고는 現代國語에서는 흔치 않은 까닭에, 여러 字典들에서 제시하고 있는 訓音과 글자의 形聲을 고려하여 代表訓音을 설정하였다.

679) 검은흙 로 : '壚' 字는 典據를 찾아보기가 쉽지 않고, 그 쓰임도 人地名用 한자를 제외하고는 現代國語에서는 흔치 않은 까닭에, 여러 字典들에서 제시하고 있는 訓音과 '木壚, 酒壚' 등에서의 뜻을 고려하여 代表訓音을 설정하였다.

680) 새길 록 : '彔' 字는 典據를 찾아보기가 쉽지 않고, 그 쓰임도 人地名用 한자를 제외하고는 現代國語에서는 흔치 않은 까닭에, 여러 字典들에서 제시하고 있는 訓音과 글자의 形聲을 고려하여 代表訓音을 설정하였다.

681) 가둘 류/루 : '纍' 字는 典據를 찾아보기가 쉽지 않고, 그 쓰임도 人地名用 한자를 제외하고는 現代國語에서는 흔치 않은 까닭에, 여러 字典들에서 제시하고 있는 訓音과 글자의 形聲을 고려하여 複數音을 설정하였다.

682) 근심할/아름다울 류 : '懰' 字는 典據를 찾아보기가 쉽지 않고, 그 쓰임도 人地名用 한자를 제외하고는 現代國語에서는 흔치 않은 까닭에, 여러 字典들에서 제시하고 있는 訓音과 글자의 形聲을 고려하여 代表訓音을 설정하였다.

順番	音價	漢字	古今	韓國	北韓	民衆	東亞	教學
268	류	藟[683]			칡덩굴,등침	덩굴 풀 류		덩굴풀,얽힐,꽃봉오리,울창주 류
271	륙	穋[684]			빨리익다.올되다,올벼(稑와同字)	1.올벼륙2.약초이름,벼이름 구		올곡식륙(稑와同字)
273	름	懍[685]			공경하다,두렵다,위태롭다	1.삼갈,두려워,위태할 름2.찰,비통할 람	위태할 름	1.두려워할,엄정할모양,추워서떨름2.곤궁할 람
274	리	俐[686]			[伶利]눈치가 빠르고 슬기롭다	똑똑할 리	똑똑할 리	영리할 리
275	리	涖[687]			림 하다 [涖涖] 물소리	임할 리	다다를 리	임할,볼,다스릴,물소리 리
276	리	离[688]		산신,맹수,헤지다리	도깨비,떠날리	산신,흩어질 리		魑의 本字,離와同字

683) 덩굴풀 류 : '藟' 字는 典據를 찾아보기가 쉽지 않고, 그 쓰임도 人地名用 한자를 제외하고는 現代國語에서는 흔치 않은 까닭에, 여러 字典들에서 제시하고 있는 訓音과 글자의 形聲을 고려하여 代表訓音을 설정하였다.

684) 올벼 륙 : '穋' 字는 典據를 찾아보기가 쉽지 않고, 그 쓰임도 人地名用 한자를 제외하고는 現代國語에서는 흔치 않은 까닭에, 여러 字典들에서 '稑'과 同字로 제시하고 있는 訓音과 글자의 形聲을 고려하여 '올벼 륙'을 代表訓音으로 설정하였다.

685) 두려워할 름 : '懍' 字는 典據를 찾아보기가 쉽지 않고, 그 쓰임도 人地名用 한자를 제외하고는 現代國語에서는 흔치 않은 까닭에, 여러 字典들에서 제시하고 있는 訓音과 글자의 形聲을 고려하여 代表訓音을 설정하였다. '람' 音에 대해서는 현대국어에서 쓰임이 거의 없는 것으로 판단하였다.

686) 영리할 리 : '俐' 字는 典據를 찾아보기가 쉽지 않고, 그 쓰임도 人地名用 한자를 제외하고는 現代國語에서는 흔치 않은 까닭에, 여러 字典들에서 제시하고 있는 訓音과 '伶俐'에서의 뜻을 고려하여 代表訓音을 설정하였다.

687) 임할 리 : '涖' 字는 典據를 찾아보기가 쉽지 않고, 그 쓰임도 人地名用 한자를 제외하고는 現代國語에서는 흔치 않은 까닭에, 여러 字典들에서 제시하고 있는 訓音과 글자의 形聲을 고려하여 代表訓音을 설정하였다.

688) 도깨비/산신 리 : '离' 字는 典據를 찾아보기가 쉽지 않고, 그 쓰임도 人地名用 한자를 제외하고는 現代國語에서는 흔치 않은 까닭에, 여러 字典들에서 제시하고 있는 訓音과 '离方, 离卦' 등에서의 뜻을 고려하여 複數訓을 설정하였다.

順番	音價	漢字	古今	韓國	北韓	民衆	東亞	教學
278	리	梩689)			[蘽梩]흙을담는들'것(흙파는)가래	흙담는 들것 리	가래 리	1.삼태기 리2.구기자나무 기
279	리	縭690)			차는수건,실로한신장식,관끈드림,매다,띠	향주머니,신꾸밀,향주머니끈,맬,빗질할 리 (本音:치)	신 꾸미개,빗질할 리(本音:치)	신꾸밀,수건,띠,맬리
280	리	纚691)			1.끈,대새끼리 2.머리털을 싸매는 쓰개 사3.새끼의 미끈한 모양 라	1.갓끈,맬리2.머리싸개,떼지어갈,잇달사3.떨어질,족대 쇄	1.맬,이어질리2.머리싸개사3.떨어질 쇄 4.수레 장식 시	1.맬,끈,이어질리2.머리띠,걸을,긴모양 사3.흩날릴,그물,조리있을 쇄
282	린	粼692)			석간수,대의한가지	물부딪힐,대이름,물모양,돈점박이 린	물 맑을,내 모양 린	물 맑을, 달이 맑고 밝은 모양 린
284	마	禡693)		제사 마	진터에서 지내는 제사 이름	마제 마	마제 마	마제 마
286	막	瘼694)			병 들다 막	병,병들,병들게할 막	병들 막	앓을,폐해막

689) 삼태기 리 : '梩' 字는 典據를 찾아보기가 쉽지 않고, 그 쓰임도 人地名用 한자를 제외하고는 現代國語에서는 흔치 않은 까닭에, 여러 字典들에서 제시하고 있는 訓音과 글자의 形聲을 고려하여 代表訓音을 설정하였다.

690) 신꾸밀 리 : '縭' 字는 典據를 찾아보기가 쉽지 않고, 그 쓰임도 人地名用 한자를 제외하고는 現代國語에서는 흔치 않은 까닭에, 여러 字典들에서 제시하고 있는 訓音과 글자의 形聲을 고려하여 代表訓音을 설정하였다.

691) 맬 리/머리싸개 사 : '纚' 字는 典據를 찾아보기가 쉽지 않고, 그 쓰임도 人地名用 한자를 제외하고는 現代國語에서는 흔치 않은 까닭에, 여러 字典들에서 제시하고 있는 訓音과 글자의 形聲을 고려하여 複數訓音을 설정하였다.

692) 물맑을 린 : '粼' 字는 典據를 찾아보기가 쉽지 않고, 그 쓰임도 人地名用 한자를 제외하고는 現代國語에서는 흔치 않은 까닭에, 여러 字典들에서 제시하고 있는 訓音과 글자의 形聲을 고려하여 代表訓音을 설정하였다.

693) 마제(禡祭) 마 : '禡' 字는 典據를 찾아보기가 쉽지 않고, 그 쓰임도 人地名用 한자를 제외하고는 現代國語에서는 흔치 않은 까닭에, 여러 字典들에서 제시하고 있는 訓音과, 현대국어에서 주로 '禡祭'에 국한하여 쓰이는 점을 고려하여 '마제(禡祭)'를 代表訓으로 설정하였다.

694) 병들 막 : '瘼' 字는 典據를 찾아보기가 쉽지 않고, 그 쓰임도 人地名用 한자를 제외하고는 現代國語에서는 흔치 않은 까닭에, 여러 字典들에서 제시하고 있는 訓音과 글자의 形聲 및 '痼瘼'에서의 뜻을 고려하여 代表訓音을 설정하였다.

順番	音價	漢字	古今	韓國	北韓	民衆	東亞	敎學
287	만	墁695)			회벽,흙손	바를,칠할 만	흙손 만	벽장식,바를,흙손만
288	만	鏋696)				금 만	금 만	금정 만
290	매	浼697)			더럽힐 매	1.더럽힐 매2.편히 흐를 면	1.더럽힐 매2.편히 흐를 면	더럽힐,물질편하게흐르는모양,청탁할매
291	매	痗698)			병 매	병,앓을 매	앓을 매	병들 매
293	매	韎699)			붉은가죽,악곡이름	가죽 매	1.가죽 매2.양말 말	1.적황색으로물들인가죽 매,꼭두서니,음악이름 매2.버선 말
294	맥	貊700)				오랑캐,조용할,조용히할 맥	1.오랑캐 맥2.담비 학	1.종족이름,북맥,성맥2.오소리 락3.제사이름마
296	멸	幭701)				1.덮게,잠옷,수레뚜껑,머리띠멱2.수레뚜껑 멸(멱)	덮개 멸	수레의 덮개,두건 멸

695) 바를 만 : '墁' 字는 典據를 찾아보기가 쉽지 않고, 그 쓰임도 人地名用 한자를 제외하고는 現代國語에서는 흔치 않은 까닭에, 여러 字典들에서 제시하고 있는 訓音과 글자의 形聲을 고려하여 代表訓音을 설정하였다.

696) 금 만 : '鏋' 字는 典據를 찾아보기가 쉽지 않고, 그 쓰임도 人地名用 한자를 제외하고는 現代國語에서는 흔치 않은 까닭에, 여러 字典들에서 제시하고 있는 訓音과 글자의 形聲을 고려하여 代表訓音을 설정하였다.

697) 더럽힐 매 : '浼' 字는 典據를 찾아보기가 쉽지 않고, 그 쓰임도 人地名用 한자를 제외하고는 現代國語에서는 흔치 않은 까닭에, 여러 字典들에서 제시하고 있는 訓音과 글자의 形聲을 고려하여 代表訓音을 설정하였다. '면' 音에 대해서는 현대국어에서 쓰임이 거의 없는 것으로 판단하였다.

698) 병들 매 : '痗' 字는 典據를 찾아보기가 쉽지 않고, 그 쓰임도 人地名用 한자를 제외하고는 現代國語에서는 흔치 않은 까닭에, 여러 字典들에서 제시하고 있는 訓音과 글자의 形聲을 고려하여 代表訓音을 설정하였다.

699) 가죽 매 : '韎' 字는 典據를 찾아보기가 쉽지 않고, 그 쓰임도 人地名用 한자를 제외하고는 現代國語에서는 흔치 않은 까닭에, 여러 字典들에서 제시하고 있는 訓音과 글자의 形聲을 고려하여 代表訓音을 설정하였다.

700) 오랑캐 맥 : '貊' 字는 典據를 찾아보기가 쉽지 않고, 그 쓰임도 人地名用 한자를 제외하고는 現代國語에서는 흔치 않은 까닭에, 여러 字典들에서 제시하고 있는 訓音과 글자의 形聲을 고려하여 代表訓音을 설정하였다.

701) 덮개 멸 : '幭' 字는 典據를 찾아보기가 쉽지 않고, 그 쓰임도 人地名用 한자를 제외하고는 現代國語에서는 흔치 않은 까닭에, 여러 字典들에서 제시하고 있는 訓音과 글자의 形聲을 고려하여 代表訓音을 설정하였다.

順番	音價	漢字	古今	韓國	北韓	民衆	東亞	教學
300	모	蟊702)			놀 모	뿌리잘라 먹는 벌레,기이름 모(蝥와 同字)	1.해충,가뢰모 2.집게벌레,거미 무(蝥와 同字)	1.해충이름,주모모2.귀조 몽
301	모	髦703)		다박머리 모	긴머리칼,다박머리,말갈기,뽑다,준수하다	1.다팔머리,긴머리,뛰어날,갈기,姓모2.오랑캐 무	1.다팔머리 모 2.오랑캐 무	단발머리,긴털,말갈기,뛰어날,종족이름,모우,기모
302	목	楘704)			수레 책의 꾸미개	수레채 가죽 목	나릇 장식 목	수레채장식 목
303	몽	幪705)			덮개,[幪幪]무성한모양	덮을,무성할 몽	덮을,무성한 모양 몽	두건,덮을,무성할 몽
310	무	膴706)		두터울 무(호)	크다,많다,법,두텁다	포,법,아름다울,두터울 무	1.포,두터울,두터울무2.등심 매	포,고깃덩이,법,비옥할,두터울,비옥할,두터울무
311	무	鬏707)			다박머리	다팔머리,오랑캐 무		1.단발머리,종족이름무2.무성할 몽

702) 해충 모 : '蟊' 字는 典據를 찾아보기가 쉽지 않고, 그 쓰임도 人地名用 한자를 제외하고는 現代國語에서는 흔치 않은 까닭에, 여러 字典들에서 제시하고 있는 訓音과 글자의 形聲을 고려하여 代表訓音을 설정하였다.

703) 다박머리 모 : '髦' 字는 典據를 찾아보기가 쉽지 않고, 그 쓰임도 人地名用 한자를 제외하고는 現代國語에서는 흔치 않은 까닭에, 여러 字典들에서 제시하고 있는 訓音과 글자의 形聲을 고려하여 代表訓音을 설정하였다. '무' 音에 대해서는 현대국어에서 쓰임이 거의 없는 것으로 판단하였다.

704) 수레장식 목 : '楘' 字는 典據를 찾아보기가 쉽지 않고, 그 쓰임도 人地名用 한자를 제외하고는 現代國語에서는 흔치 않은 까닭에, 여러 字典들에서 제시하고 있는 訓音과 글자의 形聲을 고려하여 代表訓音을 설정하였다.

705) 덮을 몽 : '幪' 字는 典據를 찾아보기가 쉽지 않고, 그 쓰임도 人地名用 한자를 제외하고는 現代國語에서는 흔치 않은 까닭에, 여러 字典들에서 제시하고 있는 訓音과 글자의 形聲을 고려하여 代表訓音을 설정하였다.

706) 두터울 무 : '膴' 字는 典據를 찾아보기가 쉽지 않고, 그 쓰임도 人地名用 한자를 제외하고는 現代國語에서는 흔치 않은 까닭에, 여러 字典들에서 제시하고 있는 訓音과 글자의 形聲을 고려하여 代表訓音을 설정하였다.

707) 다박머리 무 : '鬏' 字는 典據를 찾아보기가 쉽지 않고, 그 쓰임도 人地名用 한자를 제외하고는 現代國語에서는 흔치 않은 까닭에, 여러 字典들에서 제시하고 있는 訓音과 글자의 形聲을 고려하여 代表訓音을 설정하였다.

順番	音價	漢字	古今	韓國	北韓	民衆	東亞	教學
312	묵	纆[708]			두겹노	노 묵	노 묵	노끈묵(의 본자)
314	미	亹[709]		힘쓸 미	1.아름답다(亹亹)힘쓰다,부지런하다,나아가는 모양,물이흐르는모양미 2.[斐亹]문채나는 모양 문	1.부지런할,흐를,달릴,아름다울미2.골어귀 문	1.힘쓸미2.물문 문	1.힘쓸,아름다울,나아갈,징조,죄미2.산어귀 문
319	미	縻[710]			1.조문2.기장,미음 미	1.붉은기장문2.검은 기장 미	1.붉은 기장 문 2.검은 기장 미	1.붉은기장 문 2.메기장 미
320	민	忞[711]			1.마음을다지여힘쓰다,(愍)번민하다 2.[忞忞]마음이 어수선하다 문	힘쓸 민	힘쓸,어지러울 민	1.힘쓸,어두울민2.어지러워질 문
321	민	暋[712]			강하다,강경하다,번민하다	강할,번민할 민	굳셀, 번민할 민	사나울,애쓸,번민할민

708) 노 묵 : '纆' 字는 典據를 찾아보기가 쉽지 않고, 그 쓰임도 人地名用 한자를 제외하고는 現代國語에서는 흔치 않은 까닭에, 여러 字典들에서 제시하고 있는 訓音과 글자의 形聲을 고려하여 代表訓音을 설정하였다.

709) 힘쓸 미 : '亹' 字는 典據를 찾아보기가 쉽지 않고, 그 쓰임도 人地名用 한자를 제외하고는 現代國語에서는 흔치 않은 까닭에, 여러 字典들에서 제시하고 있는 訓音과 글자의 形聲을 고려하여 代表訓音을 설정하였다. '문' 音에 대해서는 현대국어에서 쓰임이 거의 없는 것으로 판단하였다.

710) 붉은기장 문/검은기장 미 : '縻' 字는 典據를 찾아보기가 쉽지 않고, 그 쓰임도 人地名用 한자를 제외하고는 現代國語에서는 흔치 않은 까닭에, 여러 字典들에서 제시하고 있는 訓音과 '縻爛'에서의 뜻을 고려하여 複數訓音을 설정하였다.

711) 힘쓸 민 : '忞' 字는 典據를 찾아보기가 쉽지 않고, 그 쓰임도 人地名用 한자를 제외하고는 現代國語에서는 흔치 않은 까닭에, 여러 字典들에서 제시하고 있는 訓音과 글자의 形聲을 고려하여 代表訓音을 설정하였다.

712) 강할/번민할 민 : '暋' 字는 典據를 찾아보기가 쉽지 않고, 그 쓰임도 人地名用 한자를 제외하고는 現代國語에서는 흔치 않은 까닭에, 여러 字典들에서 제시하고 있는 訓音과 글자의 形聲을 고려하여 複數訓을 설정하였다.

順番	音價	漢字	古今	韓國	北韓	民衆	東亞	敎學
322	민	黽[713]		힘쓸 민	1.힘쓸민2.개구리 맹3.땅이름 면(맹)	1.힘쓸민2.맹꽁이,姓맹3.고을이름 면	1.힘쓸민2.맹꽁이 맹3.고을이름 면	1.힘쓸민2.맹꽁이,맹새 맹3.면지 면
323	민	敃[714]			힘 쓰다	1.강인할 민2.어지러울 분	1.강할 민2.어지러울 분	힘쓸,완고하고 억셀 민
324	민	潣[715]			물이 흐르는 모양	물편히흐를 민	물졸졸흐를 민	물흐름이편편하고느릿한모양 민
325	민	痻[716]			병들다	병,앓을 민	앓을 민(혼)	병이름 민
326	박	亳[717]			땅 이름	은나라 서울,姓박	땅 이름 박	은나라서울,나라이름 박
327	박	鎛[718]			쇠북,호미	종,호미 박	종 박	종,호미,꾸밀 박

713) 힘쓸 민/맹꽁이 맹/땅이름 면 : '黽' 字는 典據를 찾아보기가 쉽지 않고, 그 쓰임도 人地名用 한자를 제외하고는 現代國語에서는 흔치 않은 까닭에, 여러 字典들에서 제시하고 있는 訓音과 글자의 形聲을 고려하여 代表訓音을 설정하였다. 다만 代表訓音으로 3訓音 모두를 설정할 것인가에 대해서는 재검토할 만하다.

714) 힘쓸 민 : '敃' 字는 典據를 찾아보기가 쉽지 않고, 그 쓰임도 人地名用 한자를 제외하고는 現代國語에서는 흔치 않은 까닭에, 여러 字典들에서 제시하고 있는 訓音과 글자의 形聲을 고려하여 代表訓音을 설정하였다.

715) 물졸졸흐를 민 : '潣' 字는 典據를 찾아보기가 쉽지 않고, 그 쓰임도 人地名用 한자를 제외하고는 現代國語에서는 흔치 않은 까닭에, 여러 字典들에서 제시하고 있는 訓音과 글자의 形聲을 고려하여 代表訓音을 설정하였다.

716) 병들 민 : '痻' 字는 典據를 찾아보기가 쉽지 않고, 그 쓰임도 人地名用 한자를 제외하고는 現代國語에서는 흔치 않은 까닭에, 여러 字典들에서 제시하고 있는 訓音과 글자의 形聲을 고려하여 代表訓音을 설정하였다.

717) 땅이름 박 : '亳' 字는 典據를 찾아보기가 쉽지 않고, 그 쓰임도 人地名用 한자를 제외하고는 現代國語에서는 흔치 않은 까닭에, 여러 字典들에서 제시하고 있는 訓音과, 古代中國 殷나라의 地名으로 쓰였던 점을 고려하여 '땅이름'을 代表訓으로 설정하였다.

718) 호미 박 : '鎛' 字는 典據를 찾아보기가 쉽지 않고, 그 쓰임도 人地名用 한자를 제외하고는 現代國語에서는 흔치 않은 까닭에, 여러 字典들에서 제시하고 있는 訓音과 글자의 形聲을 고려하여 代表訓音을 설정하였다.

順番	音價	漢字	古今	韓國	北韓	民衆	東亞	教學
328	박	襮[719]			수 놓은 깃,겉	깃,겉,드러낼,옷장식 박	수놓은 깃 박	수놓은옷깃,겉,드러낼 박
332	발	茇[720]			1.풀뿌리,풀마발2.배'줄 불	뿌리,한둔할,넘을,姓 발	1.풀뿌리 발2.능소화나무 패3.뱃줄 불	통발 발
333	발	軷[721]			길에서 지내는 제사	길제사 발	발제 발	길제사,등산할 발
336	방	逄[722]			막다,성	막을,姓 방	막을 방	1.북소리,성 방 2.만날 봉
339	번	袢[723]			속옷 번	1.속옷 번2.차려입을 반	1.속옷 번2.옷차려입을 반	내의,무더위 번
342	변	釆[724]				나눌,분별할 변	분별할 변	나눌 변
345	병	苪[725]			풀이름,하여금	하여금,끌,풀이름 병	풀이름 병	말솔풀,~하게할,끌어들일 병

---

719) 수놓은깃 박 : '襮' 字는 典據를 찾아보기가 쉽지 않고, 그 쓰임도 人地名用 한자를 제외하고는 現代國語에서는 흔치 않은 까닭에, 여러 字典들에서 제시하고 있는 訓音과 글자의 形聲을 고려하여 代表訓音을 설정하였다.

720) 풀뿌리 발 : '茇' 字는 典據를 찾아보기가 쉽지 않고, 그 쓰임도 人地名用 한자를 제외하고는 現代國語에서는 흔치 않은 까닭에, 여러 字典들에서 제시하고 있는 訓音과 글자의 形聲 및 華茇'에서의 뜻을 고려하여 代表訓音을 설정하였다.

721) 길제사 발 : '軷' 字는 典據를 찾아보기가 쉽지 않고, 그 쓰임도 人地名用 한자를 제외하고는 現代國語에서는 흔치 않은 까닭에, 여러 字典들에서 제시하고 있는 訓音과 '軷祭'에서의 뜻을 고려하여 代表訓音을 설정하였다.

722) 막을 방 : '逄' 字는 典據를 찾아보기가 쉽지 않고, 그 쓰임도 人地名用 한자를 제외하고는 現代國語에서는 흔치 않은 까닭에, 여러 字典들에서 제시하고 있는 訓音과 글자의 形聲을 고려하여 代表訓音을 설정하였다.

723) 속옷 번 : '袢' 字는 典據를 찾아보기가 쉽지 않고, 그 쓰임도 人地名用 한자를 제외하고는 現代國語에서는 흔치 않은 까닭에, 여러 字典들에서 제시하고 있는 訓音과 글자의 形聲을 고려하여 代表訓音을 설정하였다. '반' 音에 대해서는 현대국어에서 쓰임이 거의 없는 것으로 판단하였다.

724) 나눌 변 : '釆' 字는 典據를 찾아보기가 쉽지 않고, 그 쓰임도 人地名用 한자를 제외하고는 現代國語에서는 흔치 않은 까닭에, 여러 字典들에서 제시하고 있는 訓音과 글자의 形聲을 고려하여 代表訓音을 설정하였다.

725) 풀이름 병 : '苪' 字는 典據를 찾아보기가 쉽지 않고, 그 쓰임도 人地名用 한자를 제외하고는 現代國語에서는 흔치 않은 까닭에, 여러 字典들에서 제시하고 있는 訓音과 글자의 形聲을 고려하여 代表訓音을 설정하였다.

順番	音價	漢字	古今	韓國	北韓	民衆	東亞	敎學
347	보	黼[726]			보불 보	수 보	수 보	무늬,수놓은옷,제후의예복 보
348	복	扑[727]			매틀 치다,종아리채	칠,종아리채 복	칠 복	칠,회초리,엎어질 복
349	복	濮[728]		내이름 복	물 이름	물이름, 姓 복	강 이름 복	복수,고을이름,종족이름,종 복
350	복	楅[729]			소뿔에가로댄나무,화살통	쇠뿔가로나무,살그릇 복(벽)	뿔막이 복(벽)	뿔막이,문살,전동복(벽)
352	복	鍑[730]			옹솥 복	솥 복	솥 복	가마솥복(부)
357	봉	芃[731]			꼬리가긴모양,작은짐승모양,(芃芃)초목이성한모양	우거질,길,姓 봉	풀 무성할 봉	풀무성한모양,짐승터럭더부룩한모양,풀이름,성 봉
358	부	掊[732]			헤치다,덜다,치다	헤칠,거둘,칠,가를,엎드러질,넘어뜨릴 부	1.그러모을,가를,넘어뜨릴부2.성 배	파헤칠,수탈할,줌,줄일,칠,엎어질 부

726) 수놓은옷 보 : '黼' 字는 典據를 찾아보기가 쉽지 않고, 그 쓰임도 人地名用 한자를 제외하고는 現代國語에서는 흔치 않은 까닭에, 여러 字典들에서 제시하고 있는 訓音과 글자의 形聲을 고려하여 代表訓音을 설정하였다.

727) 칠 복 : '扑' 字는 典據를 찾아보기가 쉽지 않고, 그 쓰임도 人地名用 한자를 제외하고는 現代國語에서는 흔치 않은 까닭에, 여러 字典들에서 제시하고 있는 訓音과 글자의 形聲을 고려하여 代表訓音을 설정하였다.

728) 물이름 복 : '濮' 字는 典據를 찾아보기가 쉽지 않고, 그 쓰임도 人地名用 한자를 제외하고는 現代國語에서는 흔치 않은 까닭에, 여러 字典들에서 제시하고 있는 訓音과 글자의 形聲을 고려하여 代表訓音을 설정하였다.

729) 뿔막이 복/벽 : '楅' 字는 典據를 찾아보기가 쉽지 않고, 그 쓰임도 人地名用 한자를 제외하고는 現代國語에서는 흔치 않은 까닭에, 여러 字典들에서 제시하고 있는 訓音과 글자의 形聲을 고려하여 複數音을 설정하였다.

730) 솥 복 : '鍑' 字는 典據를 찾아보기가 쉽지 않고, 그 쓰임도 人地名用 한자를 제외하고는 現代國語에서는 흔치 않은 까닭에, 여러 字典들에서 제시하고 있는 訓音과 글자의 形聲을 고려하여 代表訓音을 설정하였다.

731) 풀무성할 봉 : '芃' 字는 典據를 찾아보기가 쉽지 않고, 그 쓰임도 人地名用 한자를 제외하고는 現代國語에서는 흔치 않은 까닭에, 여러 字典들에서 제시하고 있는 訓音과 글자의 形聲을 고려하여 代表訓音을 설정하였다.

732) 헤칠 부 : '掊' 字는 典據를 찾아보기가 쉽지 않고, 그 쓰임도 人地名用 한자를 제외하고는 現代國語에서는 흔치 않은 까닭에, 여러 字典들에서 제시하고 있는 訓音과 글자의 形聲을 고려하여 代表訓音을 설정하였다.

順番	音價	漢字	古今	韓國	北韓	民衆	東亞	敎學
360	부	祔[733]		부제 부	부제, 제사이름, 합장하다	합사할, 합장할 부	합살할 부	부제, 합장할 부
361	부	罦[734]			덮치기	그물, 가리개 부	그물 부	덮치기, 덮을 부
364	부	痡[735]			병, 지쳐서 비척거리다	앓을, 고달플 부	1. 앓을부2. 결릴 포	1. 지칠, 쇠약해질부2. 괴롭힐, 비괴증 보
365	부	紑[736]			옷이 깨끗하다	희고 고울 부	산뜻할 부	옷깨끗할 부
367	분	棼[737]		어지러울 분	겹들' 보', 삼베, 어지럽다	들보, 삼베, 어지러울, 어지럽힐, 누각 분	마룻대 분	마룻대, 누각, 어지럽힐, 삼베, 뒤섞일 분
368	분	蕡[738]			열매가 많이 열다, 삼씨	열매많을, 삼씨, 들깨, 姓 분	1. 들깨, 나무우거질분2. 삼씨비3. 열매 많이 열릴 번4. 삼 빈	1. 과실주렁주렁할, 어지럽힐, 성분2. 삼씨, 삼비
369	분	幩[739]			재갈의 꾸밈쇠	말장식 분	재갈 장식 분	재갈장식 분

733) 합장할 부 : '祔' 字는 典據를 찾아보기가 쉽지 않고, 그 쓰임도 人地名用 한자를 제외하고는 現代國語에서는 흔치 않은 까닭에, 여러 字典들에서 제시하고 있는 訓音과 글자의 形聲을 고려하여 代表訓音을 설정하였다.

734) 덮을 부 : '罦' 字는 典據를 찾아보기가 쉽지 않고, 그 쓰임도 人地名用 한자를 제외하고는 現代國語에서는 흔치 않은 까닭에, 여러 字典들에서 제시하고 있는 訓音과 글자의 形聲을 고려하여 代表訓音을 설정하였다.

735) 앓을 부 : '痡' 字는 典據를 찾아보기가 쉽지 않고, 그 쓰임도 人地名用 한자를 제외하고는 現代國語에서는 흔치 않은 까닭에, 여러 字典들에서 제시하고 있는 訓音과 글자의 形聲을 고려하여 代表訓音을 설정하였다.

736) 옷깨끗할 부 : '紑' 字는 典據를 찾아보기가 쉽지 않고, 그 쓰임도 人地名用 한자를 제외하고는 現代國語에서는 흔치 않은 까닭에, 여러 字典들에서 제시하고 있는 訓音과 글자의 形聲을 고려하여 代表訓音을 설정하였다.

737) 어지러울 분 : '棼' 字는 典據를 찾아보기가 쉽지 않고, 그 쓰임도 人地名用 한자를 제외하고는 現代國語에서는 흔치 않은 까닭에, 여러 字典들에서 제시하고 있는 訓音과 글자의 形聲을 고려하여 代表訓音을 설정하였다.

738) 열매많을 분 : '蕡' 字는 典據를 찾아보기가 쉽지 않고, 그 쓰임도 人地名用 한자를 제외하고는 現代國語에서는 흔치 않은 까닭에, 여러 字典들에서 제시하고 있는 訓音과 글자의 形聲을 고려하여 代表訓音을 설정하였다. '비' 音에 대해서는 현대국어에서 쓰임이 거의 없는 것으로 판단하였다.

739) 재갈장식 분 : '幩' 字는 典據를 찾아보기가 쉽지 않고, 그 쓰임도 人地名用 한자를 제외하고는 現代國語에서는 흔치 않은 까닭에, 여러 字典들에서 제시하고 있는 訓音과 글자의 形聲을 고려하여 代表訓音을 설정하였다.

順番	音價	漢字	古今	韓國	北韓	民衆	東亞	教學
370	분	苯[740]			[苯蓴]풀이 모도록하게 나다	우거질 분	풀 떨기로 날 분	
373	불	紱[741]				인끈,입을,제복 불	인끈 불	관인의 인끈,제복 불
375	불	茀[742]			복,머리꾸미개,수레휘장	1.풀숲,덤불,다스릴,막힐,머리꾸미개,수레포장,복,상엿줄 불 2.숨쉴 발	1.우거질,주살이름불2.작은모양비3.살별패4.도울 필	1.풀우거져길막힐,수레덮개,여자머리꾸미개,상엿줄불2.향기짙을,숨결이거친모양발3.살별 패
378	불	市[743]				슬갑 불	1.슬갑불2.무성할 발	슬갑 불
379	불	第[744]			수레 뒤'창문,화살			수레가리개 불
380	불	紼[745]			엉클어진실,상여'줄,가리다,인끈	1상엿줄,줄,인끈,슬갑,얽힌삼불,2 지스러기삼 비	1얽힌삼불,2난마로 짠 베 비	동아줄,관끈,폐슬,인끈 불

740) 우거질 분 : '苯' 字는 典據를 찾아보기가 쉽지 않고, 그 쓰임도 人地名用 한자를 제외하고는 現代國語에서는 흔치 않은 까닭에, 여러 字典들에서 제시하고 있는 訓音과 글자의 形聲을 고려하여 代表訓音을 설정하였다.

741) 인끈 불 : '紱' 字는 典據를 찾아보기가 쉽지 않고, 그 쓰임도 人地名用 한자를 제외하고는 現代國語에서는 흔치 않은 까닭에, 여러 字典들에서 제시하고 있는 訓音과 글자의 形聲을 고려하여 代表訓音을 설정하였다.

742) 우거질 불 : '茀' 字는 典據를 찾아보기가 쉽지 않고, 그 쓰임도 人地名用 한자를 제외하고는 現代國語에서는 흔치 않은 까닭에, 여러 字典들에서 제시하고 있는 訓音과 글자의 形聲을 고려하여 代表訓音을 설정하였다.

743) 슬갑 불 : '市' 字는 典據를 찾아보기가 쉽지 않고, 그 쓰임도 人地名用 한자를 제외하고는 現代國語에서는 흔치 않은 까닭에, 여러 字典들에서 제시하고 있는 訓音과 글자의 形聲을 고려하여 代表訓音을 설정하였다. '발' 音에 대해서는 현대국어에서 쓰임이 거의 없는 것으로 판단하였다.

744) 수레가리개 불 : '第' 字는 典據를 찾아보기가 쉽지 않고, 그 쓰임도 人地名用 한자를 제외하고는 現代國語에서는 흔치 않은 까닭에, 여러 字典들에서 제시하고 있는 訓音과 글자의 形聲을 고려하여 代表訓音을 설정하였다.

745) 인끈 불 : '紼' 字는 典據를 찾아보기가 쉽지 않고, 그 쓰임도 人地名用 한자를 제외하고는 現代國語에서는 흔치 않은 까닭에, 여러 字典들에서 제시하고 있는 訓音과 글자의 形聲을 고려하여 代表訓音을 설정하였다. '비' 音에 대해서는 현대국어에서 쓰임이 거의 없는 것으로 판단하였다.

順番	音價	漢字	古今	韓國	北韓	民衆	東亞	敎學
381	비	仳746)			떠나다, 헤어지다	떠날,못생긴여자 비	떠날,추할 비	이별할,나란할,추할 비
383	비	埤747)			붙이다,더하다,두텁다,낮은 담	더할,담,낮을,습지,성가퀴 비	1.더할,하습한땅 비2.성가퀴 폐	더할,담,습기있는땅,낮을,성가퀴 비
385	비	棐748)		비자나무 비	비자 비(비자나무) (榧와 통함)	도지개,도울,비자나무,광주리 비	도지개 비	도지개,도울,얇을,광주리,비자나무,아닐,문,땅이름 비
386	비	淠749)			배가 떠가는 모양 비, [淠淠]많다 무성하다,[淠淠]움직이다	1.물이름,더부룩할,배떠날비2.움직일 패	1.강이름비2.움직이는 모양 패	1.강이름,물소리비2.배가가는모양,많고성한모양,휘날리는모양 폐
387	비	痹750)			각기병,사지나몸뚱이가감각을잃고잘쓰지못하는병(痺와同字)	저릴,마비할,류머티스 비	저릴 비	류머티즘,마비될,가슴답답할 비

---

746) 떠날 비 : '仳' 字는 典據를 찾아보기가 쉽지 않고, 그 쓰임도 人地名用 한자를 제외하고는 現代國語에서는 흔치 않은 까닭에, 여러 字典들에서 제시하고 있는 訓音과 글자의 形聲을 고려하여 代表訓音을 설정하였다.

747) 더할 비 : '埤' 字는 典據를 찾아보기가 쉽지 않고, 그 쓰임도 人地名用 한자를 제외하고는 現代國語에서는 흔치 않은 까닭에, 여러 字典들에서 제시하고 있는 訓音과 글자의 形聲을 고려하여 代表訓音을 설정하였다.

748) 도지개 비 : '棐' 字는 典據를 찾아보기가 쉽지 않고, 그 쓰임도 人地名用 한자를 제외하고는 現代國語에서는 흔치 않은 까닭에, 여러 字典들에서 제시하고 있는 訓音과 글자의 形聲을 고려하여 代表訓音을 설정하였다.

749) 물이름 비 : '淠' 字는 典據를 찾아보기가 쉽지 않고, 그 쓰임도 人地名用 한자를 제외하고는 現代國語에서는 흔치 않은 까닭에, 여러 字典들에서 제시하고 있는 訓音과 글자의 形聲을 고려하여 代表訓音을 설정하였다. '패' 音에 대해서는 현대국어에서 쓰임이 거의 없는 것으로 판단하였다.

750) 저릴 비 : '痹' 字는 典據를 찾아보기가 쉽지 않기는 하나 여러 字典에서 '痺'와 같은 뜻으로 설명하고 있는 점과, 『標準國語大辭典』에서도 흔히 '痲痺/痲痹'처럼 함께 쓰는 경우가 많은 점을 고려하여 '저릴 비'를 代表訓音으로 설정하였다.

順番	音價	漢字	古今	韓國	北韓	民衆	東亞	教學
388	비	紕751)			[紕繆]어긋나다,꾸미다,짜다	합사드릴,잘못,잘못할,선두를,가선,다스릴,꾸밀 비	가선,꾸밀,모직물 비	선두를,가의수식,그르칠,해질,모포 비
390	비	貔752)			[貔]사나운짐승	맹수이름,너구리 비	비휴 비	맹수이름 비
392	비	霏753)			[霏霏]눈이 펄펄 날리는 모양	올,안개,올라갈 비	눈 펄펄 내릴 비	눈비가세차게내리는모양,흩날릴,자욱한운기,물흐르는모양 비
393	비	騑754)			곁마. [騑騑] 말이 멈추지 않고 달리는 모양	곁말 비	곁마 비	곁마,말,말이멎지아니하고달리는모양,세살된말 비
394	비	伾755)			많다.[伾伾]힘이있다	힘 셀, 많을, 姓 비	힘셀 비	힘있는모양,겹칠,추할 비
395	비	奰756)		장대할 비	장대하다,핍박하다,성내다	성낼,장할,핍박할 비	성낼 비	장대할,성낼,압박할 비

751) 꾸밀 비 : '紕' 字는 典據를 찾아보기가 쉽지 않고, 그 쓰임도 人地名用 한자를 제외하고는 現代國語에서는 흔치 않은 까닭에, 여러 字典들에서 제시하고 있는 訓音과 글자의 形聲을 고려하여 代表訓音을 설정하였다.

752) 맹수이름 비 : '貔' 字는 典據를 찾아보기가 쉽지 않고, 그 쓰임도 人地名用 한자를 제외하고는 現代國語에서는 흔치 않은 까닭에, 여러 字典들에서 제시하고 있는 訓音과 글자의 形聲을 고려하여 代表訓音을 설정하였다. 다만 '비휴(貔貅)'에 국한하여 주로 쓰인다는 점을 고려한다면, '비휴'를 代表訓으로 설정하는 것도 검토할 만하다.

753) 눈펄펄내릴 비 : '霏' 字는 典據를 찾아보기가 쉽지 않고, 그 쓰임도 人地名用 한자를 제외하고는 現代國語에서는 흔치 않은 까닭에, 여러 字典들에서 제시하고 있는 訓音과 글자의 形聲을 고려하여 代表訓音을 설정하였다.

754) 곁마 비 : '騑' 字는 典據를 찾아보기가 쉽지 않고, 그 쓰임도 人地名用 한자를 제외하고는 現代國語에서는 흔치 않은 까닭에, 여러 字典들에서 제시하고 있는 訓音과 글자의 形聲을 고려하여 代表訓音을 설정하였다.

755) 힘셀 비 : '伾' 字는 典據를 찾아보기가 쉽지 않고, 그 쓰임도 人地名用 한자를 제외하고는 現代國語에서는 흔치 않은 까닭에, 여러 字典들에서 제시하고 있는 訓音과 글자의 形聲을 고려하여 代表訓音을 설정하였다.

756) 장대할 비 : '奰' 字는 典據를 찾아보기가 쉽지 않고, 그 쓰임도 人地名用 한자를 제외하고는 現代國語에서는 흔치 않은 까닭에, 여러 字典들에서 제시하고 있는 訓音과 글자의 形聲을 고려하여 代表訓音을 설정하였다.

順番	音價	漢字	古今	韓國	北韓	民衆	東亞	教學
396	비	岯[757]			산 우의 산			산이름,포개진 산 비
397	비	朏[758]			초사흘 달,먼동이 트다	초승달 비	초승달 비	초승달이처음나타나는모양,동틀,초사흘달,모여쌓이는모양,비비 비(불)
398	비	秠[759]			검은 기장	검은기장 비(부)	검은 기장 비(부)	검은기장,껍질 비
399	비	鞞[760]			1.칼'집.[鞞琫]장식이있는칼'집병2.말타고치는 북 비	1.칼집병2.마상 북 비	1.칼집병2.마상 북 비	1.칼집병2.북,비무,우비 비
406	빈	璸[761]			구슬이름,옥에문채나는 모양 빈	옥무늬 어룽어룽할 빈	구슬이름,옥무늬아롱아롱할 빈	1.옥의무늬 빈 2.구슬이름 변

757) 산겹칠 비 : '岯' 字는 典據를 찾아보기가 쉽지 않고, 그 쓰임도 人地名用 한자를 제외하고는 現代國語에서는 흔치 않은 까닭에, 여러 字典들에서 제시하고 있는 訓音과 글자의 形聲을 고려하여 代表訓音을 설정하였다.

758) 초승달 비 : '朏' 字는 典據를 찾아보기가 쉽지 않고, 그 쓰임도 人地名用 한자를 제외하고는 現代國語에서는 흔치 않은 까닭에, 여러 字典들에서 제시하고 있는 訓音과 글자의 形聲을 고려하여 代表訓音을 설정하였다.

759) 검은기장 비 : '秠' 字는 典據를 찾아보기가 쉽지 않고, 그 쓰임도 人地名用 한자를 제외하고는 現代國語에서는 흔치 않은 까닭에, 여러 字典들에서 제시하고 있는 訓音과 글자의 形聲을 고려하여 代表訓音을 설정하였다. '부' 音에 대해서는 현대국어에서 쓰임이 거의 없는 것으로 판단하였다.

760) 마상북 비/칼집 병 : '鞞' 字는 典據를 찾아보기가 쉽지 않고, 그 쓰임도 人地名用 한자를 제외하고는 現代國語에서는 흔치 않은 까닭에, 여러 字典들에서 제시하고 있는 訓音과 글자의 形聲을 고려하여 複數訓音을 설정하였다. 다만 여러 字典에서 '병' 音을 기본으로 제시하고 있으나, 本攷에서는 電算用漢字 코드 체계에서는 '비' 音을 기본으로 설정하고 있는 점을 고려하여 '비' 音을 앞에 설정하였다.

761) 옥의무늬 빈 : '璸' 字는 典據를 찾아보기가 쉽지 않고, 그 쓰임도 人地名用 한자를 제외하고는 現代國語에서는 흔치 않은 까닭에, 여러 字典들에서 제시하고 있는 訓音과 글자의 形聲을 고려하여 代表訓音을 설정하였다.

順番	音價	漢字	古今	韓國	北韓	民衆	東亞	教學
407	빈	蠙[762]			진주조개 빈(변)	씹조개,물이끼 빈	진주조개 빈	빈주, 씹조개 빈(변)
408	사	糸[763]		실 사	1.가는실 멱 2.실 사	1.실,다섯홀 멱 2.실 사	1.가는 실 멱 2.실 사	1.가는실,양수사멱2.실 사
414	사	戺[764]			집 원채의 변두리,섬'돌,문'지방,문'장부	지도리,집모퉁이,문지방 사	지도리 사	문지방,집모퉁이 사
415	사	簑[765]			도롱이 사	1.도롱이,덮을사2.잎시들,꽃술늘어질 쇠(蓑의 속자)	1.도롱이사2.잎 우거질,잎시들 쇠 (蓑와 同字)	1.도롱이,용수초,풀로덮을사 2.아래로드리워진모양,무성한모양 쇠
421	상	塽[766]			[塽塏]높고 밝은 지대	높은 땅 상	높고 밝은 땅 상	높고 밝은 곳 상
430	서	諝[767]			지혜	슬기로울,속일,거짓 서	슬기 서	슬기,꾀할 서
436	선	墡[768]			백토, 흰 흙	백토 선	흰 흙 선	백토 선

762) 진주조개 빈 : '蠙' 字는 典據를 찾아보기가 쉽지 않고, 그 쓰임도 人地名用 한자를 제외하고는 現代國語에서는 흔치 않은 까닭에, 여러 字典들에서 제시하고 있는 訓音과 글자의 形聲을 고려하여 代表訓音을 설정하였다.

763) 실 사/가는실 멱 : '糸' 字는 典據를 찾아보기가 쉽지 않고, 그 쓰임도 人地名用 한자를 제외하고는 現代國語에서는 흔치 않은 까닭에, 여러 字典들에서 제시하고 있는 訓音과 글자의 形聲을 고려하여 複數訓音을 설정하였다.

764) 문지방 사 : '戺' 字는 典據를 찾아보기가 쉽지 않고, 그 쓰임도 人地名用 한자를 제외하고는 現代國語에서는 흔치 않은 까닭에, 여러 字典들에서 제시하고 있는 訓音과 글자의 形聲을 고려하여 代表訓音을 설정하였다.

765) 도롱이 사 : '簑' 字는 典據를 찾아보기가 쉽지 않고, 그 쓰임도 人地名用 한자를 제외하고는 現代國語에서는 흔치 않은 까닭에, 여러 字典들에서 제시하고 있는 訓音과 글자의 形聲을 고려하여 代表訓音을 설정하였다.

766) 높고밝은땅 상 : '塽' 字는 典據를 찾아보기가 쉽지 않고, 그 쓰임도 人地名用 한자를 제외하고는 現代國語에서는 흔치 않은 까닭에, 여러 字典들에서 제시하고 있는 訓音과 글자의 形聲을 고려하여 代表訓音을 설정하였다.

767) 슬기 서 : '諝' 字는 典據를 찾아보기가 쉽지 않고, 그 쓰임도 人地名用 한자를 제외하고는 現代國語에서는 흔치 않은 까닭에, 여러 字典들에서 제시하고 있는 訓音과 글자의 形聲을 고려하여 代表訓音을 설정하였다.

768) 흰흙 선 : '墡' 字는 典據를 찾아보기가 쉽지 않고, 그 쓰임도 人地名用 한자를 제외하고는 現代國語에서는 흔치 않은 까닭에, 여러 字典들에서 제시하고 있는 訓音과 글자의 形聲을 고려하여 代表訓音을 설정하였다.

順番	音價	漢字	古今	韓國	北韓	民衆	東亞	教學
437	선	愃[769]			1.쾌하다 선2.너그럽고 아량있다 훤	1.쾌할 선2.너그러울 훤	1.상쾌할 선2.너그러울 훤	1.잊을 선2.마음이 너그러운 모양 훤
438	선	僎[770]			1.갖추다, 정돈하다 선2.좇을 준	1.갖출,수선,헤아릴,가지런히할,가릴 선2.준작 준	1.갖출 선2.준작 준	1.갖출 선2.예돕는 사람 준
440	선	毨[771]			짐승이 털을 갈아 함치르르 하다	털갈 선	털 갈 선	털가지런할 선
441	설	紲[772]			1.(자유롭지 못하게)매다,구속하다,말고삐,도지개	1.고삐,줄,맬,도지개 설2.뛰어넘을 예	고삐 설	1.고삐,오라줄,묶을,도지개,평복설2.넘을 예
447	성	娍[773]			아름답다	헌걸찰,아름다울,여자이름 성	여자이름,아름다울 성	훤칠한 모양 성
454	소	慅[774]			1.소동하다[慅慅]소란하다,불안하다2.근심스럽다.괴롭다 초	1.소동할 소2.고달플 초	1.흔들릴 소2.고달플 초	1.소란스러울 소2.근심할,씻을 조

769) 상쾌할 선/너그러울 훤 : '愃' 字는 典據를 찾아보기가 쉽지 않고, 그 쓰임도 人地名用 한자를 제외하고는 現代國語에서는 흔치 않은 까닭에, 여러 字典들에서 제시하고 있는 訓音과 글자의 形聲을 고려하여 複數訓音을 설정하였다.

770) 갖출 선/준작 준 : '僎' 字는 典據를 찾아보기가 쉽지 않고, 그 쓰임도 人地名用 한자를 제외하고는 現代國語에서는 흔치 않은 까닭에, 여러 字典들에서 제시하고 있는 訓音과 글자의 形聲을 고려하여 複數訓音을 설정하였다.

771) 털갈 선 : '毨' 字는 典據를 찾아보기가 쉽지 않고, 그 쓰임도 人地名用 한자를 제외하고는 現代國語에서는 흔치 않은 까닭에, 여러 字典들에서 제시하고 있는 訓音과 글자의 形聲을 고려하여 代表訓音을 설정하였다.

772) 고삐 설 : '紲' 字는 典據를 찾아보기가 쉽지 않고, 그 쓰임도 人地名用 한자를 제외하고는 現代國語에서는 흔치 않은 까닭에, 여러 字典들에서 제시하고 있는 訓音과 글자의 形聲을 고려하여 代表訓音을 설정하였다.

773) 마름다울 성 : '娍' 字는 典據를 찾아보기가 쉽지 않고, 그 쓰임도 人地名用 한자를 제외하고는 現代國語에서는 흔치 않은 까닭에, 여러 字典들에서 제시하고 있는 訓音과 글자의 形聲을 고려하여 代表訓音을 설정하였다.

774) 소란스러울 소/고달플 초 : '慅' 字는 典據를 찾아보기가 쉽지 않고, 그 쓰임도 人地名用 한자를 제외하고는 現代國語에서는 흔치 않은 까닭에, 여러 字典들에서 제시하고 있는 訓音과 글자의 形聲을 고려하여 複數訓音을 설정하였다.

順番	音價	漢字	古今	韓國	北韓	民衆	東亞	教學
455	소	柖775)			과녁,목욕상	과녁, 나무흔들릴,욕상 소	나무가 흔들릴 소	나무가 흔들리는 모양,과녁,욕상 소
456	소	蟰776)			[蟰蟰]납거미	갈거미 소	갈거미 소	소소 소
463	손	飧777)			밥 손	저녁밥,지을,말,먹을 손(飱의 속자)	저녁밥 손	저녁밥,익힌음식,물로밥을말,먹을,편연 손(飱의 속자)
468	수	殳778)		창 수	치다,날이 없는 창	몽둥이 수	창 수	창,서체이름,姓,갖은등글월문(부수명칭) 수
469	수	濉779)			물 이름	1.부릅떠볼 휴2.물이름,성 수(睢와 同字)	1. 부릅떠볼 휴2. 강이름 수(睢와 同字)	1.노려볼,우러러볼,기뻐하는 모양, 소박할 휴(睢와 同字) 2.강이름,고을이름,姓 수

775) 나무흔들릴 소 : '柖' 字는 典據를 찾아보기가 쉽지 않고, 그 쓰임도 人地名用 한자를 제외하고는 現代國語에서는 흔치 않은 까닭에, 여러 字典들에서 제시하고 있는 訓音과 글자의 形聲을 고려하여 代表訓音을 설정하였다.

776) 갈거미 소 : '蟰' 字는 典據를 찾아보기가 쉽지 않고, 그 쓰임도 人地名用 한자를 제외하고는 現代國語에서는 흔치 않은 까닭에, 여러 字典들에서 제시하고 있는 訓音과 글자의 形聲을 고려하여 代表訓音을 설정하였다.

777) 저녁밥 손 : '飧' 字는 典據를 찾아보기가 쉽지 않고, 그 쓰임도 人地名用 한자를 제외하고는 現代國語에서는 흔치 않은 까닭에, 여러 字典들에서 '飱'의 俗字로 제시하고 있는 점과 글자의 形聲을 고려하여 代表訓音을 설정하였다. 다만 本攷에서 '飱'을 複數訓으로 설정하고 있는 점을 고려하여 이를 따른다면, 이 '飧'도 '飱'의 代表訓音과 같이 複數訓으로 설정하는 것도 검토할 만하다.

778) 창 수 : '殳' 字는 典據를 찾아보기가 쉽지 않고, 그 쓰임도 人地名用 한자를 제외하고는 現代國語에서는 흔치 않은 까닭에, 여러 字典들에서 제시하고 있는 訓音을 고려하여 代表訓音을 설정하였다.

779) 물이름 수/노려볼 휴 : '濉' 字는 典據를 찾아보기가 쉽지 않고, 그 쓰임도 人地名用 한자를 제외하고는 現代國語에서는 흔치 않은 까닭에, 여러 字典들에서 제시하고 있는 訓音을 고려하여 複數訓音을 설정하였다.

順番	音價	漢字	古今	韓國	北韓	民衆	東亞	教學
473	수	穟[780]			벼가팬모양,[穟穟]벼'모가탐스럽다	이삭,야드르르할 수	이삭 수	벼가익어이삭을드리운모양,이삭,벼까끄라기 수
475	수	醜[781]			추악하다,버리다	미워할 추(수)	미워할 추(수)	미워할 추(수)
477	숙	橚[782]			나무이름,나무가 긴 모양	밋밋할,무성할 숙	1.나무줄지어설숙2.우거질소3.밋밋할추	1.대나무나나무가곧고긴모양숙2.초목이무성한모양 소3.개오동나무추
478	순	肫[783]	광대뼈 순			광대뼈,포,정성스러울 순	1.광대뼈순(本音:준),말린고기순2.떡 둔3.광대뼈 졸4.아래턱 준	1.광대뼈,정성스러운모양,모이주머니,정강이뼈,온마리의희생,정밀할순2.새끼돼지 돈
481	순	郇[784]			나라 이름	1.땅이름,姓 순2.姓 환	나라 이름 순	나라이름,姓순

780) 벼이삭 수 : '穟' 字는 典據를 찾아보기가 쉽지 않고, 그 쓰임도 人地名用 한자를 제외하고는 現代國語에서는 흔치 않은 까닭에, 여러 字典들에서 제시하고 있는 訓音과 글자의 形聲을 고려하여 代表訓音을 설정하였다.

781) 미워할 수/추 : '醜' 字는 典據를 찾아보기가 쉽지 않고, 그 쓰임도 人地名用 한자를 제외하고는 現代國語에서는 흔치 않은 까닭에, 여러 字典들에서 제시하고 있는 訓音과 글자의 形聲을 고려하여 複數訓을 설정하였다.

782) 무성할 숙 : '橚' 字는 典據를 찾아보기가 쉽지 않고, 그 쓰임도 人地名用 한자를 제외하고는 現代國語에서는 흔치 않은 까닭에, 여러 字典들에서 제시하고 있는 訓音과 글자의 形聲을 고려하여 代表訓音을 설정하였다. '소' 音과 '추' 音에 대해서는 현대국어에서 쓰임이 거의 없는 것으로 판단하였다.

783) 광대뼈 순 : 「訓蒙比叡下:3」에 '멀더건 둔', 「新字3:42」에 '졍셩스러울 슌'으로 나타나 있기는 하나, 이러한 뜻으로 쓰이는 語例를 찾기 어려운 점과, 여러 字典에서 제시한 訓音을 고려하여 '광대뼈'를 代表訓으로 설정하였다.

784) 나라이름 순 : '郇' 字는 典據를 찾아보기가 쉽지 않고, 그 쓰임도 人地名用 한자를 제외하고는 現代國語에서는 흔치 않은 까닭에, 여러 字典들에서 제시하고 있는 訓音과 글자의 形聲을 고려하여 代表訓音을 설정하였다.

順番	音價	漢字	古今	韓國	北韓	民衆	東亞	敎學
482	슬	瑟[785]			옥이 선명하고 깨끗한 모양	아름다운옥,푸른구슬 슬	푸른 구슬 슬	옥빛깔 산뜻한 모양 슬
488	시	緦[786]		보름새베 시	1.보름새 베 2.시마,석달복	베,시마시,모을 시	시마복 시	가는베,시마복,소원해진친족 시
493	신	駪[787]			[駪駪]많은 모양	많을 신	말 많을 신	
498	안	犴[788]		옥 안	들'개,옥,우리,호박개	오랑캐땅의 들개,옥,姓 안	들개 안	들개,옥,姓 안
502	알	歹[789]		뼈앙상할 알	뼈가 앙상하다 알	1.앙상한뼈 알2.나쁠 대	1.부서진뼈 알2.나쁠 대	1.살발라낸뼈 알2.몹쓸 대
505	앙	泱[790]			구름이 일다 [泱泱]깊고 넓을 모양,큰 소리,[泱漭]넓고 큰 모양,밝지 못 한 모양	1.깊을,넓을 앙 2.구름일 영	1.끝없을,광대할 앙2.흰 구름 일 영	1.물깊고넓은모양,기세대단할,소리길게이어질,물흐르는모양,광대한모양,밝지않은모양,짙은모양2.흰구름이는모양 영

785) 아름다운옥 슬 : '瑟' 字는 典據를 찾아보기가 쉽지 않고, 그 쓰임도 人地名用 한자를 제외하고는 現代國語에서는 흔치 않은 까닭에, 여러 字典들에서 제시하고 있는 訓音과 글자의 形聲을 고려하여 代表訓音을 설정하였다.

786) 시마(緦麻) 시 : '緦' 字는 典據를 찾아보기가 쉽지 않고, 그 쓰임도 '緦麻, 緦服'을 제외하고는 흔치 않은 까닭에, 여러 字典들에서 제시하고 있는 訓音과, 『標準國語大辭典』에서 '緦服'을 '緦麻'의 同義語로 처리하고 있음을 고려하여 '시마(緦麻)'를 代表訓으로 설정하였다.

787) 많을 신 : '駪' 字는 典據를 찾아보기가 쉽지 않고, 그 쓰임도 人地名用 한자를 제외하고는 現代國語에서는 흔치 않은 까닭에, 여러 字典들에서 제시하고 있는 訓音과 글자의 形聲을 고려하여 代表訓音을 설정하였다.

788) 들개/옥(獄) 안 : '犴' 字는 典據를 찾아보기가 쉽지 않은 까닭에, 여러 字典들에서 제시하고 있는 訓音과 글자의 形聲 및 '犴牢, 犴室, 犴庭, 犴戶' 등에 쓰인 뜻을 함께 고려하여 複數訓을 설정하였다.

789) 뼈앙상할 알/나쁠 대 : '歹' 字는 典據를 찾아보기가 쉽지 않고, 그 쓰임도 人地名用 한자를 제외하고는 現代國語에서는 흔치 않은 까닭에, 여러 字典들에서 제시하고 있는 訓音과 글자의 形聲을 고려하여 複數訓音을 설정하였다.

790) 물깊고넓을 앙/흰구름일 영 : '泱' 字는 典據를 찾아보기가 쉽지 않고, 그 쓰임도 人地名用 한자를 제외하고는 現代國語에서는 흔치 않은 까닭에, 여러 字典들에서 제시하고 있는 訓音과 글자의 形聲을 고려하여 複數訓音을 설정하였다.

順番	音價	漢字	古今	韓國	北韓	民衆	東亞	敎學
506	앙	鞅[791]			멍에에 마소의 목을 얽어 매는 끈, 소굴레,불만해 하다	가슴걸이,질,원망할 앙	가슴걸이,교활할 앙	가슴걸이,배댓끈,원망할,짊어질,많을,굴레,멍에할 앙
515	양	瀁[792]			물결이 출렁거리는 모양,길다	출렁거릴,뜰,길,물이름 양	출렁거릴,강이름 양	물출렁이는모양,뜰,펄럭일,던질,양수,물길길 양
516	양	瀼[793]			[瀼瀼]이슬이 많이 맺힌 모양	1.이슬 흠치르르할 양	1.이슬 많은 모양,강 이름 양2.물 흐르는 모양 낭3.물빛 일렁 거릴 상	1.이슬많이내린모양,물결이몰렸다흩어졌다하는모양,양수,시내 양2.물흐르는모양 낭
517	양	昜[794]		열리다,빛나다 양	양기,해,양지,잦,남쪽,북쪽,맑을 양(陽의 古字)		볕 양(陽의 古字 6급)	
519	양	饟[795]					건량 양(상)	
521	어	敔[796]			금지하다,악기이름	막을,악기이름 어	막을 어	금할,어 어

791) 가슴걸이 앙 : '鞅' 字는 典據를 찾아보기가 쉽지 않고, 그 쓰임도 人地名用 한자를 제외하고는 現代國語에서는 흔치 않은 까닭에, 여러 字典들에서 제시하고 있는 訓音과 글자의 形聲을 고려하여 代表訓音을 설정하였다.

792) 물출렁거릴 양 : '瀁' 字는 典據를 찾아보기가 쉽지 않고, 그 쓰임도 人地名用 한자를 제외하고는 現代國語에서는 흔치 않은 까닭에, 여러 字典들에서 제시하고 있는 訓音과 글자의 形聲을 고려하여 代表訓音을 설정하였다.

793) 이슬많은모양 양 : '瀼' 字는 典據를 찾아보기가 쉽지 않고, 그 쓰임도 人地名用 한자를 제외하고는 現代國語에서는 흔치 않은 까닭에, 여러 字典들에서 제시하고 있는 訓音과 글자의 形聲을 고려하여 代表訓音을 설정하였다.

794) 볕 양 : '昜' 字는 典據를 찾아보기가 쉽지 않고, 그 쓰임도 人地名用 한자를 제외하고는 現代國語에서는 흔치 않은 까닭에, 여러 字典들에서 제시하고 있는 訓音과 글자의 形聲을 고려하여 代表訓音을 설정하였다.

795) 건량 양 : '饟' 字는 典據를 찾아보기가 쉽지 않고, 그 쓰임도 人地名用 한자를 제외하고는 現代國語에서는 흔치 않은 까닭에, 여러 字典들에서 제시하고 있는 訓音과 글자의 形聲을 고려하여 代表訓音을 설정하였다.

796) 막을 어 : '敔' 字는 典據를 찾아보기가 쉽지 않고, 그 쓰임도 人地名用 한자를 제외하고는 現代國語에서는 흔치 않은 까닭에, 여러 字典들에서 제시하고 있는 訓音과 글자의 形聲을 고려하여 代表訓音을 설정하였다.

順番	音價	漢字	古今	韓國	北韓	民衆	東亞	教學
525	얼	臬[797]		문지방 얼	과녁,법,다하다,문지방	말뚝,과녁,해시계,법,한,위태로울 얼	말뚝 얼	문지방,기둥,해시계의 말뚝,과녁,법,사법관,계량기 얼
528	엄	揜[798]			1.덮을 엄2.손으로 가리다 암	가릴,곤박할,빠를,이을 엄	가릴 엄	가릴,붙잡을,빼앗을,이어받을,곤궁할, 같을, 돈치기 엄
529	엄	渰[799]		적실 엄	구름이 피어오르는 모양	구름일,젤 엄	비구름 일 엄	구름피어오르는 모양,빠질,물결이 넘칠듯출렁이는 모양 엄
534	역	嶧[800]			서로 련해 있는 산	산 이름 역	산 이름 역	산이름,산잇닿을 역
538	역	暘[801]			해가 반짝 나다, 해'빛이 흐리다	볕날, 볕시원찮을 역	해 언뜻 보일 역	해가릴,햇살이약할 역(석)
539	역	棫[802]	무리참나무 역		참나무	두릅나무 역	두릅나무 역	두릅나무 역

797) 문지방 얼 : '臬' 字는 典據를 찾아보기가 쉽지 않고, 그 쓰임도 人地名用 한자를 제외하고는 現代國語에서는 흔치 않은 까닭에, 여러 字典들에서 제시하고 있는 訓音과 글자의 形聲을 고려하여 代表訓音을 설정하였다.

798) 가릴 엄 : '揜' 字는 典據를 찾아보기가 쉽지 않고, 그 쓰임도 人地名用 한자를 제외하고는 現代國語에서는 흔치 않은 까닭에, 여러 字典들에서 제시하고 있는 訓音과 글자의 形聲을 고려하여 代表訓音을 설정하였다.

799) 구름일 엄 : '渰' 字는 典據를 찾아보기가 쉽지 않고, 그 쓰임도 人地名用 한자를 제외하고는 現代國語에서는 흔치 않은 까닭에, 여러 字典들에서 제시하고 있는 訓音과 글자의 形聲을 고려하여 代表訓音을 설정하였다.

800) 산이름 역 : '嶧' 字는 典據를 찾아보기가 쉽지 않고, 그 쓰임도 人地名用 한자를 제외하고는 現代國語에서는 흔치 않은 까닭에, 여러 字典들에서 제시하고 있는 訓音과 글자의 形聲을 고려하여 代表訓音을 설정하였다.

801) 햇살약할 역 : '暘' 字는 典據를 찾아보기가 쉽지 않고, 그 쓰임도 人地名用 한자를 제외하고는 現代國語에서는 흔치 않은 까닭에, 여러 字典들에서 제시하고 있는 訓音과 글자의 形聲을 고려하여 代表訓音을 설정하였다.

802) 두릅나무 역 : 『字類下:61』에 '텹갈나무 역', 『釋要上:66』에 '짱갈나무 역', 『新字2:33』에 '무리참나무/무저리 역' 등으로 나타나 있기는 하나, 이들 文獻에서 제시하고 있는 訓의 語形이 현대국어에서 찾아보기 어려운 까닭에, 여러 字典에서 두루 제시한 訓音 및 글자의 形聲을 고려하여 '두릅나무'를 代表訓으로 설정하였다. 다만 「訓蒙字會」에 '떡갈나무'의 古語形인 '덥갈나모'가 나타나는 바, 이를 앞의 「字類下:61」에 제시되어 있는 '텹갈나무'와 같은 형태로 볼 수 있다면, 典據에 따라 '떡갈나무'를 代表訓으로 설정할 수 있을 것이다.

順番	音價	漢字	古今	韓國	北韓	民衆	東亞	敎學
543	연	兗[803]			단정하다,미덥다	연주(九州의하나)연	바를 연	고을이름,오늬,姓 연
544	연	悁[804]			1.분하다,근심 연2.조급하다 견	성낼,근심할 연	1.성낼 연2.조급할 견	1.분노할,근심할,간절한모양,지칠연2.조급할 견
545	연	掾[805]		아전 연	아전, 구실아치,옷의 단	아전 연	도울 연	1.도울,부관,동정 연2.분주하게돌아다닐 전
547	열	噎[806]			목메다	목멜 얼	목멜 열	1.목멜 얼2.목구멍아플 예
550	염	焱[807]			불꽃 혁(염)	불꽃,탈 염	1.불꽃 염2.화염모양 혁	1.불꽃 염(혁)2.회오리바람 표
564	예	堄[808]			[埤堄]성가퀴	성가퀴 예	1.비길,땅길 예2.성 열	성가퀴 예

803) 땅이름 연 : '兗' 字는 典據를 찾아보기가 쉽지 않고, 그 쓰임도 人地名用 한자를 제외하고는 現代國語에서는 흔치 않은 까닭에, 여러 字典들에서 제시하고 있는 訓音과 글자의 形聲을 고려하여 代表訓音을 설정하였다.

804) 성낼 연/조급할 견 : '悁' 字는 典據를 찾아보기가 쉽지 않고, 그 쓰임도 人地名用 한자를 제외하고는 現代國語에서는 흔치 않은 까닭에, 여러 字典들에서 제시하고 있는 訓音과 글자의 形聲을 고려하여 複數訓音을 설정하였다.

805) 아전 연 : '掾' 字는 典據를 찾아보기가 쉽지 않고, 그 쓰임도 人地名用 한자를 제외하고는 現代國語에서는 흔치 않은 까닭에, '掾吏(고려 말기에 둔 하급 吏胥.)'에서의 뜻과, 여러 字典들에서 제시하고 있는 訓音과 글자의 形聲을 고려하여 代表訓音을 설정하였다.

806) 목멜 열 : '噎' 字는 典據를 찾아보기가 쉽지 않고, 그 쓰임도 人地名用 한자를 제외하고는 現代國語에서는 흔치 않은 까닭에, 여러 字典들에서 제시하고 있는 訓音과 글자의 形聲을 고려하여 代表訓音을 설정하였다. '얼'과 '예' 音에 대해서는 현대국어에서 쓰임이 거의 없는 것으로 판단하였다.

807) 불꽃 염/혁 : '焱' 字는 典據를 찾아보기가 쉽지 않고, 그 쓰임도 人地名用 한자를 제외하고는 現代國語에서는 흔치 않은 까닭에, 여러 字典들에서 제시하고 있는 訓音과 글자의 形聲을 고려하여 代表訓音을 설정하였다.

808) 성가퀴 예 : '堄' 字는 典據를 찾아보기가 쉽지 않고, 그 쓰임도 人地名用 한자를 제외하고는 現代國語에서는 흔치 않은 까닭에, 여러 字典들에서 제시하고 있는 訓音과 글자의 形聲을 고려하여 代表訓音을 설정하였다.

順番	音價	漢字	古今	韓國	北韓	民衆	東亞	教學
565	예	橤809)			1.꽃술예(蘂와통함)2.길다,드리우다예(繠와통하다)	드리울,꽃술,모일 예	드리워질 예	드리울,꽃술 예
571	오	嗸810)				시끄러울 오(嗷와同字)	시끄러울 오(嗷와同字)	슬프게우는소리,부르짖는소리 오(嗷 와同字)
573	오	珸811)			[琨珸]아름다울돌	옥돌 오	옥돌 오	곤오 오
574	온	媼812)			할미 온	할미,어미,계집,땅귀신 온(本音:오)	1.할미 온(本音:오)2.살찔 올	할머니,어머니,부인,땅 온
575	온	昷813)						온화할 온
577	옹	廱814)			막히다,화하다	벽옹,화락할,막을,막힐 옹	화락할 옹	학교,화락할,막힐,못,땅이름 옹
580	옹	灉815)			물 이름	물 이름 옹	강 이름 옹	강이름 옹

809) 드리울 예 : '橤' 字는 典據를 찾아보기가 쉽지 않고, 그 쓰임도 人地名用 한자를 제외하고는 現代國語에서는 흔치 않은 까닭에, 여러 字典들에서 제시하고 있는 訓音과 글자의 形聲을 고려하여 代表訓音을 설정하였다.

810) 시끄러울 오 : '嗸' 字는 典據를 찾아보기가 쉽지 않고, 그 쓰임도 人地名用 한자를 제외하고는 現代國語에서는 흔치 않은 까닭에, 여러 字典들에서 제시하고 있는 訓音과 글자의 形聲을 고려하여 代表訓音을 설정하였다.

811) 아름다운돌 오 : '珸' 字는 典據를 찾아보기가 쉽지 않고, 그 쓰임도 人地名用 한자를 제외하고는 現代國語에서는 흔치 않은 까닭에, 여러 字典들에서 제시하고 있는 訓音과, '琨珸' 등에서 쓰이는 뜻을 고려하여 '아름다운돌'을 代表訓으로 설정하였다.

812) 할미 온 : '媼' 字는 典據를 찾아보기가 쉽지 않은 까닭에, '媼嫗, 媼神' 등에서 쓰이는 뜻과, 여러 字典들에서 제시하고 있는 訓音과 글자의 形聲을 고려하여 代表訓音을 설정하였다.

813) 온화할 온 : '昷' 字는 典據를 찾아보기가 쉽지 않고, 그 쓰임도 人地名用 한자를 제외하고는 現代國語에서는 흔치 않은 까닭에, 여러 字典들에서 제시하고 있는 訓音과 글자의 形聲을 고려하여 代表訓音을 설정하였다.

814) 막힐 옹 : '廱' 字는 典據를 찾아보기가 쉽지 않고, 그 쓰임도 人地名用 한자를 제외하고는 現代國語에서는 흔치 않은 까닭에, 여러 字典들에서 제시하고 있는 訓音과 글자의 形聲을 고려하여 代表訓音을 설정하였다.

815) 물이름 옹 : '灉' 字는 典據를 찾아보기가 쉽지 않고, 그 쓰임도 人地名用 한자를 제외하고는 現代國語에서는 흔치 않은 까닭에, 여러 字典들에서 제시하고 있는 訓音과 글자의 形聲을 고려하여 代表訓音을 설정하였다.

順番	音價	漢字	古今	韓國	北韓	民衆	東亞	敎學
581	와	吪816)		움직일 와	움직이다, 화하다, 거짓	움직일, 화할 와	움직일 와	움직일, 화할, 거짓말 와
584	완	婠817)			몸매가 어여쁘다	점잖을,아기통통할,예쁠 완	품성 좋을 완(왈)	품성이아름다울,어린아이의 살진모양 완(왈)
585	왜	騧818)			고라말	공골말 왜(과)		주둥이검은 누렁말,달팽이,姓 와(本音:과) 왜(本音:괘)
586	요	傜819)		구실 요	역사, 구실 요	역사,姓 요	구실 요	부역,요족,姓요
591	요	鷕820)			암꿩이 우는 소리	울 요	울 요	1.꿩울,새우는 소리,탄식할 요2.꿩 효
595	우	俁821)			[俁俁]용모가 동탕하다	클 우	얼굴 클 우	클 우
596	우	堣822)			산모롱이	땅이름 우	모퉁이 우	땅이름 우

816) 움직일 와 : '吪' 字는 典據를 찾아보기가 쉽지 않고, 그 쓰임도 人地名用 한자를 제외하고는 現代國語에서는 흔치 않은 까닭에, 여러 字典들에서 제시하고 있는 訓音과 글자의 形聲을 고려하여 代表訓音을 설정하였다.

817) 품성좋을 완 : '婠' 字는 典據를 찾아보기가 쉽지 않고, 그 쓰임도 人地名用 한자를 제외하고는 現代國語에서는 흔치 않은 까닭에, 여러 字典들에서 제시하고 있는 訓音과 글자의 形聲을 고려하여 代表訓音을 설정하였다.

818) 고라말 왜 : '騧' 字는 典據를 찾아보기가 쉽지 않고, 그 쓰임도 人地名用 한자를 제외하고는 現代國語에서는 흔치 않은 까닭에, 여러 字典들에서 제시하고 있는 訓音과 글자의 形聲을 고려하여 '고라말'을 代表訓音으로 설정하였다.

819) 구실 요 : '傜' 字는 典據를 찾아보기가 쉽지 않고, 그 쓰임도 人地名用 한자를 제외하고는 現代國語에서는 흔치 않은 까닭에, 여러 字典들에서 제시하고 있는 訓音과 글자의 形聲을 고려하여 代表訓音을 설정하였다.

820) 암꿩이울 요 : '鷕' 字는 典據를 찾아보기가 쉽지 않고, 그 쓰임도 人地名用 한자를 제외하고는 現代國語에서는 흔치 않은 까닭에, 여러 字典들에서 제시하고 있는 訓音과 글자의 形聲을 고려하여 代表訓音을 설정하였다.

821) 클 우 : '俁' 字는 典據를 찾아보기가 쉽지 않은 까닭에, '俁俁' 등에서 쓰이는 뜻과, 여러 字典들에서 제시하고 있는 訓音과 글자의 形聲을 고려하여 代表訓音을 설정하였다.

822) 땅이름 우 : '堣' 字는 典據를 찾아보기가 쉽지 않고, 그 쓰임도 人地名用 한자를 제외하고는 現代國語에서는 흔치 않은 까닭에, 여러 字典들에서 제시하고 있는 訓音과 글자의 形聲을 고려하여 代表訓音을 설정하였다.

順番	音價	漢字	古今	韓國	北韓	民衆	東亞	教學
597	우	盱[823]		눈부릅뜰 우	눈을 부릅뜨다,크다,근심	쳐다볼,부릅뜰,근심할,姓 우	쳐다볼 우	눈부릅뜰,쳐다볼,확대할,근심할,바랄,기뻐할는모양,꾸미지않은모양 우
599	우	踽[824]		홀로걸을 우(구)	[踽踽]외로이 거니는 모양	외로울,성기게 갈,곱사등이 우	1.곱사등이우 2.좋은 모양 구	홀로가는모양,느릿느릿걸을 우
600	우	虞[825]			수'사슴,수'노루	수사슴,떼질 우	수사슴 우	떼지어모이는 모양 우
601	우	噳[826]			[噳噳]사슴떼우물거리는모양,웃는모양	뭇사슴우물거릴 우	웃는 모양 우	떼지을,웃는 모양 우
602	우	優[827]			1.[優優]근심스러운모양,마음이아픈모양우2.조용하다,웅용하다유	느릴,근심할 우	느릿할 우	날씬할,근심할 우
603	우	楀[828]			나무 이름	1.나무이름우2.나무이름,姓 구	나무이름 (우)구	나무이름,姓 우(구)

823) 눈부릅뜰 우 : '盱' 字는 典據를 찾아보기가 쉽지 않고, 그 쓰임도 人地名用 한자를 제외하고는 現代國語에서는 흔치 않은 까닭에, 여러 字典들에서 제시하고 있는 訓音과 글자의 形聲을 고려하여 代表訓音을 설정하였다.

824) 홀로걸을 우 : '踽' 字는 典據를 찾아보기가 쉽지 않은 까닭에, '踽踽' 등에서 쓰이는 뜻과, 여러 字典들에서 제시하고 있는 訓音과 글자의 形聲을 고려하여 代表訓音을 설정하였다.

825) 수사슴/떼지어모일 우 : '虞' 字는 典據를 찾아보기가 쉽지 않고, 그 쓰임도 人地名用 한자를 제외하고는 現代國語에서는 흔치 않은 까닭에, 여러 字典들에서 제시하고 있는 訓音과 글자의 形聲을 고려하여 複數訓을 설정하였다.

826) 떼지을/웃는모양 우 : '噳' 字는 典據를 찾아보기가 쉽지 않은 까닭에, '噳噳' 등에서 쓰이는 뜻과, 여러 字典들에서 제시하고 있는 訓音과 글자의 形聲을 고려하여 複數訓을 설정하였다.

827) 근심할 우 : '優' 字는 典據를 찾아보기가 쉽지 않은 까닭에, '優優' 등에서 쓰이는 뜻과, 여러 字典들에서 제시하고 있는 訓音과 글자의 形聲을 고려하여 代表訓音을 설정하였다.

828) 나무이름 우 : '楀' 字는 典據를 찾아보기가 쉽지 않고, 그 쓰임도 人地名用 한자를 제외하고는 現代國語에서는 흔치 않은 까닭에, 여러 字典들에서 제시하고 있는 訓音과 글자의 形聲을 고려하여 代表訓音을 설정하였다.

順番	音價	漢字	古今	韓國	北韓	民衆	東亞	敎學
607	욱	稶[829]			기장과 피가 우거진 모양	서직(기장)무성할 욱	서직무성할 욱(본자:稶)	서직성한모양 욱
618	위	韡[830]						1.밝고성한모양 위2.신 화
619	위	蔚[831]						익모초 위
620	유	呦[832]			[呦呦]사슴이 우는 소리	울 유	울 유	사슴우는 소리, 슬피우는 소리 유
623	유	牖[833]		창 유		들창,깨우칠,姓 유	창 유	창,인도할,땅이름 유
625	유	籲[834]		부르짖을 유	부르짖다,화하다	부를 유(약)	부를 유(약)	부를,부드럽게 할 유
629	유	龥[835]		부르짖을 유	부르짖다,화하다(籲와 同字)	부를,고를 유	부를 유	부를,부드럽게 할 유(籲와 同字)

829) 서직무성할 욱 : '稶' 字는 典據를 찾아보기가 쉽지 않고, 그 쓰임도 人地名用 한자를 제외하고는 現代國語에서는 흔치 않은 까닭에, 여러 字典들에서 제시하고 있는 訓音과 글자의 形聲을 고려하여 代表訓音을 설정하였다.

830) 밝고성한모양 위 : '韡' 字는 典據를 찾아보기가 쉽지 않고, 그 쓰임도 人地名用 한자를 제외하고는 現代國語에서는 흔치 않은 까닭에, 여러 字典들에서 제시하고 있는 訓音과 글자의 形聲을 고려하여 代表訓音을 설정하였다.

831) 익모초 위 : '蔚' 字는 典據를 찾아보기가 쉽지 않고, 그 쓰임도 人地名用 한자를 제외하고는 現代國語에서는 흔치 않은 까닭에, 여러 字典들에서 제시하고 있는 訓音과 글자의 形聲을 고려하여 代表訓音을 설정하였다.

832) 사슴울 유 : '呦' 字는 典據를 찾아보기가 쉽지 않고, 그 쓰임도 人地名用 한자를 제외하고는 現代國語에서는 흔치 않은 까닭에, 여러 字典들에서 제시하고 있는 訓音과 글자의 形聲을 고려하여 代表訓音을 설정하였다.

833) 깨우칠/창 유 : '牖' 字는 典據를 찾아보기가 쉽지 않은 까닭에, '牖迷, 牖民' 등에서 쓰이는 뜻과, 여러 字典들에서 제시하고 있는 訓音과 글자의 形聲을 고려하여 複數訓을 설정하였다.

834) 부르짖을 유 : '籲' 字는 典據를 찾아보기가 쉽지 않은 까닭에, '籲俊' 등에서 쓰이는 뜻과, 여러 字典들에서 제시하고 있는 訓音과 글자의 形聲을 고려하여 代表訓音을 설정하였다.

835) 부르짖을 유 : '龥' 字는 典據를 찾아보기가 쉽지 않고, 그 쓰임도 人地名用 한자를 제외하고는 現代國語에서는 흔치 않은 까닭에, 여러 字典들에서 제시하고 있는 訓音과 글자의 形聲을 고려하여 代表訓音을 설정하였다.

順番	音價	漢字	古今	韓國	北韓	民衆	東亞	教學
630	유	曘836)					해 빛깔 유	어두울, 햇빛 유
631	유	楰837)		산 유자 유	산유자나무	광나무 유	광나무 유	
632	유	槱838)			화투'불	화톳불 놓을,제사이름 유	태울 유	나무를쌓아서 불사를,제사이름,땔나무,태울 유
633	유	瀀839)			[瀀瀀]물이 흐르는모양, 욕심을내는 모양(瀀와同字)	흐를 유	물흐르는 모양 유	물흐르는모양 유
634	유	瀢840)			물 이름,땅 이름	물이름 유	강 이름 유	유수 유
635	유	秞841)			벼가 성하다, 싹이 돋는 모양	벼와 기장무성할 유	무성할 유	곡식무성한모양, 사물처음으로 나는 모양 유
636	유	羑842)			인도하다 유	권할,인도할,姓 유	인도할 유	인도할,姓 유

836) 햇빛 유 : '曘' 字는 典據를 찾아보기가 쉽지 않고, 그 쓰임도 人地名用 한자를 제외하고는 現代國語에서는 흔치 않은 까닭에, 여러 字典들에서 제시하고 있는 訓音과 글자의 形聲을 고려하여 代表訓音을 설정하였다.

837) 산유자나무 유 : '楰' 字는 典據를 찾아보기가 쉽지 않고, 그 쓰임도 人地名用 한자를 제외하고는 現代國語에서는 흔치 않은 까닭에, 여러 字典들에서 제시하고 있는 訓音과 글자의 形聲을 고려하여 代表訓音을 설정하였다.

838) 화톳불놓을 유 : '槱' 字는 典據를 찾아보기가 쉽지 않고, 그 쓰임도 人地名用 한자를 제외하고는 現代國語에서는 흔치 않은 까닭에, 여러 字典들에서 제시하고 있는 訓音과 글자의 形聲을 고려하여 代表訓音을 설정하였다.

839) 물흐르는모양 유 : '瀀' 字는 典據를 찾아보기가 쉽지 않고, 그 쓰임도 人地名用 한자를 제외하고는 現代國語에서는 흔치 않은 까닭에, 여러 字典들에서 제시하고 있는 訓音과 글자의 形聲을 고려하여 代表訓音을 설정하였다.

840) 물이름 유 : '瀢' 字는 典據를 찾아보기가 쉽지 않고, 그 쓰임도 人地名用 한자를 제외하고는 現代國語에서는 흔치 않은 까닭에, 여러 字典들에서 제시하고 있는 訓音과 글자의 形聲을 고려하여 代表訓音을 설정하였다.

841) 곡식무성할 유 : '秞' 字는 典據를 찾아보기가 쉽지 않고, 그 쓰임도 人地名用 한자를 제외하고는 現代國語에서는 흔치 않은 까닭에, 여러 字典들에서 제시하고 있는 訓音과 글자의 形聲을 고려하여 代表訓音을 설정하였다.

842) 인도할 유 : '羑' 字는 典據를 찾아보기가 쉽지 않고, 그 쓰임도 人地名用 한자를 제외하고는 現代國語에서는 흔치 않은 까닭에, 여러 字典들에서 제시하고 있는 訓音과 글자의 形聲을 고려하여 代表訓音을 설정하였다.

順番	音價	漢字	古今	韓國	北韓	民衆	東亞	教學
638	유	輶[843]		가벼운 수레 유	가벼운 수레, 가볍다	가벼울,수레 유	가벼울 유	가벼울,가벼운 수레 유
639	유	醹[844]			텁텁한 술	진할 유	진한 술 유	술맛진할 유
640	윤	狁[845]			[玁狁]종족 이름	오랑캐이름 윤	오랑캐 이름 윤	종족이름 윤
641	윤	阭[846]				1.높을,돌 윤2.높을,땅이름 연		높을 윤
644	율	驈[847]			쌍창워라말 율	다리흰말 율	샅 흰 검은 말 율	가랑이만흰검은말 율
645	율	鴥[848]			빨리 나는 모양	휙날(빨리나는 모양) 율	빨리 날 율	새빨리날 율
648	은	檼[849]			대마루,대공	마룻대,도지개 은	대마루 은	마룻대,도지개 은

843) 가벼운수레 유 : '輶' 字는 典據를 찾아보기가 쉽지 않고, 그 쓰임도 人地名用 한자를 제외하고는 現代國語에서는 흔치 않은 까닭에, 여러 字典들에서 제시하고 있는 訓音과 글자의 形聲을 고려하여 代表訓音을 설정하였다.

844) 술맛진할 유 : '醹' 字는 典據를 찾아보기가 쉽지 않고, 그 쓰임도 人地名用 한자를 제외하고는 現代國語에서는 흔치 않은 까닭에, 여러 字典들에서 제시하고 있는 訓音과 글자의 形聲을 고려하여 代表訓音을 설정하였다.

845) 오랑캐이름 윤 : '狁' 字는 典據를 찾아보기가 쉽지 않고, 그 쓰임도 人地名用 한자를 제외하고는 現代國語에서는 흔치 않은 까닭에, 여러 字典들에서 제시하고 있는 訓音과 글자의 形聲을 고려하여 代表訓音을 설정하였다.

846) 높을 윤 : '阭' 字는 典據를 찾아보기가 쉽지 않고, 그 쓰임도 人地名用 한자를 제외하고는 現代國語에서는 흔치 않은 까닭에, 여러 字典들에서 제시하고 있는 訓音과 글자의 形聲을 고려하여 代表訓音을 설정하였다.

847) 샅흰검은말 율 : '驈' 字는 典據를 찾아보기가 쉽지 않고, 그 쓰임도 人地名用 한자를 제외하고는 現代國語에서는 흔치 않은 까닭에, 여러 字典들에서 제시하고 있는 訓音과 글자의 形聲을 고려하여 代表訓音을 설정하였다.

848) 빨리날 율 : '鴥' 字는 典據를 찾아보기가 쉽지 않고, 그 쓰임도 人地名用 한자를 제외하고는 現代國語에서는 흔치 않은 까닭에, 여러 字典들에서 제시하고 있는 訓音과 글자의 形聲을 고려하여 代表訓音을 설정하였다.

849) 마룻대/도지개 은 : '檼' 字는 典據를 찾아보기가 쉽지 않고, 그 쓰임도 人地名用 한자를 제외하고는 現代國語에서는 흔치 않은 까닭에, 여러 字典들에서 제시하고 있는 訓音과 글자의 形聲을 고려하여 代表訓音을 설정하였다.

順番	音價	漢字	古今	韓國	北韓	民衆	東亞	敎學
649	은	溵[850]			물이름은(濦와同字)	물소리, 물이름은(濦와同字)	강이름 은	은수 은
650	은	訔[851]				언쟁할, 누그러질, 온화하게논쟁할 은	논쟁할 은	시비하는모양, 화기애애하면서 감가는모양 은
655	의	嶷[852]			[嶷嶷]무성한모양	우거질 의(억)	우거질 의(억)	우거진모양 의(억)
659	이	异[853]			그만두다, 들다, 물러나다, 탄식하다, 다르다	말, 그칠, 姓, 다를 이	그만둘, 다를 이	그만둘, 다를이
660	이	杝[854]			1. 피나무이2. 울타리, 결을 따라 나무를 쪼개다 치	1. 나무이름, 횃대 이2. 쪼갤, 떨어질, 바자울, 펼 치	1. 나무이름 이2. 쪼갤 치	1. 나무이름이2. 쪼갤, 펼, 치3. 울타리 리4. 키 타
669	인	闉[855]			굽은 성	성문, 막을, 굽을, 姓 인	성곽 문 인	성문밖의옹성, 굽을, 막을, 흙메 인

---

850) 물이름 은 : '溵' 字는 典據를 찾아보기가 쉽지 않고, 그 쓰임도 人地名用 한자를 제외하고는 現代國語에서는 흔치 않은 까닭에, 여러 字典들에서 제시하고 있는 訓音과 글자의 形聲을 고려하여 代表訓音을 설정하였다.

851) 언쟁할 은 : '訔' 字는 典據를 찾아보기가 쉽지 않고, 그 쓰임도 人地名用 한자를 제외하고는 現代國語에서는 흔치 않은 까닭에, 여러 字典들에서 제시하고 있는 訓音과 글자의 形聲을 고려하여 代表訓音을 설정하였다.

852) 우거질 의/억 : '嶷' 字는 典據를 찾아보기가 쉽지 않은 까닭에, '嶷嶷' 등에서 쓰이는 뜻과, 여러 字典들에서 제시하고 있는 訓音과 글자의 形聲을 고려하여 代表訓音을 설정하였다.

853) 그만둘 이 : '异' 字는 典據를 찾아보기가 쉽지 않고, 그 쓰임도 人地名用 한자를 제외하고는 現代國語에서는 흔치 않은 까닭에, 여러 字典들에서 제시하고 있는 訓音과 글자의 形聲을 고려하여 代表訓音을 설정하였다.

854) 나무이름 이/쪼갤 치 : '杝' 字는 典據를 찾아보기가 쉽지 않고, 그 쓰임도 人地名用 한자를 제외하고는 現代國語에서는 흔치 않은 까닭에, 여러 字典들에서 제시하고 있는 訓音과 글자의 形聲을 고려하여 代表訓音을 설정하였다.

855) 성문 인 : '闉' 字는 典據를 찾아보기가 쉽지 않고, 그 쓰임도 人地名用 한자를 제외하고는 現代國語에서는 흔치 않은 까닭에, 여러 字典들에서 제시하고 있는 訓音과 글자의 形聲을 고려하여 代表訓音을 설정하였다.

順番	音價	漢字	古今	韓國	北韓	民衆	東亞	教學
670	인	陻856)		막힐 인	막다 인	막을,막힐 인	막을 인	막을,흙메,파묻힐,망할 인(堙와 同字)
675	잉	陾857)			[陾陾]담을 쌓는소리	담쌓는소리 잉	1.담 쌓는 소리 잉2.많을 누	
678	자	玆858)			자리,거듭,초목이 무성하다 자	불을,더욱,자리,이,이곳,이때 자	무성할 자	초목무성할,더욱,돗자리,이,이제,해,구자 자
680	자	貲859)			재물,헤아리다 자	재물,값,셀,贖할 자	재물 자	재물,값,헤아릴,벌금낼,구실,노비,문서 자
682	자	秭860)		천억 자	천억 자	용량단위,만억 자	양의 이름 자	곡물의 용량단위,수사 자
683	자	胏861)			밥찌끼,턱찌기,뼈가 있는 포	포 자	밥찌끼 자	1.대궁,뼈에붙어있는마른고기 자2.허파 폐

856) 막을/막힐 인 : '陻' 字는 典據를 찾아보기가 쉽지 않고, 그 쓰임도 人地名用 한자를 제외하고는 現代國語에서는 흔치 않은 까닭에, 여러 字典들에서 제시하고 있는 訓音과 글자의 形聲을 고려하여 代表訓音을 설정하였다.

857) 담쌓는소리 잉 : '陾' 字는 典據를 찾아보기가 쉽지 않고, 그 쓰임도 人地名用 한자를 제외하고는 現代國語에서는 흔치 않은 까닭에, 여러 字典들에서 제시하고 있는 訓音과 글자의 形聲을 고려하여 代表訓音을 설정하였다.

858) 초목무성할 자 : '玆' 字는 典據를 찾아보기가 쉽지 않고, 그 쓰임도 人地名用 한자를 제외하고는 現代國語에서는 흔치 않은 까닭에, 여러 字典들에서 제시하고 있는 訓音과 글자의 形聲을 고려하여 代表訓音을 설정하였다.

859) 재물 자 : '貲' 字는 典據를 찾아보기가 쉽지 않고, 그 쓰임도 人地名用 한자를 제외하고는 現代國語에서는 흔치 않은 까닭에, 여러 字典들에서 제시하고 있는 訓音과 글자의 形聲을 고려하여 代表訓音을 설정하였다.

860) 천억 자 : '秭' 字는 典據를 찾아보기가 쉽지 않고, 그 쓰임도 人地名用 한자를 제외하고는 現代國語에서는 흔치 않은 까닭에, 여러 字典들에서 제시하고 있는 訓音과 글자의 形聲을 고려하여 代表訓音을 설정하였다.

861) 밥찌끼 자 : '胏' 字는 典據를 찾아보기가 쉽지 않고, 그 쓰임도 人地名用 한자를 제외하고는 現代國語에서는 흔치 않은 까닭에, 여러 字典들에서 제시하고 있는 訓音과 글자의 形聲을 고려하여 代表訓音을 설정하였다.

順番	音價	漢字	古今	韓國	北韓	民衆	東亞	教學
686	작	柞862)	가람나무 작		떡갈나무,발매하다,나무를 베다	1.조롱나무,떡갈나무 작2.발매할,좁을 책	1.나무이름 작2.벨 책	1.나무이름,간직할작2.나무벨,소리클 책3.강이름 사
687	잔	僝863)			[僝僽]몹씨 꾸짖다,보이다	보일,갖출 잔	욕할 잔	갖출,드러낼,근심할,꺽일,매도할 잔
690	장	牂864)			암양	암양,성할,배말뚝 장	암양 장	암양,성한모양,괴이할,배말뚝,땅이름 장
699	저	疷865)			체중	앓을 기(저)		
701	저	羜866)			다섯달된 새끼 양	양새끼 저	새끼양 저(서)	새끼양 저
703	적	篧867)			[篧篧]대가 길고가는모양	가늘고길 적	길고 끝이 빨 적	대장대가길고가는모양 적

---

862) 떡갈나무 작 : 『訓蒙比叡上:6』에 '가랍나모 작', 『字類下:61』에 '가람나무 작/칙', 『釋要上:64』에 '가랑나무 작, 나무버일 책', 『新字2:29』에 '갈참나무 작, 발매할 책' 등으로 나타나 있는데, 『標準國語大辭典』에서 '가람나무'와 '가랑나무'를 '떡갈나무'의 方言 또는 잘못으로 설명하고 있는 점과, '柞木'을 '떡갈나무'의 同義語로 처리하고 있는 점을 고려하여 '떡갈나무 작'을 代表訓音으로 설정하였다. 다만 다른 字典들에서 '책' 音을 함께 제시하고 있는 점을 고려한다면 '나무벨 책'과 함께 複數訓音을 설정하는 것도 검토할 만하다.

863) 갖출/욕할 잔 : '僝' 字는 典據를 찾아보기가 쉽지 않고, 그 쓰임도 人地名用 한자를 제외하고는 現代國語에서는 흔치 않은 까닭에, 여러 字典들에서 제시하고 있는 訓音과 글자의 形聲을 고려하여 代表訓音을 설정하였다.

864) 암양 장 : '牂' 字는 典據를 찾아보기가 쉽지 않고, 그 쓰임도 人地名用 한자를 제외하고는 現代國語에서는 흔치 않은 까닭에, 여러 字典들에서 제시하고 있는 訓音과 글자의 形聲을 고려하여 代表訓音을 설정하였다.

865) 앓을 저 : '疷' 字는 典據를 찾아보기가 쉽지 않고, 그 쓰임도 人地名用 한자를 제외하고는 現代國語에서는 흔치 않은 까닭에, 여러 字典들에서 제시하고 있는 訓音과 글자의 形聲을 고려하여 代表訓音을 설정하였다.

866) 새끼양 저 : '羜' 字는 典據를 찾아보기가 쉽지 않고, 그 쓰임도 人地名用 한자를 제외하고는 現代國語에서는 흔치 않은 까닭에, 여러 字典들에서 제시하고 있는 訓音과 글자의 形聲을 고려하여 代表訓音을 설정하였다.

867) 가늘고길 적 : '篧' 字는 典據를 찾아보기가 쉽지 않고, 그 쓰임도 人地名用 한자를 제외하고는 現代國語에서는 흔치 않은 까닭에, '篧篧'에서 쓰이는 뜻과, 여러 字典들에서 제시하고 있는 訓音과 글자의 形聲을 고려하여 代表訓音을 설정하였다.

順番	音價	漢字	古今	韓國	北韓	民衆	東亞	教學
706	전	戩[868]			복,다하다,멸하다	다할,멸할 전	멸할 전	죄다,복,멸할 전
710	전	荃[869]		향초 전	향초	향초,통발,가는 베 전(本音:절)	1.겨자무침 전2.붓꽃 손3.고운 베 철4.풀 이름 찰	참포,통발,고운 베 전
711	전	邅[870]			[迍邅]머뭇거리다,굴다,좇다	머뭇거릴,떠돌아다닐 전	머뭇거릴,돌,변천할 전	가기어려워나아가지못할,돌,좇을 전
714	전	飦[871]				죽 전	죽 전	1.말린밥 간2.된죽 전
716	전	瀍[872]			물이름	물이름 전	강이름 전	전수 전
717	전	瘨[873]			병 들다,미치다	앓을,앓게할,애탈,미칠,부을,쓰러질 전	1.앓을 전2.배부를 진	괴롭힐,미칠 전

868) 다할 전 : '戩' 字는 典據를 찾아보기가 쉽지 않고, 그 쓰임도 人地名用 한자를 제외하고는 現代國語에서는 흔치 않은 까닭에, '戩穀'에서 쓰이는 뜻과, 여러 字典들에서 제시하고 있는 訓音과 글자의 形聲을 고려하여 代表訓音을 설정하였다.

869) 향초 전 : '荃' 字는 典據를 찾아보기가 쉽지 않고, 그 쓰임도 人地名用 한자를 제외하고는 現代國語에서는 흔치 않은 까닭에, '荃蕙'에서 쓰인 뜻과, 여러 字典들에서 제시하고 있는 訓音과 글자의 形聲을 고려하여 代表訓音을 설정하였다.

870) 머뭇거릴 전 : '邅' 字는 典據를 찾아보기가 쉽지 않고, 그 쓰임도 人地名用 한자를 제외하고는 現代國語에서는 흔치 않은 까닭에, '邅回'에서 쓰인 뜻과, 여러 字典들에서 제시하고 있는 訓音과 글자의 形聲을 고려하여 代表訓音을 설정하였다.

871) 죽 전 : '飦' 字는 典據를 찾아보기가 쉽지 않고, 그 쓰임도 人地名用 한자를 제외하고는 現代國語에서는 흔치 않은 까닭에, '飦粥'에 쓰이는 뜻과, 여러 字典들에서 제시하고 있는 訓音과 글자의 形聲을 고려하여 代表訓音을 설정하였다.

872) 물이름 전 : '瀍' 字는 典據를 찾아보기가 쉽지 않고, 그 쓰임도 人地名用 한자를 제외하고는 現代國語에서는 흔치 않은 까닭에, 여러 字典들에서 제시하고 있는 訓音과 글자의 形聲을 고려하여 代表訓音을 설정하였다.

873) 앓을 전 : '瘨' 字는 典據를 찾아보기가 쉽지 않고, 그 쓰임도 人地名用 한자를 제외하고는 現代國語에서는 흔치 않은 까닭에, 여러 字典들에서 제시하고 있는 訓音과 글자의 形聲을 고려하여 代表訓音을 설정하였다.

順番	音價	漢字	古今	韓國	北韓	民衆	東亞	敎學
718	전	闐[874]			성하다,차다	찰,오랑캐이름 전	성할 전	성할,큰소리의 형용,가득찰,우전 전
719	절	晢[875]			1.[晢晢]별'빛이 반짝반짝하는 모양 제2.밝다 절	1.밝을 절2.별이 반짝반짝할 제	1.밝을 절2.별이 빛날 제	1.밝을,똑똑할 절2.별이반짝이는 모양,휠 제
720	절	晣[876]			1.밝다 절2.[晢晢]별'빛이 반짝반짝하는 모양 제	1.밝을 절2.별이 반짝반짝할 제(晢과 同字)	1.밝을 절2.별이 빛날 제	1.밝을,똑똑할 절2.별이반짝이는 모양,휠 제
724	정	桯[877]			책상,기둥	기둥,탁자 정	탁자 정	1.안석,가로대 나무 정2.기둥 영
725	정	梃[878]			막대 정	막대기,지팡이,지저깨비,대,지레 정	몽둥이 정	몽둥이,곧을,대 정

874) 성할 전 : '闐' 字는 典據를 찾아보기가 쉽지 않고, 그 쓰임도 人地名用 한자를 제외하고는 現代國語에서는 흔치 않은 까닭에, '闐門', '闐溢' 등에 쓰이는 뜻과, 여러 字典들에서 제시하고 있는 訓音과 글자의 形聲을 고려하여 代表訓音을 설정하였다.

875) 밝을 절/별반짝일 제 : '晢' 字는 典據를 찾아보기가 쉽지 않고, 그 쓰임도 人地名用 한자를 제외하고는 現代國語에서는 흔치 않은 까닭에, '晢晢(절절)', '晢晢(제제)' 등에 쓰이는 音과, 여러 字典들에서 제시하고 있는 訓音과 글자의 形聲을 고려하여 複數訓音을 설정하였다.

876) 밝을 절/별반짝일 제 : '晣' 字는 典據를 찾아보기가 쉽지 않고, 그 쓰임도 人地名用 한자를 제외하고는 現代國語에서는 흔치 않은 까닭에, 여러 字典들에서 제시하고 있는 訓音과 글자의 形聲을 고려하여 代表訓音을 설정하였다.

877) 탁자 정 : '桯' 字는 典據를 찾아보기가 쉽지 않고, 그 쓰임도 人地名用 한자를 제외하고는 現代國語에서는 흔치 않은 까닭에, '桯凳'에 쓰이는 뜻과, 여러 字典들에서 제시하고 있는 訓音과 글자의 形聲을 고려하여 代表訓音을 설정하였다.

878) 몽둥이 정 : '梃' 字는 典據를 찾아보기가 쉽지 않고, 그 쓰임도 人地名用 한자를 제외하고는 現代國語에서는 흔치 않은 까닭에, '梃楚'에 쓰이는 뜻과, 여러 字典들에서 제시하고 있는 訓音과 글자의 形聲을 고려하여 代表訓音을 설정하였다.

順番	音價	漢字	古今	韓國	北韓	民衆	東亞	敎學
727	정	珵[879]			패옥, 아름다운 옥	패옥, 아름다운 옥 정	옥이름, 옥홀 정	아름다운옥이름, 패옥, 옥홀 정
729	정	靚[880]		단장할 정	안존하다, 단장하다	단장할, 단장, 안존할, 조용할, 부를 정	단장할 정	꾸밀, 고요할, 정숙할, 생각할, 아름다울, 평화로울 정
730	정	涏[881]				1.물찰 정2.흠치르르할 전	1.곧을 정2.반질반질할 전	1.물결이곧은모양 정2.윤이나는모양 전
734	제	瑅[882]			[瑅瑭]옥 이름	제당옥 제	제당 제	제당 제
735	제	禔[883]			복되다, 편안하다		복 지(제)	편안할, 다만 제(지,시)
737	제	隄[884]		막을 제	막을 제	둑, 방죽, 姓 제	1.둑 제(本音:저)2.대개 시	둑, 둑쌓을, 막을, 끝, 다리, 제봉 제
738	제	嚌[885]			맛보다, 구슬프다	맛볼, 제사지낼, 제사 제	1.맛볼 제2.뭇소리 개	1.맛볼, 제수, 물제2.소리 개

879) 옥이름 정 : '珵' 字는 典據를 찾아보기가 쉽지 않고, 그 쓰임도 人地名用 한자를 제외하고는 現代國語에서는 흔치 않은 까닭에, 여러 字典들에서 제시하고 있는 訓音과 글자의 形聲을 고려하여 代表訓音을 설정하였다.

880) 단장할 정 : '靚' 字는 典據를 찾아보기가 쉽지 않고, 그 쓰임도 人地名用 한자를 제외하고는 現代國語에서는 흔치 않은 까닭에, '靚衣', '靚妝' 등에 쓰이는 뜻과, 여러 字典들에서 제시하고 있는 訓音과 글자의 形聲을 고려하여 代表訓音을 설정하였다.

881) 물결곧을 정/윤이날 전 : '涏' 字는 典據를 찾아보기가 쉽지 않고, 그 쓰임도 人地名用 한자를 제외하고는 現代國語에서는 흔치 않은 까닭에, 여러 字典들에서 제시하고 있는 訓音과 글자의 形聲을 고려하여 代表訓音을 설정하였다.

882) 제당(瑅瑭) 제 : '瑅' 字는 典據를 찾아보기가 쉽지 않고, 그 쓰임도 人地名用 한자를 제외하고는 現代國語에서는 흔치 않은 까닭에, 여러 字典들에서 제시하고 있는 訓音과 글자의 形聲을 고려하여 代表訓音을 설정하였다.

883) 편안할 제 : '禔' 字는 典據를 찾아보기가 쉽지 않고, 그 쓰임도 人地名用 한자를 제외하고는 現代國語에서는 흔치 않은 까닭에, 여러 字典들에서 제시하고 있는 訓音과 글자의 形聲을 고려하여 代表訓音을 설정하였다.

884) 둑/막을 제 : '隄' 字는 典據를 찾아보기가 쉽지 않고, 그 쓰임도 人地名用 한자를 제외하고는 現代國語에서는 흔치 않은 까닭에, 여러 字典들에서 제시하고 있는 訓音과 글자의 形聲을 고려하여 代表訓音을 설정하였다.

885) 맛볼 제 : '嚌' 字는 典據를 찾아보기가 쉽지 않고, 그 쓰임도 人地名用 한자를 제외하고는 現代國語에서는 흔치 않은 까닭에, 여러 字典들에서 제시하고 있는 訓音과 글자의 形聲을 고려하여 代表訓音을 설정하였다.

順番	音價	漢字	古今	韓國	北韓	民衆	東亞	教學
740	제	穧[886]			베여 눕힌벼, 벼'가리	1.볏단,벼벨 제 2.포개쌓을 자	1.볏단 제2.볏단 자	베고묶지않은 곡식, 양수사 제
741	제	隮[887]		오를 제	오르다,구름이 피여 오르다,무지개	오를,무지개,떨어질,떨어뜨릴 제	오를 제	오를,무지개,구름,떨어질 제
743	조	洮[888]				물이름,씻을,빨 조	1.씻을조(本音:도)2.호수이름 요	
744	조	佻[889]			경박하다,도적질하다,홀로 걷는 모양	1.경박할.가볍고빠를,도둑질할,고달플,구차할 조2.늦출 요	1.방정맞을 조2.늦출 요	1.가벼울,엷을,훔칠,빠를,비로소조2.늦출 요
745	조	徂[890]		갈 조	가다	1.갈 조2.겨냥할 저	갈 조	갈,죽을,미칠,시작할,사라질,막을 조
746	조	慅[891]			근심스럽다,근심스러운 모양	근심할 조	근심할 조	1.근심할,성급할 조2.가혹할 참3.소란스럽게떠들 소

---

886) 볏단 제 : '穧' 字는 典據를 찾아보기가 쉽지 않고, 그 쓰임도 人地名用 한자를 제외하고는 現代國語에서는 흔치 않은 까닭에, 여러 字典들에서 제시하고 있는 訓音과 글자의 形聲을 고려하여 代表訓音을 설정하였다.

887) 오를 제 : '隮' 字는 典據를 찾아보기가 쉽지 않고, 그 쓰임도 人地名用 한자를 제외하고는 現代國語에서는 흔치 않은 까닭에, 여러 字典들에서 제시하고 있는 訓音과 글자의 形聲을 고려하여 代表訓音을 설정하였다.

888) 씻을 조 : '洮' 字는 典據를 찾아보기가 쉽지 않고, 그 쓰임도 人地名用 한자를 제외하고는 現代國語에서는 흔치 않은 까닭에, '洮汰', '洮頮' 등에 쓰이는 뜻과, 여러 字典들에서 제시하고 있는 訓音과 글자의 形聲을 고려하여 代表訓音을 설정하였다.

889) 경박할 조 : '佻' 字는 典據를 찾아보기가 쉽지 않고, 그 쓰임도 人地名用 한자를 제외하고는 現代國語에서는 흔치 않은 까닭에, '佻巧', '佻志' 등에 쓰이는 뜻과, 여러 字典들에서 제시하고 있는 訓音과 글자의 形聲을 고려하여 代表訓音을 설정하였다.

890) 갈 조 : '徂' 字는 典據를 찾아보기가 쉽지 않고, 그 쓰임도 人地名用 한자를 제외하고는 現代國語에서는 흔치 않은 까닭에, 여러 字典들에서 제시하고 있는 訓音과 글자의 形聲을 고려하여 代表訓音을 설정하였다.

891) 근심할 조 : '慅' 字는 典據를 찾아보기가 쉽지 않고, 그 쓰임도 人地名用 한자를 제외하고는 現代國語에서는 흔치 않은 까닭에, 여러 字典들에서 제시하고 있는 訓音과 글자의 形聲을 고려하여 代表訓音을 설정하였다.

順番	音價	漢字	古今	韓國	北韓	民衆	東亞	教學
748	조	蔦892)			겨우살이	누홍초 조	담쟁이 조	담쟁이 덩굴 조
750	조	鼂893)			벌레이름,아침	아침,바다거북,姓 조	아침 조	언조,아침,姓조
751	조	恌894)			경박하다	경박할 조	1.성의 없을 조 2.근심할 요	1.경박할조2.근심할 요
752	조	慥895)		독실할 조	[慥慥]독실한모양	진실할 조	착실할 조	독실할,갑자기 조
754	조	罩896)			가리	가리,잡을,속에 넣을,쌀 조	보쌈 조(탁)	가리,덮을,뛰어넘을,가리로물고기잡을,기리모양의기물 조
755	조	蓧897)			삼태기,풀 이름	삼태기,둥구미 조	삼태기,참소리쟁이 조	1.소쿠리,양제초,줄기조2.둥구미 적
758	종	尰898)			발이 곪기다,수종다리	수종다리,부을 종	수중다리,붓다 종	

892) 담쟁이덩굴 조 : '蔦' 字는 典據를 찾아보기가 쉽지 않고, 그 쓰임도 人地名用 한자를 제외하고는 現代國語에서는 흔치 않은 까닭에, '蔦蘿'에 쓰이는 뜻과, 여러 字典들에서 제시하고 있는 訓音과 글자의 形聲을 고려하여 代表訓音을 설정하였다.

893) 아침 조 : '鼂' 字는 典據를 찾아보기가 쉽지 않고, 그 쓰임도 人地名用 한자를 제외하고는 現代國語에서는 흔치 않은 까닭에, 여러 字典들에서 제시하고 있는 訓音과 글자의 形聲을 고려하여 代表訓音을 설정하였다.

894) 경박할 조 : '恌' 字는 典據를 찾아보기가 쉽지 않고, 그 쓰임도 人地名用 한자를 제외하고는 現代國語에서는 흔치 않은 까닭에, 여러 字典들에서 제시하고 있는 訓音과 글자의 形聲을 고려하여 代表訓音을 설정하였다.

895) 독실할 조 : '慥' 字는 典據를 찾아보기가 쉽지 않고, 그 쓰임도 人地名用 한자를 제외하고는 現代國語에서는 흔치 않은 까닭에, '慥慥'에 쓰이는 뜻과, 여러 字典들에서 제시하고 있는 訓音과 글자의 形聲을 고려하여 代表訓音을 설정하였다.

896) 가리 조 : '罩' 字는 典據를 찾아보기가 쉽지 않고, 그 쓰임도 人地名用 한자를 제외하고는 現代國語에서는 흔치 않은 까닭에, '罩罩'에 쓰이는 뜻과, 여러 字典들에서 제시하고 있는 訓音과 글자의 形聲을 고려하여 代表訓音을 설정하였다.

897) 삼태기 조 : '蓧' 字는 典據를 찾아보기가 쉽지 않고, 그 쓰임도 人地名用 한자를 제외하고는 現代國語에서는 흔치 않은 까닭에, 여러 字典들에서 제시하고 있는 訓音과 글자의 形聲을 고려하여 代表訓音을 설정하였다.

898) 수중다리 종 : '尰' 字는 典據를 찾아보기가 쉽지 않고, 그 쓰임도 人地名用 한자를 제외하고는 現代國語에서는 흔치 않은 까닭에, 여러 字典들에서 제시하고 있는 訓音과 글자의 形聲을 고려하여 代表訓音을 설정하였다.

順番	音價	漢字	古今	韓國	北韓	民衆	東亞	教學
759	종	鬷[899]			가마,다,여럿	가마솥,많을,아뢸,姓 종	가마솥 종	
760	좌	脞[900]			작다	잘 좌	잘,무를 좌	잔달,무를 좌
761	주	侜[901]			가리다	가릴,속일 주	속일 주	가릴 주
762	주	幬[902]			1.홑 휘장,수레휘장2.덮다 도	1.휘장,바퀴통가죽 주2.덮을 도	1.휘장 주2.덮을 도	1.휘장,포장,수레바퀴덮는가죽주2.덮을 도
765	주	遒[903]		굳셀 주	굳세다,다하다,굳다,견고하다,모이다	닥칠,다할,굳을,모일,끝날,셀 주	다가설 주	
766	주	澍[904]			단비 주	장마 주	장마 주	시우,물댈 주
768	주	姝[905]			아름다운 모양	여자이름자 주	여자이름 주	여자의자,예쁜 모양 주

899) 모일 종 : '鬷' 字는 典據를 찾아보기가 쉽지 않고, 그 쓰임도 人地名用 한자를 제외하고는 現代國語에서는 흔치 않은 까닭에, '鬷邁'에 쓰이는 뜻과, 여러 字典들에서 제시하고 있는 訓音과 글자의 形聲을 고려하여 代表訓音을 설정하였다.

900) 잔달 좌 : '脞' 字는 典據를 찾아보기가 쉽지 않고, 그 쓰임도 人地名用 한자를 제외하고는 現代國語에서는 흔치 않은 까닭에, '脞說', '脞冗' 등에 쓰이는 뜻과, 여러 字典들에서 제시하고 있는 訓音과 글자의 形聲을 고려하여 代表訓音을 설정하였다.

901) 가릴 주 : '侜' 字는 典據를 찾아보기가 쉽지 않고, 그 쓰임도 人地名用 한자를 제외하고는 現代國語에서는 흔치 않은 까닭에, '侜張'에 쓰이는 뜻과, 여러 字典들에서 제시하고 있는 訓音과 글자의 形聲을 고려하여 代表訓音을 설정하였다.

902) 휘장 주/덮을 도 : '幬' 字는 典據를 찾아보기가 쉽지 않고, 그 쓰임도 人地名用 한자를 제외하고는 現代國語에서는 흔치 않은 까닭에, 여러 字典들에서 제시하고 있는 訓音과 글자의 形聲을 고려하여 代表訓音을 설정하였다.

903) 굳셀 주 : '遒' 字는 典據를 찾아보기가 쉽지 않고, 그 쓰임도 人地名用 한자를 제외하고는 現代國語에서는 흔치 않은 까닭에, '遒緊', '遒麗' 등에 쓰이는 뜻과, 여러 字典들에서 제시하고 있는 訓音과 글자의 形聲을 고려하여 代表訓音을 설정하였다.

904) 시우 주 : '澍' 字는 典據를 찾아보기가 쉽지 않고, 그 쓰임도 人地名用 한자를 제외하고는 現代國語에서는 흔치 않은 까닭에, 여러 字典들에서 제시하고 있는 訓音과 글자의 形聲을 고려하여 代表訓音을 설정하였다.

905) 여자예쁜모양 주 : '姝' 字는 典據를 찾아보기가 쉽지 않고, 그 쓰임도 人地名用 한자를 제외하고는 現代國語에서는 흔치 않은 까닭에, 여러 字典들에서 제시하고 있는 訓音과 글자의 形聲을 고려하여 代表訓音을 설정하였다.

順番	音價	漢字	古今	韓國	北韓	民衆	東亞	教學
769	주	燽906)					드러날 주	나타날 주
770	주	譸907)			[譸張, 侜張] 속이다	속일,저주할 주	저주할 주	속일,저주할,놀라두려워하는모양,추축할,누구 주
771	주	馵908)			왼쪽 뒤'발이 흰 말 주	발 흰말,맬 주	발 흰말 주	왼쪽뒷발흰말 주
772	죽	鬻909)		팔,육 죽	1.죽 죽2.팔 육3.기르다 국	1.죽 죽2.팔,성 육3.어릴 국	1.죽 죽2.팔 육3.어릴 국	1.죽,소리가부드럽고가느다랄죽2.팔,기를,계곡사이로물흐를,말릴,어릴 육
773	준	埻910)			과녁	과녁,법 준	과녁,쌓은 흙 준	1.과녁,표준준 2.나라이름 각
777	즐	騭911)			수'말,오르다,정하다	수말,오를,올릴,정할 즐	수말 즐(本音:질)	안정시킬,수말,음덕,평론할 즐

906) 드러날 주 : '燽' 字는 典據를 찾아보기가 쉽지 않고, 그 쓰임도 人地名用 한자를 제외하고는 現代國語에서는 흔치 않은 까닭에, 여러 字典들에서 제시하고 있는 訓音과 글자의 形聲을 고려하여 代表訓音을 설정하였다.

907) 속일 주 : '譸' 字는 典據를 찾아보기가 쉽지 않고, 그 쓰임도 人地名用 한자를 제외하고는 現代國語에서는 흔치 않은 까닭에, '譸張'에 쓰이는 뜻과, 여러 字典들에서 제시하고 있는 訓音과 글자의 形聲을 고려하여 代表訓音을 설정하였다.

908) 뒷발이흰말 주 : '馵' 字는 典據를 찾아보기가 쉽지 않고, 그 쓰임도 人地名用 한자를 제외하고는 現代國語에서는 흔치 않은 까닭에, '馵足'에 쓰이는 뜻과, 여러 字典들에서 제시하고 있는 訓音과 글자의 形聲을 고려하여 代表訓音을 설정하였다.

909) 죽 죽/팔 육 : '鬻' 字는 典據를 찾아보기가 쉽지 않고, 그 쓰임도 人地名用 한자를 제외하고는 現代國語에서는 흔치 않은 까닭에, 여러 字典들에서 제시하고 있는 訓音과 글자의 形聲을 고려하여 代表訓音을 설정하였다.

910) 과녁 준 : '埻' 字는 典據를 찾아보기가 쉽지 않고, 그 쓰임도 人地名用 한자를 제외하고는 現代國語에서는 흔치 않은 까닭에, 여러 字典들에서 제시하고 있는 訓音과 글자의 形聲을 고려하여 代表訓音을 설정하였다.

911) 수말 즐 : '騭' 字는 典據를 찾아보기가 쉽지 않고, 그 쓰임도 人地名用 한자를 제외하고는 現代國語에서는 흔치 않은 까닭에, '騭駱'에 쓰이는 뜻과, 여러 字典들에서 제시하고 있는 訓音과 글자의 形聲을 고려하여 代表訓音을 설정하였다.

順番	音價	漢字	古今	韓國	北韓	民衆	東亞	教學
778	즙	濈[912]			화하다,물이 흘러나오다, 빠른모양	화목할,빠를,여울 즙	1.화목할 즙2. 여울 삽	1.모이는모양, 물이밖으로흐를,빠른모양즙 2.여울 삽
779	증	璔[913]						옥 생김새 증
780	지	坻[914]			작은 모래톱, 그치다,마당, 언덕	1.모래톱,섬,물가 지2.비탈,고개 저	1.모래섬,머무를지2.무너질 저	1.작은섬,터,물가,머무를지2. 언덕 저
782	지	踟[915]			거미지	머뭇거릴 지	머뭇거릴 지	망설일,거미 지
783	지	輊[916]			수레가 앞으로 숙다	낮을 지	숙은 수레 지	수레앞이무거워숙어질,경시할 지
784	진	瑱[917]			귀막이,옥이름	귀막이옥,옥 진(전)	귀막이 옥 진	1.귀막이,옥이름,메울,주춧돌 전2.누를,진규 진

912) 화목할 즙 : '濈' 字는 典據를 찾아보기가 쉽지 않고, 그 쓰임도 人地名用 한자를 제외하고는 現代國語에서는 흔치 않은 까닭에, '濈濈'에 쓰이는 뜻과, 여러 字典들에서 제시하고 있는 訓音과 글자의 形聲을 고려하여 代表訓音을 설정하였다.

913) 옥(玉) 증 : '璔' 字는 典據를 찾아보기가 쉽지 않고, 그 쓰임도 人地名用 한자를 제외하고는 現代國語에서는 흔치 않은 까닭에, 여러 字典들에서 제시하고 있는 訓音과 글자의 形聲을 고려하여 代表訓音을 설정하였다.

914) 모래섬 지/무너질 저 : '坻' 字는 典據를 찾아보기가 쉽지 않고, 그 쓰임도 人地名用 한자를 제외하고는 現代國語에서는 흔치 않은 까닭에, '坻石(지석)', '坻隤(저퇴)' 등에 쓰이는 音과, 여러 字典들에서 제시하고 있는 訓音과 글자의 形聲을 고려하여 複數訓音을 설정하였다.

915) 머뭇거릴 지 : '踟' 字는 典據를 찾아보기가 쉽지 않고, 그 쓰임도 人地名用 한자를 제외하고는 現代國語에서는 흔치 않은 까닭에, '踟躇', '踟蹰' 등에 쓰이는 뜻과, 여러 字典들에서 제시하고 있는 訓音과 글자의 形聲을 고려하여 代表訓音을 설정하였다.

916) 수레숙어질 지 : '輊' 字는 典據를 찾아보기가 쉽지 않고, 그 쓰임도 人地名用 한자를 제외하고는 現代國語에서는 흔치 않은 까닭에, 여러 字典들에서 제시하고 있는 訓音과 글자의 形聲을 고려하여 代表訓音을 설정하였다.

917) 귀막이옥 진 : '瑱' 字는 典據를 찾아보기가 쉽지 않고, 그 쓰임도 人地名用 한자를 제외하고는 現代國語에서는 흔치 않은 까닭에, '瑱紞'에 쓰이는 뜻과, 여러 字典들에서 제시하고 있는 訓音과 글자의 形聲을 고려하여 代表訓音을 설정하였다.

順番	音價	漢字	古今	韓國	北韓	民衆	東亞	敎學
785	진	蓁918)		풀성할 진	[蓁蓁]무성한모양,[蓁芃]약이름	숲,우거질 진	우거질 진	우거진모양,모인모양,많을,개암나무,가시덤불 진
786	진	鬒919)			머리털이 검다,머리숱이 많다	숱많고검을 진	숱 많을 진	터럭많을,머리털이 검고윤기있는 모양 진
787	진	紾920)			구르다,잡아당기다	1.돌,돌릴,비틀,휘감겨얽힐 진 2.거칠 긴	1.비틀,결거칠 진2.실 팽팽히 감을 긴	1.비틀,돌,감길,홑옷,거칠 진2.끊어지려는모양 전
791	질	蒺921)		납가새 질	[蒺藜]남가새	납가새,마름쇠 질	남가새 질	질려 질
792	질	挃922)			두드리다	칠,벼벨 질	찌를 질	두드릴,벼베는소리 질
796	집	戢923)						거둘,그칠,편안하게할,숨길,姓 집

918) 우거질 진 : '蓁' 字는 典據를 찾아보기가 쉽지 않고, 그 쓰임도 人地名用 한자를 제외하고는 現代國語에서는 흔치 않은 까닭에, '蓁塞'에 쓰이는 뜻과, 여러 字典들에서 제시하고 있는 訓音과 글자의 形聲을 고려하여 代表訓音을 설정하였다.

919) 숱많고검을 진 : '鬒' 字는 典據를 찾아보기가 쉽지 않고, 그 쓰임도 人地名用 한자를 제외하고는 現代國語에서는 흔치 않은 까닭에, '鬒髮'에 쓰이는 뜻과, 여러 字典들에서 제시하고 있는 訓音과 글자의 形聲을 고려하여 代表訓音을 설정하였다.

920) 비틀/거칠 진 : '紾' 字는 典據를 찾아보기가 쉽지 않고, 그 쓰임도 人地名用 한자를 제외하고는 現代國語에서는 흔치 않은 까닭에, '紾臂'에 쓰이는 뜻과, 여러 字典들에서 제시하고 있는 訓音 및 글자의 形聲을 고려하여 代表訓音을 설정하였다.

921) 남가새 질 : '蒺' 字는 典據를 찾아보기가 쉽지 않고, 그 쓰임도 人地名用 한자를 제외하고는 現代國語에서는 흔치 않은 까닭에, 여러 字典들에서 제시하고 있는 訓音과 글자의 形聲을 고려하여 代表訓音을 설정하였다.

922) 벼벨 질 : '挃' 字는 典據를 찾아보기가 쉽지 않고, 그 쓰임도 人地名用 한자를 제외하고는 現代國語에서는 흔치 않은 까닭에, '挃挃'에 쓰이는 뜻과, 여러 字典들에서 제시하고 있는 訓音과 글자의 形聲을 고려하여 代表訓音을 설정하였다.

923) 거둘 집 : '戢' 字는 典據를 찾아보기가 쉽지 않고, 그 쓰임도 人地名用 한자를 제외하고는 現代國語에서는 흔치 않은 까닭에, 여러 字典들에서 제시하고 있는 訓音과 글자의 形聲을 고려하여 代表訓音을 설정하였다.

順番	音價	漢字	古今	韓國	北韓	民衆	東亞	教學
799	차	佌[924)			[佌佌]작은 모양	작을, 나란히일 매질 차	작을 차	작을,들쭉날쭉 할 차
803	착	斮[925)			베다,쪼개다	1.벨 착2.깎을 작	벨 착	벨,칠,벗길 착(작)
804	찬	巑[926)			[巑岏]산이 높고 중긋중긋한 모양	뾰족할, 높이솟을 찬	높이 솟을 찬	산모양.높이솟을 찬
808	참	憯[927)			아프다,일찍	비통할,일찍 참	슬퍼할 참	마음이아플,근심할,잔혹할,예리할,일찍이,빠를 참(첨)
809	참	毚[928)			약은 토끼[毚檀]나무이름	약은토끼, 약빠를,조금 참	토끼 참	약은토끼,겨우,탐할 참
813	창	瑲[929)				옥소리, 풍류소리 창		옥소리,악기소리, 방울소리 창
823	척	坧[930)			기지, 터전	터척(墌와同字)	토대 척	터,땅이름척(墌와同字)

924) 작을 차 : '佌' 字는 典據를 찾아보기가 쉽지 않은 까닭에, '佌佌'에 쓰이는 뜻과, 여러 字典들에서 제시하고 있는 訓音과 글자의 形聲을 고려하여 代表訓音을 설정하였다.

925) 벨 착 : '斮' 字는 典據를 찾아보기가 쉽지 않고, 그 쓰임도 人地名用 한자를 제외하고는 現代國語에서는 흔치 않은 까닭에, 여러 字典들에서 제시하고 있는 訓音과 글자의 形聲을 고려하여 代表訓音을 설정하였다.

926) 높이솟을 찬 : '巑' 字는 典據를 찾아보기가 쉽지 않고, 그 쓰임도 人地名用 한자를 제외하고는 現代國語에서는 흔치 않은 까닭에, 여러 字典들에서 제시하고 있는 訓音과 글자의 形聲을 고려하여 代表訓音을 설정하였다.

927) 마음아플 참 : '憯' 字는 典據를 찾아보기가 쉽지 않은 까닭에, '憯怛' 등에서 쓰이는 뜻과, 여러 字典들에서 제시하고 있는 訓音과 글자의 形聲을 고려하여 代表訓音을 설정하였다.

928) 약은토끼 참 : '毚' 字는 典據를 찾아보기가 쉽지 않은 까닭에, '毚慾, 毚兎' 등에서 쓰이는 뜻과, 여러 字典들에서 제시하고 있는 訓音과 글자의 形聲을 고려하여 代表訓音을 설정하였다.

929) 옥소리 창 : '瑲' 字는 典據를 찾아보기가 쉽지 않고, 그 쓰임도 人地名用 한자를 제외하고는 現代國語에서는 흔치 않은 까닭에, 여러 字典들에서 제시하고 있는 訓音과 글자의 形聲을 고려하여 代表訓音을 설정하였다.

930) 터 척 : '坧' 字는 典據를 찾아보기가 쉽지 않고, 그 쓰임도 人地名用 한자를 제외하고는 現代國語에서는 흔치 않은 까닭에, 여러 字典들에서 제시하고 있는 訓音과 글자의 形聲을 고려하여 代表訓音을 설정하였다.

順番	音價	漢字	古今	韓國	北韓	民衆	東亞	教學
828	천	幝[931]			[幝幝]수레 휘장이 해져서 너펄거리는 모양	수레휘장 해질 천	해진모양 천	찢어진 모양 천
829	천	梴[932]			나무가 밋밋하다,방아틀		길 천	
831	철	惙[933]			고달프다, [惙惙]근심스러운 모양	근심할,고달플,그칠 철	근심할 척	1.근심할,지칠,그칠철2.숨찰 체
832	철	驖[934]			청가라말	검붉은 말 철	구렁말 철	구렁말 철
833	첨	覘[935]		엿볼 점(첨)	엿볼 점(첨)	엿볼,볼 점	엿볼 점(本音: 첨)	엿볼, 살펴볼 점
840	체	揥[936]			족집게,버리다	빗치개,버릴 체	빗치개 체	머리핀, 버릴 제
841	체	杕[937]			나무가 외따로 선 모양, 나무가 무성한 모양	1.우뚝설 체2.키 타	1.홀로 설 체 2.키 타	1.나무가외로이서있는모양 체2.키 타

931) 해진모양 천 : '幝' 字는 典據를 찾아보기가 쉽지 않은 까닭에, '幝幝' 등에서 쓰이는 뜻과, 여러 字典들에서 제시하고 있는 訓音과 글자의 形聲을 고려하여 代表訓音을 설정하였다.

932) 나무가길 천 : '梴' 字는 典據를 찾아보기가 쉽지 않고, 그 쓰임도 人地名用 한자를 제외하고는 現代國語에서는 흔치 않은 까닭에, '梴梴'에서 쓰이는 뜻과, 여러 字典들에서 제시하고 있는 訓音과 글자의 形聲을 고려하여 '나무가길 천'을 代表訓音으로 설정하였다.

933) 근심할 철 : '惙' 字는 典據를 찾아보기가 쉽지 않고, 그 쓰임도 人地名用 한자를 제외하고는 現代國語에서는 흔치 않은 까닭에, 여러 字典들에서 제시하고 있는 訓音과 글자의 形聲을 고려하여 代表訓音을 설정하였다.

934) 구렁말 철 : '驖' 字는 典據를 찾아보기가 쉽지 않고, 그 쓰임도 人地名用 한자를 제외하고는 現代國語에서는 흔치 않은 까닭에, 여러 字典들에서 제시하고 있는 訓音과 글자의 形聲을 고려하여 代表訓音을 설정하였다.

935) 엿볼 첨/점 : '覘' 字는 典據를 찾아보기가 쉽지 않고, 그 쓰임도 人地名用 한자를 제외하고는 現代國語에서는 흔치 않은 까닭에, 여러 字典들에서 제시하고 있는 訓音과 글자의 形聲을 고려하여 代表訓音을 설정하였다.

936) 빗치개 체/버릴 제 : '揥' 字는 典據를 찾아보기가 쉽지 않고, 그 쓰임도 人地名用 한자를 제외하고는 現代國語에서는 흔치 않은 까닭에, 여러 字典들에서 제시하고 있는 訓音과 글자의 形聲을 고려하여 複數訓音을 설정하였다.

937) 나무우뚝설 체/키 타 : '杕' 字는 典據를 찾아보기가 쉽지 않고, 그 쓰임도 人地名用 한자를 제외하고는 現代國語에서는 흔치 않은 까닭에, 여러 字典들에서 제시하고 있는 訓音과 글자의 形聲을 고려하여 複數訓音을 설정하였다.

順番	音價	漢字	古今	韓國	北韓	民衆	東亞	教學
842	체	疐[938]			1, 엎어지다, 미끄러지다 치2.꼭지 체	1.엎드러질 치2.꼭지 체	1.발끝에 차일 치2.꼭지 체	1.넘어질, 막힐 치2.꼭지, 재체기할 체
843	체	禘[939]			나라의 큰 제사 이름	큰 제사 체	종묘 제사 이름 체	제사이름, 살필 체
845	체	遆[940]		1.갈릴 체2.두를 대	갈릴 체(遞의 통속자)	1. 갈마들, 번갈아, 역말 체(遞)2.두를 대(遞)	갈마들 체(遞)	姓체 (遞의 俗字로) 1.갈마들, 압송할, 역참, 역말 체2.갈 서3.두를 태
848	초	悄[941]			근심하다, 조용하다	근심할, 고요할, 엄할 초	근심할, 엄할 초	근심하는모양, 고요할, 꾸밈없을, 소리가작아질 초
853	총	潨[942]			물이 모이다, 물들이	흘러들어갈 총(종)	물 모여들 총	물모일, 물소리, 빠르게흐를, 물가언덕 총(종)
854	최	凗[943]			[凗凒]눈이나 서리의 쌓인 모양	눈서리 쌓일 최	쌓일 최	눈서리쌓여모이는모양 최

938) 꼭지 체/엎어질 치 : '疐' 字는 典據를 찾아보기가 쉽지 않고, 그 쓰임도 人地名用 한자를 제외하고는 現代國語에서는 흔치 않은 까닭에, 여러 字典들에서 제시하고 있는 訓音과 글자의 形聲을 고려하여 複數訓音을 설정하였다.

939) 큰제사 체 : '禘' 字는 典據를 찾아보기가 쉽지 않은 까닭에, '禘嘗' 등에서 쓰이는 뜻과, 여러 字典들에서 제시하고 있는 訓音과 글자의 形聲을 고려하여 代表訓音을 설정하였다.

940) 갈마들 체/두를 대 : '遆' 字는 典據를 찾아보기가 쉽지 않고, 그 쓰임도 人地名用 한자를 제외하고는 現代國語에서는 흔치 않은 까닭에, 여러 字典들에서 제시하고 있는 訓音과 글자의 形聲을 고려하여 複數訓音을 설정하였다.

941) 근심할 초 : '悄' 字는 典據를 찾아보기가 쉽지 않고, 그 쓰임도 人地名用 한자를 제외하고는 現代國語에서는 흔치 않은 까닭에, 여러 字典들에서 제시하고 있는 訓音과 글자의 形聲을 고려하여 代表訓音을 설정하였다.

942) 물모일 총 : '潨' 字는 典據를 찾아보기가 쉽지 않은 까닭에, '潨洞, 潨潺' 등에서 쓰이는 뜻과, 여러 字典들에서 제시하고 있는 訓音과 글자의 形聲을 고려하여 代表訓音을 설정하였다.

943) 눈서리쌓일 최 : '凗' 字는 典據를 찾아보기가 쉽지 않은 까닭에, '凗凒' 등에서 쓰이는 뜻과, 여러 字典들에서 제시하고 있는 訓音과 글자의 形聲을 고려하여 代表訓音을 설정하였다.

順番	音價	漢字	古今	韓國	北韓	民衆	東亞	教學
857	추	蝤[944]				1. 나무굼벵이, 꽃게 추2.하루살이,꽃게 유	1.나무 굼벵이 추(本音: 주)2.하루살이 유	1.추제,추모추 2.부유 유
859	추	瘳[945]			병이 낫다,덜리다,손상되다	나을(병),나을(남보다),줄 추	나을 추	1.병나을,덜추 2.죽일 륙
862	추	鵻[946]			비둘기	비둘기 추	호도애 추	작은비둘기,익모초 추
865	추	棸[947]			나무 이름	姓 추	나무 이름 추	
868	추	鄹[948]			나라이름,姓 추	고을 이름 추	1. 나라이름 추2.마을,모일 취	나라이름,고을 이름 추
870	축	柷[949]				악기이름 축	악기 이름 축	축 축
871	축	蓫[950]			소리쟁이	산우엉,참소리쟁이 축	참소리쟁이 축	양제초 축

944) 나무굼벵이 추/하루살이 유 : '蝤' 字는 典據를 찾아보기가 쉽지 않은 까닭에, '蝤蠐(추제). 蝤蛑(추모). 蜉蝤(부유)' 등에서 쓰이는 뜻과, 여러 字典들에서 제시하고 있는 訓音과 글자의 形聲을 고려하여 複數訓音을 설정하였다. 다만 '꽃게'를 나타내는 漢字語인 '蝤蛑'를 '蝤蠐. 蜉蝤' 들과 함께 代表訓音으로 설정하는 것은 재검토할 만하다.

945) 병나을 추 : '瘳' 字는 典據를 찾아보기가 쉽지 않고, 그 쓰임도 人地名用 한자를 제외하고는 現代國語에서는 흔치 않은 까닭에, 여러 字典들에서 제시하고 있는 訓音과 글자의 形聲을 고려하여 代表訓音을 설정하였다.

946) 비둘기 추 : '鵻' 字는 典據를 찾아보기가 쉽지 않고, 그 쓰임도 人地名用 한자를 제외하고는 現代國語에서는 흔치 않은 까닭에, 여러 字典들에서 제시하고 있는 訓音과 글자의 形聲을 고려하여 代表訓音을 설정하였다.

947) 나무이름 추 : '棸' 字는 典據를 찾아보기가 쉽지 않고, 그 쓰임도 人地名用 한자를 제외하고는 現代國語에서는 흔치 않은 까닭에, 여러 字典들에서 제시하고 있는 訓音과 글자의 形聲을 고려하여 代表訓音을 설정하였다.

948) 나라이름 추 : '鄹' 字는 典據를 찾아보기가 쉽지 않고, 그 쓰임도 人地名用 한자를 제외하고는 現代國語에서는 흔치 않은 까닭에, 여러 字典들에서 제시하고 있는 訓音과 글자의 形聲을 고려하여 代表訓音을 설정하였다.

949) 악기이름 축 : '柷' 字는 典據를 찾아보기가 쉽지 않은 까닭에, '柷敔' 등에서 쓰이는 뜻과, 여러 字典들에서 제시하고 있는 訓音과 글자의 形聲을 고려하여 代表訓音을 설정하였다.

950) 참소리쟁이 축 : '蓫' 字는 典據를 찾아보기가 쉽지 않고, 그 쓰임도 人地名用 한자를 제외하고는 現代國語에서는 흔치 않은 까닭에, 여러 字典들에서 제시하고 있는 訓音과 글자의 形聲을 고려하여 代表訓音을 설정하였다.

順番	音價	漢字	古今	韓國	北韓	民衆	東亞	教學
872	축	踧[951]			1.[踧踖]공경하는모양축 2.[踧踧]평탄하다 척	1.삼갈 축2.편편할 척	1.삼갈 축2.평평할 적	1.공경하는모양,놀라워하는모양,쬐칠(핍박),찌푸릴,발질할,재촉할,서성거릴축2.평탄한모양 척
873	축	顣[952]			얼굴을 찡그리다	1.찡그릴 축2.찌푸릴 척	찡그릴 축	찡그릴,콧날이 오뚝한 모양 축
876	충	珫[953]			[珫耳]귀막이,귀걸이	귀고리 옥 충	귀고리 옥 충	귀막이 충
877	충	虫[954]		충(蟲의 통속자), 독사의 한가지, 벌레 훼	벌레 충, 벌레 훼	벌레 충, 벌레 훼	1.벌레 충(蟲의 약자 4급II),2.살무사 훼	
883	치	寘[955]			두다,폐하다,쉬다	둘,찰 치	둘 치	1.둘,다할,처치할,멈출 치2.메울,전안 전

951) 삼갈 축/평평할 척 : '踧' 字는 典據를 찾아보기가 쉽지 않은 까닭에, '踧踖' 등에서 쓰이는 뜻과 여러 字典들에서 제시하고 있는 訓音과 글자의 形聲을 고려하여 複數訓音을 설정하였다.

952) 찡그릴 축 : '顣' 字는 典據를 찾아보기가 쉽지 않고, 그 쓰임도 人地名用 한자를 제외하고는 現代國語에서는 흔치 않은 까닭에, 여러 字典들에서 제시하고 있는 訓音과 글자의 形聲을 고려하여 代表訓音을 설정하였다.

953) 귀막이 충 : '珫' 字는 典據를 찾아보기가 쉽지 않고, 그 쓰임도 人地名用 한자를 제외하고는 現代國語에서는 흔치 않은 까닭에, 여러 字典들에서 제시하고 있는 訓音과 글자의 形聲을 고려하여 代表訓音을 설정하였다.

954) 벌레 충/훼 : '虫' 字는 典據를 찾아보기가 쉽지 않고, 그 쓰임도 人地名用 한자를 제외하고는 現代國語에서는 흔치 않은 까닭에, 여러 字典들에서 제시하고 있는 訓音과 글자의 形聲을 고려하여 代表訓音을 설정하였다.

955) 둘 치 : '寘' 字는 典據를 찾아보기가 쉽지 않고, 그 쓰임도 人地名用 한자를 제외하고는 現代國語에서는 흔치 않은 까닭에, 여러 字典들에서 제시하고 있는 訓音과 글자의 形聲을 고려하여 代表訓音을 설정하였다.

順番	音價	漢字	古今	韓國	北韓	民衆	東亞	教學
885	치	菑[956]		묵밭 치	1. 한해된밭치2.재앙 재	1. 묵정밭, 따비밭,일굴,고목,姓,쪼갤 치2.재앙재	1.묵정밭,나무말라 죽을 치2.재앙 재	1. 일굴,처음으로일군밭,우거진풀,바퀴살박히는곳,담장,가름,세울 치2.재앙,해칠 재
886	치	褫[957]			요'잇, 옷을벗기다,벗다,빼앗다	옷 벗길,벗을 치	빼앗을 치	옷을벗길,빼앗을,잃을,해이해질,놓아둘,붙잡을 치
887	치	庤[958]			저축하다,갖추다	쌓을 치	쌓을 치	쌓을 치
888	침	駸[959]			[駸駸]말의걸음이 빠른모양	달릴,빠를 침	1.말 달릴 침2.말 모일 참	말이 질주하는모양,빠를,점점,성대한모양침
889	침	寑[960]			잘 침(寢과 同字)	잘,재울,누울,쉴,잠,능침,방,못생길 침(寢의 古字)	잠 잘 침	잘,누울,방,능침,종묘후전,그칠,버려둘 침(寢과 同字)

956) 묵정밭 치/재앙 재 : '菑' 字는 典據를 찾아보기가 쉽지 않은 까닭에, '菑畬(치여), 菑祥(재상)' 등에서 쓰이는 뜻과, 여러 字典들에서 제시하고 있는 訓音과 글자의 形聲을 고려하여 複數訓音을 설정하였다.

957) 옷벗길/빼앗을 치 : '褫' 字는 典據를 찾아보기가 쉽지 않은 까닭에, '褫奪' 등에서 쓰이는 뜻과, 여러 字典들에서 제시하고 있는 訓音과 글자의 形聲을 고려하여 複數訓을 설정하였다.

958) 쌓을 치 : '庤' 字는 典據를 찾아보기가 쉽지 않고, 그 쓰임도 人地名用 한자를 제외하고는 現代國語에서는 흔치 않은 까닭에, 여러 字典들에서 제시하고 있는 訓音과 글자의 形聲을 고려하여 代表訓音을 설정하였다.

959) 말달릴 침 : '駸' 字는 典據를 찾아보기가 쉽지 않은 까닭에, '駸駸' 등에서 쓰이는 뜻과, 여러 字典들에서 제시하고 있는 訓音과 글자의 形聲을 고려하여 代表訓音을 설정하였다.

960) 잘 침 : '寑' 字는 典據를 찾아보기가 쉽지 않고, 그 쓰임도 人地名用 한자를 제외하고는 現代國語에서는 흔치 않은 까닭에, 여러 字典들에서 제시하고 있는 訓音과 글자의 形聲을 고려하여 代表訓音을 설정하였다.

順番	音價	漢字	古今	韓國	北韓	民衆	東亞	敎學
890	침	綅961)			붉은 실,비단 이름	1.붉은실 침2.흑백교직비단 섬	1.실 침2.흑백 교직 비단 섬	1.실침2.비단 섬
797	칩	縶962)		말맬 칩	얼어매다, 말을 매다	맬, 잡을, 연할, 굴레 칩	맬칩	맬칩
894	타	沱963)			강의 지류,눈물이 흐르는 모양	물이름,눈물흐를,비쏟아질,흐를 타	물 이름,물 흐르는 모양 타	1.물갈래,눈물흐르는모양,비쏟아지는모양,깨끗할,물에휩쓸리는모양타 2.못 지
895	타	鮀964)			모래무지	문절망둥어 타	모래무지 타	점어,모래무지,악어 타
897	타	它965)			1.다를 타,다르다,저,젊어지다2.뱀 사	1.다를,성 타 2,뱀 사	1.다를 타2.뱀 사	1.다를,남,어지러울,낙타,姓타2.뱀 사
898	타	隋966)			회오리봉,작고뾰족한,좁고 긴 산	뾰족할,회오리봉 타	산 높을 타	산이 좁고도 기다랄 타

961) 붉은실 침/비단 섬 : '綅' 字는 典據를 찾아보기가 쉽지 않고, 그 쓰임도 人地名用 한자를 제외하고는 現代國語에서는 흔치 않은 까닭에, 여러 字典들에서 제시하고 있는 訓音과 글자의 形聲을 고려하여 代表訓音을 설정하였다.

962) 말맬 칩 : '縶' 字는 典據를 찾아보기가 쉽지 않고, 그 쓰임도 現代國語에서는 흔치 않은 까닭에 여러 字典들에서 제시하고 있는 訓音과 글자의 形聲을 고려하여 代表訓音을 설정하였다.

963) 물이름 타 : '沱' 字는 典據를 찾아보기가 쉽지 않고, 그 쓰임도 人地名用 한자를 제외하고는 現代國語에서는 흔치 않은 까닭에, 여러 字典들에서 제시하고 있는 訓音과 글자의 形聲을 고려하여 代表訓音을 설정하였다.

964) 모래무지 타 : '鮀' 字는 典據를 찾아보기가 쉽지 않고, 그 쓰임도 人地名用 한자를 제외하고는 現代國語에서는 흔치 않은 까닭에, 여러 字典들에서 제시하고 있는 訓音과 글자의 形聲을 고려하여 代表訓音을 설정하였다.

965) 다를 타/뱀 사 : '它' 字는 典據를 찾아보기가 쉽지 않고, 그 쓰임도 人地名用 한자를 제외하고는 現代國語에서는 흔치 않은 까닭에, 여러 字典들에서 제시하고 있는 訓音과 글자의 形聲을 고려하여 代表訓音을 설정하였다.

966) 산좁고길 타 : '隋' 字는 典據를 찾아보기가 쉽지 않고, 그 쓰임도 人地名用 한자를 제외하고는 現代國語에서는 흔치 않은 까닭에, 여러 字典들에서 제시하고 있는 訓音과 글자의 形聲을 고려하여 代表訓音을 설정하였다.

順番	音價	漢字	古今	韓國	北韓	民衆	東亞	敎學
899	타	紽967)			실의 가닥	타래 타	타래 타	다섯올 타
901	탁	蘀968)			이울다,떨어지다,마르다	1.낙엽,대껍질,갈대잎,떨어질 탁2.택사 택	1.낙엽 탁2.벗풀 택	낙엽,풀이름,떨어질 탁
903	탄	僤969)			도탑다,빠르다		1.빠를 탄2.움직이는 모양 선2.땅 이름 천	1.후할,빠를,다할 탄(本音:단)2.가는모양 선3.땅이름 천
904	탄	驒970)			1.돈점박이 탄2.[驒]돌말 타	연전총,가리온 탄	연전총 탄	1.헐떡거릴탄2.얼룩말 타3.전혜 전
906	탄	疃971)			[町疃]사슴의발'자국	자귀 탄	1.마당 탄2.염우 없을 톤	짐승이밟은자리,마을 탄
907	탈	棁972)			1.막대기 탈 2.동자기둥 절	1.막대기,벗을 탈2.동자기둥 절	1.지팡이 탈2.쪼구미 절3.날카로울 예	1.지팡이,소략할 탈2.동자기둥 절3.날카로울 예

967) 타래 타 : '紽' 字는 典據를 찾아보기가 쉽지 않고, 그 쓰임도 人地名用 한자를 제외하고는 現代國語에서는 흔치 않은 까닭에, 여러 字典들에서 제시하고 있는 訓音과 글자의 形聲을 고려하여 代表訓音을 설정하였다.

968) 낙엽 탁 : '蘀' 字는 典據를 찾아보기가 쉽지 않고, 그 쓰임도 人地名用 한자를 제외하고는 現代國語에서는 흔치 않은 까닭에, 여러 字典들에서 제시하고 있는 訓音과 글자의 形聲을 고려하여 代表訓音을 설정하였다.

969) 빠를 탄 : '僤' 字는 典據를 찾아보기가 쉽지 않고, 그 쓰임도 人地名用 한자를 제외하고는 現代國語에서는 흔치 않은 까닭에, 여러 字典들에서 제시하고 있는 訓音과 글자의 形聲을 고려하여 代表訓音을 설정하였다. '선'과 '천' 音에 대해서는 현대국어에서 쓰임이 거의 없는 것으로 판단하였다.

970) 연전총 탄 : '驒' 字는 典據를 찾아보기가 쉽지 않고, 그 쓰임도 人地名用 한자를 제외하고는 現代國語에서는 흔치 않은 까닭에, 여러 字典들에서 제시하고 있는 訓音과 글자의 形聲을 고려하여 代表訓音을 설정하였다.

971) 짐승발자국/마을 탄 : '疃' 字는 典據를 찾아보기가 쉽지 않고, 그 쓰임도 人地名用 한자를 제외하고는 現代國語에서는 흔치 않은 까닭에, 여러 字典들에서 제시하고 있는 訓音과 글자의 形聲을 고려하여 複數訓을 설정하였다.

972) 막대기 탈/동자기둥 절 : '棁' 字는 典據를 찾아보기가 쉽지 않고, 그 쓰임도 人地名用 한자를 제외하고는 現代國語에서는 흔치 않은 까닭에, 여러 字典들에서 제시하고 있는 訓音과 글자의 形聲을 고려하여 代表訓音을 설정하였다. '예' 音에 대해서는 현대국어에서 쓰임이 거의 없는 것으로 판단하였다.

順番	音價	漢字	古今	韓國	北韓	民衆	東亞	教學
908	탐	嗿973)			여럿이 먹는 소리	많을 탐	많을 탐	먹는소리 탐
909	탐	醓974)		육장 탐			장 담(本音:탐)	
910	탑	溹975)			[渣溹](물이) 모인모양	1.물이름 탑2.강이름 루	모이는 모양 탑	1.탑수,저습할,땀나는모양탑 2.강이름 루
911	탕	簜976)			마디가 긴 왕대	왕대,피리,물이름 탕	왕대,물 이름 탕	왕대,관악기,대상자 탕
912	태	駾977)			1.말의 걸음이 빠르다 태 2.냅다 뛰다 대	부딪칠,달릴 태	달릴 태	말이빠르게 달려오는모양 태
913	톤	啍978)			[啍啍]둔하고느린모양, 수다하다	1.거짓말,느릿느릿갈 톤2.거듭이를 순	1.느릿할 톤2.일깨울 순3.말바르지 않을 퇴	1.느릿한모양,입김 톤2.수다스러운모양,되풀이하여깨우쳐줄 순3.어리석은모양 향

973) 먹는소리/많을 탐 : '嗿' 字는 典據를 찾아보기가 쉽지 않고, 그 쓰임도 人地名用 한자를 제외하고는 現代國語에서는 흔치 않은 까닭에, 여러 字典들에서 제시하고 있는 訓音과 글자의 形聲을 고려하여 代表訓音을 설정하였다.

974) 육장 탐 : '醓' 字는 典據를 찾아보기가 쉽지 않고, 그 쓰임도 人地名用 한자를 제외하고는 現代國語에서는 흔치 않은 까닭에, 여러 字典들에서 제시하고 있는 訓音과 글자의 形聲을 고려하여 代表訓音을 설정하였다.

975) 물이모이는모양 탑/강이름 루 : '溹' 字는 典據를 찾아보기가 쉽지 않고, 그 쓰임도 人地名用 한자를 제외하고는 現代國語에서는 흔치 않은 까닭에, 여러 字典들에서 제시하고 있는 訓音과 글자의 形聲을 고려하여 複數訓音을 설정하였다.

976) 왕대 탕 : '簜' 字는 典據를 찾아보기가 쉽지 않고, 그 쓰임도 人地名用 한자를 제외하고는 現代國語에서는 흔치 않은 까닭에, 여러 字典들에서 제시하고 있는 訓音과 글자의 形聲을 고려하여 代表訓音을 설정하였다.

977) 말빨리달릴 태 : '駾' 字는 典據를 찾아보기가 쉽지 않고, 그 쓰임도 人地名用 한자를 제외하고는 現代國語에서는 흔치 않은 까닭에, 여러 字典들에서 제시하고 있는 訓音과 글자의 形聲을 고려하여 代表訓音을 설정하였다.

978) 느릿할 톤/일깨울 순 : '啍' 字는 典據를 찾아보기가 쉽지 않은 까닭에, '啍啍(톤톤)', '啍啍(순순)' 등에서 쓰이는 뜻과 音 및 여러 字典들에서 제시하고 있는 訓音과 글자의 形聲을 고려하여 複數訓音을 설정하였다.

順番	音價	漢字	古今	韓國	北韓	民衆	東亞	教學
914	톤	噋979)			啍와 同字	입마구놀릴,느릿느릿갈 톤		啍와同字
915	톤	噸980)	무게단위 톤					
916	톤	瓲981)						
917	톤	畽982)			1.렴우가 없다 톤2.집 모퉁이의 좁은 땅 탄		1.염우없을 톤2.마당 탄	1.행실나쁠 톤2.빈터 탄
918	통	恫983)			앓다,슬프다,아프다	상심할,으를,의심할 통	1.상심할 통2.뜻 언지 못할 동	1.슬플,끙끙거릴 통,2.두려워할,뜻을 얻지못한모양,으를,움직일 동
919	퇴	魋984)			1.짐승 이름 퇴2.상투 추	1.퇴곰,사람이름,姓 퇴2.몽치머리 추	1.곰 퇴2.북상투 추	1.짐승이름,용렬할,높고클,사람이름,姓 퇴2.북상투,튀어나올 추

979) 느릿할 톤/일깨울 순 : '噋' 字는 典據를 찾아보기가 쉽지 않고, 그 쓰임도 人地名用 한자를 제외하고는 現代國語에서는 흔치 않은 까닭에, 여러 字典들에서 제시하고 있는 訓音과 글자의 形聲을 고려하여 代表訓音을 설정하였다.

980) 무게단위 톤 : '噸' 字는 典據를 찾아보기가 쉽지 않은 까닭에, '噸稅, 積噸數' 등에서의 뜻을 고려하여 '무게단위'를 代表訓으로 설정하였다. 다만『標準國語大辭典』에서 '噸'을 영어 'ton'의 音譯語로 설명하면서 그 音價를 '돈'으로 삼고 있는 점과, 이른바 電算用漢字 코드에서는 '톤' 音으로 제시하고 있는 점과 관련하여서는 재검토할 만하다.

981) 톤 톤 : '瓲' 字는 典據를 찾아보기가 쉽지 않은 까닭에, 英語의 'ton'을 音譯하여 만든 한자인 점과, '噸'과는 달리 현대국어에서 그 용례를 찾아보기 어려운 점을 고려하여 代表訓音을 설정하였다. 다만 '噸'과 같은 音譯字인 점을 중시한다면, '무게단위'를 代表訓音으로 설정하는 것도 재검토할 만하다.

982) 염우없을 톤/빈터 탄 : '畽' 字는 典據를 찾아보기가 쉽지 않고, 그 쓰임도 人地名用 한자를 제외하고는 現代國語에서는 흔치 않은 까닭에, 여러 字典들에서 제시하고 있는 訓音과 글자의 形聲을 고려하여 代表訓音을 설정하였다.

983) 슬플 통/으를 동 : '恫' 字는 典據를 찾아보기가 쉽지 않은 까닭에, '恫瘝(통관)', '恫喝(동갈)' 등에서 쓰이는 뜻과 音 및 여러 字典들에서 제시하고 있는 訓音과 글자의 形聲을 고려하여 複數訓音을 설정하였다.

984) 짐승이름 퇴/북상투 추 : '魋' 字는 典據를 찾아보기가 쉽지 않은 까닭에, 여러 字典들에서 제시하고 있는 訓音과 글자의 形聲을 고려하여 '짐승이름 퇴'를 代表訓音으로 설정하였다. 또한 '魋結(추결)'의 쓰임 및 '椎'와도 일부 통용되어 쓰이는 점도 함께 고려하여 複數訓音을 설정하였다.

順番	音價	漢字	古今	韓國	北韓	民衆	東亞	教學
924	파	豝985)			암돼지,두 해 가 된 돼지, 큰돼지	암돼지,큰돼지, 포 파		암돼지,두살된 돼지,큰돼지,말린고기 파
925	판	昄986)			크다	클 판	클 판	1.클반2.판도 판
926	패	孛987)		살별 발(패)	1.혜성,꼬리별 패2.요사스러운 기운 발	1.살별,어두울 패2.안색변할 발	1.살별 패2.안색 변할 발	1.혜성,혜성이 나타나서그빛을사방으로쏘는현상,어지럽힘,姓 패2.안색을 바꾸는 모양,성한모양,접두사 발
928	패	粺988)			정한 쌀	정미,돌피 패	정미 패	정미,피 패
929	패	茷989)			풀'잎이 무성한 모양	우거질,깃발 패	1.무성할 패2.나무 우거져 얽힐 발	1.깃발,엄정한 모양패2.나무의지엽이서리어뒤얽힌모양발3.풀잎우거질,떼 벌
930	팽	伻990)		심부름 팽	심부름'군	부릴,사자,하여금,따를팽	부릴 팽	하여금,사자 팽

985) 암퇘지 파 : '豝' 字는 典據를 찾아보기가 쉽지 않고, 그 쓰임도 人地名用 한자를 제외하고는 現代國語에서는 흔치 않은 까닭에, 여러 字典들에서 제시하고 있는 訓音과 글자의 形聲을 고려하여 代表訓音을 설정하였다.

986) 클 판 : '昄' 字는 典據를 찾아보기가 쉽지 않은 까닭에, '昄章'에서 쓰이는 뜻과, 여러 字典들에서 제시하고 있는 訓音과 글자의 形聲을 고려하여 代表訓音을 설정하였다.

987) 살별 패/안색변할 발 : '孛' 字는 典據를 찾아보기가 쉽지 않고, 그 쓰임도 人地名用 한자를 제외하고는 現代國語에서는 흔치 않은 까닭에, 여러 字典들에서 제시하고 있는 訓音과 글자의 形聲을 고려하여 代表訓音을 설정하였다.

988) 정미(精米) 패 : '粺' 字는 典據를 찾아보기가 쉽지 않고, 그 쓰임도 人地名用 한자를 제외하고는 現代國語에서는 흔치 않은 까닭에, 여러 字典들에서 제시하고 있는 訓音과 글자의 形聲을 고려하여 代表訓音을 설정하였다.

989) 풀잎무성할 패 : '茷' 字는 典據를 찾아보기가 쉽지 않은 까닭에, 여러 字典들에서 제시하고 있는 訓音과 글자의 形聲을 고려하여 代表訓音을 설정하였다.

990) 심부름꾼 팽 : '伻' 字는 典據를 찾아보기가 쉽지 않은 까닭에, '伻書, 伻候' 등에서 쓰이는 뜻과, 여러 字典들에서 제시하고 있는 訓音과 글자의 形聲을 고려하여 代表訓音을 설정하였다.

順番	音價	漢字	古今	韓國	北韓	民衆	東亞	教學
931	팽	祊[991]			제사 이름	제사 팽	제사 이름 팽	종묘제단,역제,고을이름 팽
934	편	諞[992]			말을 교묘하게 하다	말잘할 편	말 교묘히 할 편	1.교묘히꾸며말할,속일편2.뽐낼 변
939	포	餔[993]			저녁곁두리,먹다,먹이다	저녁밥,먹을,먹일 포	새참 포	저녁밥,먹을,먹일,묶을,관청,설탕에절인과자 포
940	포	褒[994]			기릴 포	1.기릴,자락,클,넓을, 포(褒의 本字)2.모을,모일 부	1.기릴 포(本音:보)2.모을 부	기릴,옷넓고클,넓을,포배,계곡이름 포(부)(褒의 本字)
941	포	麃[995]			1.김을매다,(굵은)딸기,[麃麃]위엄있는모양,성하다표2.노루의한가지 포	1.고라니 포2.굳셀,풀깍을,변할 표	1.큰 사슴 포 2.풀 벨,변할 표	1.고라니,사불상 포2.김맬,산딸기,씩씩한모양,성한모양,姓,털빛변색할 표
942	표	儦[996]			[儦儦]걷는모양,사람들이많은모양	떼지어다닐 표	많은 모양 표	가는모양 표

991) 제사이름 팽 : '祊' 字는 典據를 찾아보기가 쉽지 않고, 그 쓰임도 人地名用 한자를 제외하고는 現代國語에서는 흔치 않은 까닭에, 여러 字典들에서 제시하고 있는 訓音과 글자의 形聲을 고려하여 代表訓音을 설정하였다.

992) 교묘히말할 편 : '諞' 字는 典據를 찾아보기가 쉽지 않은 까닭에, '諞言'에서 쓰이는 뜻과, 여러 字典들에서 제시하고 있는 訓音과 글자의 形聲을 고려하여 代表訓音을 설정하였다.

993) 저녁밥 포 : '餔' 字는 典據를 찾아보기가 쉽지 않은 까닭에, '餔時', '餔食' 등에서 쓰이는 뜻과, 여러 字典들에서 제시하고 있는 訓音과 글자의 形聲을 고려하여 代表訓音을 설정하였다.

994) 기릴 포 : '褒' 字는 典據를 찾아보기가 쉽지 않고, 그 쓰임도 人地名用 한자를 제외하고는 現代國語에서는 흔치 않은 까닭에, 여러 字典들에서 제시하고 있는 訓音과 글자의 形聲을 고려하여 代表訓音을 설정하였다.

995) 고라니 포/김맬 표 : '麃' 字는 典據를 찾아보기가 쉽지 않고, 그 쓰임도 人地名用 한자를 제외하고는 現代國語에서는 흔치 않은 까닭에, 여러 字典들에서 제시하고 있는 訓音과 글자의 形聲을 고려하여 代表訓音을 설정하였다.

996) 떼지어다닐 표 : '儦' 字는 典據를 찾아보기가 쉽지 않은 까닭에, '儦儦'에서 쓰이는 뜻과, 여러 字典들에서 제시하고 있는 訓音과 글자의 形聲을 고려하여 代表訓音을 설정하였다.

順番	音價	漢字	古今	韓國	北韓	民衆	東亞	教學
943	표	嘌997)			빨리 부는 모양	빠를 표	빠를 표	빠를,창법 표
947	표	滮998)		흐르는 모양 퓨	흐를 퓨	물 흐르는 모양 퓨	물흐르는 모양 퓨	
948	표	瀌999)			[瀌瀌]눈이 많이내리는 모양	비눈퍼부을 표	눈 퍼부울 표	눈비가세차게 내리는모양 표
949	표	飆1000)		폭풍 표	회오리바람, 사나운바람, [飆回]어지럽다	폭풍,바람 표	폭풍 표	폭풍,바람,빠를 표
950	풍	澧1001)					강이름 풍	풍수, 땅이름 풍
951	피	詖1002)		치우칠 피	변론하다,간사하다,아첨하다	치울칠,교활할,판별해논할,비뚤어질,기울 피	치우칠 피	치우칠,아첨할,공정하지 않을 피
952	필	佖1003)			가득하다	점잖을,가득할,견줄 필	점잖을 필	위엄이 없을,찰 필

997) 빠를 표 : '嘌' 字는 典據를 찾아보기가 쉽지 않고, 그 쓰임도 人地名用 한자를 제외하고는 現代國語에서는 흔치 않은 까닭에, 여러 字典들에서 제시하고 있는 訓音과 글자의 形聲을 고려하여 代表訓音을 설정하였다.

998) 물흐르는모양 표/퓨 : '滮' 字는 典據를 찾아보기가 쉽지 않고, 그 쓰임도 人地名用 한자를 제외하고는 現代國語에서는 흔치 않은 까닭에, 여러 字典들에서 제시하고 있는 訓音과 글자의 形聲을 고려하여 '물흐르는모양 표'를 代表訓音으로 설정하되, '滮池(퓨지)'에서의 쓰임을 함께 고려하여 複數音으로 설정하였다.

999) 눈비퍼부을 표 : '瀌' 字는 典據를 찾아보기가 쉽지 않은 까닭에, '瀌瀌'에서 쓰이는 뜻과, 여러 字典들에서 제시하고 있는 訓音과 글자의 形聲을 고려하여 代表訓音을 설정하였다.

1000) 폭풍 표 : '飆' 字는 典據를 찾아보기가 쉽지 않고, 그 쓰임도 人地名用 한자를 제외하고는 現代國語에서는 흔치 않은 까닭에, 여러 字典들에서 제시하고 있는 訓音과 글자의 形聲을 고려하여 代表訓音을 설정하였다.

1001) 강이름 풍 : '澧' 字는 典據를 찾아보기가 쉽지 않은 까닭에, 여러 字典들에서 제시하고 있는 訓音과, 본래 '澧水'는 중국 섬서성(陝西省)에서 발원하여 위수(渭水)로 흘러들던 옛 강을 나타내는 固有名詞라는 점을 고려하여 '강이름'을 代表訓으로 설정하였다.

1002) 치우칠 피 : '詖' 字는 典據를 찾아보기가 쉽지 않고, 그 쓰임도 人地名用 한자를 제외하고는 現代國語에서는 흔치 않은 까닭에, 여러 字典들에서 제시하고 있는 訓音과 글자의 形聲을 고려하여 代表訓音을 설정하였다.

1003) 점잖을/가득할 필 : '佖' 字는 典據를 찾아보기가 쉽지 않고, 그 쓰임도 人地名用 한자를 제외하고는 現代國語에서는 흔치 않은 까닭에, 여러 字典들에서 제시하고 있는 訓音과 글자의 形聲을 고려하여 代表訓音을 설정하였다.

順番	音價	漢字	古今	韓國	北韓	民衆	東亞	教學
954	필	韠1004)			1.슬갑 필2.칼집 병	슬갑 피(韓와 同字)	1.슬갑 필2.칼집 병	1.슬갑 필2.칼집 병
955	필	駜1005)			말이 배 부르다, 말이 살진 모양	살질,굳셀 필	말 살찔 필	말살지고튼튼할 필
956	필	怭1006)			[怭怭]설(선)만한모양	설만할 필	설만할 필	경박할 필
957	필	鉍1007)			창자루	창자루 필	창자루 필	1.창자루,비스무트필2.거문고 슬
958	필	飶1008)			밥 냄새	구수할 필	음식 냄새 필	음식의 향기 필
960	하	嘏1009)			크다,복	클,복,복받을 하	클 하(本音:가)	클,복,하사 하
961	하	呀1010)						1.입벌릴,휑할,높이솟을 하2.감탄사,웃음소리,어조사 아
962	하	苄1011)		지황 하(호)	지황	지황 하(호)	지황 호(하)	1.부들자리,姓하2.지황 호

1004) 슬갑 필/칼집 병 : '韠' 字는 典據를 찾아보기가 쉽지 않고, 그 쓰임도 人地名用 한자를 제외하고는 現代國語에서는 흔치 않은 까닭에, 여러 字典들에서 제시하고 있는 訓音과 글자의 形聲을 고려하여 代表訓音을 설정하였다.

1005) 말살찔 필 : '駜' 字는 典據를 찾아보기가 쉽지 않은 까닭에, '駜駽'에서 쓰이는 뜻과, 여러 字典들에서 제시하고 있는 訓音과 글자의 形聲을 고려하여 代表訓音을 설정하였다.

1006) 설만할 필 : '怭' 字는 典據를 찾아보기가 쉽지 않은 까닭에, '怭怭'에서 쓰이는 뜻과, 여러 字典들에서 제시하고 있는 訓音과 글자의 形聲을 고려하여 代表訓音을 설정하였다.

1007) 창자루 필 : '鉍' 字는 典據를 찾아보기가 쉽지 않고, 그 쓰임도 人地名用 한자를 제외하고는 現代國語에서는 흔치 않은 까닭에, 여러 字典들에서 제시하고 있는 訓音과 글자의 形聲을 고려하여 代表訓音을 설정하였다.

1008) 음식의향기 필 : '飶' 字는 典據를 찾아보기가 쉽지 않고, 그 쓰임도 人地名用 한자를 제외하고는 現代國語에서는 흔치 않은 까닭에, 여러 字典들에서 제시하고 있는 訓音과 글자의 形聲을 고려하여 代表訓音을 설정하였다.

1009) 클 하 : '嘏' 字는 典據를 찾아보기가 쉽지 않고, 그 쓰임도 人地名用 한자를 제외하고는 現代國語에서는 흔치 않은 까닭에, 여러 字典들에서 제시하고 있는 訓音과 글자의 形聲을 고려하여 代表訓音을 설정하였다.

1010) 입벌릴 하 : '呀' 字는 典據를 찾아보기가 쉽지 않고, 그 쓰임도 人地名用 한자를 제외하고는 現代國語에서는 흔치 않은 까닭에, 여러 字典들에서 제시하고 있는 訓音과 글자의 形聲을 고려하여 代表訓音을 설정하였다.

1011) 지황 하/호 : '苄' 字는 典據를 찾아보기가 쉽지 않고, 그 쓰임도 人地名用 한자를 제외하고는 現代國語에서는 흔치 않은 까닭에, 여러 字典들에서 제시하고 있는 訓音과 글자의 形聲을 고려하여 代表訓音을 설정하였다.

順番	音價	漢字	古今	韓國	北韓	民衆	東亞	教學
963	하	菏1012)			무우	풀이름,늪이름,강이름 하	1.무 하2.늪이름 가	늪이름 하(가)
964	하	騢1013)			적부르말, 홍사마	워라말 하	적부루마 하	적부루마 하
967	한	哻1014)						코고는 소리 한(鼾의 속자)
968	한	僩1015)			엄숙한 모양,너그럽다	굳셀,노할,엿볼 한	노할 한	관대한 모양,엿볼,망녕될,우아할 한
970	할	劼1016)			삼가다,힘쓰다,굳다	삼갈 할	삼갈 할(本音:간)	
971	함	菡1017)			꽃 봉오리 함(菌와 同字)	연꽃,연꽃봉오리 함	연봉오리 함	함담 함
972	함	諴1018)		화할 함	화하다,정성	화동할,정성,희롱거릴 함	화할 함	화할,정성,입다물 함

1012) 풀이름/늪이름 하 : '菏' 字는 典據를 찾아보기가 쉽지 않고, 그 쓰임도 人地名用 한자를 제외하고는 現代國語에서는 흔치 않은 까닭에, 여러 字典들에서 제시하고 있는 訓音과 글자의 形聲을 고려하여 複數訓音을 설정하였다.

1013) 적부루마 하 : '騢' 字는 典據를 찾아보기가 쉽지 않고, 그 쓰임도 人地名用 한자를 제외하고는 現代國語에서는 흔치 않은 까닭에, 여러 字典들에서 제시하고 있는 訓音과 글자의 形聲을 고려하여 代表訓音을 설정하였다.

1014) 코고는소리 한 : '哻' 字는 典據를 찾아보기가 쉽지 않고, 그 쓰임도 人地名用 한자를 제외하고는 現代國語에서는 흔치 않은 까닭에, 글자의 形聲 및 '鼾'의 俗字로 쓰이는 점을 고려하여 代表訓音을 설정하였다.

1015) 너그러울/노할 한 : '僩' 字는 典據를 찾아보기가 쉽지 않고, 그 쓰임도 人地名用 한자를 제외하고는 現代國語에서는 흔치 않은 까닭에, 여러 字典들에서 제시하고 있는 訓音과 글자의 形聲을 고려하여 '너그러울 한'을 代表訓音으로 설정하되, '僩然'에서의 뜻을 함께 고려하여 複數訓으로 설정하였다.

1016) 삼갈 할 : '劼' 字는 典據를 찾아보기가 쉽지 않고, 그 쓰임도 人地名用 한자를 제외하고는 現代國語에서는 흔치 않은 까닭에, 여러 字典들에서 제시하고 있는 訓音과 글자의 形聲을 고려하여 代表訓音을 설정하였다.

1017) 연꽃봉오리 함 : '菡' 字는 典據를 찾아보기가 쉽지 않은 까닭에, '菡萏'에서의 뜻과, 여러 字典들에서 제시하고 있는 訓音과 글자의 形聲을 고려하여 代表訓音을 설정하였다.

1018) 화할 함 : '諴' 字는 典據를 찾아보기가 쉽지 않고, 그 쓰임도 人地名用 한자를 제외하고는 現代國語에서는 흔치 않은 까닭에, 여러 字典들에서 제시하고 있는 訓音과 글자의 形聲을 고려하여 代表訓音을 설정하였다.

順番	音價	漢字	古今	韓國	北韓	民衆	東亞	敎學
973	함	闞[1019]			범의 소리	고함지를,울 함	범 우는 소리 함	짐승의 으르렁거리는 소리,용맹스러울 함
979	해	陔[1020]			섬'돌,거듭,언덕,변방	층계,층,풍류이름 해	층층대 뜰 해	층계,둔덕,해하,해,사다리 해
983	헌	巘[1021]		산봉우리 헌(언)	시루 봉,시루같이 생긴 산,봉우리	봉우리,낭떠러지,작은산 헌	봉우리 헌	산,절벽,험준할 헌(本音:연)
984	험	獫[1022]			1.[獫狁]종족이름험2.부리가긴개렴	1.오랑캐 이름 험 2.개 렴	1.오랑캐 이름 험2.개 렴	험윤,개이름 험(렴)
985	험	玁[1023]			1.[獫狁]종족이름험2.부리가긴개렴	오랑캐이름 험	오랑캐 이름 험	험윤 험
987	혁	虩[1024]			승호벌레,[虩虩]두려워하는모양	승호,두려워할 혁	1.두려워하는 모양 혁2.범 놀랄 색	두려워할,승호 혁
988	현	儇[1025]		영리할 현	령리하다,빠르다	영리할,빠를 현	총명할 현	약을,빠를,덮어,가릴 현

1019) 범우는소리 함 : '闞' 字는 典據를 찾아보기가 쉽지 않은 까닭에, '闞闞'에서의 뜻과, 여러 字典들에서 제시하고 있는 訓音과 글자의 形聲을 고려하여 代表訓音을 설정하였다.

1020) 섬돌 해 : '陔' 字는 典據를 찾아보기가 쉽지 않고, 그 쓰임도 人地名用 한자를 제외하고는 現代國語에서는 흔치 않은 까닭에, 여러 字典들에서 제시하고 있는 訓音과 글자의 形聲을 고려하여 代表訓音을 설정하였다.

1021) 산봉우리 헌 : '巘' 字는 典據를 찾아보기가 쉽지 않은 까닭에, '巘路'에서 쓰이는 뜻과, 여러 字典들에서 제시하고 있는 訓音과 글자의 形聲을 고려하여 代表訓音을 설정하였다.

1022) 오랑캐이름 험/개 렴 : '獫' 字는 典據를 찾아보기가 쉽지 않은 데다가, '獫狁'이 중국 周나라 때 북방에 거주하던 蠻族을 일컸던 말이라는 점을 고려하여 '오랑캐이름'을 代表訓音으로 설정하였다. 또한 여러 字典들에서 두루 제시하고 있는 訓音과 글자의 形聲을 함께 고려하여 複數訓音을 설정하였다.

1023) 오랑캐이름 험 : '玁' 字는 典據를 찾아보기가 쉽지 않은 데다가, '玁狁'이 중국 周나라 때 북방에 거주하던 蠻族을 일컸던 말이라는 점 및 여러 字典들에서 제시하고 있는 訓音을 고려하여 '오랑캐이름'을 代表訓音으로 설정하였다.

1024) 두려워할 혁 : '虩' 字는 典據를 찾아보기가 쉽지 않은 까닭에, '虩虩'에서 쓰이는 뜻과, 여러 字典들에서 제시하고 있는 訓音과 글자의 形聲을 고려하여 代表訓音을 설정하였다.

1025) 영리할 현 : '儇' 字는 典據를 찾아보기가 쉽지 않은 까닭에, '儇媚, 儇薄' 등에서 쓰이는 뜻과, 여러 字典들에서 제시하고 있는 訓音과 글자의 形聲을 고려하여 代表訓音을 설정하였다.

順番	音價	漢字	古今	韓國	北韓	民衆	東亞	教學
989	현	嬛1026)			1.[便嬛]새뜻하다2.독신 외롭다 경	1.산뜻할,단단할,낭창낭창할 현2.아름다울,홀몸 경	1.경편할 현2.홀로 경	1.단아하고얌전한모양현2.고독할 경3.낭환 환
990	현	昡1027)			해'빛,[昡曜]혼란한 모양	햇빛 현	당혹할 현	햇빛,미혹되어어지러운모양 현
991	현	駽1028)			검푸른 말	돗총이 현	철총이 현	철총이 현
993	현	鞙1029)			말굴레,멍에끈,[鞙鞙]패옥모양	멍에끈,아름다울 현	1.멍에 끈 현 2.말 꼬리 견	매달, 패옥의 모양 현
995	협	浛1030)					1.윤택하게할 흡(本音:협)2.강이름합(浛)	온화할, 젖을 협
996	협	愶1031)				맞을,합할 협	맞을 협(協과 同字)	화합할,열복할,맞을,연합할,합칠 협(協과 同字)

1026) 산뜻할 현/외로울 경 : '嬛' 字는 典據를 찾아보기가 쉽지 않은 까닭에, '嬛嬛(현현/경경), 嬛孤(경고)' 등에서 쓰이는 뜻과 音 및 여러 字典들에서 제시하고 있는 訓音과 글자의 形聲을 함께 고려하여 複數訓音을 설정하였다.

1027) 햇빛 현 : '昡' 字는 典據를 찾아보기가 쉽지 않고, 그 쓰임도 人地名用 한자를 제외하고는 現代國語에서는 흔치 않은 까닭에, 여러 字典들에서 제시하고 있는 訓音과 글자의 形聲을 고려하여 代表訓音을 설정하였다.

1028) 검푸른말 현 : '駽' 字는 典據를 찾아보기가 쉽지 않고, 그 쓰임도 人地名用 한자를 제외하고는 現代國語에서는 흔치 않은 까닭에, 여러 字典들에서 제시하고 있는 訓音과 글자의 形聲을 고려하여 代表訓音을 설정하였다.

1029) 멍에끈 현 : '鞙' 字는 典據를 찾아보기가 쉽지 않고, 그 쓰임도 人地名用 한자를 제외하고는 現代國語에서는 흔치 않은 까닭에, 여러 字典들에서 제시하고 있는 訓音과 글자의 形聲을 고려하여 代表訓音을 설정하였다.

1030) 젖을 협 : '浛' 字는 典據를 찾아보기가 쉽지 않고, 그 쓰임도 人地名用 한자를 제외하고는 現代國語에서는 흔치 않은 까닭에, 여러 字典들에서 제시하고 있는 訓音과 글자의 形聲을 고려하여 代表訓音을 설정하였다.

1031) 맞을 협 : '愶' 字는 典據를 찾아보기가 쉽지 않고, 그 쓰임도 人地名用 한자를 제외하고는 現代國語에서는 흔치 않은 까닭에, 여러 字典들에서 제시하고 있는 訓音과 글자의 形聲을 고려하여 代表訓音을 설정하였다.

順番	音價	漢字	古今	韓國	北韓	民衆	東亞	敎學
997	혜	傒1032)			기다리다,얽어매다	가둘,姓 혜	묶을,기다릴 혜	기다릴,강우,지름길,가둘,붙좇을 혜
1001	혜	憓1033)			1.사랑하다 2.순하다	순할 혜	사랑할 혜	사랑할,따를 혜
1002	혜	譓1034)			지혜가 많다,분별하다,순하다	슬기로울,좇을 혜	슬기로울 혜	불쌍히여길,밝게 분별할,순종할 혜
1005	홍	鉷1035)			쇠뇌	쇠뇌고동 홍	돌쇠뇌 홍	쇠뇌고동 홍
1012	환	睆1036)			밝다,환하다,깨끗하다	익을,밝을,고울,바라볼 환	1.가득찬 모양 환2.추파던질 완	알찬모양,눈알불거진모양,바라볼,반짝거리는모양,미소지을,아름다운모양,나라이름,현이름 환(완)
1013	환	鍰1037)			엿냥'중,고리	엿냥쭝,고리 환	무게단위 환	무게의 단위,고리,돈 환
1016	황	堭1038)			벽없는 집,해자	벽없는집,해자 황	전각(벽없는 집) 황	전당,해자 황

1032) 기다릴/가둘 혜 : '傒' 字는 典據를 찾아보기가 쉽지 않은 까닭에, '傒人'에서의 뜻과, 여러 字典들에서 제시하고 있는 訓音과 글자의 形聲을 고려하여 複數音을 설정하였다.

1033) 사랑할 혜 : '憓' 字는 典據를 찾아보기가 쉽지 않고, 그 쓰임도 人地名用 한자를 제외하고는 現代國語에서는 흔치 않은 까닭에, 여러 字典들에서 제시하고 있는 訓音과 글자의 形聲을 고려하여 代表訓音을 설정하였다.

1034) 슬기로울 혜 : '譓' 字는 典據를 찾아보기가 쉽지 않고, 그 쓰임도 人地名用 한자를 제외하고는 現代國語에서는 흔치 않은 까닭에, 여러 字典들에서 제시하고 있는 訓音과 글자의 形聲을 고려하여 代表訓音을 설정하였다.

1035) 쇠뇌 홍 : '鉷' 字는 典據를 찾아보기가 쉽지 않고, 그 쓰임도 人地名用 한자를 제외하고는 現代國語에서는 흔치 않은 까닭에, 여러 字典들에서 제시하고 있는 訓音과 글자의 形聲을 고려하여 代表訓音을 설정하였다.

1036) 밝을 환 : '睆' 字는 典據를 찾아보기가 쉽지 않은 까닭에, '睆睆'에서의 뜻과, 여러 字典들에서 제시하고 있는 訓音과 글자의 形聲을 고려하여 代表訓音을 설정하였다. 바라볼 환(?) - 멀리 바라보는 모양. 아름다운 모양

1037) 무게단위/고리 환 : '鍰' 字는 典據를 찾아보기가 쉽지 않고, 그 쓰임도 人地名用 한자를 제외하고는 現代國語에서는 흔치 않은 까닭에, 여러 字典들에서 제시하고 있는 訓音과 글자의 形聲을 고려하여 代表訓音을 설정하였다.

1038) 해자 황 : '堭' 字는 典據를 찾아보기가 쉽지 않고, 그 쓰임도 人地名用 한자를 제외하고는 現代國語에서는 흔치 않은 까닭에, 여러 字典들에서 제시하고 있는 訓音과 글자의 形聲을 고려하여 代表訓音을 설정하였다.

順番	音價	漢字	古今	韓國	北韓	民衆	東亞	教學
1017	황	喤[1039]			[喤喤]어린아이의우는소리,지껄이다	1.울음소리,조화할,떠들썩할 황2.떠들썩한소리 횡	1.어린아이울음,많을 황 2.갈도 소리 횡	울음소리,떠들썩할,성낼,종소리 황
1018	황	媓[1040]			[娥媓]전설로 일러 오는 순임금의 안해	어미,사람이름 황	어머니 황	어머니,순의비 황
1019	회	洄[1041]			돌아 흐르다	돌아흐를,거슬러올라갈 회	거슬러 올라갈 회	거슬러흐를,돌아흐를,빙돌아흐르는강물,고을이름 회
1021	획	擭[1042]			1.움키다,잡다획2.덫확(화)	1.잡을 획2.덫 화(확)	1.잡을 획2.덫 확	1.잡을 획2.덫 확(화)3.널리펴질 호
1022	효	嚻[1043]		시끄러울 효	지껄이다,[嚻嚻]소리,만족한 모양,많은 모양	들렐,姓 효	1.들렐 효2.많을 오	1.들렐,경박할,방자할,만족해할,한가로울효 2.많은모양,구렁,새이름,짐승이름,강이름 효(本音:오)

1039) 울음소리 황 : '喤' 字는 典據를 찾아보기가 쉽지 않은 까닭에, '喤喤'에서의 뜻과, 여러 字典들에서 제시하고 있는 訓音과 글자의 形聲을 고려하여 代表訓音을 설정하였다.

1040) 어머니 황 : '媓' 字는 典據를 찾아보기가 쉽지 않고, 그 쓰임도 人地名用 한자를 제외하고는 現代國語에서는 흔치 않은 까닭에, 여러 字典들에서 제시하고 있는 訓音과 글자의 形聲을 고려하여 代表訓音을 설정하였다.

1041) 거슬러흐를/돌아흐를 회 : '洄' 字는 典據를 찾아보기가 쉽지 않은 까닭에, '洄洑, 洄注' 등에서 쓰이는 뜻과, 여러 字典들에서 제시하고 있는 訓音과 글자의 形聲을 고려하여 複數訓을 설정하였다.

1042) 잡을 획/덫 확 : '擭' 字는 典據를 찾아보기가 쉽지 않고, 그 쓰임도 人地名用 한자를 제외하고는 現代國語에서는 흔치 않은 까닭에, 여러 字典들에서 제시하고 있는 訓音과 글자의 形聲을 고려하여 代表訓音을 설정하였다.

1043) 들렐 효 : '嚻' 字는 典據를 찾아보기가 쉽지 않고, 그 쓰임도 人地名用 한자를 제외하고는 現代國語에서는 흔치 않은 까닭에, 여러 字典들에서 제시하고 있는 訓音과 글자의 形聲을 고려하여 代表訓音을 설정하였다.

順番	音價	漢字	古今	韓國	北韓	民衆	東亞	教學
1024	효	虓1044)			범의 고함 소리	범울부짖을, 범 성낼 효	울부짖을 효	범울부짖을,두드릴,용맹스러울,사자 효
1026	후	餱1045)		말린밥 후	말린 밥	건량 후	건량 후	건량 후
1028	훈	鑂1046)			금이 투색하다	금빛투색할 훈	바랠 훈	칙칙해질 훈
1029	훤	咺1047)			서러워하다, 점잖다	울,의젓할 훤	의젓할 훤	울어댈,드러날 훤
1035	휴	睢1048)			1[睢盱]눈을 부릅뜨고 보다, 기뻐하는 모양2. 물이름 수(濉와 같음)	1. 부릅떠볼휴2. 물이름,姓 수	1.부릅떠 볼 휴2.강 이름 수	1. 노려볼,우러러볼,기뻐하는 모양,소박할 휴 2. 강이름,고을이름,성 수
1036	휴	咻1049)			지껄이다, 앓는 소리	1. 신음소리, 지껄일 휴2. 따스히 할 후	1.떠들 휴2.따뜻하게 할 후	1. 지껄일,헐떡거릴,슬퍼하는 모양휴2. 신음하는소리,병자를위로할,따뜻할,따뜻하게할 후3. 외칠 효

1044) 범울부짖을 효 : '虓' 字는 典據를 찾아보기가 쉽지 않은 까닭에, '虓闞, 虓怒' 등에서의 뜻과, 여러 字典들에서 제시하고 있는 訓音과 글자의 形聲을 고려하여 代表訓音을 설정하였다.

1045) 건량 후 : 「釋要下:28」에 '마른밥 후'로 되어 있기는 하나, 현대국어에서는 '乾糧'이 標準語로 쓰이고 있는 점과, 여러 字典에서 제시한 訓音을 고려하여 代表訓音을 설정하였다.

1046) 금빛바랠 훈 : '鑂' 字는 典據를 찾아보기가 쉽지 않고, 그 쓰임도 人地名用 한자를 제외하고는 現代國語에서는 흔치 않은 까닭에, 여러 字典들에서 제시하고 있는 訓音과 글자의 形聲을 고려하여 代表訓音을 설정하였다.

1047) 울 훤 : '咺' 字는 典據를 찾아보기가 쉽지 않은 까닭에, '咺然'에서의 뜻과, 여러 字典들에서 제시하고 있는 訓音과 글자의 形聲을 고려하여 代表訓音을 설정하였다.

1048) 부릅떠볼 휴/물이름 수 : '睢' 字는 典據를 찾아보기가 쉽지 않고, 그 쓰임도 人地名用 한자를 제외하고는 現代國語에서는 흔치 않은 까닭에, 여러 字典들에서 제시하고 있는 訓音과 글자의 形聲을 고려하여 代表訓音을 설정하였다.

1049) 지껄일 휴/따뜻하게할 후 : '咻' 字는 典據를 찾아보기가 쉽지 않은 까닭에, '咻咻(휴휴), 咻呴(후구)' 등에서의 뜻과 音 및 여러 字典들에서 제시하고 있는 訓音과 글자의 形聲을 고려하여 複數 訓音으로 설정하였다.

順番	音價	漢字	古今	韓國	北韓	民衆	東亞	敎學
1042	흘	汔[1050]			물이 잦아 들다	거의 흘	거의 흘	거의,물이마를,다할,이를 흘
1044	흡	潝[1051]		물빨리 흐를 흡		물빨리흐르는 소리,부화할 흡		빠르게 흐르는 물소리,여럿이 부화뇌동할 흡
1045	희	咥[1052]			크게웃다,웃다,물다,씹다	1.웃을 희2.깨물 질	1.웃음소리 희2.물 절	1.웃을희(질)2.깨물 절
1048	희	餼[1053]		먹일 희	먹이다,쌀,산짐승	보낼,쌀,꼴,희생 희	보낼 희	보낼,살아있는 희생,곡식,배부를,날고기,사료,봉록 희
1049	희	橲[1054]				사람이름 희	나무이름 희	
1050	희	饎[1055]					주식 치(희)	
1051	힐	襭[1056]				옷자락 걷을 힐	옷자락 꽂을 힐	옷자락에 꽂을 힐

1050) 거의 흘 : '汔' 字는 典據를 찾아보기가 쉽지 않고, 그 쓰임도 人地名用 한자를 제외하고는 現代國語에서는 흔치 않은 까닭에, 여러 字典들에서 제시하고 있는 訓音과 글자의 形聲을 고려하여 代表訓音을 설정하였다.

1051) 물빨리흐를 흡 : '潝' 字는 典據를 찾아보기가 쉽지 않은 까닭에, '潝潗, 潝潝' 등에서의 뜻과, 여러 字典들에서 제시하고 있는 訓音과 글자의 形聲을 고려하여 代表訓音을 설정하였다.

1052) 웃을 희/깨물 절 : '咥' 字는 典據를 찾아보기가 쉽지 않은 까닭에, '咥咥(희희), 咥噬(질서)' 등에서 쓰이는 뜻과 音 및 여러 字典들에서 제시하고 있는 訓音을 고려하여 複數音訓으로 설정하였다.

1053) 보낼 희 : '餼' 字는 典據를 찾아보기가 쉽지 않은 까닭에, '穀餼, 賑餼, 餼場' 등에서의 뜻과, 여러 字典들에서 제시하고 있는 訓音을 고려하여 代表訓音을 설정하였다.

1054) 나무이름 희 : '橲' 字는 典據를 찾아보기가 쉽지 않고, 그 쓰임도 人地名用 한자를 제외하고는 現代國語에서는 흔치 않은 까닭에, 여러 字典들에서 제시하고 있는 訓音과 글자의 形聲을 고려하여 代表訓音을 설정하였다.

1055) 주식 희 : '饎' 字는 典據를 찾아보기가 쉽지 않고, 그 쓰임도 人地名用 한자를 제외하고는 現代國語에서는 흔치 않은 까닭에, 여러 字典들에서 제시하고 있는 訓音과 글자의 形聲을 고려하여 代表訓音을 설정하였다.

1056) 옷자락에꽂을 힐 : '襭' 字는 典據를 찾아보기가 쉽지 않고, 그 쓰임도 人地名用 한자를 제외하고는 現代國語에서는 흔치 않은 까닭에, 여러 字典들에서 제시하고 있는 訓音과 글자의 形聲을 고려하여 代表訓音을 설정하였다.

Ⅳ. 結言

本書는 지난 2008年 3月부터 2009년 3月에 발간된 <語文硏究> 제34권 제1호~제4호 및 제35권 제1호(韓國語文敎育硏究會, 通卷 제137호~제141호)에 수록되었던 「韓國語文敎育硏究會 選定 特級 配定漢字 代表訓音에 대한 고찰(Ⅰ), (Ⅱ), (Ⅲ), (Ⅳ), (Ⅴ)」을 묶어서 수정・정리한 것으로서, 特級 配定漢字 5,978字 가운데 特級Ⅱ 이하의 配定漢字와 重複字를 제외한 特級 專用漢字 1,328字의 代表訓音을 선정하기 위한 案을 세우기 위하여 마련되었다. 이를 위하여 고찰한 내용을 아래에 정리해 두기로 한다.

(1) 일차적으로 『古今漢韓字典』(南廣祐 編著)의 訓音을 기준으로 삼았으며, 이와 함께 『韓國漢字語辭典』(檀國大學校 東洋學硏究所)의 訓音도 기본적인 판단 근거로 활용하였다. 이 두 資料를 통해서 訓音을 정할 수 없을 때는 기타 자료들을 활용하였다.

(2) 選定過程(1,328字 대상) 중 1차 검토에서 訓音의 一致를 보인 글자 수는 277字이다. 여기에서 訓音의 一致란 『古今漢韓字典』, 『韓國漢字語辭典』, 『새옥편』, 『漢韓大字典』의 훈음이 모두 일치하거나 大同小異한 경우를 뜻한다.

(3) 本書에서 다루려는 한자는 위의 277字를 제외한 1,051字이다. 이 1,051字는 『古今漢韓字典』, 『韓國漢字語辭典』과 다른 자료가 서로 다른 훈음을 나타낸 것으로, ① 특히 『古今漢韓字典』과 『韓國漢字語辭典』의 훈음의 不一致를 의미하고, ② 『古今漢韓字典』에 등재되어 있지 않아 다른 자료에 의거해야 하는 한자와 ③ 『韓國漢字語辭典』에 등재되어 있지 않아 『古今漢韓字典』과 비교할 수 없는 한자들이다.

(4) (3)의 ① ② ③ 類型 가운데 어려움 없이 代表訓音을 선정할 수 있는 한자들이 있다. 다른 參考資料나 補助資料의 訓音이 主資料로 활용되고 있는 『古今漢韓字典』이나 『韓國漢字語辭典』의 훈음과 일치를 보이는 경우가 그렇다. 하지만 이것이 主資料와 補助資料의 訓音을 비교한 결과 단순히 그 일치 내용을 근거로 하여 代表訓音을 설정했다는 것을 의미하지는 않는다. 어디까지나 각 자료의 용례를 검토하여 앞서 정한 選定原則에 따랐음을 밝혀 둔다.

(5) 이와 같이 특급 한자는 이전의 特級Ⅱ의 경우와 마찬가지로 代表訓音 선정이 容易하지 않은데, 역시 하나의 代表訓音만으로 고정하기 어려운 한자가 상대적으로 많았다. 또한 漢字 범위의 확대로 인해, 訓音의 기준으로 삼고 있는 『古今漢韓字典』과 『韓國漢字語辭典』에 登載되지 않은 한자들도 상당수가 있는바, 訓音에 대해서도 異見이 상대적으로 많을 수밖에 없었다.

(6) 앞으로 複數訓音 또는 複數訓으로 정한 漢字의 標題訓과 標題音에 대해서도 基準設定에 좀더 정밀한 연구와 검토가 필요할 것으로 보며, 아울러 同字와 俗字에 대한 考察도 요구된다 할 것이다.

(7) 지금까지의 論議를 바탕으로 1,051字에 대한 既存資料의 訓音과 本書에서 設定한 代表訓音을 정리하여 「附錄」으로 첨부하였다.

參考文獻

1. 文 獻

國立國語研究院(1999),『標準國語大辭典』, 斗山東亞.

南廣祐 編(1995),『古今漢韓字典』, 仁荷大出版部.

______ 編(1997),『古語辭典』, 敎學社.

檀國大學校附設 東洋學研究所 編(1997),『韓國漢字語辭典』, 檀國大學校 東洋學研究所.

大漢韓辭典 編纂室 編(1998),『大漢韓辭典』, 敎學社.

斗山東亞 辭書編輯局 編(2006),『東亞 百年玉篇』, 두산동아출판사.

조선민주주의 인민공화국 과학원 고전연구소(1963),『새옥편』, 평양 : 과학원출판사. (서울 : 탑출판사 (1989), 영인)

民衆書林 編輯局 編(1997),『漢韓大字典』, 民衆書林.

2. 引用 文獻 및 略號

『光州千字文』(1575) 「光千」

『救急簡易方諺解』(1489) 「救簡」

『飜譯朴通事』(1515) 「飜朴」

『石峰千字文』(1583) 「石千」

『新字典』(1915) 「新字」

『新增類合』(1576) 「類合」

『兒學編』(1908) 「兒學」

『倭語類解』(1720) 「倭解」

『字類註釋』(1856) 「字類」

『字典釋要』(1909) 「釋要」

『全韻玉篇』(1799) 「全玉」

『註解千字文』(1804) 「註千」

『訓蒙字會』(1527) 「訓蒙」

3. 論 著

金鎭奎(1989),「訓蒙字會의 同訓語 研究」, 仁荷大 大學院 博士學位論文.

金希珍(1987),「訓蒙字會의 語彙的 研究」, 淑明女大 大學院 博士學位論文.

南廣祐(1984),「韓國漢字音訓字典 收錄漢字中 常用漢字訓研究 Ⅰ」, <論文集> 10, 仁荷大 人文科學研究所, pp.1~43.

______(1984),「韓國漢字音訓字典에 나타난 漢字訓研究Ⅱ」, <語文研究> 44호, 韓國語文敎育研究會, pp.545~576.

______(1987),「韓國漢字音訓字典에 나타난 漢字訓研究Ⅳ」, <語文研究> 53호, 韓國語文敎育研究會, pp.50~69.

______(1987), 「韓國에 있어서의 漢字問題에 대한 研究」, <연구보고서> 1집, 國語研究所, pp.5～320.

______(1996), 『東北亞 시대와 漢字·漢字教育』, 韓國語文教育研究會.

南基卓(1986), 「漢字訓 研究」, <語文研究> 51호, 韓國語文教育研究會, pp.344～367.

______(1988), 「訓蒙字會 「身體」部 字訓 研究」, 中央大 大學院 博士學位論文.

______(1998), 「漢字訓 研究」, <語文研究> 98호, 韓國語文教育研究會, pp.7～34.

______(2003), 「漢字訓 研究(○)」, <江原人文論叢> 제11집, 강원대학교 인문과학연구소, pp.1-23.

______(2005), 『韓國漢字訓音研究』, 한국문화사.

______(2009), 『韓國漢字訓音研究(Ⅱ)』, 월인.

朴秉喆(1989), 『韓國語 訓釋語彙 研究』, 이회문화사.

徐在克(1976), 「新字典의 새김말에 대하여」, <국문학연구> 5집, 曉星女子大學校.

成元慶(1996), 「「字類註釋」 研究」, <人文科學論叢> 28집, 建國大學校, pp.145～164.

申景澈(1993), 『國語字釋研究』, 太學社.

李果珍(1997), 『한자·한자어 편람』, 경상남도 교육연구원.

李基文(1972), 「漢字의 釋에 관한 研究」, <東亞文化> 11집, 서울대 동아문화연구소, pp.118～136.

李應百(1987), 「文教部制定 漢文教育用 基礎漢字의 代表訓音 設定 試案」, 『국어학신연구』, 탑출판사.

李應百(1989), 「漢字 새김의 現實化 問題」, <국어생활> 17호, 국어연구소, pp.81～95.

全在昊(1988), 「漢字訓의 變遷과 語彙論的 位相」, <어문논총> 22호, 경북대학교, pp.1～21.

鄭愚相(1997), 「初等學校 教育用 基礎漢字의 選定과 標準訓音」, 『漢字教育新講』, 傳統文化研究會.

崔世和(1993), 『漢字教本三書研究』, 太學社.

〈特級 III〉 新習 配定漢字 1,328字 訓音表

順番	音價	漢字	古今	韓國	北韓	民衆	東亞	教學	本書案
1	가	哿	가할 가		가하다,아름답다 가	옳을,머리꾸미개 가	좋을(부인의 머리꾸미개) 가	가할,머리꾸미개 가	가할 가
2	가	斝	옥잔 가		옥잔 가	옥잔 가	술잔 가	술그릇 가	옥잔 가
3	가	檟	가나무 가		노나무,차나무 가	개오동나무 가	개오동나무 가	개오동나무,차나무 가	가나무 가
4	가	珈			녀자의 머리꾸미개	머리꾸미개 가	머리꾸미개 가	부인머리 꾸미개 가	머리꾸미개 가
5	가	葭	갈대 가	갈 가	갈 가	갈대 가	1.갈대 가 2.멀 하	1.어린갈대,갈피리 가 2.멀 하	갈대 가 | 멀 하
6	각	卻	물리칠 각(却)		물리칠 각	물러날,물리칠,뒤집을,어조사,도리어,틈 각(却의 本字)	물리칠 각(却의 本字)	1.물러날,물리칠,사양할,없앨,막을멈출,피할 각(却의 本字) 2.틈,사이벌어질 극	물리칠 각
7	각	桷	서까래 각	서까래 각	모서까래,가로 뻗은 가지	서까래,가지 각	서까래 각	서까래 각	서까래 각
8	간	榦	줄기 간(幹)	줄기 간(幹)	1.줄기 간2.우물 란간 한	1.담결기둥,줄기,바로잡을 간 2.우물난간 한	1.줄기,귀틀 간 2.주관할 관(幹의 본자 榦)	1.산뽕나무,담기둥,줄기 간 2.우물난간 한	줄기 간 | 우물 난간 한

順番	音價	漢字	古今	韓國	北韓	民衆	東亞	教學	本書案
9	간	玕			[琅玕]옥 돌	옥돌 간	옥돌 간	낭간 간(옥버금가는 아름단운 돌)	옥돌 간
10	간	衎			즐겁다,미덥다 간	즐길,기뻐할,곧을,姓 간	즐길, 바를 간	즐길,강직할 간	즐길/곧을 간
11	간	瞯	엿볼 간		엿볼 간	1.엿볼 간 2.곁눈질할,흰자위,姓 한	1.엿볼 간 2.지릅뜰 한	1.엿볼 간 2.곁눈질할,눈치켜뜰 한	엿볼 간 | 곁눈질할 한
12	간	蕳			란초 간	등골나물,연,연실,姓 간	등골 나물(연,풀이름) 간	난초, 연밥 간	난초/연밥 간
13	갈	秸			추린 벼짚 개(갈)(稭와 同字)	짚, 볏길, 짚자리 갈	1.볏짚 갈 2.새 이름 길	1.볏짚 갈 2.길국 길	볏짚 갈
14	감	欿	서운할 감	서운할 감	서운하다 감	서운할,구멍,근심할,구할 감	시름겨울 감(함)	만족하지 않을,근심하는모양 감	서운할 감
15	감	歛				줄,바랄 감	바랄 감	바랄,줄 감(本音:함),렴	바랄 감
16	감	矙	엿볼 감		엿보다 감	엿볼 감	엿볼 감	엿볼 감	엿볼 감
17	감	酣	술 즐길 감	술즐길 감(함)	취할 감	즐길, 한창 감	즐길 감	흥겨울,술을 즐길,즐거울 감	술즐길 감
18	감	减	덜 감(減)	덜 감(減)		덜릴, 덜, 빼기,姓 감	덜감(減의 속자)	덜 감, 줄 감(減의 속자)	덜 감

順番	音價	漢字	古今	韓國	北韓	民衆	東亞	敎學	本書案
19	강	杠	깃대 강	깃대 강	나무다리,기'대	다리, 깃 대, 들 강	깃대 강	1.가로대,깃대 강 2.공리 공	깃대 강
20	강	橿	참죽나무 강		참죽나무,호미'자루	감탕나무 강	나무이름(감탕나무) 강	감탕나무,호밋자루 강	참 죽 나 무 강
21	개	槩			대개 개	평미레,평미리칠, 달, 대개, 절개, 풍채 개	평미레 개	평미레,고르게할 개(槪와 同字)	평미레 개
22	개	玠			큰홀	홀 개	큰홀 개	큰홀 개	큰홀 개
23	개	喈			새우는 소리, 빠른 모양	새소리,종소리,빠를 개	새소리 개	새소리,빠른 모양 개	새 소리 / 빠를 개
24	개	嘅			탄식하다,성내다	탄식할 개	탄식할 개	탄식할 개	탄식할 개
25	개	湝			[湝湝] 물이 흐르는 모양; [湝湝] 차다	출렁출렁흐를 개	물 출렁출렁 흐를 개		물흐를 개
26	갱	硜			소리가 야무지다 갱(경)	돌소리 갱	돌소리 갱(本音:경) 경쇠 경		돌소리 갱
27	갱	賡		이을 갱	잇다,갚다	이을, 갚을 갱	이을 갱	이을, 갚을 갱	이을 갱
28	갱	鏗	금석 소리 갱		[鏗鈜]쇠북소리[鏗鎗]종소리와북소리가뒤석이다[鏗]금석소리	금속 소리,거문고소리,칠 갱	금옥 소리 갱(本音:경)	소리, 칠, 견실할 갱	금 석 소 리 갱

順番	音價	漢字	古今	韓國	北韓	民衆	東亞	教學	本書案
29	갱	秔	메벼 갱	메벼 갱	메벼 갱	메벼 갱	메벼 갱(本音:경)	메벼 갱	메벼 갱
30	갹	臄			입천장,저민고기	윗 입술,순대 갹	1.순대 갹 2.새포 거	혀 갹	순대 갹
31	거	秬	검은 기장 거	검은 기장 거	검은기장	검은 기장 거	검은 기장 거	검은 기장 거	검 은 기 장 거
32	거	筥	광주리 거			1.둥구미,볏단 거 2.밥통 려	1.광주리 거 2.밥통 려	광주리,벼네 줌 거	광주리 거 | 밥통 려
33	거	籧		대자리 거	[籧]대자리,천상바라기	대자리,새가슴 거	대자리,대광주리 거	대자리,병이름 거	대자리 거
34	거	莒		나라이름 거		감자,나라이름,姓 거	감자 거	1.나라이름,고을이름 거 2.땅 이름 려	나 라 이 름 거
35	거	蘧	패랭이 꽃 거		[蘧麥] 패랭이 꽃[蘧蘧] 자득한 모양	패랭이꽃,주막,놀랄 거	1.풀 이름,형태있는 모양 거 2.술패랭이 꽃 구	구 맥 , 연 꽃 거(구)	패 랭 이 꽃 거
36	거	袪	소매 거	소매 거	소매,소매끝 거	소매,소매통,올릴,벌릴,흩을,떠날 거	소매 거	소매,걷어올릴 거	소매 거
37	거	椐			령수 나무	느티나무,영수목, 따를,울짱 거	영수목 거	나무이름,느티나무 거	느 티 나 무 거
38	거	琚			패옥 이름	패옥 거	패옥 거	패옥이름 거	패옥 거

順番	音價	漢字	古今	韓國	北韓	民衆	東亞	教學	本書案
39	거	虡			쇠북틀	쇠북거는틀, 책상 거	쇠북걸이 틀 기둥 거	악기틀 거	쇠북걸이틀 거
40	건	褰			걷을 건	걷을, 올릴, 접을,주름잡힐 건	출(추다, 바지, 들다, 걷다) 건	옷 걷어올릴, 바지 건	걷을 건
41	걸	朅			1.가다 걸2. 씩식하다 흘	1.갈 걸2.헌걸찰 흘	갈 걸	떠날,씩씩한 모양걸	떠날 걸
42	겁	跲	엎드러질 겹		엎드러지다 겹	넘어질,번갈아 겁	넘어질 겁	넘어질,막힐, 발굴 겁	엎드러질 겹
43	게	愒			1.쉬다 게 2. 탐하다,장사를 급히 지내다 개 3. 두렵게 하다, 으르대다 할	1.쉴 게 2.탐낼, 서두를 개 3.으를 할	1.쉴 게 2. 굳셀 걸	1.쉴 게(갈) 2.탐할,허비할 개 3.으를 할	쉴 게 | 탐할 개
44	격	鬲	솥		가마 격	1.솥 력 2.막을,姓 격	1.솥 력 2.손잡이 격	1.솥 력 2.가로막을 격 3. 잡을 액	솥 격 | 솥 력
45	격	鴃	왜가리 격		백로 격[鶪와 同字]	때까치 격	때까치 격	1.백로 격 2. 뱁새 결 3. 자규 계	왜가리 격
46	격	綌	굵은 갈포 격		굵은 갈포 격	칡베 격	칡베 격	갈포 격	굵은 갈포 격
47	격	鶪	왜가리 격		백로 격[鶪와 同字]	때까치 격	때까치 격	백로 격	왜가리 격

順番	音價	漢字	古今	韓國	北韓	民衆	東亞	教學	本書案
48	견	狷	미친 개,고집할 견	편협할 견	편협하고 조급하다,근실하다,조수하다,고상하다,청렴하다	성급할,견개할 견	성급할 견	성급할,고지식할,고집스러울 견	고집스러울 견
49	견	畎	밭 고랑 견		밭이랑 견	밭고랑,산골짜기 견	밭도랑,밭이랑 견	밭 도랑,통할.산골짜기 견	밭고랑 견
50	견	繾	마지 않을 견		[繾綣]정의가 살뜰하다.곡진하다,서로 떨어지지 아니하다	곡진할 견	곡진할 견	떨어지지 아닐 할 견,정깊을견,얽매일 견	곡진할 견
51	견	蠲	1.덜 견2.정결할 견	덜 견	덜 견	조출할,밝을,밝힐,덜,나을,노래기,그리마 견	밝을 견	밝힐,깨끗할 견	덜/정결할 견
52	견	岍			산 이름	산이름 견	산 이름 견	산이름 견	산이름 견
53	견	獧	뛸 견		1.편협하고 조급하다 견 2.급하다,빠르다 현	성급할,견개할 견	1.견개할 견 2.급할 환	1.견개할 견 2.빠를,총명할,경박할 현	뛸 견 | 급할 현
54	견	睊	서로 흘겨볼 견		보는 모양[睊睊]서로 흘겨보는 모양	곁눈질할 견	흘겨볼 견	흘겨볼 견	흘겨볼 견

順番	音價	漢字	古今	韓國	北韓	民衆	東亞	教學	本書案
55	견	豜			큰돼지,노루	돼지,노루견	돼지, 노루 견 [豜의 속자]	돼지 견	돼지/노루 견
56	결	闋	마칠 결	마칠 결	마칠 결	끝날, 마칠, 쉴, 다할, 빌 결	1.문 닫을(마치다,다하다) 결 2.마칠 계	1.연주가 끝날,다할 결 2.삼봉창 규	마칠 결
57	결	袺	옷 섶 잡을 결		옷섶을 잡다	옷섶잡을 결	옷섶 잡을 결	앞 자 락 에 물건을 담고 그자락을 들어올릴 결	옷 섶 잡 을 결
58	결	觼			미늘 달린 고리	쇠고리 결	쇠고리 결	혀있는고리 결	쇠고리 결
59	겸	歉	흉년들 겸		1.흉년,흉년들다 겸 2.탐 내다 감	1.흉년들,뜻하 지 않 을 겸 2.탐할 감	흉년들 겸	흉년들,식욕을채우지못할,적을,한품을,겸연쩍을,만족스러울 겸(감)	흉년들 겸
60	겸	蒹	갈대 겸		갈, 갈대	물억새 겸	갈대 겸	어린갈대 겸	갈대 겸
61	경	冏			빛나다	빛날 경	빛날 경	밝을,새나가는 모양 경	빛날 경
62	경	惸			독신,외롭다	독신자,근심할 경	근심할 경	근심할,외톨이 경	근심할 경
63	경	檠	등잔걸이 경		등경 경	등경걸이,등불,도지개,바 로 잡 을 경	도지개 경	도지개,등잔받침,접시 경	등 잔 걸 이 경
64	경	煢	외로울 경		외롭다	외로울,근심할 경	외로울 경	외로울,주사위 경	외로울 경

順番	音價	漢字	古今	韓國	北韓	民衆	東亞	教學	本書案
65	경	煢					외로울 경 [煢와 同字]	외로울 경 [煢와 同字]	외로울 경
66	경	熲			빛나다	빛 경	빛날 경	불빛, 빛날 경	빛날 경
67	경	罄	다할 경	다할 경	다할 경	빌, 다할, 다, 경쇠, 보일 경	빌 경	빌, 다할 경	다할 경
68	경	褧			홑옷, 저사	홑옷 경	홑옷 경	홑옷 경	홑옷 경
69	경	駉	살찌고 큰 경		[駉駉] 말이 살진 모양	살질, 굳셀 경	목장 경	말살지고튼튼한모양, 목장 경	살찌고 큰 경
70	경	黥	자자(刺字)할 경		교조올경(墨刑也, 刺字也)	자자(刺字), 姓 경	묵형 경	형벌이름, 문신 경	자자(刺字)할 경
71	경	冂			멀다, 비다	먼데, 멀 경	멀 경	멀 경	멀 경
72	경	脛	소정강이뼈 경			정강이 뼈 경	정강이뼈 경	소의정강이뼈 경	소정강이뼈 경
73	경	瞏			휘둥그래지다	볼, 외로울, 근심할 경(瞏의 俗字)	1.놀라서 볼 경 2.돌아올 선 [瞏와 同字]	놀라서 볼, 외로울 경[瞏와 同字]	놀라서 볼 경
74	경	鶊	꾀꼬리 경		[鶬鶊] 꾀꼬리	꾀꼬리 경	꾀꼬리 경	창경(꾀꼬리) 경	꾀꼬리 경
75	계	烓			화덕, 풍로, 밝다	화덕 계	화덕 계(本音: 유), 밝을 계	1.밝을 계 2.화덕 유	화덕 계
76	계	雞		닭 계	닭 계	닭 계 (鷄의 本字)	닭 계	닭, 멸몽 계	닭 계
77	계	笄	비녀 계		비녀 계	비녀, 비녀꽂을, 성인 례	비녀 계	잠, 여자성년례 계	비녀 계

順番	音價	漢字	古今	韓國	北韓	民衆	東亞	教學	本書案
78	고	刳	쪼갤 고		쪼개다,속을 파내다	가를 고	가를 고		가를 고
79	고	杲	밝을 고		밝다,높다	밝을, 높을, 姓 고	밝을 고(本音: 호)	밝을, 높을 고	밝을 고
80	고	栲		북나무 고	북나무	멀구슬나무, 고리 고	북나무 고	북나무,고리 고	북나무 고
81	고	槀	마른나무 고	마른나무 고(槁)	나무가 마르다,말린 물고기	마를 고(槁의 本字)	마를 고(槁와 同字)	1.마를,나무 이름 고 2.위로할 호	마른나무 고
82	고	櫜	칼집 고		병기,갑옷따위를 넣는 기구, 거두어 넣다	활집,갑옷전대, 전동, 보따리,쌀 고	활집 고	활집,갑옷을 넣어두는 자루 고	칼집 고
83	고	盬			소금밭,견고하지 아니하다,빨다	짠못, 호렴, 무를,소홀할, 마실 고	염지 고	염지의이름, 정제하지않은소금,무를, 빨아마실,그칠 고	짠못/마실 고
84	고	瞽	소경 고	소경 고	소경 고	먼눈, 소경, 악사,학교이름 고	소경 고	소경, 악관 고	소경 고
85	고	罟	그물 고	그물 고	그물 고	그물,그물질할 고	그물 고	그물, 법망, 그물질할 고	그물 고
86	고	羖	염소 고	염소 고	수양,[羖]염소	암양,불깐양 고	검은 암양(불깐양) 고	검은숫양 고	염소 고
87	고	觚	술잔 고		술'잔, 적다, 대쪽	술잔, 네모, 모, 법, 대쪽, 칼자루,홀로, 줄 고	술잔 고	술잔,모서리가 많은 그릇 고	술잔 고
88	고	酤			단술,계명주, 술을 사다, 술을 팔다	단술, 살, 팔 고	1.계명주,팔 고 2.계명주 호	계명주,술을 살,술을 팔 고	단술 고

順番	音價	漢字	古今	韓國	北韓	民衆	東亞	教學	本書案
88	고	酤			단술,계명주,술을 사다,술을 팔다	단술, 살, 팔 고	1.계명주,팔 고 2.계명주 호	계명주,술을 살,술을 팔 고	단술 고
89	고	熇					1. 뜨거울 혹 2.불꽃 일 학 3.엄할 효 4.불에 쬘 고	1.불길성할 학(혹) 2.뜨거운모양 효 3.말릴 고	말릴 고
90	고	楛			1.나무이름,화살감 호 2.악하다,견고 하지 아니하다 고	1.나무이름 호 2.거칠 고		1.나무이름 호 2.거칠 고, 마를 고	거칠 고 | 나무이름 호
91	고	稾	원고 고		짚 고	짚, 초, 화살대, 위로할 고(稿와 同字)	볏짚 고(稿와 同字)	볏짚 고, 초고,돌아다닐 고	원고/볏짚 고
92	고	罛		큰 물고기 고	큰 고기 그물	그물,나타날 고	물고기 그물 고	큰어망,험준한 모양 고	큰물고기그물 고
93	고	翶	노닐 고		[翶翔]노닐다 거닐다	날 고	날 고(本音: 요)	날 고	노닐 고
94	고	鼛	큰북 고		역사할 때에 치는 북	북 고	큰북 고	큰북 고	큰북 고
95	곡	觳	곱송그릴 곡		1. 다하다 곡 2.윤기가 없다,다하다 각	1.뿔잔,다할,말,곱송그릴 곡 2.견줄,마를,뒷다리,검소할,발등,척박할 각	1.뿔잔 곡 2.견줄 각	1.휘 곡, 죽음을 두려워하는 모양 곡 2.메마를 각,발등 각, 견줄 각	곱송그릴 곡 | 비교할 각

順番	音價	漢字	古今	韓國	北韓	民衆	東亞	教學	本書案
96	곡	轂	속 바퀴 곡		바퀴통 곡	바퀴통,수레,밀,묶을 곡	바퀴통 곡	바퀴통,수레 곡	수레바퀴통 곡
97	곡	牿	외양간 곡		외양'간, 소뿔에 건너지른 나무	외양간,마구간,우리에마소칠 곡	우리 곡	외양간,쇠뿔에댄 나무 곡	외양간 곡
98	곤	緄			수띠,노	1.띠,노,새끼,묶음 곤 2.오랑캐 이름 혼	1. 띠, 꿰멜 곤 2.오랑캐 이름 혼	1.띠 곤, 노 곤 2.혼이 혼, 섞일 혼	띠 곤 | 오랑캐이름 혼
99	곤	錕			赤金,바퀴통의 속쇠	산이름 곤	붉은 쇠 곤	곤오 곤,붉은쇠,수레바퀴통쇠 곤	붉은쇠 곤
100	곤	髡	머리 깎을 곤	머리깍을 곤	머리깎을 곤	머리 깎을,가지칠 곤	머리 깎을 곤	머리깍을,자를, 가지 칠 곤	머리 깎을 곤
101	곤	梱		문지방 곤(梱)	문지방,두드리다(梱)	문지방, 칠, 이룰,도살할,포장한 화물,가지런히할 곤	문지방,가지런히 할 곤(梱와 同字)	1.문지방,가지런할 곤 2.통나무 혼	문지방 곤
102	곤	鯀	곤어 곤		물'고기	곤어 곤	물고기 이름 곤	물고기이름,사람이름 곤	큰물고기 곤
103	공	悾	정성 공		1.정성,[悾憁]실심한 모양 공 2.미덥다 강	정성,어리석을,경황없을 공	정성,뜻얻지 못할 공	정성스러운 모양 공(강),뜻을 얻지 못할 공	정성 공
104	공	邛	병 될 공		수고롭다,병들다,언덕	오랑캐,언덕,고달플,앓을,姓 공	언덕 공	언덕,수고로울 공	수고할 공

順番	音價	漢字	古今	韓國	北韓	民衆	東亞	敎學	本書案
105	과	夸	사치할 과	자랑할 과	큰체하다,사치하다	풍칠,자랑할,아첨할,아름다울,클,겨룰,약할,헛될,걸칠 과	자랑할 과	1. 사치할 과,뽐낼 과,과장할 과 2. 아름다울 후	사치할/자랑할 과
106	과	裹	쌀 과	쌀 과	쌀 과	쌀,꽃송이,풀열매,보배 과	쌀 과	쌀,포괄할 과	쌀 과
107	과	薖			풀 이름,너그러운 모양,배'속이 비다,헛헛하다	너그러울,헛헛할 과	관대할 과	너그러운모양,아름다운 모양 과	너그러울 과
108	과	蜾	나나니 벌 과		[蜾蠃]나나니 벌	나나니 벌 과	1.나나니 벌 과	과라 과(나나니 벌)	나나니 벌 과
109	곽	躩					바삐갈 곽		바삐갈 곽
110	곽	霍	곽란 곽	빠를 곽(확)	빠르다	빠를,흩어질,사라질,나라이름,나라이름 곽	빠를 곽(本音:확)	1. 새가급히날아오르는소리,에워쌀,콩잎,곽란,두루미,눈멀,사라질 곽 2. 사인 사	곽란 곽
111	곽	鞹	가죽 곽		가죽 곽	가죽 곽	무두질한 가죽 과	다룬가죽,무두질할 곽	가죽 곽

順番	音價	漢字	古今	韓國	北韓	民衆	東亞	教學	本書案
112	관	丱		1꿰미 천,2 곶 곶	머리 땋은 모양	총각 관	1.쌍쌍투 관 2.광석 광	1.쌍쌍투 관, 어릴 관 2. 조광 광	쌍상투 관
113	관	盥	낯 씻을 관	낯씻을 관	낯을 씻다,손을 씻다	대야, 씻을 관	씻을 관	손씻을 관, 씻을,대야 관, 제사이름 관	낯씻을 관
114	관	祼	강신제 관	강신제 관	강신하다	강신제지낼 관	강신제 관	강신제,잔돌릴 관	강신제 관
115	관	綰		얽을 관	매다, 얽다, 꿰다	통괄할, 꿸, 맬 관(本音: 완)	얽을 관(本音: 완)	맬, 통제할, 관리할,걱정할,감을 관	얽을 관
116	관	錧			수레 굴룽쇠, 보습날	비녀장 관	비녀장 관	비녀장 관	비녀장 관
117	관	鸛	황새 관	황새 관	황새 관	황새 관	1.황새 관 2. 구관조 권	1.황새 관, 관아 관 2.권욕 권 3.환단 환	황새 관
118	관	痯			속 끓이는 병	앓을,고달플 관	병에 지칠 관	지친모양,우울병 관	병에 지칠 관
119	관	瘝					앓을 관		앓을 관
120	괄	佸			모이다,이르다				모일 괄
121	괄	栝	전 나무 괄	도지개 괄	전나무,도지개	1. 향나무,틀이름 괄 2. 땔나무,활고자 첨	1. 노송나무 괄 2.땔 나무 첨	1.전나무 괄, 도지개 괄 2. 지팡이 첨, 부지깽이 첨	전나무 괄

順番	音價	漢字	古今	韓國	北韓	民衆	東亞	教學	本書案
122	괄	聒	요란할 괄		떠들다, 시끄럽다	떠들썩할,어리석을,올챙이 괄	떠들썩할 괄	떠들썩할 괄	떠지껄일 괄
123	광	桄		광랑나무 광	[桄榔]나무이름, 차다(充),베틀에 가로 지른 나무	광랑나무,가로목 광	광랑나무 광	가로대 광, 가득찰,광랑나무 광	광랑나무 광
124	광	纊	고은솜 광		고운 솜 광	솜,솜옷,누에고치 광	솜 광	솜,고치 광	고운솜 광
125	광	誆	속일 광	속일 광	속일 광	속일 광	속일 광	속일,현혹할,거짓 광	속일 광
126	광	迋			1. 속이다 광 2.가다,두렵다 왕	1.속일,두려워할 광 2.갈 왕	1.속일 광 2.갈 왕	1.두려워할,속일 광 2.갈 왕	속일 광 | 갈 왕
127	괴	瑰	옥돌 괴	옥돌 괴	옥이름,기이하다	구슬,진기할,클 괴	구슬 이름 괴	구슬,아름다운 옥 괴	옥돌 괴
128	괴	蕢			1.당비름 괴 2.삼태기 궤	1.흙덩이 괴 2.삼태기 궤	1.상할,흙덩이 괴 2.삼태기 궤	1.거칠어질,흙덩이 괴 2.삼태기 궤	흙덩이 괴 |삼태기 궤
129	괵	虢	나라이름 괵		나라이름 괵	발톱자국 괵	범 발톱 자국 괵	범이할퀸발톱자국,나라이름 괵	나라이름 괵
130	굉	觥	뿔잔 굉		크다, 뿔로 만든 술잔	뿔잔,클,꿋꿋할 굉	뿔잔 굉	뿔잔,클,풍성할 굉	뿔잔 굉
131	굉	軦	고삐 굉		수레 앞 가름대를 가죽으로 싼 손잡이	수레앞 가로나무 굉	수레 앞턱 가로 나무 감은 가죽 굉	거식의 손잡는곳 굉	고삐 굉

順番	音價	漢字	古今	韓國	北韓	民衆	東亞	敎學	本書案
132	교	佼			아름답다, [佼佼]어여쁜 모양	예쁠,업신여길,속일,나을,어지럽힐,姓 교	예쁠 교	예쁠,업신여길,사귈 교	예쁠/업신여길 교
133	교	嘐		깨물 교	1.[嘐嘐]깨물 교 2.[嘐嘐]뜻이 크고 말도 희떱다 효	1.닭울 교 2.뜻클 효	1.소리 교 2.큰 소리칠 효	1.소리 교 2.클 효	깨물교|클효
134	교	姣	아름다울,아양부릴 교		아름답다,아양 부리다	아름다울,슬기있을,얕볼,姓,음란할 교	1.예쁠 교 2.음란할 효	1.아름다울 교 2.음란할 효	아름다울/아양부릴 교
135	교	磽	자갈땅 요(교)		메마른 자갈땅,굳다,굳은 돌	메마를 교	메마른 땅 교	단단할 교,나쁠,돌이고르지아니할 교	자갈땅 교
136	교	蹻			1.ㄱ,발을 들다 ㄴ,(蹻蹻)위엄스러운 모양 교 2.짚신 갹	1.들,교만할,날쌜,강성할 교2.짚신,썰매,빠를,교만할 갹	1.발돋움할,교만할 교 2.짚신 갹 3.썰매 곡	1.발을들,교만할,튼튼할 교 2.짚신 갹	발들 교 | 짚신 갹
137	교	僥				갈,구할,속일 교	갈 교		갈 교
138	교	敿			끈을 잇다,때려 맞추다	맬 교	맬 교	이을 교	맬 교
139	교	皦		밝을 교	밝다	흴,밝을 교	밝을 교	밝을 교	밝을 교

順番	音價	漢字	古今	韓國	北韓	民衆	東亞	敎學	本書案
140	격	繳	1.동일 교 2. 주살 격		1.주살 격 2. 얽다, 동이다 교	1.주살,실 작 2.얽힐,바칠,갚을,행전 교	1.주살의 줄 작 2.얽힐 교		주살 격 | 동일 교
141	교	茭			마른꼴	꼴,벨,깍을,승검초,노 교	1.꼴,속임말 교 2.뿌리 먹는 풀 효 3.도지개 격	1.마른꼴풀,승검초 교 2.풀뿌리 효 3.도지개 격	마른꼴 교 | 풀뿌리 효
142	교	荍	금규화 교		금규화	당아욱 교	당아욱 교(수)	금규,메밀 교	당아욱 교
143	교	鷮	장끼 교			꿩 교	꿩 교	꿩 교	꿩 교
144	구	俅			[俅俅]관 꾸미개의 모양,공순한 모양	공순할 구	공손할 구	관을 꾸민모양,공순한모양 구	공순할 구
145	구	劬	수고할 구		힘쓰다. 수고하다	힘들일 구	수고로울 구	애쓸,위로할 구	수고할 구
146	구	姤	만날 구	만날 구	만나다,어여쁘다. 륙십사괘의 하나	만날,예쁠,추할,구괘 구	만날 구	만날,어여쁠,괘이름 구	만날 구
147	구	媾	화친할 구	겹사돈 구	겹사돈,사랑하다,화친하다	겹혼인할,괼,교접할,교접,화친할,화친 구	화친할 구	겹혼인,사랑할,화친할 구	겹혼인/화친할 구

順番	音價	漢字	古今	韓國	北韓	民衆	東亞	教學	本書案
148	구	嫗	할미 구		할미 구	할미,계집,따스히할 구	1.할미 구(本音:음) 2.산이름 후	할머니,여자,품어서따뜻하게할, 화열한모양,공순한모양 구(本音:우)	할미 구
149	구	屨	신 구		신	신,신을,밟을,자주 구	신 구	신,신을 구	신 구
150	구	彀	활 당길 구		화살을 먹이여 세게 당기다	당길,구율 구	당길,활고자 구	활당길,활쏘는표준,활쏠,넉넉할,함정 구,활고자 구	활당길 구
151	구	扣	두드릴 구	두드릴 구		두드릴,칠,당길,덜 구	두드릴 구		두드릴 구
152	구	捄	흙 파올릴 구	구원할,그칠 구	흙을 파올리다.파담다	담을,길,구원할 구	담을,건질 구	흙담을,긴모양,과실의송이,구제할 구	흙파올릴 구
153	구	搆		얽을 구		끌 구	끌,이해 못할 구	얽을,만날,살,끌 구	얽을 구
154	구	漚	거품 구		물 거품,푹 담그다	담글,거품,갈매기 구	담글,거품 구(本音:우)	담글,물거품 구	물거품 구
155	구	璆			옥경쇠,아름다운옥,옥소리	옥,옥경쇠,옥소리 구	아름다운 옥 구	아름다운옥,옥으로만든경쇠 구	옥경쇠 구

順番	音價	漢字	古今	韓國	北韓	民衆	東亞	教學	本書案
156	구	疚	오랜 병 구		오랜 병,오래 앓다,근심스럽고 괴롭다	오래 앓을, 꺼림할, 상 구	오랜 병 구	고질병,가난할,슬퍼하고 근심할,부끄러워할 구	오랜병 구
157	구	窶	가난할 구	가난할 구	가난하다	1.가난할 구 2.좁은땅 루	1.가난할 구 2.높고 좁은 곳 루	1.가난할,천박할,기량이 작을 구 2.협소한언덕 루	가난할 구 | 기울어진 땅 루
158	구	糗	미숫가루 구	미숫가루 구	볶은 쌀,미시'가루	건량, 죽, 姓 구	볶은쌀,양식 구		미숫가루 구
159	구	裘	갖옷 구	갖옷 구		갖옷,갖옷입을,姓 구	갖옷 구	갖옷,갖옷입을,구할 구	갖옷 구
160	구	覯	만나 볼 구		볼 구	만날, 이룰, 볼, 합칠, 볼, 피동사 구	만날 구	만날, ~을 당할 구	만나볼 구
161	구	遘	만날 구	만날 구	만나다,보다	만날 구	만날 구	만날, 얽을 구	만날 구
162	구	韭	부추 구		달래 구	부추 구	부추 구	부추 구	부추 구
163	구	筍	통발 구		통발	통발 구	통발 구	통발 구	통발 구
164	구	觩			뿔이 우로 굽은 모양,활이 빡빡한 모양	굽을, 셀, 느슨할 구	뿔 굽을 구	뿔위로 굽은 모양,활팽팽히당긴모양 구	뿔굽을 구
165	구	雊	장끼 울음 구	장끼 구	꿩이 울다	울 구	장끼 울 구	꿩울 구	장끼울 구
166	국	匊	움킬 국	움킬 국	웅큼, 마되(古量名)의 이름	움킬,손바닥 국(掬의 本字)	움켜 뜰 국	움킬,두손바닥안 국	움큼 국

順番	音價	漢字	古今	韓國	北韓	民衆	東亞	教學	本書案
167	굴	詘			굽히다,말이 막히다,궁하다 굴	굽을,굽힐,말막힐,궁할,다할,기뻐할,짧을 굴	1.굽을 굴 2.내칠 출 3.말 더듬을 눌	1.말막힐,굽을,굴복할,욕될,억압받을,몸굽혀공경할 굴 2.쫓아낼 출	말막힐 굴 | 내칠 출
168	권	棬	나무 그릇 권		나무로 만든 바리,소의 코뚜레	나무그릇,힘쓸,코두레 권	나무 그릇,코뚜레 권	나무 그릇,코뚜레 권	나무그릇 권
169	권	睠	돌아볼 권	돌아볼 권	돌아볼 권(眷와 同字)	돌아볼 권	돌아볼 권(眷와 同字)	돌아볼,보살필 권(眷와 同字)	돌아볼 권
170	권	綣	정다울 권		[繾綣]정의가 살뜰하다. 곡진하다,서로 떨어지지 아니 하다	굽을,정다울,목도리 권	1.정다울 권 2.다발로 묶을 균	정다울,굽힐,생각할 권	정다울 권
171	권	鬈			머리털이 좋은 모양	고울,갈라빗을 권	아름 다울 권	머리털이 아름다울,갈래머리 권	머리고울 권
172	궤	匱	갑궤	궤 궤	다할 궤	함,삼태기,다할 궤	함 궤	상자,삼태기,모자랄,무너질 궤	갑(匣)/다할 궤
173	궤	氿	구멍 샘 궤		옆으로 나는 샘	1.샘 궤2.물가 구	샘 궤	샘이옆에서 솟을,물가의 마른 흙 궤	구멍샘 궤

順番	音價	漢字	古今	韓國	北韓	民衆	東亞	教學	本書案
174	궤	簋	제기 궤		보궤	궤 궤	제기 이름 궤	그릇,도자기 궤	제기(祭器) 이름 궤
175	궤	跪	꿇을 궤	꿇어앉을 궤	꿇어앉을 궤	꿇어앉을,무릎꿇고절할,발 궤	꿇어앉을 궤	꿇을,게발,발,姓 궤	꿇어앉을 궤
176	궤	餽	먹일 궤	먹일 궤	먹일 궤	보낼,姓 궤	보낼 궤	제사지낼,양식,보낼 궤	먹일 궤
177	궤	匭			갑,포장하다,동이다	갑,동일 궤	상자 궤	상자,묶을 궤	상자 궤
178	궤	垝			허물어지다	무너질 궤	허물어질 궤	무너진 담,무너질 궤	무너질 궤
179	궤	簣	삼태기 궤		삼태기	죽롱 궤	삼태기 궤	삼태기 궤	삼태기 궤
180	귀	宄			간악하다	간악할 귀	도둑 귀		간악할 귀
181	규	刲	찌를, 벨 규		찌르다,찔러 죽이다,베다,떼여 내여 차지하다	벨,찌를 규	찌를 규		찌를/벨 규
182	규	樛			나무가 아래로 구부러지다,구하다	늘어져 휠,돌고돌,두루다닐,동여맬,구할,姓 규	휠 규	휠,돌,묶을,구할 규	휠 규

順番	音價	漢字	古今	韓國	北韓	民衆	東亞	敎學	本書案
183	규	睽		어그러질 규	어그러지다, 륙십 사 괘의 하나,눈을 흘기다	외면할,등질, 부릅뜰,규괘 규	1.사팔눈 규 2.부릅뜰 계	1. 반목할 규, 어그러질, 괘이름, 땅이름,눈부릅뜨는모양 규 2.눈이움푹들어간 모양 기	어그러질/반목할 규
184	규	糺						1.꼴,휘감길, 모을,바로잡을, 굽이질, 살필,고발할, 급할,공경할 규(糾와 同字) 2.느릿한모양 교	살필 규
185	규	闚	엿 볼 규		가웃이 보다, 보다,엿보다	엿볼 규	엿볼 규	엿볼,슬쩍볼, 살펴볼 규	엿볼 규
186	규	頍			머리를 들다, 고깔 모양,머리의 꾸미개	들 규	머리들 규	머리장식,관을쓴모양 규	머리들 규
187	규	戣				창 규	창 규	삼봉창 규	창 규
188	규	艽			1.멀고 거칠다 구 2.[秦艽] 약이름 교(규)	1.변방,두메, 깃자리 구 2. 풀이름 교	1.나라 끝 구 2.오독도기 교	1.변방,짐승의 깔개 규 2.진교 교	변방 규 | 진교 교

順番	音價	漢字	古今	韓國	北韓	民衆	東亞	教學	本書案
189	규	頄			광대뼈,두텁다	광대뼈 구(규)	광대뼈 구	광대뼈,얼굴 귀(구)	광대뼈 규 | 광대뼈 구
190	규	騤	말 건장할 규		1.[騤騤]말이건장한모양 규 2.등에 가마가 있는 말 결	달릴,건장할 규	말 끝밋할 규	말이위의를갖추고가는모양,빠르게달리는모양 규	말 건 장 할 규
191	균	箘			살'대,죽순,나무 이름	조릿대,댓순 균	이대 균	균로균,죽순,균계 균	죽순 균
192	균	麕	노루 균		1.노루 균(군) 2.무리 군	1.노루균2.떼질 군	1.고라니 균 2.떼 지을 군	1.노루,나라이름 균 2.묶을,떼지을 군	노루 균
193	극	亟	급할 극	빠를 극	1.빠를 극 2.자주 기	1.빠를,급히,빨리,성급할,중해질 극 2.자주,갑자기 기	1.빠를 극 2.자주 기	1.빠를 극, 요긴할 극 2.자주 기, 오래가지아니할 기	빠를 극 | 자주 기
194	극	殛	귀양 보낼 극		죽이다,가두어서 고생을 시키다	죄줄,꾸짖을 극	죽일 극	죽일,내쫓을,벌할극	귀 양 보 낼 극
195	극	襋	옷깃 극		옷깃 극	깃 극	옷깃 극	옷깃 극	옷깃 극
196	극	郤			틈 극	틈,姓 극	고을 이름 극	1.고을이름,우러를,틈,姓 극 2.물러날 각	틈 극
197	근	墐	묻을 근		진흙,묻다,바르다,개천 둑길	매흙질 할,묻을,도랑옆길 근	매흙질할 근	묻을,바를,도랑길,찰흙 근	묻을 근

順番	音價	漢字	古今	韓國	北韓	民衆	東亞	教學	本書案
198	근	漌				맑을 근	맑을 근	맑을 근	맑을 근
199	급	岌	산 높을 급	산높을 급	산이 높은 모양	높을,위태로울 급	높을 급	높이솟을,위태로울 급	산높을 급
200	긍	亘	뻗칠 긍	뻗칠 긍	1구할선 2건널, 뻗칠, 걸칠, 넓이,길이, 극진할 긍(亘과 同字)3 굳셀,머뭇거릴,푯말,하관틀,근심할 환(桓과 同字)	펼선(亘의本字) 걸칠 긍 (4급)	베풀 선(亘의本字) 뻗칠, 다할, 두루, 이끌,가로지를 긍	뻗칠 긍	뻗칠 긍
201	기	僛	비스듬할 기		[僛僛]취하여 춤추는 모양	춤출 기	취하여 춤추는 모양 기	술에취하여 춤추는모양 기	비틀거려춤출 기
202	기	墍	흙 바를 기		매흙질하다, 취하다,쉬다	맥질할,취할, 쉴 기	매흙질할 기	흙바를,가질, 쉴 기(희)	흙바를 기
203	기	屺			민둥산	민둥산 기	민둥산 기	민둥산 기	민둥산 기
204	기	忮	사나울 기		사납다,해치다,거역하다, 질투하다	해칠, 탐할, 거스를 기	해칠 기(本音:지)	해칠,거스를, 고집스러울 기	사나울 기
205	기	掎			한쪽 발을 잡아 당기다,뒤로 당기다,퉁기다,의지하다	한다리 끌기, 당길, 뽑을 기	당길,바르지 않을 기	당길,견제할, 쏠, 붙잡을 기	당길 기

順番	音價	漢字	古今	韓國	北韓	民衆	東亞	教學	本書案
206	기	旂	쌍룡그린 기		기'발 이름,기'발의 총칭	기,姓 기	기 기	기 기	용대기 기
207	기	暣			볕 기	볕기운,姓 기	날씨 기	태양의 기운 기	볕 기
208	기	暨	미칠 기		다뭇(與).및,미치다,미치지 못하다	및,미칠,굳셀 기	1.및 기 2.성 글	1.및,미칠 기 2.성 글	미칠 기
209	기	棊	바둑 기		바둑 기	바둑,말,근본 기	바둑 기	바둑,바둑돌,점대벌여놓은모양,기초기(棋와 同字)	바둑 기
210	기	岐	갈림길 기	두갈래길 기	갈래`길 기	갈림길,갈래,갈릴,육발이 기	1.갈림길 기(岐와 同字) 2.육발이,발돋움할,힘쓸 기(跂와 同字)	갈림길,나뉠,육발이 기	두갈래길 기
211	기	綦	쑥빛 비단 기	들메끈 기	쑥빛 비단	연둣빛,무늬비단,들메끈,검푸른빛,검붉은빛,신자국 기	연둣빛 비단 기	비단,들메끈,검푸를,극도에이를 기	들메끈 기
212	기	羇	말굴레 기(羈)	나그네 기	나그네	타관살이할,나그네,굴레 기	나그네 기	말굴레,구금할기(羈와 同字)	굴레/나그네 기

順番	音價	漢字	古今	韓國	北韓	民衆	東亞	敎學	本書案
213	기	跂	발가락 기	발돋움할 기	륙발이,기여다니다,발을펴고앉다,발을저겨디디다	육발,길,발돋움할,오를,밟을,나아갈,어긋날, 힘 쓸 기	육발이,발돋움 할, 힘 쓸 기	1.육발이,발돋움할,발을드리우고서앉을,힘쓰는모양 기 2.굽있는 나막신 극	육발이/발돋움할 기
214	기	頎	헌걸찰 기	헌칠할 기	키가 큰 모양	1.헌걸찰 기 2.가엾을 간	1.헌걸찰 기 2.작을 간	1. 헌 칠 한 모양,기보,姓 기 2.측은한 모양,강인한 모양 간	헌걸찰 기
215	기	芑	흰 차조 기			차조,상추,풀 기	흰 차조 기	백량속 기	흰차조 기
216	기	蘷	조심할 기		외발 짐승,[蘷蘷]조심하고 두려워 하는 모양	짐승이름,도깨비,조심할,姓기(蘷의訛字)	조심할 기(夔와 同字)	짐승이름,산괴,나라이름,조심하는모양,뛸,姓 기	조심할 기
217	기	覊		굴레 기	나그네 기(覊의 통속자)	굴레, 맬, 고삐,끌,타관살이할 기(覊의俗字)	굴레 기(覊의俗字)	말 굴레,구금할,견제할,얽매일 기(覊의俗字)	굴레/나그네 기
218	기	軝	수레 굴통대 기		수레바퀴통의 밖으로 나온 부분	바퀴통끝 기	바퀴통 머리 기	수레바퀴통 장식 기	수레굴통대 기
219	길	姞			성 길	姓,삼갈 길	성 길	삼갈,성 길	삼갈 길

順番	音價	漢字	古今	韓國	北韓	民衆	東亞	教學	本書案
220	난	赧	무안할 난		부끄러울 난	붉힐,두려워할 난	얼굴 붉힐 난	부끄러워할,두려워할 난	부끄러울 난
221	난	戁			두렵다,공경하다 난	두려워할 난	두려워할 난	두려워할,공경할 난	두려워할 난
222	날	隉							위태할 날
223	납	軜			속고삐 납	고삐 납	고삐 납	곁마의안쪽 고삐 납	고삐 납
224	낭	曩	지난번 낭		접때 낭	접때,姓 낭	접때 낭	접때 낭	지난번 낭
225	내	迺	어조사 내		이에 내 (乃와 同字)	이에,너,비로소,姓 내	이에 내	이에,비로소,너내	이에 내
226	내	鼐	큰솥 내		큰 솥 내	가마솥 내	솥귀 꿸 나무 경	큰솥 내	큰솥 내
227	녕	佞	재주있을 녕(영)		재주,말재주,아첨하다녕	재주있을,말재주있을,아첨할,사특할,위선 녕	아첨할 녕	재주,아첨할,말잘할,유약할 녕	재주있을/아첨할 녕
228	녕	甯	정성 녕(영)		편안 녕 (寧의 통속자)	소원,차라리,姓녕	차라리 녕	편안할,소원,고을이름 녕	차라리 녕
229	노	呶	지껄일 노		지껄이는 소리 노	떠들썩할 노	지껄일 노	떠들썩할,말많이할 노	지껄일 노
230	노	孥	자식 노		자식,처자 노	처자 노	자식,처자 노	처자,자녀,종 노	자식 노
231	노	猱			산이름 노	산이름,개 노	산 이름 노	산이름 노	산이름 노

順番	音價	漢字	古今	韓國	北韓	民衆	東亞	敎學	本書案
232	노	猱			원숭이 노	원숭이 노	원숭이 노	짐승이름,거문고타는법,희롱거릴 노(뉴)	원숭이 노
233	노	怓			심란하다 노	어지러울,지껄일 노	어지러울 노	어지러이떠들, 심란할 노	어지러울 노
234	노	砮		돌살촉 노	살촉 만드는 돌	돌살촉 노	돌 살촉 노	돌 살촉 노	돌살촉 노
235	농	穠			꽃나무가 무성한 모양	많을 농	무성할 농	무성할,진할,화려할 농	무성할 농
236	뇌	餒	주릴 뇌	주릴 뇌	주릴 뇌	주릴, 굶길, 썩어문드러질 뇌	주릴 뇌	주릴,굶주리게할,생선이썩을 뇌	주릴 뇌
237	누	耨	호미 누	호미누	김맬 누	괭이, 갈, 김맬,성 누	김맬 누(녹)	김맬, 호미, 꾸짖을,신음할,남녀가서로기뻐하는모양,성 누	호미 누
238	뉴	忸	1.익힐 뉴(유) 2.부끄러울 뉵(육)		1.익다. 습관되다 뉴 2.부끄럽다 뉵	1.친압할,익을 뉴 2.부끄러워할 뉵	1.길들 뉴 2.부끄러워할 뉵	1.익숙해질 뉴 2.부끄러워할 뉵	익을 뉴 | 부끄러울 뉵
239	뉴	狃	버릇사나울 뉴(유)	익숙할 뉴	개의 버릇이 사납다,친압하다,익숙하다, 익히다, 나아가다	익을, 익힐, 탐할,바로잡을 뉴	1.친압할 뉴 2.짐승 이름 뉵	익숙해질,탐낼, 맡을,얽매일,교만할 뉴	익숙할 뉴

順番	音價	漢字	古今	韓國	北韓	民衆	東亞	敎學	本書案
240	뉴	鈕	인꼭지 뉴(유)		인의 꼭지,단추	꼭지,손잡이,姓 뉴	1.인꼭지 뉴 2.칼 추	1.도장꼭지,손잡이 뉴 2.형구 추	인꼭지 뉴
241	니	怩	부끄러울 니(이)		부끄럽다 니(닐)	부끄러워할 니	부끄러워할 니	부끄러워할 니(닐)	부끄러워할 니
242	니	柅			1.나무이름,수레바퀴를 멈추는 나무, 살피다,실감개 니 2.멈추다 닐	고동목,살필,성할 니	무성할 니	나무이름,굄목,막을 니	굄목 니
243	니	伱	너 니(이)	너 니	너 니	너,같이,그러할,그,이,가까울,어조사 이(爾의 약자)	너 니(伱와 同字)	너 니	너 니
244	닐	昵	친할 닐(일)	친근할 닐	1.친근하다,친압하다 닐 2.아버지의 사당 녜	1.친할 닐 2.풀,아교 직 3.아비사당 녜	1.친할 닐 2.풀 직 3.선고 녜	1.친근할,사랑하는사람,가까울,아버지사당 닐 2.풀 직	친할 닐 | 아비사당 녜
245	다	爹	아비 다		아버지	아비 다	아비 다	아비,어른 다	아비 다
246	단	慱			둥글다 단	근심할 단	근심할 단	근심할,둥글 단	근심할 단
247	단	漙			이슬이많은 모양	이슬많을 단	이슬 많을 단	1.이슬이많은모양 단 2.강이름 전	이슬많을 단

順番	音價	漢字	古今	韓國	北韓	民衆	東亞	敎學	本書案
248	단	癉			1. 지치고 병 들다, 지치어 난 병(단) 2.수고롭다.괴롭다.성내다 (다)	1.병들,괴롭힐,황달,굳셀 단 2.고달플 다	앓을,피로할 단	앓을,성할,미워할,황달 단(다),소아병,가물,역귀 단	앓을 단
249	단	煅			단련 단(鍛와 同字)	두드릴,대장일,익힐,얽을,때릴,숫돌,포 단 (鍛의 속자)	쇠 불릴 단(鍛와 同字)	벼릴,쇠망치로격파할,글다듬을 단(鍛와同字)	쇠불릴 단
250	단	襢			1.엇멜 단 2.붉은 저사옷 전	1.웃통벗을,드러낼 단 2.소복,오글비단옷 전	1.웃통 벗을 단 2.흰 베 전	1.웟통벗을 단 2.전의,옷모양,기 전	웃통벗을 단 | 흰베 전
251	달	怛	슬플 달	슬플 달	슬플 달	놀랄,애태울,슬퍼할 달	슬플 달	1.슬퍼할,놀랄,애태우는 모양,두려워할 달 2.교만하고방자할 단	슬플 달
252	달	闥	궐문 달		문지방 달	1.뜰,문,빠를 달 2.문빗장 건	1.문 달 2.돌출한 네모진 나무 건	문,침실,빠른모양,문의 안쪽달	궐문 달

順番	音價	漢字	古今	韓國	北韓	民衆	東亞	教學	本書案
253	담	黮	검을 담		1.검다 담 2.어두운 모양 탐3.오디 심	1.검을 담 2.어두울 탐 3.오디 심	1.검을 담 2.어두울 탐 3.오디 심	1.검을 담 2.어두울 탐 3.오디 심	검을 담 | 오디 심
254	담	惔			타다, 굽다, 근심하다	속탈 담	탈 담	태울,편안할 담	속탈 담
255	담	窞			깊은 구덩이 담	구덩이 담	작은 구덩이 담(람)	구덩이,동굴 담	구덩이 담
256	담	聃			번번한 귀	귓바퀴 없을, 사람이름,姓 담	귓바퀴 없을 담	귀클, 즐길, 나라이름 담	귓바퀴없을 담
257	담	菼	달 담		달 담	물억새 담	물억새 담	어린물억새 담	달 담
258	담	萏	연봉오리 담		꽃이 활짝 핀 모양	연꽃,연꽃봉오리 담	연꽃 봉오리 담	함담,화려한 모양 담	연 봉 오 리 담
259	담	餤			나아가다,씹다, 먹이다, 떡	나아갈,더할, 먹을, 먹일, 낚을 담	권 할 , 먹 을 담	음식을드릴, 떡,먹을 담	먹을 담
260	담	驔			등마루가 누른 가라,정갱이 털이 흰 말	정강이흰말 담	정강이 흰 말 담(점)	등누른가라말,다리에긴 털이난말 담(점)	정강이흰말 담
261	담	髧			머리칼이 드리운 모양	늘어질 담	늘어질 담	머리털을드리운모양 담	머리늘어질 담

順番	音價	漢字	古今	韓國	北韓	民衆	東亞	敎學	本書案
262	당	倘		만일 당	혹시, 구차하다,락심한모양 당 (儻와同字)	1.기개있을, 갑자기,구차할,혹시,흐릴 당(儻와同字) 2.노닐 상(徜와同字)	1.혹시 당 2.어정거릴 상	1.놀라며의아해할,만일,한가로울,탁월할 당 2.바장일 상	만일 당| 노닐 상
263	당	儻	고상할 당	갑자기 당	혹시,구차하다,락심한모양 당(倘와同字)	기개있을,갑자기,구차할,혹시,흐릴,실의할,姓 당	빼어날 당	세속에얽매이지않을,정신이 황홀할,혹시,만약,치우칠,제멋대로할,우연히 당	고상할/구차할 당
264	당	鏜			북소리 당(탕)	종고소리당	종고 소리 당	종고소리,당라 당	종고소리 당
265	당	鐺	목 쇠사슬 당	1.쇠사슬 당 2.노구솥 쟁	1.[鐺]북소리 당 2.옹솥 쟁	1.종고소리,쇠사슬 당 2.솥 쟁	1.쇠사슬 당 2.솥 쟁	1.낭당,종고소리,귀걸이 당 2.탕관,번철 쟁	목쇠사슬 당 | 노구쟁
266	당	螗			매미 당	씽씽매미 당	씽씽매미 당	당조,버마재비 당	씽씽매미 당
267	대	懟	원망할 대		원망할 대	원망할 대	1.원망할 대 2.고민 추	원망할,사나울 대(추)	원망할 대
268	대	憝	원망할 대		원망하다,악하다	원망할,모진사람 대	원망할 대	원망할,간악할,멸망시킬 대	원망할/악할 대
269	대	祋			창 대	몽치,姓 대	창 대(탈)	창,양가죽을매단장대 돌(대)	창 대

順番	音價	漢字	古今	韓國	北韓	民衆	東亞	教學	本書案
270	대	譈	원망할 대		원망하다.미워하다	원망할,미워할,죽일 대	원망할 대	원망할 대	원망할 대
271	도	叨	탐낼 도	외람할 도	탐내다,욕되다,외람되다	탐할,욕되게할, 외람할 도	탐낼 도	탐할,함부로,잔인할 도	탐할 도
272	도	忉	근심할 도		[忉忉]마음이 근심 스럽고 괴롭다	근심할 도	근심할 도	근심할,수다스러울 도	근심할 도
273	도	慆	기쁠 도		기쁘다,방자하다,의심하다	방자할,기뻐할, 난잡할, 지날, 지낼, 오랠, 감출, 의심할 도	기뻐할 도	기뻐할,감출,의심할 도	기뻐할 도
274	도	擣	다듬을 도	다음을 도	다듬을 도	1.찧을,칠 도 2.밸 주	1.찧을 도 2.모일 주	1.찧을,두드릴 도 2.모일주	찧을 도
275	도	檮			토막나무 도	등걸이,어리석을 도	1. 등걸, 관도2.산 이름 주	1.도울,찧을,널도2. 단단한나무,산대주	등걸 도 | 산대 주
276	도	稌			찰벼 도	벼,찰벼 도	1.찰벼 도 2.마 서	벼 도	찰벼 도
277	도	闍	성문 도		1.[闉闍]성문 도(사) 2.[闍維]화장하다 사	1.망대,성문도 2.梵語'사'의 음의 음역에 쓰임	1.망루 도 2.화장할 사	1.성문망루도(사) 2.사리 사	성문 도
278	도	鼗	작은북 도		소고 도	땡땡이 도	땡땡이 도	북이름 도	작은북 도

順番	音價	漢字	古今	韓國	北韓	民衆	東亞	敎學	本書案
279	도	咷			우는소리,아이울음	울 도	울 도	1.울 도 2.노래할 조	울 도
280	도	瘏			앓다; 지치다; (말이)들피지다	앓을 도	앓을 도	지칠 도	앓을 도
281	도	綯	노끌 도		새끼 도	꼴,노,새끼 도	꼴 도	꼴,새끼 도	노끌 도
282	도	翿			깃일산 도	깃일산 도	우보당 도	기이름 도	깃일산 도
283	도	荼	씀바귀 도	씀바귀 도	씀바귀 도	1.씀바귀,방가지똥,물억새이삭,띠,해독 도 2.옥이름 서	1.씀바귀 도 2.차 다 3.땅이름 야 4.띠꽃 사(여)	1.씀바귀 도 2.차나무 다 3.성 야 4.옥홀 서	씀바귀 도
284	도	謟			의심하다 도	의심할,어그러질 도	의심할 도	의심스러울,분수넘을,숨길,황당무계할 도	의심할 도
285	도	鞉			소고 도(鼗와 同字)	땡땡이 도	노도 도	소고 도	소고 도
286	독	櫝	궤 독		궤,함,작은 관독	함,널,넣을,목침 독	함 독	함,널,합 독	궤 독
287	독	黷	더러울 독		어지러워지다, 더러워지다,무례하고, 방자하다,번다하다,검다,무릅	더러울,더럽힐,친압할 독	더럽힐 독	더러울,욕볼,업신여길,더럽힐,남용할 독	더러울 독

順番	音價	漢字	古今	韓國	北韓	民衆	東亞	教學	本書案
288	독	匵	손궤 독		궤, 함, 작은 관독(櫝와 同字)	궤 독	궤 독	궤, 작은관 독	손궤 독
289	동	侗	1.지각없을 동2.키멀쑥할 통		1.[倥侗]철없는모양 동 2.큰 모양 통	1.정성 동 2.미련할,클,아플,姓 통	1.정성 동 2.클 통		지각없을 동/키멀쑥할 통
290	동	僮	아이종 동		종 동	아이, 종, 어리석을,조심할 동	아이 동	아이,성대한 모양,종 동	아이종 동
291	동	彤	붉은 칠할 동	붉은칠할 동	붉은 칠을 하다. 붉다	붉은칠, 성 동	붉을 동	붉게칠할,붉을,동관의붓 동	붉은칠할 동
292	동	蝀	무지개 동		무지개 동	무지개 동	무지개 동	체동 동	무지개 동
293	동	烔			[烔烔]화끈화끈하다	더울,불사를 동	뜨거운 모양 동	뜨거운모양 동	뜨거울 동
294	동	罿		새그물 동	덮치기 동	그물 동(총)	새그물 동(총)	그물 동(총)	새그물 동
295	두	斁		1.무너질 두 2.싫어할 역	1.패하다, 무너지다 두 2.싫다, 마치다, 밝다, 가리다 역	1.패할 두 2.싫어할,성할 역	1.깰 두 2.싫어할 역 3.바를 도	1.깨뜨려질 두 2.싫어할, 성대한 모양 역 3.바를, 정도 도	무너질 두 | 싫어할 역
296	등	滕	등나라 등			오를,등나라 등	물 솟을 등	물솟아오를, 말을떠벌릴, 나라이름 등	물솟아오를 등
297	등	縢	노, 꿰맬 등			봉할, 행전, 노, 주머니 등	봉할 등	봉할, 끈, 묶을, 행전, 자루 등	노/꿰맬 등

順番	音價	漢字	古今	韓國	北韓	民衆	東亞	教學	本書案
298	등	螣				1.등사 등 2.박각시나방 애벌레 특	1.등사 등 2.박각시나방 애벌레 특	1.등사 등 2.누리 특	등사 등
299	라	臝			벌거벗다	벌거벗을 라	벌거벗을 라	벌거벗을/과라 라	벌거벗을 라
300	라	蠃	소라 라(나)		螺와 같음, 나나니벌	고둥,나나벌 라	나나니벌,소라 라	달팽이,고둥 라	나나니벌 라
301	락	雒			새이름,말이름	가리온(말),물이름,땅이름 락	수리부엉이 락	올빼미,표가라,잇달,낙인찍을,강이름,고을이름 락	올빼미/표가라 락
302	란	闌			늦을 란(면장,차면,저물다,드물다,다하다, 막다)	막을, 난간, 병가, 늦을, 한창, 드물, 함부로 란	가로막을,무늬 란	가로막을,난간,깊어질,다할,쇠할,잃을 란	가로막을 란
303	란	瓓			옥의 문채 란	옥무늬 란	옥 광채 란	옥빛깔,옥돌 란	옥빛 란
304	랄	捋			뽑다,만지다	뽑을, 틀, 만질 랄	집어 딸 랄	딸, 뭇날, 문지를 랄	뽑을/문지를 랄
305	랑	稂	강아지풀 랑(낭)		가라지 랑	가라지 랑	강아지풀 랑	강아지풀,벼쭉정이 랑	가라지/강아지풀 랑
306	래	騋			키가 일곱자 되는 말	큰 말 래	큰 말 래	키가칠척인 말 래	큰말 래
307	래	倈			올 래(來와 同字)	올, 위로할 래(倈와 同字)	올, 위로할 래(倈와 同字)	올, 위로할 래 (倈와 同字)	올/위로할 래

順番	音價	漢字	古今	韓國	北韓	民衆	東亞	教學	本書案
308	래	勑	勅 一 > 敕 칙서 칙		1. 위로하다 래 2.바르다 칙	1.위로할 래 2.신칙할,조서 칙	1.위로할 래 2.조서 칙	1.위로할 래 2.바룰,신칙할,조서,명령할 칙	위로할 래 | 조서 칙
309	려	厲	엄할 려(여)	사나울 려	가다듬을 려	1.숫돌,갈,엄할,사나울,위태로울,빠를,맑을 려 2.문둥병,문둥이 라	1.갈 려 2.문둥병 라	1.숫돌,갈,떨칠,헤아려볼,조련할 려 2.나병 라	엄할/숫돌 려
310	려	膂	힘 려		힘쓸 려	등골뼈, 힘 려	등골뼈 려	등골뼈, 힘, 질려	등골뼈 려
311	려	蠡	좀 먹을 려(여)		1. 표주박, 좀 먹다 려 2.소라 리 3.소라 라	1.나무좀,좀먹을,표주박,사람이름 려 2.옴,고둥,연이을 라	1.좀먹을,달팽이 려 2.표주박 라	1.좀먹을,여제 려 2.표주박, 이록리 3.소라,족라 라	좀먹을 려 | 소라 라
312	려	藘			[茹藘]꼭두서니	꼭두서니,성려	꼭두서니 려	여려, 여여, 성려	꼭두서니 려
313	력	櫟	가죽나무 력(역)	굴참나무 력	떡갈나무,로략질하다 력(륵)	상수리나무,난간,문지를,칠,밟고넘을,姓 력	1. 상수리나무 력 2.고을 이름 약 3.문지를 로	1. 상수리나무, 난간, 칠, 새이름,땅이름 력 2.약양 약	떡갈나무 력
314	력	酈			땅이름 력	1. 땅이름,姓 력 2.땅이름 려	1. 고을이름 력 2.땅이름 리	1. 고을이름, 姓 력 2.땅이름 리	땅이름 력 | 땅이름 리

順番	音價	漢字	古今	韓國	北韓	民衆	東亞	敎學	本書案
315	련	孌			순종하다,사모하다,어여쁜모양	아름다울,그리워할,따를 련	아름다울 련	아름다울,사모할 련	아름다울 련
316	렬	栵			1.떡갈나무 렬 2.나무가 줄 지어 나다 례	1.선밤나무 렬 2.늘어설 례	1.산밤나무 렬 2.나무 늘어설 례	1.산밤나무 렬(례) 2.총생할 렬(례)	산밤나무 렬 | 늘어설 례
317	렴	蘞			경대 렴	거지덩굴,덩굴 렴	1.거지덩굴 렴 2.풀 맛 매울 험	1.백렴 렴 2.풀맛얼얼할 험	거지덩굴 렴
318	령	姈			녀자가어여쁘고영리하다.	여자의자,여자 영리 할 령	여자 이름 령	여자약삭빠를 령	여자영리할 령
319	령	昤			[昤曨]해`빛이 어른 어른한 모양	햇빛 령	햇빛 령	햇빛 령	햇빛 령
320	령	苓	복령 령(영)		도꼬마리,풀이름	도꼬마리,감초,버섯 령	1.도꼬마리 령 2.풀 이름 련	1.도꼬마리,향초이름,씀바귀,복령,시들 령 2.연꽃 련	복령(茯苓) 령
321	령	蛉	고추잠자리 령(영)		[蜻蛉]잠자리[螟蛉]뽕나무 벌레	잠자리,명령 령	잠자리 령	명령,청령,영궁,영고 령	고추잠자리 령
322	례	鱧	가물치 례(예)		가물치	가물치 례	가물치 례	예어 례	가물치 례
323	로	壚		검은 흙 로	검은 석비레,술`집	검은석비레,목로,화로 로	흙토 로	검은석비레,술청,화로 로	검은흙 로

順番	音價	漢字	古今	韓國	北韓	民衆	東亞	教學	本書案
324	로	簵			[菌簬]대이름	대이름 로	대이름 로(簬의 古字)	균로 로(簬의古字)	대이름 로
325	로	纑	베올 로(노)	누인베올 로	베올,이긴삼실	실,누일,삼,삼베,설필 로	실 로	삼실,삼누일 로	베올 로
326	록	彔		새길,푸른돌 록		나무새길,근본 록	새길 록	근본,나무를 새길 록	새길 록
327	롱	隴	언덕 롱(농)	밭두둑 롱	언덕 롱	밭두둑,언덕,따이름,姓 롱	고개 이름 롱	산이름,땅이름,왕성할,언덕,성 롱	언덕 롱
328	뢰	罍	술잔 뢰(뇌)	술잔 뢰	준. 두루미,세수그릇	1.술그릇,대야 뢰 2.술그릇 루	술독 뢰(루)	술그릇,대야 뢰	술잔 뢰
329	뢰	耒	따비 뢰(뇌)	쟁기 뢰	따비 뢰	쟁기,쟁깃술 뢰	쟁기 뢰	쟁기 뢰	따비 뢰
330	료	潦	장마 료(요)	장마 료(로)	장마 로(료)	큰비,장마,길바닥물 료	큰비,적실,강이름 료(本音:로)	1.큰비오는 모양,물에잠길,노수 로 2.강이름,거칠,초라할 료	장마 료 | 장마 로
331	료	繚	동일 료(요)	동일 료	동이다,묶다,다듬다,다스리다	얽힐,감길,두를,묶을,다스릴 료	1.감길,다스릴 료2.사람이름 요	감길,에울,제사이름,타래,길을돌아서갈,어지러울,다스릴 료	동일 료
332	료	敹			가리다,꿰메다	가릴 료	가릴 료	가릴,꿰멜 료	가릴 료

順番	音價	漢字	古今	韓國	北韓	民衆	東亞	教學	本書案
333	루	摟	안을 루		이끌 루	끌 루	끌어 모을 루	끌어모을,꾈,안을 루	안을 루
334	류	纍		가둘 루(류)	감다,얽동이다,구속하다,가두다,줄,바'줄,연좌루(류)	연이을,연이어질,고달플,쌓일,가둘,갇힐,얽힐,매달릴,바,갑옷그릇 루	1.맬,산 이름,연루시킬 루 2.산 이름 루	1.얽힐,가둘,갑옷상자,연좌시킬,밧줄,연루될 루 2.쌓을 뢰	가둘류| 가둘 루
335	류	懰			좋아하다,어여쁘다,묶다,숙박하다	아름다울,근심할 류	근심할,아름다울 류	근심할,머무를,아름다울 류	근심할/아름다울 류
336	류	罶	통발 류(유)		통발	통발 류	통발 류	통발 류	통발 류
337	류	藟			칡덩굴,등침	덩굴 풀 류		덩굴풀,얽힐,꽃봉오리,울창주 류	덩굴풀 류
338	류	虆	덩굴 류(유)		덩굴, 칡덩굴	1.덩굴 류 2.들것 라		덩굴식물 류	덩굴 류
339	류	駵			월다말	월따말 류	월따말 류	월따말 류	월따말 류
340	륙	僇	욕할 륙		욕하다, 욕되다	욕 륙	1.욕보일 륙 2.느릴 류	1.죽일,모욕할,힘 합 칠 륙 2.조금 료	욕할 륙
341	륙	穋			빨리 익다. 올되다,올벼(稑와 同字)	1.올벼 륙 2.약초이름,벼이름 구		올곡식 륙(稑와 同字)	올벼 륙

順番	音價	漢字	古今	韓國	北韓	民衆	東亞	教學	本書案
342	름	廩	쌀 곳간 름(늠)	쌀창고 름	고'집 름	곳집, 녹미, 구호미 름	곳집 름	1.곳집,쌓을, 양식, 녹봉, 나누어줄 름 2.물넘칠, 평탄하지않을 람	쌀곳간 름
343	름	懍			공경하다,두렵다,위태롭다	1.삼갈,두려워, 위태할 름 2.찰,비통할 람	위태할 름	1.두려워할, 엄정할모양, 추워서떨 름 2.곤궁할 람	두려워할 름
344	리	俐			[伶利]눈치가 빠르고 슬기롭다	똑똑할 리	똑똑할 리	영리할 리	영리할 리
345	리	涖			림 하다[涖涖]물'소리	임할 리	다다를 리	임할, 볼, 다스릴,물소리 리	임할 리
346	리	离		산신, 맹수, 헤지다리	도깨비,떠날 리	산신,흩어질 리		魑의 本字,離와 同字	도깨비/산신 리
347	리	莅	임할 리(이)	임할 리	림하다[莅莅]물'소리	임할 리	다다를 리(률)	임할,참가할, 감시할,집행할,빨리나는 모양 리	임할 리
348	리	梩			[虆梩]흙을 담는들것(흙파는)가래	흙담는 들것 리	가래 리	1.삼태기 리 2.구기자나무 기	삼태기 리

順番	音價	漢字	古今	韓國	北韓	民衆	東亞	教學	本書案
349	리	縭			차는수건,실로한신장식,관끈드림,매다,띠	향주머니,신꾸밀,향주머니끈,맬,빗질할 리 (本音:치)	신 꾸미개,빗질할 리(本音:치)	신꾸밀,수건,띠,맬 리	신꾸밀 리
350	리	纚			1.끈,대새끼 리 2.머리털을 싸매는 쓰개 사 3.새끼의 미끈한 모양 라	1.갓끈,맬 리 2.머리싸개,떼지어갈,잇달 사 3.떨어질,족대 쇄	1.맬,이어질 리 2.머리싸개 사 3.떨어질 쇄 4.수레장식 시	1.맬,끈,이어질 리 2.머리띠,걸을,긴모양 사 3.흩날릴,그물,조리있을 쇄	맬 리 | 머리싸개 사
351	리	詈	꾸짖을 리(이)		꾸짖다 리	꾸짖을,빗대어욕할 리	꾸짖을 리	욕할 리	꾸짖을 리
352	린	粼			석간수,대의한가지	물부딪힐,대이름,물모양,돈점박이 린	물 맑을,내모양 린	물 맑을, 달이 맑고 밝은 모양 린	물맑을 린
353	린	鄰	이웃린(인)	이웃 린	이웃 린	이웃,이웃할,보필,수레소리,행정구획이름,姓 린 (隣의 本字)	이웃, 닮을 린	행정구획의 이름,이웃나라,이웃,근신,고을,성,해질,인색할 린	이웃 린
354	립	苙	구리때 립(입)		구리때,짐승우리	어수리,우리 립	1.우리 립 2.구릿대 급	우리, 백지 립(깁)	구릿대/짐승우리 립
355	마	禡		제사 마	진터에서 지내는 제사 이름	마제 마	마제 마	마제 마	마제(禡祭) 마

順番	音價	漢字	古今	韓國	北韓	民衆	東亞	教學	本書案
356	막	藐	아득할 막	작을 묘	1.지초,소홀한모양,아름다운모양,아득한모양 막 2.멀다,작다,약하다 묘	1.멀 막 2.작을,약할,업신여길 묘	1.아득할 막 2.멀 묘 3.지치 모	1.자초,너를,멀,웅려할 막 2.작을,깔볼,이쁠 묘	멀 막 | 작을 묘
357	막	瘼			병 들다 막	병,병들,병들게할 막	병들 막	앓을,폐해 막	병들 막
358	만	墁			회벽,흙손	바를,칠할 만	흙손 만	벽장식,바를,흙손 만	바를 만
359	만	鏋				금 만	금 만	금정 만	금 만
360	말	秣	말 먹이 말		말먹이,먹이다,사양하다 말	말먹이 말	꼴 말	말먹이, 기를, 꼴먹을,성 말	말먹이 말
361	망	蘉			힘쓰다 망	힘쓸 망	힘쓸 망	힘쓸,멍할 망	힘쓸 망
362	매	沬	희미할 매		1.희미하다 매 2.낯을 씻다 회	1.땅이름,어둑어둑할 매 2.씻을 회	1.땅 이름 매 2.낯 씻을 회	1,땅이름,어둑어둑할 매 2.세수할 회	희미할 매 | 낯씻을 회
363	매	苺	딸기 매		딸기	딸기,이끼 매	딸기 매(모)	딸기 매	딸기 매
364	매	勱				힘쓸 매	힘쓸 매	힘쓸 매	힘쓸 매
365	매	浼			더럽힐 매	1.더럽힐 매 2.편히 흐를 면	1.더럽힐 매 2.편히 흐를 면	더럽힐,물질펀하게흐르는모양,청탁할 매	더럽힐 매
366	매	痗			병 매	병,앓을 매	앓을 매	병들 매	병들 매

順番	音價	漢字	古今	韓國	北韓	民衆	東亞	教學	本書案
367	매	脢			등심 매	등심 매	등심 매(미)	등심, 짧을, 허 튼 말 할 매	등심 매
368	매	鋂			큰 고리, 겹고리	사슬 고리 매	사슬 고리 매	사슬고리 매	사 슬 고 리 매
369	매	霾	흙비 매	흙비 매	흙비 매	흙비올 매	흙비 올 매	흙비올,가릴, 숨을, 묻힐, 어둑어둑할 매	흙비 매
370	매	韎			붉은가죽,악곡이름	가죽 매	1.가죽 매 2.양말 말	1.적황색으로물들인가죽,꼭두서니, 음악이름 매 2.버선 말	가죽 매
371	맥	貉				오랑캐,조용할,조용히할 맥	1.오랑캐 맥 2.담비 학	1.종족이름, 북맥,성 맥 2.오소리 락 3.제사이름 마	오랑캐 맥
372	맥	霢	가랑비 맥		가랑비(霂과 同字)	가랑비 맥	가랑비 맥(멱)	가랑비,땀흐르는 모양 맥	가랑비 맥
373	면	湎	빠질 면		술에 취하다, (수색에) 빠지다	빠질, 변천할 면	빠질 면	빠질, 방종할, 멀, 변해 갈 면	빠질 면
374	멸	篾	대껍질 멸		대쪽,대껍질, 대이름	대 껍 질, 등 멸	대껍질 멸	대껍질,도지죽, 분도, 작을,얕볼 멸	대껍질 멸

順番	音價	漢字	古今	韓國	北韓	民衆	東亞	敎學	本書案
375	멸	幭				1.덮게,잠옷,수레뚜껑,머리띠 멱 2.수레뚜껑 멸(멱)	덮개 멸	수레의 덮개,두건 멸	덮개 멸
376	모	旄	털기 모		기'발꾸미개의 하나,기'발,노루의털이길다,늙은이	기,늙은이 모	깃대 장식,늙은이 모	들소꼬리,들소꼬리로장식한기,들소,산언덕,모두,늙은이,눈어두울 모	털 기(旗) 모
377	모	眊	눈동자 모	흐리멍텅할 모	눈이 흐리다,늙은이	흐릴,늙은이 모	눈 흐릴 모	눈흐릴,흐트러질,늙은이,기의털장식,실망할 모(막)	눈흐릴/늙을 모
378	모	耄	늙을 모		늙은이 모	늙을,늙은이 모	늙은이 모	늙은이,정신이흐릴,늙을 모	늙을 모
379	모	蟊			놀 모	뿌리 잘라 먹는 벌레,기이름 모(蝥와 同字)	1.해충,가뢰 모 2.집게벌레,거미 무(蝥와 同字)	1.해충이름,주모 모 2.귀조 몽	해충 모
380	모	髦		다박머리 모	긴머리칼,다박머리,말갈기,뽑다,준수하다	1.다팔머리,긴머리,뛰어날,갈기,姓 모 2.오랑캐 무	1.다팔머리 모 2.오랑캐 무	단발머리,긴털,말갈기,뛰어날,종족이름,모우,기 모	다박머리 모
381	모	麰	보리 모	보리 모(무)	보리,누룩	보리 모	보리 모	보리 모	보리 모

順番	音價	漢字	古今	韓國	北韓	民衆	東亞	教學	本書案
382	목	楘			수레 책의 꾸미개	수레채 가죽 목	나릇 장식 목	수레채장식 목	수레장식 목
383	목	霂	가랑비 목		가랑비	가랑비 목	가랑비 목	가랑비 목	가랑비 목
384	몽	幪			덮개,[幪幪] 무성한모양	덮을,무성할 몽	덮을,무성한 모양 몽	두건, 덮을, 무성할 몽	덮을 몽
385	몽	濛	이슬비 몽	이슬비 몽	보슬비 가 내리는 모양	가랑비올,흐릿할 몽	가랑비 올,큰 물 몽	가랑비내리는모양,자욱할, 강이름, 광대한모양, 혼돈한모양 몽	이슬비 몽
386	몽	矇	소경 몽	청맹과니 몽	청맹관이	먼눈, 소경 몽	청맹과니 몽	청맹과니,악관, 어두울 몽	소경 몽
387	몽	饛	밥수북히 담을 몽		수북하게 담다	수북이 담을 몽	수북이 담을 몽	음식을그릇 가득히담은 모양 몽	밥수북히담을 몽
388	묘	眇	애꾸 묘	외눈 묘	외눈 묘	애꾸눈,외눈질할, 작을, 멀,다할 묘	애꾸눈,이루어질 묘	작은눈,애꾸눈,자세히볼, 하찮을,정묘할 묘	애꾸 묘
389	묘	貓	고양이 묘	고양이 묘	고양이 묘	고양이, 닻 묘	고양이 묘(猫와 同字)	고양이,이묘, 닻,묘족 묘	고양이 묘
390	묘	茆	띠 묘		1.나물 이름 모(묘) 2.개' 버들 류	1.순채 묘 2. 띠,풀섶 모 3.갯버들 류	1.순채 묘 2. 풀숲 모	순채,풀더부룩이날, 띠 묘(류)	띠 묘 | 갯버들 류
391	무	儛	춤출 무		춤출 무(舞와 同字)	춤출 무	춤출 무	춤출 무	춤출 무

順番	音價	漢字	古今	韓國	北韓	民衆	東亞	教學	本書案
392	무	廡	행랑 무		행랑,큰 집	곁채,지붕,처마,집,무성할 무	집,무성할 무	곁채,집,큰집,처마,술그릇,초목이 무성할 무	행랑 무
393	무	膴		두터울 무(호)	크다,많다,법,두텁다	포,법,아름다울,두터울 무	1.포,두터울,두터울 무 2.등심 매	포,고깃덩이,법,비옥할,두터울,비옥할,두터울 무	두터울 무
394	무	髳			다박머리	다팔머리,오랑캐 무		1.단발머리,종족이름 무 2.무성할 몽	다박머리 무
395	묵	纆			두겹노	노 묵	노 묵	노끈 묵	노 묵
396	문	捫	어루만질 문		어루만지다,잡다	잡을,더듬을 문	어루만질 문	잡을,더듬을,더위잡을 문	어루만질 문
397	문	炆			따뜻하다 문	뭉근불,따뜻할 문	따뜻할 문	따뜻할 문	따뜻할 문
398	문	璊			옥의 붉은 빛	붉은 옥 문	붉은 옥 문	붉은 옥 문	붉은옥 문
399	문	穈			1.조 문 2.기장,미음 미	1.붉은기장 문 2.검은 기장 미	1.붉은 기장 문 2.검은 기장 미	1.붉은기장 문 2.메기장 미	붉은기장 문 | 검은 기장 미

順番	音價	漢字	古今	韓國	北韓	民衆	東亞	敎學	本書案
400	미	亹		힘쓸 미	1.아름답다(亹亹)힘쓰다,부지런하다,나아가는모양,물이흐르는모양 미 2.[斐亹]문채 나는 모양 문	1.부지런할,흐를,달릴,아름다울 미 2.골어귀 문	1.힘쓸 미 2.물문 문	1.힘쓸,아름다울,나아갈,징조,죄 미 2.산어귀 문	힘쓸 미
401	미	弭	활끝 미	활고자 미	활꽂이, 쉬다,편안케하다,어루만지다	활,활고자,그칠,잊을,편아히할,좇을,姓 미	활고자 미	각궁,활고자,그칠,편안하게할,잊을,순종할, 성 미	활고자 미
402	미	敉			어루 만지다,편안하게 하다,사랑하다	어루만질 미	어루만질 미	어루만질,안정시킬 미	어루만질 미
403	미	瀰	물 가득할 미		1.물이 가득하다 미 2.물이흐르는모양 니	치런치런할,흐를,아득할 미	물 넓을,세차게 흐를 미	1.물넓은모양,물깊고그득한모양,가득할 미 2.물흐를 니	물가득할 미
404	미	糜	죽 미	싸라기 미	싸락 미	죽,싸라기,문드러질,소비할,멸할,부서질,부술 미	죽 미	죽,싸라기,훼상할,흩을,기장,눈썹,성 미	죽 미

順番	音價	漢字	古今	韓國	北韓	民衆	東亞	敎學	本書案
405	미	麋	고라니 미	고라니 미	고라니, 누렁이, 물'가, 눈썹, 물크러지다	순록, 물가, 눈썹, 궁궁이, 姓 미	큰 사슴 미	사불상, 부서질, 진무를, 물가, 눈썹, 죽, 풀이름, 검을, 성 미	고라니 미
406	미	郿			땅 이름 미	고을 이름 미	땅 이름 미	땅이름 미	땅이름 미
407	민	忞			1. 마음을다지여힘쓰다, (愍)번민하다 2.[忞忞] 마음이 어수선하다 문	힘쓸 민	힘쓸, 어지러울 민	1. 힘쓸, 어두울 민 2. 어지러워질 문	힘쓸 민
408	민	暋			강하다, 강경하다, 번민하다	강할, 번민할 민	굳셀, 번민할 민	사나울, 애쓸, 번민할 민	강할/번민할 민
409	민	黽		힘쓸 민	1.힘쓸 민 2. 개구리 맹 3. 땅이름 면(맹)	1.힘쓸 민 2. 맹꽁이, 姓 맹 3.고을이름 면	1.힘쓸 민 2. 맹꽁이 맹 3. 고을 이름 면	1.힘쓸 민 2. 맹꽁이, 맹새 맹 3.면지 면	힘쓸 민 | 맹꽁이 맹 | 땅이름 면
410	민	慜			총명하다	민첩할 민	총명할 민	총명할, 근심할 민	총명할 민
411	민	敃			힘 쓰다	1.강인할 민 2. 어지러울 분	1.강할 민 2. 어지러울 분	힘쓸, 완고하고억셀 민	힘쓸 민
412	민	潣			물이 흐르는 모양	물편히흐를 민	물졸졸흐를 민	물흐름이편편하고느릿한모양 민	물졸졸흐를 민
413	민	痻			병들다	병, 앓을 민	앓을 민(혼)	병이름 민	병들 민

順番	音價	漢字	古今	韓國	北韓	民衆	東亞	敎學	本書案
414	박	亳			땅 이름	은나라 서울, 姓 박	땅 이름 박	은나라서울, 나라이름 박	땅이름 박
415	박	鎛			쇠북,호미	종,호미 박	종 박	종,호미,꾸밀 박	호미 박
416	박	襮			수 놓은 깃, 겉	깃,겉,드러낼,옷장식 박	수놓은 깃 박	수놓은옷깃, 겉,드러낼 박	수 놓은 깃 박
417	박	鉑			금박 박	박 박	금박 박	금박,플래티나 박	금박 박
418	반	胖	살찔 반		살질 반	희생,안심, 클 반	희생반쪽,편안할,안심 반	희생의반쪽, 갈비살,반쪽, 고깃조각,편안할반,살질 반	살찔 반
419	반	鞶	가죽띠 반		큰,수건을 넣은 작은 주머니 띠	띠,주머니 반	큰 띠 반	큰띠,주머니, 뱃대끈 반	가죽띠 반
420	발	浡	우쩍 일어날 발		일어나다,성하다,바다이름	우쩍일어날, 용솟음할 발	일어날 발	일어나는모양,성할,샘솟을,발해 발	우쩍일어날 발
421	발	茇			1.풀뿌리,풀마 발 2.배' 줄 불	뿌리,한둔할, 넘을,姓 발	1.풀뿌리 발 2.능소화나무 패 3.뱃줄 불	통발 발	풀뿌리 발
422	발	軷			길에서 지내는 제사	길제사 발	발제 발	길제사,등산할 발	길제사 발

順番	音價	漢字	古今	韓國	北韓	民衆	東亞	敎學	本書案
423	방	厖	클 방	클 방	클 방	두터울, 클, 넉넉할,섞일, 姓 방	클 방(本音: 망)	1. 두터울,어지러울 방(本音:망) 2. 분명히 나누어지지 않은 모양 몽	클 방
424	방	幫	방조할 방	도울 방	가죽신 방	도울,패거리, 단체 방	도울 방	신의양쪽면, 댈, 도울, 단체,무리 방	도울 방
425	방	魴	방어 방		방어 방	방어,姓 방	방어 방	방어 방	방어 방
426	방	逄			막다,성	막을,姓 방	막을 방	1. 북소리,성방 2.만날 봉	막을 방
427	방	雱				눈내릴 방	눈 내릴 방	함박눈내리는모양 방	눈내릴 방
428	배	桮	술잔 배		잔 배(杯와 同字)	술잔,그릇,姓 배	술잔 배	술잔,나무를 구부려만든 그릇,성 배	술잔 배
429	번	翻	번역할 번	뒤칠 번	뒤칠 번	날, 나부낄, 뒤집힐,뒤집을, 변할, 번역할,도리어 번	날 번	날, 움직일, 뒤집을,바꿀 번	날/뒤칠 번
430	번	蘩	쑥 번		새발쑥 번	산흰쑥,별꽃 번	산흰쑥 번	백호 번	흰쑥 번
431	번	袢			속옷 번	1.속옷 번 2. 차려입을 반	1.속옷 번 2. 옷 차려입을 반	내의,무더위 번	속옷 번
432	번	墦	무덤 번		무덤 번	무덤 번	무덤 번	무덤 번	무덤 번

順番	音價	漢字	古今	韓國	北韓	民衆	東亞	敎學	本書案
433	범	杋			나무이름 범	나무이름 범	나무 이름 범		나무이름 범
434	벽	甓	벽돌 벽	벽돌 벽	벽돌 벽	벽돌, 기와 벽	벽돌 벽	벽돌 벽	벽돌 벽
435	벽	辟	물리칠 벽	물리칠 벽	물리칠 벽	1.임금,임,법,부를,다스릴,길쌈할 벽 2.피할 피 3.비유할,비유컨대 비	1.임금 벽 2.피할 피 3.견줄 비 4.그칠 미 5.썰 백	1.법,죄,형벌,다스릴,본받을,임금,열,일굴,물리칠,편벽할,저밀 벽 2.피할 피 3.비유할,가두를,팔,곁눈질할 비 4.그칠 미	물리칠 벽
436	변	籩	제기 이름 변	대제기 변	대접시, 변두	변(대오리를 겯어서 만든 과실을 담는 제기) 변	제기 이름 변	대그릇, 종 변	제기 이름 변
437	변	釆				나눌,분별할 변	분별할 변	나눌 변	나눌 변
438	병	缾	병 병	병 병(甁)	단지,두레박 병	두레박 병	병 병	병 병(甁)	병 병
439	병	迸	흩을 병		뿔뿔이 달아나다	솟아나올,흩어질,달아날,물리칠 병	달아날 병	달아날,솟아날,튀어나올,물리칠,터질,튕길.부릴 병	흩어질 병
440	병	怲			[怲怲]근심스러운 모양	근심할 병	근심할 병	근심할 병	근심할 병

順番	音價	漢字	古今	韓國	北韓	民衆	東亞	教學	本書案
441	병	荓			풀이름,하여금	하여금, 끌, 풀이름 병	풀이름 병	말솔풀, ~하게할,끌어들일 병	풀이름 병
442	보	鴇	너 새 보		너 새 보	능에,오총이 보	능에 보	능에, 노기, 오총이 보	너새 보
443	보	黼			보불 보	수 보	수 보	무늬,수놓은옷,제후의예복 보	수 놓 은 옷 보
444	복	扑			매틀 치다, 종아리채	칠,종아리채 복	칠 복	칠, 회초리, 엎어질 복	칠 복
445	복	濮		내이름 복	물 이름	물이름, 姓 복	강 이름 복	복수,고을이름,종족이름, 종 복	물이름 복
446	복	楅			소뿔에가로댄나무,화살통	쇠뿔가로나무, 살그릇 복(벽)	뿔막이 복(벽)	뿔막이,문살, 전동 복(벽)	뿔막이 복|뿔막이 벽
447	복	葍	순무 복	순무 복	순무 복	메,무 복	메꽃 복	선 복, 나 복 복	순무 복
448	복	鍑			옹솥 복	솥 복	솥 복	가마솥 복(부)	솥 복
449	봉	丰	예쁠 봉	풀우거질 봉	예쁘다	어여쁠,우거질 봉	예쁠 봉(풍)	1.예쁠,무성할 봉 2.풍채 풍	예쁠 봉
450	봉	菶	풀 우거질 봉		[菶菶]풀이 무성한 모양	우거질 봉	풀 무성할 봉	초목우거진모양,어수선하게헝클어질 봉	풀 우 거 질 봉
451	봉	唪	크게 웃을 봉		크게 웃다	껄껄웃을,씨많을 봉	껄껄 웃을 봉	크게웃을,열매많이 달릴 봉	크 게 웃 을 봉

順番	音價	漢字	古今	韓國	北韓	民衆	東亞	教學	本書案
452	봉	葑	순무 봉	줄뿌리 봉	1.순무,줄뿌리 봉 2.순무 풍(豐과 同字)	순무,줄뿌리 봉	1.순무,줄뿌리 봉 2.순무 빙	1.무청 봉(풍) 2.줄뿌리 봉	순무 봉
453	봉	芃			꼬리가 긴 모양,작은 짐승 모양,(芃芃) 초목이 성한 모양	우거질,길,姓 봉	풀 무성할 봉	풀무성한모양,짐승터럭더부룩한모양,풀이름,성 봉	풀무성할 봉
454	부	俘	사로잡을 부	사로잡을 부	사로잡을 부	사로잡을,빼앗을,가질 부	사로잡을 부	노획할,포로,사로잡을 부	사로잡을 부
455	부	拊	어루만질 부		어루만지다,두드리다,악기이름 무(부)	어루만질,칠,손잡이,자루,악기이름 부	어루만질 부	칠,어루만질,더듬을,자루,악기이름,탄주할,사람이름 부	어루만질 부
456	부	掊			헤치다,덜다,치다	헤칠,거둘,칠,가를,엎드러질,넘어뜨릴 부	1.그러모을,가를,넘어뜨릴 부 2.성 배	파헤칠,수탈할,줌,줄일,칠,엎어질 부	헤칠 부
457	부	桴	대마루 부	떼 부	떼 부	마룻대,북채 부	마룻대,뗏목 부	마룻대,북채,품을,덮을,질경이,떼 부	대마루 부
458	부	祔		부제 부	부제,제사이름,합장하다	합사할,합장할 부	합살할 부	부제,합장할 부	합장할 부
459	부	罦			덮치기	그물,가리개 부	그물 부	덮치기,덮을 부	덮을 부

順番	音價	漢字	古今	韓國	北韓	民衆	東亞	教學	本書案
460	부	芣	질경이 부		질경이	꽃성할,질경이 부	질경이,당아욱 부	질경이,산이름 부	질경이 부
461	부	蜉	하루살이 부		하루살이 부	왕개미,하루살이 부	하루살이 부	부유(하루살이),비부(왕개미) 부	하루살이 부
462	부	裒	모을 부	모일 부, 덜 부	모으다,덜다	1.모을,모일,줄,덜,포로,사로잡을,많을 부 2.자락큰 옷 보	1.모을 부 2.큰 자락 보	1.모일,줄일,착취,포로,많을 부 2.넓은옷자락 포 3.벼자랄,출중한모양,옷을화사하게차린모양 유 (裦와 同字)	모을 부
463	부	鈇	작두 부	작두 부	작두 부	도끼부	도끼 부	작두, 도끼 부	작두/도끼 부
464	부	鮒	붕어 부	붕어 부	붕어 부	붕어 부	붕어 부	즉어(붕어),두꺼비 부	붕어 부
465	부	痡			병, 지쳐서 비척거리다	앓을,고달플 부	1.앓을 부 2.결릴 포	1.지칠,쇠약해질 부 2.괴롭힐,비괴증 보	앓을 부
466	부	紑			옷이 깨끗하다	희고 고울 부	산뜻할 부	옷깨끗할 부	옷깨끗할 부
467	분	枌	흰 느릅나무 분		흰 느릅나무	흰느릅나무,마룻대 분	나무 이름 분	백유,겹들보 분	흰느릅나무 분

順番	音價	漢字	古今	韓國	北韓	民衆	東亞	敎學	本書案
468	분	棼		어지러울 분	겹들'보,삼베,어지럽다	들보,삼베,어지러울,어지럽힐,누각 분	마룻대 분	마룻대,누각,어지럽힐,삼베,뒤섞일 분	어지러울 분
469	분	濆	물가 분		물'가,솟아오르다	물가,솟아나올,뿜을 분	뿜을,물가,솟을 분	물가,물갈래,물이름,물솟을,어지러워질 분	물가 분
470	분	蕡			열매가 많이 열다,삼씨	열매많을,삼씨,들깨,姓 분	1.들깨,나무 우거질 분 2.삼씨 비 3.열매 많이 열릴 번 4.삼 빈	1.과실주렁주렁할,어지럽힐,성 분 2.삼씨,삼 비	열매 많을 분
471	분	幩			재갈의 꾸밈쇠	말장식 분	재갈 장식 분	재갈장식 분	재갈장식 분
472	분	苯			[苯蓴]풀이 모도록 하게 나다	우거질 분	풀 떨기로 날 분		우거질 분
473	분	豶	불친 돼지 분		거세한 돼지,우리	불 깐 돼지,없앨 분	불 깐 돼지 분	분양,불깐돼지 분(豮와 同字)	불깐[去勢] 돼지 분
474	분	饙	선밥 분		쪄서 익힌 밥	잦히는 밥,찔 분	찔 분	찔,찐밥 분	찐밥 분
475	분	鼖			큰 북	북 분	큰북 분	큰북 분	큰북 분
476	불	紱				인끈,입을,제복 불	인끈 불	관인의 인끈,제복 불	인끈 불

順番	音價	漢字	古今	韓國	北韓	民衆	東亞	教學	本書案
477	불	艴	성 발끈 낼 불		1.[艴然]얼굴을붉혀성내다 불 2.[艴如]발끈하다 발	1.발끈할 불 2.발끈할,색칠할 발	1.발끈할 불 2.새벽 배	1.색칠할 불 2.성낸얼굴빛 발	성 발끈 낼 불 | 성발끈낼 발
478	불	茀			복,머리꾸미개,수레휘장	1.풀숲,덤불,다스릴,막힐,머리꾸미개,수레포장,복,상엿줄 불 2.숨쉴 발	1.우거질,주살이름 불 2.작은모양 비 3.살별 패 4.도울 필	1.풀우거져길막힐,수레덮개,여자머리꾸미개,상엿줄 불 2.향기짙을,숨결이거친모양 발 3.살별 패	우거질 불
479	불	韍	슬갑,보불 불		보불 불	수,슬갑,姓 불	수 불	수,폐슬,인끈,대부의 예복,성 불	슬갑/보불 불
480	불	芾	슬갑 불		[芾芾]무성하다,초목이우거지다,폐슬	1.작을,姓 비 2.우거질.슬갑 불	1.작은 모양 비 2.초목우거질 불	1.작은모양,성 비(패) 2.초목우거진모양,폐슬 불	슬갑/우거질 불
481	불	咈	어길 불		어기다,어그러지다	어길 불	어길 불	어길,아닐,발끈화낼 불	어길 불
482	불	市				슬갑 불	1.슬갑 불 2.무성할 발	슬갑 불	슬갑 불
483	불	笰			수레 뒤'창문,화살			수레가리개 불	수레가리개 불

順番	音價	漢字	古今	韓國	北韓	民衆	東亞	教學	本書案
484	불	紼			엉클어진실, 상여'줄,가리다,인끈	1.상엿줄,줄, 인끈, 슬갑, 얽힌삼 불 2. 지스러기삼 비	1.얽힌삼 불 2.난마로 짠 베 비	동아줄,관끈, 폐 슬, 인 끈 불	인끈 불
485	비	仳			떠나다,헤어지다	떠날,못생긴 여자 비	떠 날, 추 할 비	이별할,나란할,추할 비	떠날 비
486	비	俾	하여금 비	하여금 비	하여금 비	하여금,좇을, 가까울,흘길 비	더할,흘겨볼 비	하여금,따를, 흘겨볼 비	하여금 비
487	비	剕	발꿈치 벨 비		발을베다	발벨 비	발 벨 비	발자를 비	발벨 비
488	비	圮	무너질 비	무너질 비	무 너 지 다. 무너뜨리다	무너질,무너뜨릴 비	무너질 비	무너뜨릴,부서질 비	무너질 비
489	비	埤			붙이다,더하다, 두텁다, 낮은 담	더 할, 담, 낮을, 습지, 성가퀴 비	1.더할,하습한 땅 비 2. 성가퀴 폐	더 할, 담, 습기있는땅,낮을, 성 가 퀴 비	더할 비
490	비	庳		낮을 비	낮다,오막살이	낮을,도울,姓 비	집 낮을,낮을 비	집이 낮을, 낮을, 낮출, 짧을, 도울, 암메추라기, 姓,나라이름 비	낮을 비
491	비	悱	분할 비		분하다, 분내다	말나오지 아니할 비	표현 못할 비	표현하려고 애쓸 비	분할 비

順番	音價	漢字	古今	韓國	北韓	民衆	東亞	教學	本書案
492	비	棐		비자나무 비	비자 비(비자 나무)(榧와 통함)	도지개,도울, 비자나무,광 주리 비	도지개 비	도지개,도울, 얇을,광주리, 비자나무,아 닐,문,땅이 름 비	도지개 비
493	비	淠			배가 떠가는 모양 비,[淠淠]많다 무성하다,[淠淠]움직이다	1.물이름,더 부룩할,배떠 날 비 2.움 직일 패	1.강이름 비 2.움직이는 모양 패	1.강이름,물 소리 비 2.배가가는모 양,많고성한 모양,휘날리 는모양 폐	물이름 비
494	비	痹			각기병,사지 나몸뚱이가 감각을잃고 잘쓰지못하 는병(痺와同字)	저릴,마비할, 류 머 티 스 비	저릴 비	류머티즘,마 비될,가슴답 답할 비	저릴 비
495	비	紕			[紕繆]어긋 나다,꾸미다, 짜다	합사드릴,잘 못,잘못할, 선두를,가선, 다스릴,꾸밀 비	가선,꾸밀, 모직물 비	선두를,가의 수식,그르칠, 해질,모포 비	꾸밀 비
496	비	羆	곰 비		곰 비	말곰 비	큰 곰 비	곰 비	곰 비
497	비	腓	장단지 비		장딴지,병 들다,피하다	장딴지,앓을, 피할 비	장딴지 비	종아리,피할, 병들,발베는 형벌,병폐, 짚신 비	장딴지 비
498	비	貔			사나운 짐승	맹수이름,너 구리 비	비휴 비	맹수이름 비	맹수이름 비

順番	音價	漢字	古今	韓國	北韓	民衆	東亞	敎學	本書案
499	비	轡	고삐 비	고삐 비	고삐 비	고삐 비	고삐 비	고삐, 끝, 말, 법 비	고삐 비
500	비	閟	닫을 비	깊을 비	닫다,으슥하다,신비롭다	닫을, 닫힐 비	문 닫을 비	문닫을,숨길, 그칠, 끝낼, 묻을, 삼갈, 그윽할, 신, 비밀스러울, 병이름 비	닫을 비
501	비	霏			[霏霏]눈이 펄펄 날리는 모양	올, 안개, 올라갈 비	눈 펄펄 내릴 비	눈비가세차게내리는모양, 흩날릴, 자욱한운기, 물흐르는모양 비	눈펄펄내릴 비
502	비	騑			곁마.[騑騑] 말이 멈추지 않고 달리는 모양	곁말 비	곁마 비	곁마, 말, 말이멎지아니하고달리는모양,세살된 말 비	곁마 비
503	비	伾			많다.[伾伾] 힘이 있다	힘셀,많을,姓 비	힘셀 비	힘있는모양, 겹칠, 추할 비	힘셀 비
504	비	奰		장대할 비	장대하다,핍박하다, 성내다	성낼, 장할, 핍박할 비	성낼 비	장대할,성낼, 압박할 비	장대할 비
505	비	岯			산 우의 산			산이름,포개진산 비	산겹칠 비

順番	音價	漢字	古今	韓國	北韓	民衆	東亞	教學	本書案
506	비	朏			초사흗 달, 먼 동이 트다	초승달 비	초승달 비	초승달이처음나타나는모양, 동틀, 초사흗달,모여쌓이는모양,비비 비(불)	초승달 비
507	비	畀	줄 비			줄 비	줄 비	줄, 부탁할, 하여금 비	줄 비
508	비	秠			검은 기장	검은기장 비(부)	검은 기장 비(부)	검은기장,껍질 비	검은기장 비
509	비	篦	대광주리 비	대광주리 비	광주리 비	광주리,먼지막이 비	대광주리 비	대광주리,수레뜸,양수사 비	대광주리 비
510	비	鞞			1. 칼'집. [鞞琫]장식이있는칼집 병 2. 말타고치는 북 비	1.칼집 병 2. 마상북 비	1.칼집 병 2. 마상 북 비	1.칼집 병 2. 북, 비무, 우비 비	마상북 비 | 칼집 병
511	비	駓			누른 털과 흰털이 섞인 말 [駓駓]달리는 모양	황부루 비	황부루 비	황부루,달리는모양 비	황부루 비
512	빈	儐	인도할 빈	인도할 빈	인도하다.안내하다,나아가다, 베풀다,(어떤 의식의 진행을) 돕는 사람	인도할,대접할, 베풀, 나갈, 무리칠, 찡그릴 빈	인도할,찡그릴 빈	인도할,진열할, 물리칠, 공경할,찡그릴 빈	인도할 빈

順番	音價	漢字	古今	韓國	北韓	民衆	東亞	敎學	本書案
513	빈	擯	물리칠 빈	내칠 빈	내칠 빈	물리칠,인도할 빈	물리칠 빈	물리칠,인도할,부모 빈	물리칠 빈
514	빈	繽		어지러울 빈	어지럽다	많을, 성할, 어지러울 빈	어지러울 빈	성빈한모양, 어지러울 빈	어지러울 빈
515	빈	蘋	마름 빈	마름 빈	개구리밥,마름	네가래,개구리 밥, 사과 빈	네가래 빈	네가래,빈과 빈	마름 빈
516	빈	豳	나라이름 빈		1.나라이름 2.문채가 있는 모양(邠와 同字)	1.나라이름,姓빈 2.얼룩반	1.나라이름 빈 2.알록알록할 반	1.나라이름, 성 빈 2.얼룩얼룩할 반	나라이름 빈
517	빈	邠	나라이름 빈		나라이름,문채가 있는 모양	땅이름,빛날,姓 빈(豳와 同字)	나라 이름,빛나다,문채가 성한모양 빈	나라이름,고을이름,문채가성대한모양,성 빈	나라이름 빈
518	빈	鬢	구렛나루 빈	구렛나루 빈	귀밑 빈	살쩍 빈	살쩍 빈	살쩍 빈	살쩍 빈
519	빈	璸			구슬이름,옥에문채나는 모양 빈	옥무늬 어룽어룽할 빈	구슬이름,옥무늬아롱아롱할 빈	1. 옥의무늬 빈 2.구슬이름 변	옥의무늬 빈
520	빈	蠙			진주조개 빈(변)	씹조개,물이끼 빈	진주조개 빈	빈주,씹조개 빈(변)	진주조개 빈
521	사	糸		실 사	1.가는실 멱 2.실 사	1.실,다섯홀 멱 2.실 사	1.가는 실 멱 2.실 사	1.가는실,양수사 멱 2.실 사	실 사 | 가는실 멱
522	사	傞	취한춤 사		[傞傞]취하여 춤 추는 모양	춤출 사	취하여 춤추는 모양 사	술에취해 춤추는 모양 사	취한춤 사

順番	音價	漢字	古今	韓國	北韓	民衆	東亞	教學	本書案
523	사	榭	정자,사당 사		정자,사당집	정자,사정,사당,곳집 사	정자 사	정자,대청 사	정자/사당 사
524	사	汜	늪.소 사		지류가 다시 원류에 합치다,못,늪,물'가	지류,웅덩이,물가,물이름 사	지류 사	지류,웅덩이,물가,강이름 사	늪 사
525	사	笥	옷상자 사	상자 사	상자	상자 사	상자 사	옷상자,밥소쿠리,갑옷 사	옷상자 사
526	사	鯊	상어,모래무지 사	상어 사	모래무지,상어	문절 망둥어,상어 사	문절 망둑 사	모래무지,상어 사	상어/모래무지 사
527	사	戺			집 원책의 변두리,섬'돌,문'지방,문'장부	지도리,집모퉁이,문지방 사	지도리 사	문지방,집모퉁이 사	문지방 사
528	사	涘	물가 사		물'가	물가 사	물가 사	물가,경계	물가 사
529	사	簑			도롱이 사	1.도롱이,덮을 사 2.잎시들,꽃술늘어질 쇠(蓑의 속자)	1.도롱이 사 2.잎 우거짐,잎 시들 쇠(蓑와 同字)	1.도롱이,용수초,풀로덮을 사 2.아래로드리워진모양,무성한모양 쇠	도롱이 사
530	사	耜	따비 사	보습 사	보습 사	보습 사	보습 사	보습,쟁기로땅일굴 사	따비/보습 사
531	사	葸	겁낼 사		두려워 하는 모양	삼갈,두려워할 사	1.순박할 새 2.삼갈 시	두려워할,기뻐하지아니할 시(本:사)	겁낼 사

順番	音價	漢字	古今	韓國	北韓	民衆	東亞	教學	本書案
532	사	蓰	다섯곱 사		다섯 곱 사	다섯곱,다섯곱할 사	1.다섯 곱 사 2.풀 이름 시	다섯배,꼬리 흔드는 모양 사	다섯곱 사
533	사	蹝	천천히 걸을 사		천천히 걷는 모양,뒤축이 없는 신 사	짚신, 밟을 사	짚신, 밟을 사	짚신,춤출때 신는 신 사	천천히걸을 사
534	삭	鑠	쇠 녹일 삭		녹일 삭	녹일, 녹을, 아름다울,정정할 삭	녹일 삭	1.쇠붙이를 녹일, 녹을, 스며들,비방할,아름다울 삭 2.불로지질 약	쇠녹일 삭
535	산	潸	눈물 줄줄 흘릴 산			눈물흐를,비올 산(潸와同字)	눈물 흐를 산	눈물흐르는 모양, 눈물, 비내리는모양 산	눈물줄줄흘릴 산
536	삽	歃	마실 삽	마실 삽	마시다 삽, [塽塏]높고 밝은 지대	마실,끼워넣을 삽	마실 삽	마실,피마실 삽	마실 삽
537	상	塽			[塽塏]높고 밝은 지대	높은 땅 상	높고 밝은 땅 상	높고 밝은 곳 상	높고밝은땅 상
538	상	殤	어려서 죽을 상		어려서 죽다 상	일찍죽을 상	일찍죽을 상	일찍죽을,횡사할,전사자 상	어려서죽을 상
539	상	顙	이마 상		이마 상	이마 상	이마 상	이마,꼭대기,뺨,조아릴,목구멍, 불 상	이마 상
540	상	鱨	날치 상		자가사리	자가사리 상	자가사리 상	황상어,모상어 상	자가사리/날치 상

順番	音價	漢字	古今	韓國	北韓	民衆	東亞	敎學	本書案
541	생	眚	재앙 생	재앙 생	눈에 백태가 끼다,잘못하다,재앙,병들다,덜다	흐릴,잘못,재앙,덜 생	눈에 백태 낄 생	눈에백태낄,허물,재앙,고통,덜,부서질,야윌 생	재앙 생
542	서	噬	씹을 서	씹을 서	물 서	물,미칠 서	씹을 서	씹을,깨물,삼킬,미칠 서	씹을 서
543	서	婿	사위 서		사위 서	사위,남편,벗사내 서(壻의 속자)	사위 서	사위,남편,사위삼을 서	사위 서
544	서	湑	이슬 맺힐 서		이슬이 맺힌 모양,맑은 술,거른 술,성한 모양	거를,이슬많이 내릴,우거질,맑을,깨끗할 서	거를 서	술거를,맑을,이슬의모양,무성한모양,즐길,아름다울,바람이불어스쳐가는 모양 서	이슬맺힐 서
545	서	漵			축조한 하천부지,물'가	물가 서	물가 서	둑,물가,물이름 서(예)	물가 서
546	서	紓	늘어질 서	늘어질 서	느지러지다,풀다	느슨할,느슨하게할,풀 서	느슨할 서	느슨할,풀,펼,너그러워질 서	늘어질 서
547	서	癙	근심 병 서		근심 걱정으로 난 병	병들,부스럼 서	속 끓일 서	연주창,울화병 서	근심병 서
548	서	藇	마 여		1.아름답다 서 2.마,산약 여	1.아름다울,姓 서 2.마 여	1.아름다울,姓 서(여) 2.향초이름,참마 여	1.술맛좋을 서 2.서여 여	아름다울 서 | 마 여

順番	音價	漢字	古今	韓國	北韓	民衆	東亞	敎學	本書案
549	서	諝			지혜	슬기로울,속일,거짓 서	슬기 서	슬기, 꾀할 서	슬기 서
550	서	鱮	연어 서		련어 서	연어 서	연어 서	연어 서	연어 서
551	석	腊	육포 석		마른 고기,심하다	포,심할 석	1.포 석 2.납향 랍	1.포,말릴,매우,주름 석 2.납향 랍	육포 석
552	석	舄	신 석		신,큰 모양	1.신,클,빛날,염밭 석 2.까치,姓 작	1.신 석 2.까치 작 3.아름찰 탁	1.신,개펄,주춧돌,큰모양,이을,빛날 석 2.까치,성 작	신 석
553	석	鉐	놋쇠 석		놋쇠 석	놋쇠,성 석	놋 쇠 석	유석 석	놋쇠 석
554	석	鼫	다람쥐 석		날다람쥐,쥐 종류의 하나	석서,땅강아지 석	석서 석	석서, 누고 석	다람쥐 석
555	석	螫	쏠 석	쏠 석	벌레가 쏘다	쏠, 성낼, 해독 석	1쏠 석 2성낼 학	쏠, 해독, 성낼 석	쏠 석
556	석	裼	벗어 맬 석		1.팔을 드러내다,등거리 석 2.포대기 체	1.웃통벗을,팔드러낼,웃옷 석 2.포대기 체	1.웃통벗을 석 2.포대기 체	1.윗통벗을,석의,어깨드러낼 석 2.포대기 체	벗어맬 석|포대기 체
557	선	墡			백토, 흰 흙	백토 선	흰 흙 선	백토 선	흰흙 선
558	선	愃			1.쾌하다 선 2.너그럽고 아량있다 훤	1.쾌할 선 2.너그러울 훤	1.상쾌할 선 2.너그러울 훤	1.잊을 선 2.마음이 너그러운 모양 훤	상쾌할 선|너그러울 훤

順番	音價	漢字	古今	韓國	北韓	民衆	東亞	教學	本書案
559	선	僎			1.갖추다, 정돈하다 선 2.좇을 준	1.갖출,수선,헤아릴,가지런히할,가릴 선 2.준작 준	1.갖출 선 2.준작 준	1.갖출 선 2.예돕는 사람 준	갖출선 | 준작 준
560	선	墠	제터 선		제단 선	제사터 선	제터 선	1.깨끗하게 닦은교회의 땅,제터,청소할 선 2.느릿할 천	제터 선
561	선	毨			짐승이 털을 갈아 함치르르 하다	털갈 선	털 갈 선	털가지런할 선	털갈 선
562	선	珗			옥 돌	옥돌 선	옥돌 선	옥돌 선	옥돌 선
563	설	偰		맑을 설	姓,사람이름 설	맑을,이름,姓 설	맑을 설	맑을,사람이름,姓 설	맑을 설
564	설	暬	설만할 설			설만할 설	설만한 설	설만할,어두울 설	설만할 설
565	설	紲			(자유롭지 못하게)매다, 구속하다,말고삐,도지개	1.고삐,줄,맬,도지개 설 2.뛰어넘을 예	고삐 설	1.고삐,오라줄,묶을,도지개,평복 설 2.넘을 예	고삐 설

順番	音價	漢字	古今	韓國	北韓	民衆	東亞	教學	本書案
566	설	挈	1.끌 설 2. 이지러질 계	끌 설	1.끌 설2.이지러지다, 새기다 계	1.끌,가지런히할,절박할 설 2.끊을,그슬릴,문서 계	1.손에 들 설(本音:결) 2.끊을 계	1.들,거느릴,들어보일,잡을 설(本音:계) 2.새길,계약,끊을,영리할 계 3.홀로 갈	끌 설 | 이지러질 계
567	설	紲	맬 설		(자유롭지 못하게)매다.구속하다	1.고삐,줄,맬,도지개 설 2.뛰어넘을 예(紲와 同字)	1.맬 설 2.소매 예	1.고삐,오라줄,묶을,도지개,평복 설 2.소매 예	맬 설 | 소매 예
568	섬	憸	아첨할 섬	간사할 섬	간살을 부리며 재잘거리다,간사스럽게 아첨하다,험피하다,간사스럽다	간사할 섬(험)	간사할 섬	간사할 첨(섬,험)	아첨할 섬
569	섭	韘	건널 섭		깍지 섭	깍지 섭	깍지 섭	깍지,준설할 섭	깍지 섭
570	성	瑆				옥빛 성	옥빛 성	옥빛 성	옥빛 성
571	성	騂	붉은 소 성		붉은 말,붉은 소	절따말,붉을,붉힐 성	붉은 말 성	절따말,붉을,활의모양이 갖추어진모양 성	붉은소 성
572	성	娍			아름답다	헌걸찰,아름다울,여자이름 성	여자이름,아름다울 성	훤칠한 모양 성	아름다울 성

順番	音價	漢字	古今	韓國	北韓	民衆	東亞	教學	本書案
573	세	帨	수건 세	수건 세	수건 세	수건,손씻을 세	수건 세	수건,손닦을 세	수건 세
574	소	埽	쓸 소	쓸 소	쓸 소	쓸 소	쓸 소	쓸,없앨,모을,호안공사의 재료 소	쓸 소
575	소	愬	하소연할 소		1.하소연하다,참소하다 소 2.두려워하다 색	1.하소연할,참소할 소 2.두려워할,놀랄 색	1.하소연할 소 2.두려워할 색	1.하소연할,비방할,하소연,향할 소 2.두려울 색	하소연할 소 | 두려워할 색
576	소	繅	고치 켤 소	고 치 켤 소	1.고치를 켜다 소 2.옥받침 조	1.켤 소 2.옥받침,문채 조	1.고치 켤 소 2.문채 조	1.고치켤 소 2.문채,관끈,옥받침 조	고치켤 소
577	소	翛	날개 소리 소		1.매인데가 없는 모양 2.[翛翛]날아가는 소리,새의 깃이 모지라진 모양	1.날개찢어질 소 2.빠를 유	1.날개 찢어질 소 2.빨리 나는 모양 숙 3.빠른 모양 유	1.날개해진 모양,홀가분한모양,흔들리는소리,석인모양,앙상한모양 소 2.빠를 숙	날개소리 소
578	소	艘	고물 소		배 소	배 소	배 소	배,척 소	고물(船尾) 소
579	소	蛸	갈거미 소		버마재비 새끼,[蛸蛸]납거미	갈거미,오징어 초	갈거미,사마귀 할 소	소소(갈거미),표소(버마재비의 알의 덩이),성 소	갈거미 소

順番	音價	漢字	古今	韓國	北韓	民衆	東亞	敎學	本書案
580	소	霄	하늘 소	하늘 소	하늘 소	하늘,구름기,姓 소	1.하늘 소 2.닮을 초(本音:소)	하늘,싸라기눈,구름,밤,사라질,땅이름 소	하늘 소
581	소	愫			정성스럽다,속마음.진정	정성 소	정성 소	정성 소	정성 소
582	소	慅			1.소동하다[慅慅]소란하다,불안하다 2.근심스럽다.괴롭다 초	1.소동할 소 2.고달플 초	1.흔들릴 소 2.고달플 초	1.소란스러울 소 2.근심할,씻을 조	소란스러울 소 | 고달플 초
583	소	柖			과녁,목욕상	과녁,나무흔들릴,욕상 소	나무가 흔들릴 소	나무가 흔들리는 모양,과녁,욕상 소	나무흔들릴 소
584	소	玿				아름다운 옥 소	아름다운 옥 소	아름다운 옥 소	아름다운옥 소
585	소	蠨			[蠨蠨]납거미	갈거미 소	갈거미 소	소소 소	갈거미 소
586	속	樕	참나무 속		[樸樕]작은 나무	덤불,떡갈나무 속	떡갈나무 속	작은나무 속	참나무 속
587	속	蔌	푸성귀 속		나물수(속),[蔌蔌]비루하다,세찬바람소리	푸성귀,나물,姓 속	푸성귀 속(수)	나물,누추할,바람이 세차게 부는 모양,물이흐르는 모양,꽃이 떨어지는모양,성 속(수)	푸성귀 속
588	속	藚	쇠 귀나물 속		약초	질경이 택사 속	택사 속	택사 속	쇠귀나물 속

順番	音價	漢字	古今	韓國	北韓	民衆	東亞	教學	本書案
589	속	觫	곱송그릴 속		[觳觫]두려워 하는 모양	곱송그릴 속	곱송그릴 속	죽음을 두려워하는 모양 속	곱송그릴 속
590	속	餗	삶은 나물 속		곰 속	솥안 음식 속	죽 속	솥안의 음식 속	삶은나물 속
591	손	飧	저녁밥,물만밥 손		밥 손	저녁밥,지을,말,먹을 손	저녁밥 손	저녁밥,익힌 음식,물로밥을말,먹을,편연 손	저녁밥/물만밥 손
592	손	飱			밥 손	저녁밥,지을,말,먹을 손(飧의 속자)	저녁밥 손	저녁밥,익힌 음식,물로밥을말,먹을,편연 손(飧의 속자)	저녁밥 손
593	솔	蟀	귀뚜라미 솔		귀뚜라미 솔	귀뚜라미 솔	귀뚜라미 솔	실솔 솔	귀뚜라미 솔
594	송	竦	공경할 송	두려울 송	공경하다,두렵다,높이다,움직이다	공경할,두려워할,놀랄,올릴,움츠릴,발돋움할,설,우뚝솟을 송	삼갈 송	발돋움할,집중할,공경할,잡을,두려워할,흔들 송	공경할/두려울 송

順番	音價	漢字	古今	韓國	北韓	民衆	東亞	敎學	本書案
595	쇄	洒	뿌릴 쇄	1닦을 쇄,2 씻을 세	1.뿌리다 쇄 2.씻다 세 3.엄숙한모양,물이깊다 선 4.높은모양 최 5.뿌리다,큰 비파 사 6.뿌리다 새	1.뿌릴,시원할 쇄 2.씻을 세 3.엄숙할,깊을,뿌릴,떨,놀랄 선 4.험할 최	1.물 뿌릴 쇄 2.씻을 세 3.삼갈,놀랄 선 4.험할 최 5.물 부을 신	1.물뿌릴,흩뿌릴,소탈할 쇄(새) 2.씻을 세 3.공손할,떠는모양,깊을 선 4.높고험한 모양 최 5.놀라는모양 산	뿌릴 쇄 | 씻을 세
596	쇄	瑣	옥가루 쇄	옥가루 쇄	옥 소리,옥가루,좀스럽다 세쇄하다	잘,천할,가루,쇠사슬,姓 쇄	자질 구레할 쇄	옥소리,자잘할,천할,하찮을,사슬,궁궐 쇄(本音:솨)	옥가루 쇄
597	수	叟	할아비 수		늙은이 수	늙은이,쌀이는소리 수	늙은이,쌀 씻는 소리,움직일 수(本音:소)	1.늙은이,부족이름 수 2.쌀 씻는 소리 소	늙은이 수
598	수	售	팔아넘길,갚을 수	팔 수	팔 수	팔,팔릴 수	팔 수	팔,합격할,행하여질 수	팔 수
599	수	廋	숨길 수		산모퉁아,숨기다[廋와 同字]	숨길,찾을 수	숨길 수	숨길,찾을,벼슬 이름,굽어진곳,은어 수	숨길 수

順番	音價	漢字	古今	韓國	北韓	民衆	東亞	教學	本書案
600	수	殳		창 수	치다, 날이 없는 창	몽둥이 수	창 수	창,서체이름,姓,갖은등글월문(부수명칭) 수	창 수
601	수	濉			물 이름	1.부릅떠볼 휴 2.물이름, 성 수(睢와 同字)	1.부릅떠볼 휴 2.강이름 수(睢와 同字)	1.노려볼,우러러볼,기뻐하는모양,소박할 휴(睢와 同字) 2.강이름,고을이름,姓 수	물이름 수 | 노려볼 휴
602	수	睟	바라볼 수	흠치르르할 수	바로 보는 모양,눈이 맑다, 윤택한 모양	함치르르할,맑을,순수할 수	바로 볼 수	볼,번지르르한모양,순일할 수	바로볼 수
603	수	瞍	소경 수		소경 수	소경 수	소경 수(소)	소경,늙은이 수(소)	소경 수
604	수	豎	세울 수	세울 수	세울 수	설, 세울, 세로, 곧을, 아이, 내시, 짧을, 천할, 姓 수	더벅머리 수	세울, 아이, 아이종,환관, 천할, 세로, 짧을,姓 수	세울 수
605	수	檖	문배 수		돌배, 팔배. 홍배	돌배나무 수	돌배나무 수	산배나무,따를,깊을 수	산배 수
606	수	穟			벼가 팬 모양;[穟穟]벼'모가 탐스럽다	이삭,야드르르할 수	이삭 수	벼가익어이삭을드리운모양, 이삭, 벼까끄라기 수	벼이삭 수

順番	音價	漢字	古今	韓國	北韓	民衆	東亞	教學	本書案
607	수	繻	고운비단 수			명주,명주조각 수(유)	고운명주 수(유)	채색비단,젖을, 통행증 유(수)	고운비단 수
608	수	魗			추악하다,버리다	미워할 추(수)	미워할 추(수)	미워할 추(수)	미워할 수 | 미워할 추
609	숙	俶	비롯할 숙		비로소,[倜儻](뜻이커)구속이없다	1.비로서,지을,정돈할,착할 숙 2.기재있을,뛰어날 척	1.비롯할 숙 2.뛰어날 척	1.착할,처음,지을,정돈할,두터울 숙 2.호협할,뛰어날 척	비롯할 숙
610	숙	橚			나무이름,나무가 긴 모양	밋밋할,무성할 숙	1.나무줄지어설 숙 2.우거질 소 3.밋밋할 추	1.대나무나 나무가곧고 긴모양 숙2.초목이무성한모양 소 3.개오동나무 추	무성할 숙
611	순	肫	광대뼈 순			광대뼈, 포, 정성스러울 순	1.광대뼈순(本音:준),말린고기 순2.떡 둔 3.광대뼈 졸 4.아래턱 준	1.광대뼈,정성스러운모양,모이주머니,정강이뼈,온마리의희생, 정밀할 순 2.새끼돼지 돈	광대뼈 순

順番	音價	漢字	古今	韓國	北韓	民衆	東亞	教學	本書案
612	순	鶉	메추리 순	메추리 순	1. 메추라기 순 2.독수리, 소리개 단	메추라기,별 이름 순 수리 단	1. 메추라기 순 2.수리 단	1. 암순,아름다울,별자리 이름,누더기, 순조 순 2. 독수리 단	메추리 순
613	순	漘			물'가 순	물가 순	물가 순	물가 순	물가 순
614	순	犉	입술 검은 누른 소 순		입술이 검은 누렁소,키가 일곱 자 되는 소	누르고 입술 검은 소 순	누르고 입술 검은 소 순	털은누렇고 입술은검은 소 순	입술검은누렁소 순
615	순	郇			나라 이름	1. 땅이름,姓 순 2.姓 환	나라 이름 순	나라이름,姓 순	나 라 이 름 순
616	슬	璱			옥이 선명하고 깨끗한 모양	아름다운옥, 푸른구슬 슬	푸른 구슬 슬	옥빛깔 산뜻한 모양 슬	아름다운옥 슬
617	습	熠	빛날 습		빛나다.환하다	고울, 빛날, 빛, 반딧불 습	빛날 습(本音: 읍)	빛날,도깨비불 습	빛날 습
618	습	隰	진퍼리 습	습할 습	진 펄,개간한 땅	진펄,따비밭, 물가,姓 습	진 펄 습	1.진펄,개간지,가,고을 이름,주이름, 姓습2.사람 이름 섭	진펄 습

順番	音價	漢字	古今	韓國	北韓	民衆	東亞	教學	本書案
619	시	偲	힘쓸 시		[偲偲]서로 알뜰히 충고하는 모양,재주,굳세다,수염이 많은 모양	1.책선할,굳셀,똑똑할,수염많을 시 2.굳셀,똑똑할,수염많을 시(本音:채)	굳셀 시	간절히권할,재주많을 시	힘쓸 시
620	시	兕	외뿔소 시	외뿔소 시	짐승 이름	외뿔소 시	외뿔들소 시,(本音:사)	외뿔소 시	외뿔소 시
621	시	啻	그뿐 시		뿐 시	뿐 시	뿐 시	뿐 시	뿐 시
622	시	塒	홰 시		홰 시	홰 시	홰 시	홰 시	홰 시
623	시	枲	수삼 시		모시 시	모시풀 시	모시풀 시	수 삼 시	수삼 시
624	시	緦		보름새베 시	1.보름새 베 2.시마,석달복	베,시마시,모을 시	시마복 시	가는베,시마복,소원해진 친족 시	시마(緦麻) 시
625	시	諟	다스릴 시		이 시,다스리다,살피다	이,바를,바로잡을,자세히할 시	1.이 시 2.자세히 살필 체	1.바로잡을 시 2.살필 체	다스릴 시
626	시	釃	술거를 시		술을 거르다	1.거를,나눌 시 2.거를,나눌 소 3.묽은 술 리	1.거를 시 2.거를 소 3.싱거운 술 리	1.술거를,따를,나뉘어져 흐를 시(소) 2.싱거운술 리	술거를 시
627	시	鳲	뻐꾸기 시	뻐꾸기 시	[鳲鳩]뻐꾸기	뻐꾸기 시	뻐꾸기 시	시구 시	뻐꾸기 시
628	식	栻	점치는 판 식		점 판	점판 식	점치는 기구 식	나무이름,점치는기구 식	점치는 판 식
629	신	哂	웃을 신		웃을 신	웃을 신	비웃을 신	웃을,비웃을 신	웃을 신

順番	音價	漢字	古今	韓國	北韓	民衆	東亞	教學	本書案
630	신	矧	하물며 신	하물며 신	하물며 신	하물며,이촉 신	하물며 신	하물며,또,잇몸,크게웃을 신	하물며 신
631	신	贐	노자 신	노자 신	재물,로자,로수	전별할,예물 신	전별할 신	예물,전별금,공물,보낼 신	노자 신
632	신	駪			[駪駪]많은 모양	많을 신	말 많을 신		많을 신
633	신	璶					옥돌 신	옥돌 신	옥돌 신
634	신	甡	수두룩할 신		[甡甡]많은 모양,우글우글한 모양	우물 우물 할 신	모이는 모양 신	많은모양 신	수두룩할 신
635	실	蟋	귀뚜라미 실		귀뚜라미 실	귀뚜리미 실	귀뚜라미 실	실솔 실	귀뚜라미 실
636	심	葚	오디 심		오디 심	오디 심	오디 심	오디 심	오디 심
637	심	諗	고할 심		고하다,꾀하다,서로 생각하다,알다	간할,숨을,생각할 심	고할 심	고할,생각할,자세할,간할,자세히살필,잘알,몰래숨을 심	고할 심
638	아	迓	맞을 아	맞을 아	맞을 아	마중할 아	마중할 아	맞이할,맞받아칠,달아날 아	맞을 아
639	악	咢	깜짝 놀랄 악		노래를 화답하다,[咢咢]관이 높은 모양,바른 말을 하다	놀랄,북칠,높을,곧은말할,칼날	놀랄 악	북칠,바른말할,칼날,높은모양,놀랄,지붕모서리 악	깜짝 놀랄 악

順番	音價	漢字	古今	韓國	北韓	民衆	東亞	敎學	本書案
640	안	犴		옥 안	들'개, 옥, 우리,호박개	오랑캐땅의 들개, 옥, 姓 안	들개 안	들개, 옥, 姓 안	들개/옥(獄) 안
641	안	鴈	기러기 안	기러기 안	기러기 안	기러기,오리, 가짜,姓 안	기러기 안	기러기,가짜, 편지,안행,姓 안,(雁와 同字)	기러기 안
642	알	揠	뽑을 알		뽑다	뽑을 알	뽑을 알	뽑을,발탁할 알	뽑을 알
643	알	訐	들춰낼 알	들추어낼 알(갈)	남의 비밀을 발그 집다	1.들추어낼, 비방할 알(本音:갈) 2.거리낌 없이 말할 계	1.들추어낼 알(本音:갈) 2.기탄없이 말할 계	1.들추어낼, 긴모양 알 (本音:갈) 2. 직언할 계	들추어낼 알
644	알	遏	막을 악	막을 알	막을 알	막을,머무를 알	막을 알	억제할,가릴, 끊을, 해칠, 둑,姓 알	막을 알
645	알	頞	콧줄기 알		코'마루 알	콧대 알		1.콧대.이마 알 2.사람이름 안	콧대 알
646	알	戛	창 알		창,치다,(戞은 통속자)	창, 칠, 어근버근할, 법 알(戞은 속자)	창 알(戞은 속자)	창, 상례, 칠 알, (本音: 갈)(戞은 속자)	창/어근버근할 알
647	알	歹		뼈앙상할 알	뼈가 앙상하다 알	1.앙상한뼈 알 2.나쁠 대	1.부서진뼈 알 2.나쁠 대	1.살발라낸 뼈 알 2.몹쓸 대	뼈앙상할 알| 나쁠 대

順番	音價	漢字	古今	韓國	北韓	民衆	東亞	教學	本書案
648	암	黯	검을 암	시꺼멀 암	새 까맣다, 섭섭한 모양	검을,어두울,슬퍼할 암	어두울 암	검을,어두울,슬플 암	검을 암
649	앙	卬	나 앙	나 앙	나 앙	나,오를,우러러볼,姓 앙	나, 우러를 앙	나,모일,오를,격력할,노하게 할,고개들,바랄,의지할 앙	나 앙
650	앙	泱			구름이 일다 [泱泱]깊고 넓을 모양,큰 소리,[泱漭] 넓고 큰 모양,밝지 못 한 모양	1.깊을,넓을 앙 2.구름일 영	1.끝없을,광대할 앙 2.흰 구름 일 영	1.물깊고넓은모양,기세대단할,소리길게이어질,물흐르는모양,광대한모양,밝지않은모양,짙은모양 앙 2.흰구름이는모양 영	물깊고넓을 앙 | 흰구름일 영
651	앙	盎	동이 앙	동이 앙	동이 앙	동이,넘칠,姓 앙	동이 앙	동이,넘칠,탁주 앙	동이 앙
652	앙	鞅			멍에에 마소의 목을 얽어 매는 끈,소굴레,불만해 하다	가슴걸이,질,원망할 앙	가슴걸이,교활할 앙	가슴걸이,배댓끈,원망할,짊어질,많을,굴레,멍에할 앙	가슴걸이 앙
653	애	僾	비슷할 애	어렴풋할 애	슬프고 기막히다	어렴풋할,흐느낄 애	어렴풋할 애	희미할,돋보기,목멜 애	비슷할/돋보기 애

順番	音價	漢字	古今	韓國	北韓	民衆	東亞	教學	本書案
654	애	藹	성할 애	초목우거질 애	총잡하다, [藹藹]초목이성한모양, 화기로운모양	우거질,온화할,姓 애	1.열매 많이 열릴,우거질 애 2.우거질 알	많은 모양,우거진모양,운기,아름다울,온화할,비출 애	초목우거질 애
655	애	餲	밥쉴 애		밥이 쉬다	쉴 애(알)	쉴 애	1.밥쉴,물품이 변하여냄새날 애(알) 2.한구 할	밥쉴 애
656	액	戹	좁을 액		액 액(厄와同字)	좁을,고생할,액 액	좁을 액	좁을,목,곤할,궁곤할,재앙 액	좁을 액
657	액	阨	막힐 액	1.막힐 액 2.좁을 애	1.막히다, 거리끼다, 곤박하다 액 2.좁을 애	1.막힐,고난액 2.험할,좁을 애	1.막힐 액 2.좁을 애	1.막힐,곤궁할,막아서지킬,재앙 액 2.험준할,요해처,좁을 애	막힐 액 | 좁을 애
658	액	額		이마 액(額)	이마	이마,쉬지않을 액	이마 액	이마,문책할,쉬지않는모양,높은모양,날래고 사나운 모양 액	이마 액
659	앵	嚶	꾀꼬리 소리 앵		[嚶嚶]새우는 소리	울 앵	새소리 앵	새소리 앵	꾀꼬리소리 앵
660	약	禴	봄 제사 약		봄'제사	봄 제사	종묘 제사 이름 약	종묘제사이름 약	봄제사 약

順番	音價	漢字	古今	韓國	北韓	民衆	東亞	敎學	本書案
661	약	籥	피리 약	피리 약	분첩, 저, 풀무에서 바람을 보내는 판, 자물쇠	피리 약	피리 약	피리,자물쇠, 풀무,자물쇠 채울 약	피리 약
662	약	瀹	지질 약	적실 약	담그다,적시다, 삶다, 씻다,다스리다	삶을, 데칠, 다스릴,씻을 약	데칠 약	적실, 데칠, 물길틀,물살 빠른모양 약	데칠/지질 약
663	양	漾			물결이 출렁거리는 모양, 길다	출렁거릴,뜰, 길, 물이름 양	출렁거릴,강 이름 양	물출렁이는 모양, 뜰, 펄럭일, 던질, 양수,물길길 양	물출렁거릴 양
664	양	瀼			[瀼瀼]이슬이 많이 맺힌 모양	이슬 흠치르르할 양	1.이슬 많은 모양,강 이름 양 2.물 흐르는 모양 낭 3.물빛 일렁거릴 상	1. 이슬많이 내린모양,물결이몰렸다 흩어졌다하는모양,양수, 시내 양 2. 물흐르는모양 낭	이슬많은모양 양
665	양	颺		날릴 양	바람에 날리다,날아가다, 날리다,까부르다	날, 날릴, 느리게갈,높일, 까부를,나타날 양	날릴 양	흩날릴,날아 오를,드날릴, 까부를,배천 천히나아갈, 내던질,출렁일 양	날릴 양

順番	音價	漢字	古今	韓國	北韓	民衆	東亞	敎學	本書案
666	양	昜		열리다, 빛나다 양	양기, 해, 양지, 잦, 남쪽, 북쪽, 맑을 양(陽의 古字)		볕 양(陽의 古字 6급)		볕 양
667	양	鍚	말 이마방울 양		당노 양	당로(當盧), 방패장식 양	당노 양	말이마의장식물, 방패뒷면장식, 땅이름 양	말이마치장 양
668	양	饟					건량 양(상)		건량 양
669	어	圉	마부 어		금하다, 막다, 마부, 변방	마부, 마구간, 변방, 옥, 기를, 姓 어	마부 어	말기를, 말기르는 사람, 막을, 변방, 감옥, 악기이름 어	마부 어
670	어	敔			금지하다, 악기이름	막을, 악기이름 어	막을 어	금할, 어 어	막을 어
671	어	飫	배부를 어	배부를 어	먹기 싫어 하다, 배부르다	실컷먹을, 잔치 어	물릴 어	포식할, 잔치베풀, 잔치, 줄, 익히들을, 살찔 어	배부를 어
672	어	饇	배부를 어		배부르다	배부를 어	배부를 어(우)	배부르게 먹을 어(우)	배부를 어
673	억	嶷	산 이름 의(억)	1. 어린아이지각있을 억 2. 산이름 의	1.어린 아이가 지각이 있다 억 2.[九嶷] 산이름 의	1.산 모양, 높을, 숙성할 억 2.산이름 의	1.높을 억 2. 산이름 의	1. 나이는어리나총명할, 덕이높을, 높을 억 2.산이름 의	숙성할 억 | 산이름 의

順番	音價	漢字	古今	韓國	北韓	民衆	東亞	教學	本書案
674	언	唁		위문할 언	위문하다 언	위문할 언	위문할 언	조문할 언	위문할 언
675	언	鰋	메기 언		메기 언	메기 언	메기 언	메기 언	메기 언
676	얼	臬		문지방 얼	과녁, 법, 다하다,문'지방	말뚝, 과녁, 해시계, 법, 한,위태로울 얼	말뚝 얼	문지방,기둥, 해 시 계 의 말뚝, 과녁, 법, 사법관, 계량기 얼	문지방 얼
677	얼	孽	서자 얼	움 얼	나무 그루터기	서자, 천민, 재앙,괴롭힐, 치장할, 姓 얼(孼의 속자)	서자 얼	서자, 움, 재앙, 거스름, 양조할 얼	서자 얼
678	얼	鯢	위태할 얼	위태할 얼	[鯢鯢]위태한 모양	위태할 얼	위태할 얼	불안할 얼	위태할 얼
679	엄	閹	고자 내시 엄	고자 엄	고자,내시	고자, 환관, 성할, 숨길 엄	내시 엄	내시, 불깔, 영합할,문짝, 제어할, 다 엄	고자/내시 엄
680	엄	揜			1.덮을 엄 2. 손으로 가리다 암	가릴,곤박할, 빼를, 이을 엄	가릴 엄	가릴,붙잡을, 빼앗을,이어받을,곤궁할, 같을,돈치기 엄	가릴 엄
681	엄	渰		적실 엄	구름이 피어오르는 모양	구름일, 찔 엄	비구름 일 엄	구름피어오르는 모양,빠질,물결이넘칠듯출렁이는모양 엄	구름일 엄

順番	音價	漢字	古今	韓國	北韓	民衆	東亞	敎學	本書案
682	여	旟	새매그린 기 여		기'발 이름	기,펄렁거릴 여	기 여	기,오를 여	기 여
683	여	洳	물이름 여	축축할 여	[沮洳]진펄	습한땅,강이름 여	강이름,잠길 여	여하,축축할 여	물이름/축축할 여
684	여	畬	세해된밭 여			1.새밭 여 2.따비밭,姓 사	1.새밭 여 2.따비밭 사	1.신전 여 2.화전일굴,화전,종족이름 사	세해된밭 여 | 따비밭 사
685	여	鸒	갈가마귀 여		갈가마귀 여	큰부리까마귀 여	떼까마귀 여	여사(갈가마귀) 여	갈까마귀 여
686	역	嶧			서로 련해 있는 산	산 이름 역	산 이름 역	산이름,산잇닿을 역	산이름 역
687	역	懌	기뻐할 역		기껍다,기쁘게 하다	기뻐할.기쁘게할 역	기뻐할 역	기뻐할,열복할 역	기뻐할 역
688	역	淢	빨리 흐를 역			1.빨리 흐를 역 2.도랑,해자 혁	1.빨리 흐를 역 2.해자 혁	1.물빨리흐를,슬퍼할 역 2.해자 혁	빨리흐를 역| 해자 혁
689	역	閾	문지방 역		문전 역	문지방 역	문지방 역(혁)	문지방,출입문,제한할,난간 역	문지방 역
690	역	埸	지경 역		밭두둑,지경	밭 두둑,변방 역	밭두둑 역(本音:익)	밭두둑,변방 역	지경/밭두둑 역
691	역	暘			해가 반짝 나다, 해'빛이 흐리다	별날,별시원찮을 역	해 언뜻 보일 역	해가릴,햇살이약할 역(석)	햇살약할 역
692	역	棫	무리참나무 역		참나무	두릅나무 역	두릅나무 역	두릅나무 역	두릅나무 역

順番	音價	漢字	古今	韓國	北韓	民衆	東亞	教學	本書案
693	역	緎	혼솔 역		갖옷 혼솔,꿰매다	꿰멜, 솔기 역	솔기 역	솔기,스무올 역	혼솔 역
694	역	罭	물고기 그물 역		고기 그물	그물 역	어망 역	가는그물 역	물고기그물 역
695	역	鶂	거위소리 역(예)			1.거위소리 예 2.새이름 역(鶃과 同字)	새 이름 역(예)	물새이름,거위의 우는소리 역(예)	거위소리 역 | 거위소리 예
696	역	鷊	새 이름 역		칠면조, 풀이름,물'새이름	칠면조 역	칠면조 역	칠면조,칠면초 역	칠면조 역
697	연	兗			단정하다,미덥다	연주(九州의 하나)연	바를 연	고을이름,오늬,姓 연	땅이름 연
698	연	悁			1.분하다,근심 연 2.조급하다 견	성낼,근심할 연	1.성낼 연 2.조급할 견	1.분노할,근심할,간절한 모양, 지칠 연 2.조급할 견	성낼 연 | 조급할 견
699	연	掾		아전 연	아전,구실아치,옷의 단	아전 연	도울 연	1.도울,부관,동정 연 2.분주하게돌아다닐 전	아전 연
700	연	蜎	벌레꿈틀거릴 연	벌레 꿈적일 연	1.[蜎蜎]벌레가기는모양 연 2.장구벌레 견	1.장구벌레,휠,길,姓 연 2.장구벌레 견	장구벌레 연	1.벌레 움직이는 모양,장구벌레,굽을 연 2.날 현	벌레꿈틀거릴 연
701	연	醼			잔치	잔치,잔치할,즐길 연(宴와 同字)	잔치 연	잔치 연	잔치 연

順番	音價	漢字	古今	韓國	北韓	民衆	東亞	教學	本書案
702	열	噎			목메다	목멜 얼	목멜 열	1.목멜 얼 2.목구멍아플 예	목멜 열
703	염	冉	나아갈 염	약할 염	약할 염	늘어질,갈,姓 염	나아갈 염	1.나아갈,연약할,거북등의가장자리 염 2.나라이름 남	나아갈 염
704	염	檿	산뽕나무 염		산뽕나무	산뽕나무 염	산뽕나무 염	산뽕나무 염	산뽕나무 염
705	염	饜	싫을 염		배부르다,물리다,그치다,만족하게여기다,싫다	포식할,흐뭇할 염	물릴 염	배부르게 먹을,만족할,싫어할 염	싫을/배부를 염
706	염	焱			불꽃 혁(염)	불꽃,탈 염	1.불꽃 염 2.화염모양 혁	1.불꽃 염(혁) 2.회오리바람 표	불꽃 염 | 불꽃 혁
707	염	燄	불 당김 염		불이 당기다,[燄燄]불이 퍼지는 모양	불꽃,불조금타오를 염	불 당길,불꽃 염	불타오르기 시작하는 모양,불빛,밝게비출,태울,권세있을 염(焰의 本字)	불당길 염

順番	音價	漢字	古今	韓國	北韓	民衆	東亞	教學	本書案
708	염	艶	고울 염	고울 염	곱다,아름답다, 얼굴이 탐스럽다	고울, 윤, 부러워할 염	고울 염	아름다울,글화려할,광채,부러워할,미녀, 꽃, 애틋할, 현옥할, 사랑할,진할, 빛날 염	고울 염[艶]
709	엽	燁			번쩍거리다	빛날 엽	빛날 엽	성할, 빛날 엽	빛날 엽
710	엽	饁	들 밥 먹일 엽		먹일 엽	들밥,들밥내갈 엽	들밥 엽	들에밥을보낼,사냥물로 제사지낼 엽	들 밥 먹일 엽
711	영	咏	노래할 영		읊을 영(詠와 同字)	읊을 영	읊을 영(詠와 同字)	읊을 영	읊을 영
712	영	瀛	가득할 영	남을 영	남을 영	성, 풀, 가득할, 뻗을, 나타날, 남을, 끝 영	찰 영	가득찰, 질, 남을,기름질, 이길, 더할, 두를, 새길, 가 영	가득할 영
713	영	縈	얽힐 영	얽힐 영	둘리다,빙빙 돌리다,매다	얽힐, 두를, 굽을 영	얽힐 영	두를, 굽을, 매일 영	얽힐 영
714	영	贏	남을 영	남을 영	남을 영	남을,나머지, 돈벌이,지나칠, 풀릴, 펴질, 받을, 쌀, 질, 이길, 나아갈 영	남을 영	이윤을남길, 남을,지나칠, 풀릴,나아갈, 받아들일,짊어질, 이길, 쌀 영	남을 영

順番	音價	漢字	古今	韓國	北韓	民衆	東亞	教學	本書案
715	영	郢	땅이름 영		땅 이름	초나라 서울 영	땅 이름 영	도읍이름,절기이름,필영,姓 영	땅이름 영
716	영	攖	찌를 영		다닥치다,가까이하다,어지럽게하다,당기다,이끌다,집다,얽히다	가까이할,어지러울,걸릴 영	다가설 영	다가설,어그러질,어지럽힐,휘감길 영	찌를/가까이할 영
717	예	睨	흘겨볼 예		곁눈으로 보다	곁눈질할,노려볼,엿볼,기울 예	흘겨볼 예	흘겨볼,엿볼,볼,돌아볼,기울 예	흘겨볼 예
718	예	翳	가리울 예	가릴 예	가릴 예	깃일산,그늘,가릴,흐릴,물리칠,숨을,가로막을,멸,말라죽을,방패 예	일산 예	가릴,수레덮개,숨을,사냥도구,방패,백태,그늘 예	가릴 예
719	예	蕊	꽃술 예		꽃술,초목이 모도록하게 난모양	1.꽃술,꽃 예 2.모일 전	1.꽃술 예 2.꽃 더부룩 할 전	꽃술,꽃,초목더부룩이 난모양 예(本音:유)	꽃술 예
720	예	蚋	모기 예		모기 예	파리매 예(蜹와 同字)	파리,독충 예(蜹와 同字)	초파리,모기 예(蜹와 同字)	모기 예
721	예	鷖	갈매기 예		갈매기,봉황,검푸르다	갈매기,봉황,감색 예	갈매기,검푸른 빛 예	갈매기,전설상의 새이름,검푸른비단 예	갈매기 예

順番	音價	漢字	古今	韓國	北韓	民衆	東亞	教學	本書案
722	예	麑	사슴새끼 예		사슴의 새끼	사자,사슴새끼 예	사자 예	사슴새끼 예	사슴새끼 예
723	예	勩	피로할 이(예)		수고롭다 이(예)	수고로울,괴로울 예(이)	수고로울 예(이)	지칠,용서할 예(이)	수고로울 예 | 수고로울 이
724	예	堄			[埤堄]성가퀴	성가퀴 예	1.비길,땅길 예 2.성 열	성가퀴 예	성가퀴 예
725	예	橤			1.꽃술 예(蘂와 통함) 2.길다,드리우다 예(繠와 통하다)	드리울,꽃술,모일 예	드리워질 예	드리울,꽃술 예	드리울 예
726	예	瘞	묻을 예	묻을 예	묻다	묻을,무덤 예	묻을 예	묻을,감출,무덤 예	묻을 예
727	예	羿	후예 예		옛날 사수의 이름	사람이름,날아오를 예	사람이름 예	사람이름 예	사람이름 예
728	예	蓺			심다 예	심을,재주,벨,과녁 예	심을 예	심을,농작물,재주,풀벨 예	심을 예
729	예	輗	안장 예		멍에 마구리	끌채 끝 예	끌채 끝 쐐기 예	끌채 끈의 멍에,장애가 될,비예 예	멍에막이 예
730	오	忤	거스릴 오	거스를 오	거스를 오	거스를,미워할,섞일 오	거스를 오	거스를,섞일 오	거스를 오

順番	音價	漢字	古今	韓國	北韓	民衆	東亞	教學	本書案
731	오	汙	더러울 오		더러울 오	1.괸물,낮을,더러울,더럽힐,더러움,굽힐,빨 오 2.팔 와(汚와同字)	1.더러울,씻을 오 2.굽힐 우 3.땅팔 와(汚와同字)	1.더러울,때,더럽힐,욕될,씻을,괸물,구덩이,낮을 오 2.구부릴 우 3.팔,과장할 와	더러울 오
732	오	隩	감출 오	감출 오	물'굽이,깊다,감추다 오	1.물굽이,숨길,숨을 오 2.거처,따뜻할 욱	1.굽이 오 2.굽이 욱	1.은미할,깊을,방의서남쪽구석,거처 오 2.물굽이,따뜻할,감출,주이름 욱	감출 오
733	오	嗸				시끄러울 오(嗷와 同字)	시끄러울 오(嗷와 同字)	슬프게우는소리,부르짖는소리 오(嗷와同字)	시끄러울 오
734	오	奡	거만할 오		거만하다,날래고 군센 모양	오만할,헌걸찰,사람이름,姓 오	오만할 오	오만할,힘찰,사람이름 오	거만할 오
735	오	杇	흙손 오		흙손 오	흙손,흙질할 오	흙손 오	흙손,흙손질할 오	흙손 오
736	오	珸			[琨珸]아름다울 돌	옥돌 오	옥돌 오	곤오 오	아름다운돌 오
737	옥	鋈	도금할 옥		도금하다	도금,백금 옥	도금 옥	흰색금속,도금할 옥	도금할 옥

順番	音價	漢字	古今	韓國	北韓	民衆	東亞	教學	本書案
738	온	媼			할미 온	할미, 어미, 계집, 땅귀신 온(本音:오)	1.할미 온(本音:오) 2.살찔 올	할머니, 어머니, 부인, 땅 온	할미 온
739	온	慍	성낼 온	성낼 온	성낼 온	성낼,화 온	성낼,괴로워할 온	성낼,원망할, 화, 마음에 맺힐 온	성낼 온
740	온	昷						온화할 온	온화할 온
741	온	醞	술 빚을 온		빚을 온	빚을, 술, 온자할 온	빚을 온	술빚을, 술, 너그러울,점차로조성할 온	술빚을 온
742	온	韞	감출 온	감출 온	붉은 빛,감추다	넣을, 감출 운(온)	감출 온	갈무리할,적황색 온	감출 온
743	올	卼			[䞄卼]위태한 모양	위태할 올	위태할 올	위태할 올	위태할 올
744	올	扤	움직일 올	움직일 올	움직이다,위태하다	흔들릴,흔들, 위태할, 姓 올	흔들릴 올	움직일,흔들 올	움직일 올
745	올	杌	가지없는 나무 올		[杌隉]위태롭다	등걸,위태할 올	위태로울 올	위태로울,걸상, 등걸, 흔들 올	가지없는나무/위태로울 올
746	옹	廱			막히다,화하다	벽옹,화락할, 막을, 막힐 옹	화락할 옹	학교,화락할, 막힐, 못, 땅이름 옹	막힐 옹
747	옹	雝	화할 옹	할미새 옹	화락하다	화락할,할미새 옹	할미새,막을 옹	옹거, 화할, 다정하게우는새소리,덮어가릴,요리할 옹	화할/할미새 옹

順番	音價	漢字	古今	韓國	北韓	民衆	東亞	教學	本書案
748	옹	顒	우러를 옹	우러를 옹	큰 머리,크다, 우러러 보다, 엄정한 모양	엄숙할, 클, 힘셀,姓 옹	공경할 옹	1.큰머리,엄정한모양,앙모할(우러러사모하다) 옹 2.새이름 여	우러를 옹
749	옹	灉			물 이름	물 이름 옹	강 이름 옹	강이름 옹	물이름 옹
750	와	吪		움직일 와	움직이다,화하다,거짓	움직일,화할 와	움직일 와	움직일,화할,거짓말 와	움직일 와
751	완	垸	회 섞어 바를 완		칠에 회를 섞어 바르다	바를 완	바를 완(환)	1.제방 완 2.바를,구를,환 환	회섞어바를 완
752	완	盌	은바리 완		사발 완(椀와 同字)	주발 완	주발 완	주발 완	주발 완
753	완	婠			몸매가 어여쁘다	점잖을,아기통통할,예쁠 완	품성 좋을 완(왈)	품성이아름다울,어린아이의 살진모양 완(왈)	품성 좋을 완
754	왜	騧			고라말	공골말 왜(과)		주둥이검은누렁말,달팽이, 姓 와(本音:과) 왜(本音:괘)	공골말 왜
755	요	嘤	벌레 소리 요		벌레 소리	벌레소리 요	벌레 소리 요	벌레소리 요	벌레소리 요
756	요	傜		구실 요	역사, 구실 요	역사,姓 요	구실 요	부역,요족,姓 요	구실 요

順番	音價	漢字	古今	韓國	北韓	民衆	東亞	敎學	本書案
757	요	徼	1.구할 요 2.갓 교	돌아다닐 요(교),구할 요	구하다,가리다,맞다,순행하다,변방의 경계선 요	돌,순라군,변방,구할,훔칠,막을 요(本音:교)	구할,순찰할,맞을 요(本音:교)	1.돌아다닐,변방,끝,빼앗을,들추어낼,요행 요(本音:교) 2.구할,가로막을,부러들일 요	구할 요 | 변방 교
758	요	殀	단명할 요		요망할 요	일찍죽을,죽일 요	일찍 죽을 요	일찍죽을,죽일 요	일찍죽을 요
759	요	蕘	땔나무할 요	나무할 요	섶나무,나무하다,나무'군,나물 이름	땔나무,나무꾼 요	1.풋나무 요 2.순무 뇨	섶나무,땔나무할,나무꾼,요화 요	나무할 요
760	요	葽	아기풀 요			애기풀,우거질 요	풀 이름,원지 요	수요,구미초,풀무성한모양,새끼 요	아기풀 요
761	요	鷕			암꿩이 우는 소리	울 요	울 요	1.꿩울,새우는소리,탄식할 요 2.꿩 효	암꿩이 울 요
762	용	宂	한산할, 일없을 용			한가로울,가외,쓸데없을,번거로울,떠다닐,바쁠 용	쓸데없을 용	쓸데없을,한가할,용렬할,바쁠,흩어질,번잡할,어지러워질 용	일없을/번잡할 용

順番	音價	漢字	古今	韓國	北韓	民衆	東亞	敎學	本書案
763	용	踴	뛸 용		뛸 용	뛸, 춤출, 오를, 신, 심히, 미리 용(踊와 同字)	뛸 용(踊와 同字)	뛸, 오를, 값오를, 신발, 미리, 솟아날 용(踊와 同字)	뛸 용
764	용	鄘	재 용		성,나라이름	땅이름, 담 용	나라이름 용	나라이름,姓 용	나라이름 용
765	우	俁			[俁俁]용모가 동탕하다	클 우	얼굴 클 우	클 우	클 우
766	우	吁	탄식할 우	탄식할 우	탄식할 우	탄식할, 姓 우	탄식할 우	아, 근심할, 탄식할 우	탄식할 우
767	우	堣			산모롱이	땅이름 우	모퉁이 우	땅이름 우	땅이름 우
768	우	盱		눈부릅뜰 우	눈을 부릅뜨다, 크다, 근심	쳐다볼,부릅뜰,근심할,姓 우	쳐다볼 우	눈부릅뜰,쳐다볼,확대할,근심할,바랄,기뻐할는모양,꾸미지않은모양 우	눈부릅뜰 우
769	우	耦	짝 우	짝 우	짝 우	나란히갈,한자넓이, 짝, 짝지을,마주설, 우수, 姓 우	짝 우	두 사람이 어깨를 나란히하고 밭갈, 짝, 합할, 상대할, 몸, 필적할, 만날, 감탕 우	짝 우

順番	音價	漢字	古今	韓國	北韓	民衆	東亞	教學	本書案
770	우	耰	고무래 우		고무래,씨를 덮다	곰방메,씨앗 덮을,갈 우	씨 덮을 우	씨를뿌려흙으로 덮을,곰방메,호미자루 우	고무래 우
771	우	踽		홀로걸을 우(구)	[踽踽]외로이 거니는 모양	외로울,성기게갈,곱사등이 우	1.곱사등이 우 2.좋은 모양 구	홀로가는모양,느릿느릿 걸을 우	홀로걸을 우
772	우	麀	암사슴 우		암사슴,암컷	암사슴 우	암사슴 우	암사슴,암컷 우	암사슴 우
773	우	麌			수'사슴,수'노루	수사슴,떼질 우	수사슴 우	떼지어모이는모양 우	수사슴/떼지어모일 우
774	우	噳			[噳噳]사슴떼 우물거리는 모양,웃는 모양	뭇사슴우물거릴 우	웃는 모양 우	떼지을,웃는모양 우	떼지을/웃는모양 우
775	우	懮			1.[懮懮]근심스러운 모양,마음이 아픈 모양 우 2.조용하다,웅용하다 유	느릴,근심할 우	느릿할 우	날씬할,근심할 우	근심할 우
776	우	楀			나무 이름	1.나무이름 우 2.나무이름,姓 구	나무이름(우)구	나무이름,姓 우(구)	나무이름 우
777	우	訏	속일 우		1.거짓 2.[訏訏]크다	1.클,거짓,과장할 우 2.시끄러울 호	1.클 우 2.떠들 호	속일,클,탄식할,드넓을 우(本音:후)	속일 우

順番	音價	漢字	古今	韓國	北韓	民衆	東亞	敎學	本書案
778	우	訧			허물 우	허물 우	허물 우	허물,꾸짖을 우	허물 우
779	욱	燠	더울 욱		더울 욱	1.따뜻할 욱 2.위로할 오	1. 따뜻할 욱 2.입김 몰아 불 오 (本音:우)	1.따뜻할,따뜻하게할,선명할 욱(오) 2.위로하는 소리 우	더울 욱
780	욱	勖	힘쓸 욱	힘쓸 욱	힘쓰다.	힘쓸,권면할 욱(勗의 訛字)		1.힘쓸,권면할욱2.힘쓸 무	힘쓸 욱
781	욱	稶			기장과 피가 우거진 모양	서직(기장) 무성할 욱	서직무성할 욱(본자:稶)	서직성한모양 욱	서직무성할 욱
782	욱	薁	머루 욱		[蘡薁]산포도 머루	까마귀 머루,산앵두나무 욱	까마귀머루 욱(오)	머루,산앵도나무 욱	머루 욱
783	운	沄	물 콸콸 흐를 운		물이 돌아 흐르다	돌아흐를,깊을,넓을 운	소용돌이 칠 운	물이빙돌아흐르는 모양,넓을 운	물콸콸흐를 운
784	운	篔			[篔簹]왕대	왕대 운	왕대 운	운당 운	왕대 운
785	울	菀	무성할 울(원)	1.답답할 울 2.우거질 원	1.성한 모양 울 2.성한 나무 원	1.우거질,동산,姓 원 2.쌓일 울	1. 무성할 울 2.쌓을 운 3.자완 완	1.무성할 울 2.쌓일 운 3.자원,굽힐,동산 원	무성할 울 | 동산 원 | 개미취 완
786	원	騵	붉은 말 원		배가 흰 월다말	절따말 원	배 흰 월따말 원	흰배말 원	붉은말 원
787	원	黿	큰 자라 원		큰 자라	자라,영원 원	자라 원	큰자라,영원 원	큰자라 원
788	월	刖	발꿈치 자를 월		발꿈치를 베다	발꿈치 벨 월	벨 월		발꿈치벨 월

順番	音價	漢字	古今	韓國	北韓	民衆	東亞	敎學	本書案
789	월	軏	멍에 막이 월		멍에 마구리	끌채끝 월	끌채 끝 월	끌채끝의멍에 월	멍에막이 월
790	위	喟	한숨 쉴 위	탄식 위	탄식 위	한숨쉴,한숨 위	한숨 위(本音:귀)	1.한숨쉴 위 2.불쌍히여길 괴	한숨쉴 위
791	위	煒	빛날 위		시뻘겋다,빛나다	1.빨갈,성할 위 2.빛,빛날 휘	1.빨갈 위 2.빛날 휘	1.붉게빛날 위 2.빛날 휘	빛날 위
792	위	闈	대궐안문 위		문 위	문,대궐,안방,과장 위	대궐 작은문 위	문,안방,과장,과거시험 위	대궐안작은 문 위
793	위	韡						1.밝고성한 모양 위 2.신 화	밝고성한모양 위
794	위	薳						익모초 위	익모초 위
795	유	呦			[呦呦]사슴이 우는 소리	울 유	울 유	사슴우는 소리,슬피우는 소리 유	사슴울 유
796	유	囿	동산 유	동산 유	동산 유	동산,담,얽매일 유	동산 유	동산,모일,얽매일,구역 유(육)	동산 유
797	유	帷	휘장,장막 유	장막 유	장막 유	휘장,덮을,가릴 유	휘장 유	휘장,휘장칠 유	휘장/장막 유
798	유	揉	부드럽게할 유	휠 유	순하게 하다,나무를 휘다,곧게하다	주무를,순하게할,섞일,휠,바로잡을 유	주무를,휠 유	바로잡을,따르게할,비빌,뒤섞일 유	휠 유
799	유	牖		창 유		들창,깨우칠,姓 유	창 유	창,인도할,땅이름 유	깨우칠/창 유

順番	音價	漢字	古今	韓國	北韓	民衆	東亞	教學	本書案
800	유	窬	판장문 유		1.판벽에낸 되창 유 2. 문 곁에 낸 구멍 두	협문, 뚫을 유(두)	협문 유(두)	문옆작은구멍,팥,넘을,변기 유(두)	판장문 유
801	유	籲		부르짖을 유	부르짖다,화하다	부를 유(약)	부를 유(약)	부를,부드럽게할 유	부르짖을 유
802	유	緌	갓끈 유		갓끈 드림,기'발 느림	갓끈, 입, 늘어질, 기, 끈 유	갓끈 유	갓끈, 기, 매미의 주둥이,늘어진모양,맬 유	갓끈 유
803	유	莠	가라지 유		가라지,추하다	가라지 유	1.강아지풀 유 2.고들빼기 수	구미초,추할 유	가라지 유
804	유	鮪	상어 유		물'고기 이름	다랑어 유	다랑어 유	다랑어,강이름 유	상어 유
805	유	黝	검푸를 유		검푸른 빛,검은 빛으로 바르다	검푸른 빛,검푸를, 칠할 유	검푸를 유	1.엷게검푸를,칠할 유 2.고을이름 이	검푸를 유
806	유	龥		부르짖을 유	부르짖다,화하다(籲와 同字)	부를, 고를 유	부를 유	부를,부드럽게할 유(籲와 同字)	부르짖을 유
807	유	卣	술통 유		중 준	술통 유	술통 유	술통 유	술통 유
808	유	曘					해 빛깔 유	어두울,햇빛 유	햇빛 유
809	유	楰		산 유자 유	산유자나무	광나무 유	광나무 유		산유자나무 유

順番	音價	漢字	古今	韓國	北韓	民衆	東亞	敎學	本書案
810	유	槱			화투'불	화톳불 놓을, 제사이름 유	태울 유	나무를쌓아서불사르,제사이름,땔나무,태울 유	화톳불놓을 유
811	유	滺			[浟浟]물이 흐르는 모양, 욕심을 내는 모양 (浟와 同字)	흐를 유	물흐르는 모양 유	물흐르는모양 유	물흐르는모양 유
812	유	濰			물 이름,땅 이름	물이름 유	강 이름 유	유수 유	물이름 유
813	유	秞			벼가 성하다, 싹이 돋는 모양	벼와 기장무성할 유	무성할 유	곡식무성한모양,사물처음으로 나는모양 유	곡식무성할 유
814	유	羑			인도하다 유	권할,인도할, 姓 유	인도할 유	인도할, 姓 유	인도할 유
815	유	褎	옷 잘 입을 유		1. 나아가다, 길다,곡식이 무성한 모양, 옷을 잘 입은 모양 유 2.소매 수	1.옷 잘입을, 우거질 유 2. 소매 수	1.나아갈 유 2.소매 수	1.벼자랄,출중한모양,옷을화사하게 차린모양 유 2.소매수	옷잘입을/나아갈 유 | 소매 수
816	유	輶		가벼운 수레 유	가벼운 수레, 가볍다	가벼울,수레 유	가벼울 유	가벼울,가벼운수레 유	가벼운수레 유
817	유	醹			텁텁한 술	진할 유	진한 술 유	술맛진할 유	술맛진할 유

順番	音價	漢字	古今	韓國	北韓	民衆	東亞	教學	本書案
818	윤	狁			[玁狁]종족이름	오랑캐이름 윤	오랑캐 이름 윤	종족이름 윤	오랑캐이름 윤
819	윤	阭				1.높을,돌 윤 2.높을,땅이름 연		높을 윤	높을 윤
820	율	汩	물흐를 율		물이흐르는 모양,빠르다	흐를, 빠를, 맑을,姓 율	1.빠질 골 2.흐를 율	1.흐를,빠를,가는모양,깨끗한모양,깊은물 율 2.다스릴,어지럽힐, 잠길, 통하게할,휘저을,물흐르는소리, 姓 골 3.물결일 홀	물흐를 율 | 빠질 골
821	율	繘	드레박줄 율		드레박줄 율	1. 두레박줄 율(귤) 2.실낟 결	1. 두레박줄 율 2.실오리 결	두레박줄,두레박질할 귤(율)	두레박줄 율
822	율	驈			쌍창워라말 율	다리흰말 율	샅 흰 검은 말 율	가랑이만흰 검은말 율	샅흰검은말 율
823	율	鴥			빨리 나는 모양	휘날(빨리나는모양) 율	빨리 날 율	새빨리날 율	빨리날 율
824	은	嚚	미련할 은	어리석을 은	미련하다, 모질다	어리석을,말다툼할 은	어리석을 은	어리석을,사특할 은	어리석을 은

順番	音價	漢字	古今	韓國	北韓	民衆	東亞	教學	本書案
825	은	慭	물을 은		원하다,묻다,상하다,삼가다	억지로,원할,부족할,어조사 은	억지로, 땅이름 은	원하건대,다칠,기뻐할,삼가는모양,억지로,웃는모양,궐은 은	물을/원할 은
826	은	檼			대마루,대공	마룻대,도지개 은	대마루 은	마룻대,도지개 은	마룻대/도지개 은
827	은	濦			물이름 은(濦와 同字)	물소리,물이름 은(濦와 同字)	강이름 은	은수 은	물이름 은
828	은	訔				언쟁할,누그러질,온화하게논쟁할 은	논쟁할 은	시비하는모양,화기애애하면서감가는모양 은	언쟁할 은
829	읍	挹	잔질할 읍	뜰 읍	뜰 읍	뜰, 누를, 당길,읍할 읍	뜰 읍	뜰, 이끌, 겸손할, 읍할 읍	뜰/읍할 읍
830	읍	浥	젖을 읍	젖을 읍	1.젖다 배다 읍 2.물이 흘러 내리는 모양 압	1.젖을,적실,姓 읍 2.흐를 압	1.젖을 읍 2.웅덩이, 물흐르는 모양 업	1.젖을,적실,향기가진한모양 읍 2.물흘러내리는모양 압 3.웅덩이 업	젖을 읍
831	의	劓	코벨 의	코벨 의	코를 베다	코벨 의	코 벨 의	코벨,벨 의	코벨 의

順番	音價	漢字	古今	韓國	北韓	民衆	東亞	教學	本書案
832	의	猗	불친 개 의	더할 의	1.거세한개,감탄사,길다,의지하다더하다 의 2.부드럽고 여리다 아	1.불깐개,아,길,어조사,의지할,보탤,잔물결 의 2.부드러울 아	1.아름다울,더할,붙을 의 2.부드러울 의(本音:아) 3.다리걷고 건널 기	1.불깐개,아름다울,아,어조사,더할,기댈 의 2.가냘프고약한모양 아 3.고분고분한모양 위	불깐개 의 | 부드러울 아
833	의	饐	밥쉴 의		밥이 쉬다	1.쉴 의 2.쉴 애	1.쉴 의(애) 2.목멜 열	1.밥쉴,음식이름 의(애) 2.목멜 열	밥쉴 의 | 밥쉴 애
834	의	扆	병풍 의		병풍,사이'문	병풍 의	병풍 의	병풍,임금자리,등질,姓 의	병풍 의
835	의	薿			[薿薿]무성한 모양	우거질 의(억)	우거질 의(억)	우거진모양 의(억)	우거질 의 | 우거질 억
836	이	彝		떳떳할 이	떳떳 이	떳떳할,법,술그릇,姓 이	떳떳할 이	떳떳할,제기,평탄할 이	떳떳할 이
837	이	洟	콧물 이		코'물 이	1.콧물 이 2.눈물 체	1.콧물 이 2.눈물 체	콧물,콧물흘릴 이(체)	콧물 이
838	이	訑	자랑할 이		1.[訑訑]자만하여옳은말을싫어하는모양 이 2.허탄하다 탄	1.으쓱거릴 이 2.방종할 탄 3.속일 타	1.으쓱거릴 이 2.방자할 탄 3.속일 타 4.수다할 시	1.뽐낼 이 2.방자할 탄 3.속일 타	자랑할 이 | 방탕할 탄

順番	音價	漢字	古今	韓國	北韓	民衆	東亞	教學	本書案
839	이	迤	든든할 이		1.[逶迤]긴 모양 이 2.[逶迤]걷는 모양 타	1.연할 이 2.갈 타	1.비스듬할, 굽을 이 2.가는 모양 타	1.비스듬할, 이어질,향할, 굽이질 이 2.잇닿을 타	든든할 이 | 어정거릴 타
840	이	刵			귀를 베다	귀 벨 이	귀 벨 이		귀벨 이
841	이	异			그만두다,들다,물러나다,탄식하다,다르다	말,그칠,姓,다를 이	그만둘,다를 이	그만둘,다를 이	그만둘 이
842	이	杝			1.피나무 이 2.울타리,결을따라 나무를 쪼개다 치	1.나무이름,횃대 이 2.쪼갤,떨어질,바자울,펼 치	1.나무이름 이 2.쪼갤 치	1.나무이름 이 2.쪼갤,펼 치 3.울타리 리 4.키 타	나무이름 이 | 쪼갤 치
843	이	栘	가시목 이		나무이름	멧대추나무 이	1.나무이름 이2.쪼갤 치 2.나무이름 제	1.멧대추나무 이 2.암뽕나무 제	가시목 이
844	이	樲	신 대추나무 이		메'대추나무 이	멧대추나무 이	멧 대추나무 이	멧 대추나무 이	멧대추나무 이
845	이	苢	질경이 이		련'밥,련'밥알[薏苡]율무(苡의 古字)	질경이,율무 이(苡의 本字)	1.질경이 이 2.오랑캐 이름 와	부이,의이이(苡의本字)	질경이 이
846	이	詒	줄 이		1.주다,말을 보내다 이 2.속이다 태	1.줄,보낼,끼칠,부칠 이 2.속일,게으를 태	1.보낼 이 2.속일 태	1.줄 이 2.속일,게으른모양 태	줄 이 | 속일 태

順番	音價	漢字	古今	韓國	北韓	民衆	東亞	教學	本書案
847	이	頤	턱 이	턱 이	턱 이	턱, 기를, 어조사,이괘,姓이	턱 이	턱, 기를, 턱짓으로가리킬, 어조사, 괘이름 이	턱 이
848	익	弋	주살 익		주살 익	주살, 홰, 검을, 빼앗을, 뜰 익	주살 익	주살,주살질할,취할, 홰, 검을 익	주살 익
849	인	仞	길 인		길 인	길, 잴, 깊을, 높을, 찰, 채울,알 인	길 인	길, 잴, 승인할, 가득찰, 질길 인	길 인
850	인	夤	공손할 인		공경하다,조심하다,멀다	조심할,반연할, 연줄, 멀 인	조심할 인	공경할,지경,깊을,연줄잡을, 잇닿을 인	공손할 인
851	인	禋	정결히 제사지낼 인	제사지낼 인	제사를 정성스럽게 지내다, 하늘에 제를 지내다	1.제사지낼, 공경할, 姓인 2.천제제사할 연	1.제사지낼 인(연) 2.천제에게 제사지낼 연	제사이름,제사지낼 인	제사지낼 인
852	인	牣	가득할 인		가득하다,막다,더하다	찰 인	찰 인	가득할,질길 인	가득할 인
853	인	訒	말 더듬거릴 인	말더듬을 인	(말이)굼뜨다, 둔하다, 어렵다,참다	말적을 인	말더듬을 인	말참을,느릿할 인	말더듬거릴 인
854	인	軔	바퀴 고임나무 인		수레바퀴의 굄'대,저지시키다,견고하다	바퀴굄목,정지시킬, 길 인	쐐기나무 인	바퀴굄목,굳을,게으름을 피울, 멈출, 수레바퀴 인	바퀴고임나무 인

順番	音價	漢字	古今	韓國	北韓	民衆	東亞	教學	本書案
855	인	闉			굽은 성	성문, 막을, 굽을,姓 인	성곽 문 인	성문밖의옹성, 굽을, 막을,흙메 인	성문 인
856	인	陻		막힐 인	막다 인	막을, 막힐 인	막을 인	막을, 흙메, 파묻힐, 망할 인(堙와 同字)	막을/막힐 인
857	인	駰	회색 얼룩말 인		얼룩 말	이총마 인	오총이 인	오총이 인	회색얼룩말 인
858	일	泆	음탕할 일		물이 출렁거리다,방자하다	음탕할, 넘칠 일	끓을 일	방탕할, 넘칠, 안온한모양 일	음탕할/넘칠 일
859	임	衽	깃옷 임	옷깃 임	옷깃 임	옷섶, 솔기, 자락, 요, 나비은살대, 깔, 여밀 임 袵	옷깃 임	옷깃, 앞섶, 상의의앞자락, 소매, 요, 옷깃여밈 임	옷깃 임
860	임	袵	깃옷 임		옷깃 임	옷섶, 솔기, 자락, 요, 나비은살대, 깔, 여밀 임(衽와 同字)	옷깃 임(衽와 同字)	옷깃, 앞섶, 상의의앞자락, 소매, 요, 옷 깃 여 밈 임(衽와 同字)	옷깃 임
861	잉	陾			[陾陾]담을 쌓는 소리	담쌓는소리 잉	1.담 쌓는 소리 잉 2.많을 누		담쌓는소리 잉
862	자	孶	새끼칠 자	새끼칠 자	새끼를 치다	부지런할, 불을, 우거질, 낳을, 새끼가질 자	부지런할, 낳을 자	새끼칠, 번식할, 부지런히 힘쓸 자	새끼칠 자

順番	音價	漢字	古今	韓國	北韓	民衆	東亞	教學	本書案
863	자	柘	산뽕나무 자	산뽕 자	뫼뽕 자	산뽕나무,姓 자	산뽕나무 자	산뽕나무,산뽕나무의잎,적황색,사탕수수,姓 자	메뽕나무 자
864	자	粢	젯밥 자		1.피 2.곡식 3.쌀 떡	1.기장,곡식,떡 자 2.술 제	1.기장 자 2.술 제	1.기장,곡식,떡,제사에쓰이는 자 2.술 제	서직/젯밥 자
865	자	耔	북돋울 자		김을 메다,북을 돋우다	북돋울 자	북돋울 자	북돋울,씨 자	북돋울 자
866	자	胾			'고기' 점	고깃점 자	고기점 자		고깃점 자
867	자	茲			자리,거듭,초목이 무성하다 자	불을,더욱,자리,이,이곳,이때 자	무성할 자	초목무성할,더욱,돗자리,이,이제,해,구자 자	초목무성할 자
868	자	訾	헐뜯을 자(訛)	헐뜯을 자	료량하다,헤아리다,생각하다,병통 자	헐뜯을,싫어할,방자할,되질할 자	헐뜯을,나쁠 자	헐뜯을,싫어할,한탄할,따져가늠할,생각할,재물,아,방자할 자	훼방할/헐뜯을 자
869	자	貲			재물,헤아리다 자	재물,값,셀,贖할 자	재물 자	재물,값,헤아릴,벌금낼,구실,노비,문서 자	재물 자

順番	音價	漢字	古今	韓國	北韓	民衆	東亞	敎學	本書案
870	자	赭	붉은 흙 자	붉을 자	붉을 자	붉은흙,붉은빛, 붉을, 벌거벗길,다할 자	붉은 흙 자	붉은흙,붉은안료,적갈색,민둥민둥하게할,붉게물들,자의,적지 자	붉은흙 자
871	자	鎡	호미 자		[鎡基.鎡錤] 농기구	호미 자	호미 자	호미,이롭게할 자	호미 자
872	자	秭		천억 자	천억 자	용량단위,만억 자	양의 이름 자	곡물의 용량단위, 수사 자	천억 자
873	자	胏			밥찌끼,턱찌기,뼈가 있는 포	포 자	밥찌끼 자	1.대궁,뼈에붙어있는마른고기 자 2.허파 폐	밥찌끼 자
874	자	訿	헐뜯을 자	헐뜯을 자	료량하다,헤아리다,생각하다, 병통, 병'집,한정하다, 헐다, 훼방하다	헐뜯을,싫어할, 방자할, 되질할, 흠, 생각할,한정할, 아, 탄식할,재보 자(訾와 同字)	헐뜯을 자/나쁠 자	헐뜯을,싫어할,비위거스를,따져가늠할, 생각할, 재물, 아, 방자할,돌림병, 흠 자	훼방할/헐뜯을 자
875	자	鬻	옹 솥 자		옹 솥		옹달 솥 자	아가리가 작은 솥 자(재)	옹솥 자
876	작	柞	가람나무 작		떡갈나무,발매하다,나무를 베다	1.조롱나무, 떡갈나무 작 2.발매할, 좁을 책	1.나무이름 작 2.벨 책	1.나무이름, 간직할 작 2.나무벨,소리클 책 3.강이름 사	떡갈나무 작

順番	音價	漢字	古今	韓國	北韓	民衆	東亞	教學	本書案
877	잔	僝			[僝僽]몹씨 꾸짖다,보이다	보일, 갖출 잔	욕할 잔	갖출,드러낼,근심할,꺽일,매도할 잔	갖출/욕할 잔
878	장	奘	클 장		크다 장	클,성할,튼튼할 장	클 장	클, 건장할 장	클 장
879	장	戕	찌를 장		찌르다,죽이다,해치다	죽일, 상할 장	죽일 장	죽일, 해칠, 사나울,어지러울, 말뚝 장	찌를 장
880	장	漳	물이름 장	강이름강	물이름	물이름 장	강이름 장	장수 장	물이름 장
881	장	牂			암양	암양,성할,배말뚝 장	암양 장	암양,성한모양,괴이할,배말뚝,땅이름 장	암양 장
882	장	萇	보리수 장	나라 장	[萇楚]나무이름	양도,姓 장	나무이름 장	장초,姓 장	보리수 장
883	장	鏘	옥소리 장		옥 소리	울리는소리,높을 장	금옥소리 장	소리,성한모양,높은모양,걷는모양 장	옥소리 장
884	장	斨			구멍이 네모진 도끼	도끼 장	도끼 장	도끼 장	도끼 장
885	장	粻	양식 장		량식,엿		양식 장	양식, 소낭 장	양식 장
886	재	灾	재앙 재		재앙 재(災와 同字)	화재, 재앙 재(災와 同字)	재앙 재(災와 同字)	재앙,죄악,태울,재앙내릴,불똥 재(災와 同字)	재앙 재

順番	音價	漢字	古今	韓國	北韓	民衆	東亞	敎學	本書案
887	재	纔	겨우 재	겨우 재		1.겨우,조금 재 2.잿빛,밤색 삼	1.겨우 재 2.밤색 삼	1.겨우,만일,그야말로 재 2.감색비단 삼	겨우 재
888	재	賫	가질 재(齎)	쌀 재,자(齎)	쌀 재(齎)	1.가져갈,가져올 재(齎) 2.재물 자(齎) 3.가져갈,가져올,가질,지닐,줄 제(齎)	가져올 재(齎) 탄식할,휴대하는물건 자(齎)	1.아,재물,의거할 재(本音:자)(齎의 俗字) 2.보낼,휴대할,품을,구비할,나아가게할,줄,배꼽 제	가질 재
889	저	杼	북			1.북,얇을 저 2.상수리나무,물통 서	1.북 저 2.상수리,개수통 서	1.북,얇을,매자기 저 2.상수리나무,풀,펄,담 서	북(織具) 저
890	저	氐	근본 저	낮을 저	이르다,근본,종족이름	근본,대저,오랑캐이름,별이름,숙일,낮을 저	근본 저,종족이름 저	1.근본,이를,대저,숙일,낮을,종족이름,별이름 저 2.지지 지	근본 저
891	저	罝	짐승 그물 저		짐승 그물	그물 저(자)	짐승 그물 저,차	토끼잡는 그물,잡을 저(本音:차)	짐승그물 저
892	저	羝	수양 저		수양	숫양 저	숫양 저	숫양 저	숫양 저

順番	音價	漢字	古今	韓國	北韓	民衆	東亞	敎學	本書案
893	저	苴	암삼 저		1.씨 있는 삼 저 2.신 깔개 자 3.상제가 짚는 대지팽이 차	1.깔,꾸러미,삼씨,삼,검을,검정,姓 저 2.두엄풀 자 3.마른풀,고목,마를 차 4.거적 조	1.신 바닥 창 저 2.두엄 자 3.개구리 밥 차 4.거친 거적 조 5.나라이름 파 6.업신여길 사	1.삼씨,쌀,깔찌,거칠,꿰맬 저 2.마른 풀,아가위나무,썩은 흙 자 3.양사양성 사 4.종족이름 표	암삼 저 | 두엄풀 자
894	저	疷			체증	앓을 기(저)			앓을 저
895	저	砠	흙산에 돌 박힐 저		돌산,석산	돌산 저	돌산 저	돌산,들쭉날쭉한모양 저	돌산 저
896	저	筯	젓가락 저		저'가락	젓가락,조개이름 저	젓가락 저	젓가락,부젓가락 저	젓가락 저
897	저	羜			다섯달된 새끼 양	양새끼 저	새끼양 저(서)	새끼양 저	새끼양 저
898	적	糴	쌀 사들일 적	쌀사들일 적	쌀을 사 들이다	쌀살,산쌀,姓 적	1.쌀 사들일 적 2.성 조	곡식사들일,씻을,姓,환자 적	쌀 사 들 일 적
899	적	覿	볼 적	볼 적	보다	볼,눈붉을,멀리바라볼 적	볼 적	볼,나타낼,관찰할 적	볼 적
900	적	逖	멀 적		멀다	멀,멀리할,두려워할 적	멀 적	멀,멀리할,근심,이익을 탐하는모양 적	멀 적
901	적	籊			[籊籊]대가 길고 가는 모양	가늘고길 적	길고 끝이 빨 적	대장대가길고가는모양 적	가 늘 고 길 적

順番	音價	漢字	古今	韓國	北韓	民衆	東亞	敎學	本書案
902	적	趯	뛸 적		[趯趯]뛰는 모양	1.뛸 약 2.뛸,놀랄 적	1.뛸 약 2.뛸 적	1.뛸 약 2.뛰는모양, 찰, 칠,필법이름 적	뛸 적 | 뛸 약
903	적	踖	조심해서 걸을 적	밟을 적	밟다,[踖踖]부끄러워 하는 모양	밟을, 삼갈, 재빠를,부끄러워할 적	밟을 적	1.밟을,타넘을,공손하고 재빠른모양, 부끄러워하는모양 적 2.착릉 착	조심해서걸을/밟을 적
904	전	巓	산꼭대기 전		산꼭대기	산꼭대기,머리, 떨어질, 떨어뜨릴 전	산꼭대기 전	산꼭대기,떨어질, 머리, 미칠 전	산꼭대기 전
905	전	戩			복, 다하다, 멸하다	다할, 멸할 전	멸할 전	죄다, 복, 멸할 전	다할 전
906	전	旃	기 전		기'발의 하나, 어조사	기, 어조사, 모직물, 姓 전	기 전	기, 표창할, 이, 모직물 전	기(旗) 전
907	전	畋	사냥할 전	사냥할 전	사냥하다,편편한밭	밭갈,사냥할 전	밭갈 전	밭갈,사냥할 전	사냥할 전
908	전	翦	갈길 전	벨 전	갈길 전	자를, 깎을, 말잘할,가위, 화살 전	자를 전,화살 전	자를, 죽일, 멸할, 깎을, 가위,다듬을, 모두, 엳을, 실행할,떨기 전	자를 전

順番	音價	漢字	古今	韓國	北韓	民衆	東亞	教學	本書案
909	전	腆	두터울 전	두터울 전	두텁다,지극하다,많다,착하다	두터울,착할,이를 전	두터울 전	후할,많을,착할,작은나라,튀어나올,낯두꺼울,부끄럽게할 전	두터울 전
910	전	荃		향초 전	향초	향초,통발,가는베 전(本音:절)	1.겨자무침 전 2.붓꽂손 3.고운 베 철 4.풀이름 찰	참포,통발,고운베 전	향초 전
911	전	邅			[迍邅]머뭇거리다,굴다,쫒다	머뭇거릴,떠돌아다닐 전	머뭇거릴,돌,변천할 전	가기어려워나아가지못할,돌,좇을 전	머뭇거릴 전
912	전	靦	무안할 전	부끄러울 전	부끄러울 전	부끄러워할,볼 전	부끄러워할 전	1.뻔뻔스런모양,부끄러울,부끄러워하지않을 전 2.부끄러워하는기색이있는모양 면	부끄러울 전
913	전	顓	오로지 할 전	오로지 전	삼가는 모양,어리다,제마음 대로 하다	오로지,어리석을,姓 전	전단할 전	오로지할,성실하고삼갈,착할,어리석을,姓 전	오로지 전
914	전	飦				죽 전	죽 전	1.말린밥 간 2.된죽 전	죽 전

順番	音價	漢字	古今	韓國	北韓	民衆	東亞	教學	本書案
915	전	鱣	전어 전		1.전어 전 2.두렁허리 선	1.잉어,철갑상어 전 2.두렁허리 선	1.철갑상어 전 2.드렁허리 선	1.전어 전 2.두렁허리 선	전어 전 | 드렁허리 선
916	전	瀍			물이름	물이름 전	강이름 전	전수 전	물이름 전
917	전	牷				희생 전	희생 전	희생 전	희생 전
918	전	瘨			병 들다,미치다	앓을,앓게할,애탈,미칠,부을,쓰러질 전	1.앓을 전 2.배부를 진	괴롭힐,미칠 전	앓을 전
919	전	闐			성하다,차다	찰,오랑캐이름전	성할 전	성할,큰소리의 형용,가득찰,우전 전	성할 전
920	절	晢			1.[晢晢]별'빛이 반짝반짝하는 모양 제 2.밝다 절	1.밝을 절 2.별이반짝반짝할 제	1.밝을 절 2.별이빛날 제	1.밝을,똑똑할 절 2.별이반짝이는 모양,휠 제	밝을절 | 별반짝일 제
921	절	晣			1.밝다 절 2.[晢晢]별'빛이 반짝반짝하는 모양 제	1.밝을 절 2.별이반짝반짝할 제(晢과 同字)	1.밝을 절 2.별이 빛날 제	1.밝을,똑똑할 절 2.별이반짝이는 모양,휠 제	밝을 절 | 별 반 짝 일 제
922	점	墊	빠질 점		빠지다,낮다	낮을,빠질,괴로워할,팔,꺾일 점	빠질 점	1.빠질,가라앉을,팔,지칠,하습병 점 2,현이름 접	빠질 점

順番	音價	漢字	古今	韓國	北韓	民衆	東亞	敎學	本書案
923	점	玷	옥티 점	옥티 점	옥의 티,잘못되다	이지러질,잘못할, 옥티, 잘못 점	이지러질,헤아릴 점	옥의티,허물,욕되게할,더럽힐,손으로경중을달아볼 점	옥티 점
924	점	簟	대자리 점	대자리 점	대 자 리 , 대 이름	대자리,삿자리 점	삿자리 점	대자리,점죽 점	대자리 점
925	점	坫	잔 돌려 놓는 자리 점		잔을 돌리며 놓는 자리,담,대청모퉁이	잔 대 , 경 계 점	경계 점	대,실내에설치한토대,경계 점	잔돌려놓는 자리 점
926	정	桯			책상,기둥	기 둥 , 탁 자 정	탁자 정	1. 안석,가로대나무 정 2.기둥 영	탁자 정
927	정	梃			막대 정	막대기,지팡이,지저깨비,대,지레 정	몽둥이 정	몽둥이,곧을,대 정	몽둥이 정
928	정	棖	문설주 정		문설'주	문설주,기둥,지팡이,멈출,따를,칠 정	1.문설주 정 2.사람 이름 장	문설주,기둥,몽둥이,닿을,등자나무,악귀이름,악기소리,사람이름 정	문설주 정
929	정	珵			패옥,아름다운 옥	패옥,아름다운옥 정	옥이름,옥홀 정	아름다운옥이름, 패옥, 옥홀 정	옥이름 정
930	정	酲			술 탈 , 술 이 깨다	숙취 정	숙취 정	숙취, 물릴, 정 정	숙취 정
931	정	鋥	칼날 세울 정		칼에 광을 내다	칼날세울 정	칼 갈 정	갈 정	칼 날 세 울 정

順番	音價	漢字	古今	韓國	北韓	民衆	東亞	敎學	本書案
932	정	靚		단장할 정	안존하다,단장하다	단장할,단장,안존할,조용할,부를 정	단장할 정	꾸밀,고요할,정숙할,생각할,아름다울,평화로울 정	단장할 정
933	정	涏				1.물찰 정 2.흠치르르할 전	1.곧을 정 2.반질반질할 전	1.물결이곧은모양 정 2.윤이나는모양 전	물결곧을 정 | 윤이날 전
934	정	裎	옷 정		벌거 벗다	벌거숭이,홑옷,끈 정	벌거숭이,끈 정	앞섶없는홑옷,벌거벗을,패옥매는띠 정	옷벗을 정
935	정	赬	붉을 정	붉을 정	붉다(經와同字)	상서로울조짐,복,바를,姓 정	붉을 정	붉을 정	붉을 정
936	정	阱	함정 정	함정 정	함정(穽와同字)	함정 정	함정 정	함정,땅굴 정	함정 정
937	제	娣	제수 제		누이동생 제	손아랫누이,손아랫동서 제	여동생 제	아우,손아래동서,시앗,아우 제	제수 제
938	제	瑅			[瑅瑭]옥 이름	제당옥 제	제당 제	제당 제	옥이름 제
939	제	禔			복되다,편안하다		복 지(제)	편안할,다만 제(지,시)	편안할 제
940	제	稊	가라지,강아지풀 제		가라지	돌피,싹,움 제	돌피 제	돌피,싹 제	가라지 제

順番	音價	漢字	古今	韓國	北韓	民衆	東亞	教學	本書案
941	제	躋		오를 제	오를 제	오를, 올릴, 떨어질 제	오를 제	오를,떨어질, 높고가파를, 올릴,승진할 제	오를 제
942	제	隄		막을 제	막을 제	둑, 방죽, 姓 제	1.둑 제(本音: 저) 2.대개 시	둑, 둑쌓을, 막을, 끝, 다리,제봉 제	둑/막을 제
943	제	嚌			맛보다,구슬프다	맛볼,제사지낼,제사 제	1.맛볼 제 2.뭇소리 개	1.맛볼,제수,물 제 2.소리 개	맛볼 제
944	제	懠		성낼 제	성내다,근심하다	성낼 제	성낼 제	의심할,성낼 제	성낼 제
945	제	泲	물이름 제		거르다 제	강이름,땅이름, 맑은술 제	강이름 제	술거를,강이름, 땅이름, 짤 제	물이름 제
946	제	穧			베여 눕힌벼, 벼'가리	1.볏단,벼벨 제 2.포개쌓을 자	1.볏단 제 2.볏단 자	베고묶지않은 곡식,양수사 제	볏단 제
947	제	蠐	굼벵이 제		굼벵이 제	굼벵이 제	굼벵이 제	제조, 추제 제	굼벵이 제
948	제	隮		오를 제	오르다,구름이 피여 오르다,무지개	오를,무지개, 떨어질,떨어뜨릴 제	오를 제	오를,무지개, 구름,떨어질 제	오를 제
949	제	鶗	사다새 제		사다새	사다새,두견이 제	1.사다새 제 2.날다람쥐 이	제호, 두견 제	사다새 제
950	조	洮				물이름,씻을, 빨 조	1.씻을 조(本音:도) 2.호수이름 요		씻을 조

順番	音價	漢字	古今	韓國	北韓	民衆	東亞	敎學	本書案
951	조	佻			경박하다,도적질하다,홀로 걷는 모양	1.경박할.가볍고빠를,도둑질할,고달플,구차할 조 2.늦출 요	1.방정맞을 조 2.늦출 요	1.가벼울,엷을,훔칠,빠를,비로소 조 2.늦출 요	경박할 조
952	조	徂		갈 조	가다	1.갈 조 2.겨냥할 저	갈 조	갈,죽을,미칠,시작할,사라질,막을 조	갈 조
953	조	懆			근심스럽다,근심스러운 모양	근심할 조	근심할 조	1.근심할,성급할 조 2.가혹할 참 3.소란스럽게 떠들 소	근심할 조
954	조	殂				죽을 조	죽을 조	죽을 조	죽을 조
955	조	皁	검을 조	검을,하인 조	검을 조	하인,검정,검을,검은비단,쭉정이,상수리,도토리,외양간,마구간 조	하인 조	하인,검을,상수리,구유,마구간,쭉정이,쥐엄나무 조	검을/하인 조
956	조	竈	부엌 조	부엌 조	부엌 조	부엌,부엌귀신 조	부엌 조	부엌,조왕,제사이름,방어용설비,소금구이 조	부엌 조
957	조	蔦			겨우살이	누홍초 조	담쟁이 조	담쟁이 덩굴 조	담쟁이덩굴 조

順番	音價	漢字	古今	韓國	北韓	民衆	東亞	教學	本書案
958	조	蜩	말매미 조		매미 조	쓰르라미 조	매미,굼틀거릴 조	매미,전설상의짐승이름,용이머리흔드는모양 조	매미 조
959	조	鼂			벌레이름,아침	아침,바다거북,姓 조	아침 조	언조,아침,姓 조	아침 조
960	조	恌			경박하다	경박할 조	1.성의 없을 조 2.근심할 요	1.경박할 조 2.근심할 요	경박할 조
961	조	慥		독실할 조	[慥慥]독실한 모양	진실할 조	착실할 조	독실할,갑자기 조	독실할 조
962	조	旐				기 조	기 조	기, 상여기 조	기 조
963	조	皀	검을 조(皁)	검을,하인 조(皁)	검을 조(皁와 同字)	하인, 검정, 검을,검은비단, 쭉정이, 상수리,도토리, 외양간 조(皁의 俗字)	하인 조(皁의 俗字)	하인, 검을, 상수리,구유, 마구간 조(皁의 俗字)	검을/하인 조
964	조	罩			가리	가리, 잡을, 속에넣을,쌀 조	보쌈 조(탁)	가리, 덮을, 뛰어넘을,가리로물고기잡을,기리모양의기물 조	가리 조
965	조	蓧			삼태기, 풀이름	삼태기,등구미 조	삼태기,참소리쟁이 조	1.소쿠리,양제초, 줄기 조 2.등구미 적	삼태기 조
966	조	螬			굼벙이 조	굼벵이 조	굼벵이 조	제조 조	굼벵이 조

順番	音價	漢字	古今	韓國	北韓	民衆	東亞	教學	本書案
967	조	阼	동계 조		동편에 있는 섬'돌,수작하다	섬돌, 보위, 제육 조	동편 층계 조	섬돌, 제위, 국운,제사에 쓰는고기 조	동편섬돌 조
968	조	鯈			고삐	고삐 조	고삐 조	고삐 조	고삐 조
969	조	鰷	피라미 조		피라미,뱅어	피라미 조(鯈와 同字)	1.피라미 조 2.곤이 주	피라미 조	피라미 조
970	종	椶	종려나무 종	종려 종	[椶櫚]나무 이름	종려나무 종(棕와 同字)	종려나무 종		종려나무 종
971	종	樅		전나무 종	전나무,이'발처럼 솟은 모양, 치다, 두드리다	전나무,들쭉날쭉할,칠,姓 종	전나무 종		전나무 종
972	종	瑽			[瑽瑢]패옥소리	패옥소리 종(本音:총)	패옥 소리 종(本音:총)		패옥소리 종
973	종	螽	메뚜기 종		메뚜기 종	누리,베짱이, 방아깨비,마디충 종	누리 종		메뚜기 종
974	종	蹤	자취 종		자취 종	자취,뒤쫓을, 놓을 종	자취 종	자취,뒤따를 종	자취 종
975	종	尰			발이 곪기다, 수종다리	수종다리,부을 종	수중다리,붓다 종		수중다리 종
976	종	豵			한해 된 돼지	돼지새끼 종	돼지 새끼 종		돼지새끼 종
977	종	鬷			가마, 다, 여럿	가마솥,많을, 아뢸,姓 종	가마솥 종		모일 종

順番	音價	漢字	古今	韓國	北韓	民衆	東亞	教學	本書案
978	좌	脞			작다	잘 좌	잘,무를 좌	잔달, 무를 좌	잔달 좌
979	주	侜			가리다	가릴, 속일 주	속일 주	가릴 주	가릴 주
980	주	幬			1.홑 휘장,수레휘장 주 2.덮다 도	1.휘장,바퀴통가죽 주 2.덮을 도	1.휘장 주 2.덮을 도	1.휘장,포장,수레바퀴덮는가죽 주 2.덮을 도	휘장 주 | 덮을 도
981	주	裯	홑이불 주		1.홑옷,홑이불 주 2.소매 도	1.홑이불 주 2.속적삼 도	1.홑이불 주 2.속옷 도	1.홑이불 주 2.땀받이 도	홑이불 주 | 소매 도
982	주	輈	수레채 주		수레채	끌채, 굳셀 주	끌채 주	끌채, 수레, 행패를부릴, 두려워할 주	수레채 주
983	주	遒		굳셀 주	굳세다,다하다, 굳다, 견고하다,모이다	닥칠, 다할, 굳을, 모일, 끝날,셀 주	다가설 주		굳셀 주
984	주	霔			단비 주	장마 주	장마 주	시우, 물댈 주	시우 주
985	주	咮	새 부리 주		부리	부리,별이름 주	1.부리 주 2.수다스러울 유	부리,별이름, 말많을,새소리 주	새부리 주
986	주	姝			아름다운 모양	여자이름자 주	여자이름 주	여자의자,예쁜모양 주	여자예쁜모양 주
987	주	燽					드러날 주	나타날 주	드러날 주

順番	音價	漢字	古今	韓國	北韓	民衆	東亞	教學	本書案
988	주	譸			[譸張,侜張]속이다	속일,저주할 주	저주할 주	속일,저주할,놀라두려워하는모양,추축할,누구 주	속일 주
989	주	躕			[躕躇]머뭇거릴 주	머뭇거릴 주	머뭇거릴 주	머뭇거릴 주	머뭇거릴 주
990	주	邾			나라이름	나라이름,姓 주	나라 이름 주	나라이름,고을이름,姓 주	나라이름 주
991	주	馵			왼쪽 뒤'발이 흰 말 주	발 흰망맬 주	발 흰말 주	왼쪽뒷발흰말 주	뒷발이흰말 주
992	죽	鬻		팔,육 죽	1.죽 죽 2.팔 육 3.기르다 국	1.죽 죽 2.팔,성 육 3.어릴 국	1.죽 죽 2.팔 육 3.어릴 국	1.죽,소리가부드럽고가느다랄 죽 2.팔,기를,계곡사이로물흐를,말릴,어릴 육	죽 죽 | 팔 육
993	준	噂			[噂沓]수군거리다	이야기할 준	수군거릴 준	수군거릴 준	수군거릴 준
994	준	埻			과녁	과녁,법 준	과녁,쌓은 흙 준	1.과녁,표준 준 2.나라이름 각	과녁 준
995	준	蹲	걸터앉을 준	걸터 앉을 준	걸어앉을 준	쭈그릴,모을,춤출,단정할 준	웅크릴 준(本音:존)	앉을,멍하니머물러있을,모을,춤추는모양,머뭇거릴 준	걸어앉을 준
996	준	隼	송골매 준	매 준	새매 준	송골매 준(本音:순)	새매 준	새매,사나운새,코 준	새매 준

順番	音價	漢字	古今	韓國	北韓	民衆	東亞	敎學	本書案
997	준	鱒			잉어와 비슷한 물'고기	송어 준	송어 준	송어 준	송어 준
998	줄	崒	산 높은 모양 줄		산이 높고 가파롭다	험할,무너질 줄	1.험할 줄 2.모일 취		산높을 줄
999	즐	騭			수'말, 오르다,정하다	수말, 오를, 올릴, 정할 즐	수말 즐(本音:질)	안정시킬,수말,음덕,평론할 즐	수말 즐
1000	즙	濈			화하다,물이 흘러나오다,빠른모양	화목할,빠를,여울 즙	1.화목할 즙 2.여울 삽	1.모이는모양,물이밖으로흐를,빠른모양 즙 2.여울 삽	화목할 즙
1001	증	璔						옥 생김새 증	옥(玉) 증
1002	지	坻			작은 모래톱,그치다,마당,언덕	1.모래톱,섬,물가 지 2.비탈, 고개 저	1.모래섬,머무를 지 2.무너질 저	1.작은섬,터,물가,머무를 지 2.언덕 저	모래섬 지 | 무너질 저
1003	지	篪	지 지		저,대 이름	저 이름 지	저 이름 지	저, 대 이름 지	저[笛]지
1004	지	踟			거미지	머뭇거릴 지	머뭇거릴 지	망설일,거미지	머뭇거릴 지
1005	지	蚳			개미 알	개미알,전갈,姓 지	개미알 지	개미알,짐승이름,姓 지	개미알 지
1006	지	輊			수레가 앞으로 숙다	낮을 지	숙은 수레 지	수레앞이무거워숙어질,경시할 지	수레숙어질 지
1007	지	鋕			새기다	새길 지	새길 지	기록할 지	새길 지

順番	音價	漢字	古今	韓國	北韓	民衆	東亞	教學	本書案
1008	진	瑱			귀막이,옥이름	귀막이옥,옥진(전)	귀막이 옥 진	1.귀막이,옥이름,메울,주춧돌 전 2.누를,진규 진	귀막이옥 진
1009	진	蓁		풀성할 진	[蓁蓁]무성한 모양,[蓁艽]약이름	숲, 우거질 진	우거질 진	우거진모양,모인모양,많을,개암나무,가시덤불 진	우거질 진
1010	진	鬒			머리털이 검다,머리숱이 많다	숱많고검을 진	숱 많을 진	터럭많을,머리털이 검고 윤기있는 모양 진	숱많고검을 진
1011	진	禛				복받을 진	복 받을 진	복받을 진	복받을 진
1012	진	紾			구르다,잡아당기다	1.돌,돌릴,비틀,휘감겨얽힐 진 2.거칠 긴	1.비틀,결거칠 진 2.실팽팽히 감을 긴	1.비틀,돌,감길,홑옷,거칠 진 2.끊어지려는모양 전	비틀/거칠 진
1013	진	蜄	작은매미 진		매미의 한 가지	씽씽매미 진	씽씽 매미 진	매미의 일종 진	쓰르라미 진
1014	질	垤	개미둑 질		개미'둑,언덕	개밋둑,언덕 질	개밋둑 질	개밋둑,언덕 질	개밋둑 질
1015	질	絰	수질 질		수질,요질	질 질	질 질	삼띠, 질환 질	요질/수질 질
1016	질	蒺		납가새 질	[蒺藜]남가새	납가새,마름쇠 질	남가새 질	질려 질	남가새 질
1017	질	挃			두드리다	칠,벼벨 질	찌를 질	두드릴,벼베는소리 질	벼벨 질

順番	音價	漢字	古今	韓國	北韓	民衆	東亞	教學	本書案
1018	질	瓞			북치, 작은 외	북치 질(本音:절)	북치 질	북치 질	북치 질
1019	질	礩	주춧돌 질		주추 질	주춧돌, 막힐, 막을 질	주춧돌 질(지)	주춧돌, 막힐 질(지)	주춧돌 질
1020	질	耊	늙을 질		늙은이 질	늙을, 늙은이 질(本音:절)	늙은이 질	늙은이 질(本音:절)	늙을 질
1021	질	銍	짧은낫 질	낫 질	낫 질	낫, 벨, 벼이삭 질	낫 질	짧은낫, 벨, 이삭, 고을이름 질	짧은낫 질
1022	집	戢						거둘, 그칠, 편안하게할, 숨길, 姓 집	거둘 즙
1023	차	泚	물맑을 차				1.맑을 체 2.강이름 자(本音:차)		물맑을 차
1024	차	佌			[佌佌]작은 모양	작을, 나란히 일매질 차	작을 차	작을, 들쭉날쭉할 차	작을 차
1025	차	佽	도울 차	도울 차	편리하다, 돕다, 대신하다	잴, 도울, 나란할, 번갈아 차	재빠를 차	날랠, 도울, 나란할 차	도울 차
1026	차	瑳	옥빛 차		옥 빛이 새뜻하다, 옥이름	고울, 웃을, 갈 차	깨끗할 차	옥빛고울, 이드러날, 아양떨며웃는모양, 갈 차	옥빛 차
1027	착	斲	깍을 착		쪼개다, 깍다	깎을 차	깎을 착	연장, 깍을, 아로새길 착	깎을 착
1028	착	斮			베다, 쪼개다	1.벨 착 2.깍을 작	벨 착	벨, 칠, 벗길 착(작)	벨 착

順番	音價	漢字	古今	韓國	北韓	民衆	東亞	敎學	本書案
1029	찬	巑			[巑岏]산이 높고 중긋중긋한 모양	뾰족할,높이 솟을 찬	높이 솟을 찬	산모양.높이 솟을 찬	높이 솟을 찬
1030	찬	爨	불땔 찬	밥지을 찬	불땔 찬	부뚜막,불땔,밥지을 찬	불땔 찬	불땔,부뚜막,종족이름,연극이름,별이름 찬	불땔 찬
1031	찬	湌	1.밥 손 2.먹을 찬		1.저녁밥,물에만밥 손 2.밥,삼키다,안주 찬	1.밥 손 2.먹을 찬	1.밥말 손(飧과 同字) 2.먹을 찬(餐과 同字)	1.저녁밥,익힌음식,물로밥을말,먹을,편연 손(飧과 同字) 2.먹을,밥,찬미할,들을,받을 찬(餐과 同字)	먹을 찬 | 밥 손
1032	찰	扎	뽑을 찰		빼다,뽑다	뺄 찰	뺄 찰	뽑을,찌를,벌릴,베짜는소리,베낄,세울,멈출 찰	뽑을 찰
1033	참	憯			아프다,일찍	비통할,일찍 참	슬퍼할 참	마음이아플,근심할,잔혹할,예리할,일찍이,빠를 참(첨)	마음아플 참

順番	音價	漢字	古今	韓國	北韓	民衆	東亞	敎學	本書案
1034	참	毚			약은 토끼[毚檀]나무이름	약은토끼,약빠를,조금 참	토끼 참	약은토끼,겨우,탐할 참	약은토끼 참
1035	참	譖	참소할 참		참소하다,미덥지 아니하다 참	하리놀,하소연할,거짓참 참(本音:점)	참소할,어긋날 참	하리놀,미덥지못할 참	참소할 참
1036	창	悵	슬플 창	슬플 창	슬플 창	원망할,한탄할 창	슬퍼할 창	한스러워할,멍하니 창	슬플 창
1037	창	搶	빼앗을 창	빼앗을 창	모으다,찌르다,부딪다,부치다	부딪칠,모일,빼앗을,어지러울 창	닿을,돛 올릴,어지러울 창	1.부딪힐,모일,거스를,밀,빼앗을,서둘러 창 2.어지러운 모양 청	빼앗을 창
1038	창	瑲				옥소리,풍류소리 창		옥소리,악기소리,방울소리 창	옥소리 창
1039	창	窻	창 창(窓)		창 창(窓과 同字)	창 창(窓의 本字)	1.창 창(窓의 本字) 2.굴뚝 총	1.창 창 2.굴뚝 총	창 창
1040	창	蹌	추창할 창		추창할 창(재게 걷다)	추창할,움직일,비틀거릴,춤출 창	추창할 창	걸음걸이에 위의가 있는 모양,춤출,머리로부딪칠,급히달릴 창	추창할 창

順番	音價	漢字	古今	韓國	北韓	民衆	東亞	教學	本書案
1041	창	鬯	향풀 창		제주,제사에 쓰이는 술,활집,성하다	술이름,자랄,활집 창	울창주 창	울창주,활집,왕성할,울초,시원하게펼,통할,성의를 다할 창	향풀 창
1042	창	鶬	왜가리,꾀꼬리 창		[鶬]기러기 [鶬鴰]왜가리 [鶬鶊]꾀꼬리	재두루미,꾀꼬리 창	왜가리 창	창괄,창우,창경,금으로 장식할,쇳소리,걸음걸이에절도가있는모양 창	왜가리/꾀꼬리 창
1043	창	韔	활집 창	활집 창	활집	활집 창	활집 창(량)	활집,활을 활집에 넣을 창	활집 창
1044	채	瘥	병나을 차			1.병 차 2.나을 채		1.병,지칠 차 2.병나을 채	병나을 채 | 역질 차
1045	채	瘵	허로병 채		허로'병	앓을 채	1.앓을 채 2.사귈 체		허로병 채
1046	채	蠆	벌 채	전갈 채	전갈	전갈,가시 채	전갈 채	독충의 이름,채개,수채 채	벌(蜂)/전갈 채
1047	책	簀	널 책		살평상,쌓이다,삿자리	1.마루,대자리,쌓을,모을 책 2.술주자 채	1.살평상 책 2.술 짜는 기구 채	살평상,대자리,쌓을 책	살평상 책

順番	音價	漢字	古今	韓國	北韓	民衆	東亞	敎學	本書案
1048	처	萋	풀성할 처		풀이 성하다 [萋萋]무성한 모양,구름이 떠 다니는 모양	우거질,아름다울,공손할 처	풀 성하게 우거질 처(체,차)	초목이무성한 모양,알록달록할,쓸쓸할 처	풀성할 처
1049	척	坧			기지,터전	터 척(墌와 同字)	토대 척	터, 땅이름 척(墌와 同字)	터 척
1050	척	惕	두려워할 척	두려워할 척	공경하다,두려워하다	두려워할,근심할, 삼갈, 빠를 척	두려워할 척	두려워할,빠를, 근심할, 사랑할 척	두려워할 척
1051	척	跖	발바닥 척	밟을 척	발'바닥, 뛰다,밟다	발바닥,밟을,뛸,사람이름 척	발바닥 척	발바닥,다리,밟을, 뛸, 사람이름 척	발바닥 척
1052	척	慼			슬플 척(慽와 同字)	근심할,근심 척	근심할 척	근심할,친척 척	근심할 척
1053	척	蹐	잔 걸음 척		가만 가만 걷다	살살 걸을 척	살금살금 걸을 척	발 소 리 를 내지않고 걸을 척	잔걸음 척
1054	척	蹢	1.굽 적 2.깡충뛸 척		1. 발을멈추다, 던지다 척 2.발굽 적	1. 머뭇거릴 척 2.굽,던질 적	1. 머뭇거릴 척 2.굽 적	1. 배회할,던질 척 2.짐승의 발굽 적	머뭇거릴 척 | 굽 적
1055	천	俴			엷다	얕을, 엷을, 맨몸 천	엷을 천	얇을,갑옷입지 않을 천	엷을 천

順番	音價	漢字	古今	韓國	北韓	民衆	東亞	敎學	本書案
1056	천	倩	1.아름다울 천 2.빌릴 청		1.얌전하다,어여쁜입매 천 2.사위,대신시키다 청	1.남자의미칭,예쁠 천 2.사위,고요할 청	1.예쁠 천 2.사위 청	1.예쁠,미칭 천 2.사위,고용할,청할 청	아름다울 천 | 사위 청
1057	천	幝			[幝幝]수레휘장이 해져서 너펄거리는 모양	수레휘장 해질 천	해진모양 천	찢어진 모양 천	해진모양 천
1058	천	梴			나무가 밋밋하다,방아틀		길 천		나무밋밋할 천
1059	천	遄	빠를 천	빠를 천	빠르다	빠를 천	빠를 천	빠를 천	빠를 천
1060	철	啜	훌쩍거릴 철	훌쩍일 철	우는 모양,수다하다,맛보다,먹다	먹을,마실,훌쩍훌쩍울 철	마실 철	먹을,마실,울먹이는모양,호려낼 철	훌쩍거릴 철
1061	철	惙			고달프다,[惙惙]근심스러운 모양	근심할,고달플,그칠 철	근심할 철	1.근심할,지칠,그칠 철 2.숨찰 체	근심할 철
1062	철	掇	주울 철	주울 철	거두다,줏다,말채찍,침노하다,찌르다	주을,노략질할,姓 철	주울 철(本音:탈)	주울,가릴,취할,불러들일,노략질할,이어질,짧을 철(本音:탈)	주울 철
1063	철	歠			들이켜다	들이마실,마시게할 철	마실 철	마실,마시는음식,먹일 철	마실 철
1064	철	驖			청가라말	검붉은 말 철	구렁말 철	구렁말 철	구렁말 철

順番	音價	漢字	古今	韓國	北韓	民衆	東亞	教學	本書案
1065	첨	覘		엿볼 점(첨)	엿볼 점(첨)	엿볼,볼 점	엿볼 점(本音: 첨)	엿볼,살펴볼 점	엿볼 첨 | 엿볼 점
1066	첨	忝	욕될 첨	욕될 첨	욕될 첨	더럽힐,황송할 첨	더럽힐 첨	욕보일, 욕, 겸사 첨	욕될 첨
1067	첨	襜	수레 휘장, 행주치마 첨		수레휘장,옷이가지런한 모양	행주치마,홑옷, 휘장, 옷겨드랑이밑 첨	1. 행주치마 첨 2.오랑캐 담	1.폐슬,첨유, 옷가지런한 모양,수레휘장첨 2.담람 담	수레휘장 첨
1068	첨	餂	핥을 첨		걸어 당기다	낚을 첨	낚을 첨	취할, 핥을, 달,깊이잠들, 즐거워할 첨	핥을 첨
1069	체	彘	돼지 체		돼지	돼지 체	돼지 체	돼지,땅이름, 姓 체	돼지 체
1070	체	棣	1.산 앵도 체 2.익숙할 태	아가위 체	1.아가위 체 2.[棣棣]의젓하고 틀에 맞다 태	1.산 앵두나무, 통할, 姓 체 2.익숙할 태	1.산 앵두나무 체 2.침착할 태	산앵도나무, 통할,익숙한 모양 체	산앵두나무 체 | 익숙할 태
1071	체	嚔	재채기 할 체			재채기,재채기할 체	재채기 체	1.재채기 체 2.발이걸려 넘어질 치	재채기할 체
1072	체	掣	1.당길 철 2.끌 체		1.당길(뽑다, 당기다,들다, 취하다) 철 2.끌다,끌리다,막히다, 막다 체	1.당길 철 2.끌 체	1.당길 철 2.끌 체	당길,빨리지나갈,뽑을, 끌릴 철(체)	끌 체 | 당길 철

順番	音價	漢字	古今	韓國	北韓	民衆	東亞	教學	本書案
1073	체	揥			족집게,버리다	빗치개,버릴 체	빗치개 체	머리핀,버릴 제	빗치개 체 | 버릴 제
1074	체	杕			나무가 외따로 선 모양,나무가 무성한 모양	1.우뚝설 체 2.키 타	1.홀로 설 체 2.키 타	1.나무가외로이서있는 모양 체 2.키 타	나무우뚝설 체 | 키 타
1075	체	疐			1,엎어지다,미끄러지다 치 2.꼭지 체	1.엎드러질 치 2.꼭지 체	1.발 끝에 차일 치 2.꼭지 체	1.넘어질,막힐 치 2.꼭지,재체기할 체	꼭지 체 | 엎어질 치
1076	체	禘			나라의 큰 제사 이름	큰 제사 체	종묘 제사 이름 체	제사이름,살필 체	큰제사 체
1077	체	蝃	무지개 체		[蝃蝀]무지개(螮와 同字)	무지개 체	1.무지개 체 2.거미 철	1.체동 체 2.철모 철	무지개 체
1078	체	逓		1.갈릴 체 2.두를 대	갈릴 체(遞의 통속자)	1.갈마들,번갈아,역 말 체(遞) 2.두를 대(遞)	갈마들 체(遞)	姓 체(遞의 俗字로)1.갈마들,압송할,역 참,역 말 체 2.갈 서 3.두를 태	갈마들 체 | 두를 대
1079	체	髢	다리 꼭지 체	다리 체	다리 체	다리,다리드릴 체	다리 체	다리,다리를 드릴 체	딴머리 체
1080	초	勦	빼앗을 초	노곤할 초	수고롭다,말을 뒤섞다,경첩한 모양	노곤할,괴로워할,표절할,날랠,겁탈할,끊을 초	죽일,노략질할 초	지칠,지치게 할,부릴,끊을,죽일,취할,날랠 초	노곤할 초

順番	音價	漢字	古今	韓國	北韓	民衆	東亞	教學	本書案
1081	초	悄			근심하다,조용하다	근심할,고요할,엄할 초	근심할,엄할 초	근심하는모양,고요할,꾸밈없을,소리가작아질 초	근심할 초
1082	초	誚	꾸짖을 초		꾸짖을 초	꾸짖을 초	꾸짖을 초	꾸짖을,비웃을,전부,융숭할,근심할 초	꾸짖을 초
1083	초	譙			[譙譙]털이나 깃 따위가 모지라지다	꾸짖을,문루,깃모지라질,姓 초	1.꾸짖을,망루 초 2.누구 수	꾸짖을,성루,상할,고을이름,姓 초	꾸짖을 초
1084	촉	躅	자취 촉		자취 촉	1.머뭇거릴 촉 2자취 탁	1.머뭇거릴 촉 2.자취 탁	1.밟을,가볍게뛸,서성거릴,촉루 촉 2.자취 탁	자취 촉
1085	촉	蠋	뽕나무 벌레 촉		뽕나무 벌레 촉	나비 애벌레 촉	나비 애벌레 촉	뽕나무벌레 촉	뽕나무벌레 촉
1086	총	冢	클 총	클 총	무덤,크다,산꼭대기	무덤,봉토,산꼭대기,언덕,클,맏 총	무덤 총	무덤,클,맏,거느릴,산꼭대기,사 총	클/무덤 총
1087	총	潨			물이 모이다,물들이	흘러들어갈 총(종)	물 모여들 총	물모일,물소리,빠르게흐를,물가언덕 총(종)	물모일 총
1088	최	漼			[漼溰]눈이나 서리의 쌓인 모양	눈서리 쌓일 최	쌓일 최	눈서리쌓여모이는모양 최	눈서리쌓일 최

順番	音價	漢字	古今	韓國	北韓	民衆	東亞	敎學	本書案
1089	최	嘬	물 최		물다, 씹다, 산적 점을 한입에 넣다	물, 한입에 넣을 최	물 최	물,한입에다 먹어버릴,탐할 최	물(齧) 최
1090	최	摧	꺾을 최	꺽을 최	꺽을 최	1.꺾을,꺾일, 누를, 막을, 밀칠, 멸할, 이를 최 2.꼴,꼴벨 좌	1.꺾을 최 2.꼴 좌 3.물러날 취	높고큰모양, 높이솟은모양 최	꺾을 최
1091	추	蝤				1.나무굼벵이,꽃게 추 2.하루살이, 꽃게 유	1.나무 굼벵이 추(本音:주) 2.하루살이 유	1.추제,추모추 2.부유유	나무굼벵이 추 | 하루살이 유
1092	추	甃	우물 벽돌 추	벽돌 추	벽돌로 쌓은 우물 담벽,벽돌을 쌓아 우물을 고치다	벽돌, 꾸밀 추	벽돌담 추	우물쌓는벽돌,우물수리할, 벽돌, 우물, 꾸밀, 둥글납작할 추	우물벽돌 추
1093	추	瘳			병이 낫다,덜리다,손상되다	나을(병), 나을(남보다), 줄 추	나을 추	1.병나을,덜추 2.죽일륙	병나을 추
1094	추	縐	주름 추		구겨지다,구김'살,세갈포	주름질 추(측)	1.주름질 추(축) 2.거친 명주 초	가는갈포,주름질,주름지게짠직물 추	주름 추
1095	추	騅	푸르고 흰 얼룩말 추		푸른 털과흰 털이 섞인 말	오추마, 姓 추	오추마 추	오추마,항우가탔던말이름,姓 추	푸르고흰얼룩말 추

順番	音價	漢字	古今	韓國	北韓	民衆	東亞	教學	本書案
1096	추	騅			비둘기	비둘기 추	호도애 추	작은비둘기, 익모초 추	비둘기 추
1097	추	鶖	두루미 추		[鵚鶖]따오기	무수리 추	무수리 추	무수리 추	무수리 추
1098	추	麤	거칠 추	거칠 추	굵을 추	거칠,매조미쌀,대강 추	거칠 추	거칠,굵을,어렴풋할,현미,멀리갈,신발 추	거칠 추
1099	추	棸			나무 이름	姓 추	나무 이름 추		나무이름 추
1100	추	緅	아청빛 추		야청	보랏빛 추	검붉을 추	청적색 추	아청빛 추
1101	추	萑	달 환		1.풀이우거진모양,익모초 추 2.달 환	1.익모초 추 2.물억새 환	1.풀 많을 추 2.물억새 환	1.익모초,빛깔이아름다운모양 추 2.물억새,눈물흘리는모양 환	익모초 추 | 물억새 환
1102	추	鄹			나라이름,姓 추	고을 이름 추	1.나라이름 추 2.마을,모일 취	나라이름,고을이름 추	나라이름 추
1103	축	妯	동서 축		1.[妯娌]동서 축 2.동하다,슬프다 추	1.동서 축 2.두근거릴 추	1.동서 축 2.움직일 추	1.동서 축 2.슬퍼할 추	동서 축 | 슬퍼할 추
1104	축	蹜				종종걸음칠 축	종종걸음칠 축	종종걸음칠,오그라들 축	종종걸음칠 축
1105	축	柷				악기이름 축	악기 이름 축	축 축	악기이름 축

順番	音價	漢字	古今	韓國	北韓	民衆	東亞	教學	本書案
1106	축	蓫			소리쟁이	산우엉,참소리쟁이 축	참소리쟁이 축	양제초 축	참소리쟁이 축
1107	축	踧			1.[踧踖]공경하는모양 축 2.[踧踧]평탄하다 척	1.삼갈 축 2.편편할 척	1.삼갈 축 2.평평할 적	1.공경하는 모양,놀라워하는모양,쾌칠(펩박),찌푸릴,발질할,재촉할,서성거릴 축 2.평탄한모양 척	삼갈 축 | 평평할 척
1108	축	顣			얼굴을 찡그리다	1.찡그릴 축 2.찌푸릴 척	찡그릴 축	찡그릴,콧날이 오뚝한 모양 축	찡그릴 축
1109	춘	杶			참죽나무 춘	참나무 춘	참죽나무 춘	참죽나무 춘	참죽나무 춘
1110	춘	賰				넉넉할 춘	부유할 춘	넉넉할 춘	넉넉할 춘
1111	출	怵	두려울 출	두려울 출	두려워하다,슬프다	1.두려워할,슬퍼할 출 2.꾈 술	1.두려워할 출 2.꾈 술	1.두려워할,슬퍼할,달릴 출 2.꾈 술	두려울 출
1112	충	忡	근심할 충		근심하다 [忡忡]근심하는 모양	근심할 충	근심할 충	근심 스러운 모양,장식물이 드리워진 모양 충	근심할 충
1113	충	珫			[珫耳]귀막이,귀걸이	귀고리 옥 충	귀고리 옥 충	귀막이 충	귀막이 충

順番	音價	漢字	古今	韓國	北韓	民衆	東亞	教學	本書案
1114	충	虫		충(蟲의 통속자), 독사의 한 가지, 벌레 훼	벌레 충, 벌레 훼	벌레 충, 벌레 훼	1.벌레 충(蟲의 약자 4급Ⅱ), 2.살무사 훼		벌레 충 | 벌레 훼
1115	췌	惴	두려워할 췌	두려워 할 췌	두려워 하다	두려워할 췌	두려워할 췌	1.두려워할 췌 2.벌레꿈틀거리는모양 천	두려워할 췌
1116	췌	揣	헤아릴 취	헤아릴 췌(취)	헤아릴 췌	헤아릴, 시험할, 불릴, 姓 췌(本音:취)	1.잴 췌(本音:취) 2.둥글게 할 단	1.잴, 헤아릴, 품을, 시험할, 정할 췌 2.때릴 추 3.뭉칠 단 4.흔들 타	헤아릴췌 | 헤아릴 취
1117	췌	瘁	병들 췌		파리할 췌	병들, 고달플, 야윌, 무너질, 췌(本音:취)	병들 췌	병들, 근심할, 수로로울, 초췌할, 헐릴 췌	병들 췌 | 병들 취
1118	취	毳	솜털 취	솜털 취	1.솜털, 짐승의 가는털 2.면류관 이름	솜털, 배밑털, 모직물, 털가죽, 연약할, 맛날, 姓, 썰매 취	솜털, 썰매 취(本音:절)	1.솜털, 모직물, 짐승의털가죽, 무릅 취 2.덧신 절	솜털 취
1119	측	廁	뒷간 측	뒷간 측	뒤'간 측	뒷간, 돼지우리, 섞을, 침상가측, 물가측 측	뒷간,곁 측(本音:치)	뒷간, 섞일, 돼지우리(本音:치), 가, 세울 측	뒷간 측
1120	측	昃	해기울 측	날 기울 측	해가 기울다	기울, 하오 측	기울 측	기울, 오후 측	해기울 측

順番	音價	漢字	古今	韓國	北韓	民衆	東亞	敎學	本書案
1121	치	哆	입벌릴 치		1.입을벌리다 치 2.입술이 아래로 처진 모양 차	1.입딱벌릴, 클, 간사할, 많을 치 2.입술처질 차	1.클 치 2.입술 늘어뜨릴 차	입벌리, 방탕할. 흩어질 치(차)	입벌릴 치
1122	치	寘			두다, 폐하다, 쉬다	둘, 찰 치	둘 치	1.둘, 다할, 처치할, 멈출 치 2.메울, 전안 전	둘 치
1123	치	絺	가는 칡베 치		세갈포	칡베, 姓, 바느질할 치	칡베, 수놓을 치	갈포, 땅이름, 姓, 수놓을, 글꾸밀 치	가는 칡 베 치
1124	치	菑		묵밭 치	1.한해된밭 치 2.재앙 재	1.묵정밭, 따비밭, 일굴, 고목, 姓, 쪼갤 치 2.재앙 재	1.묵정밭, 나무 말라 죽을 치 2.재앙 재	1.일굴, 처음으로일군밭, 우거진풀, 바퀴살박히는곳, 담장, 가를, 세울 치 2.재앙, 해칠 재	묵정밭 치 | 재앙 재
1125	치	褫			요'잇, 옷을 벗기다, 벗다, 빼앗다	옷 벗길, 벗을 치	빼앗을 치	옷을벗길, 빼앗을, 잃을, 해이해질, 놓아둘, 붙잡을 치	옷벗길/빼앗을 치
1126	치	鴟	솔개 치	소리개 치	솔개 치	올빼미, 단지, 소리개 치	솔개 치	솔개, 치효, 괴조이름, 술그릇, 가볍게 여길 치	솔개 치

順番	音價	漢字	古今	韓國	北韓	民衆	東亞	教學	本書案
1127	치	庤			저축하다,갖추다	쌓을 치	쌓을 치	쌓을 치	쌓을 치
1128	치	懥				성낼 치	성낼 치	성낼 치	성낼 치
1129	치	懫				성낼 치	성낼 치	화낼 치	성낼 치
1130	치	觶			잔 치	잔 치	잔 치	술잔 치	술잔 치
1131	침	忱	정성 침(심)		정성 침	정성 침	정성 침	정성, 믿을, 정의 침	정성 침
1132	침	駸			[駸駸]말의 걸음이 빠른 모양	달릴, 빠를 침	1.말 달릴 침 2.말 모일 참	말이 질주하는 모양,빠를,점점,성대한 모양 침	말달릴 침
1133	침	寖			잘 침(寢과 同字)	잘, 재울, 누울, 쉴, 잠, 능침, 방, 못생길 침(寢의 古字)	잠 잘 침	잘, 누울, 방, 능침, 종묘후전, 그칠, 버려둘 침(寢과 同字)	잘 침
1134	침	綅			붉은 실,비단 이름	1.붉은실 침 2.흑백교직 비단 섬	1.실 침 2.흑백 교직 비단 섬	1.실 침 2.비단 섬	붉은실 침 | 비단 섬
1135	칩	縶		말맬 칩	얽어매다, 말을 매다	맬, 잡을, 연할,굴레 칩	맬칩	맬칩	말맬 칩
1136	쾌	噲	목구멍 쾌		목구멍,부리, 쾌하다	목구멍,시원할, 야윌, 姓 쾌	1.목구멍 쾌 2.야윌 괄	1.목구멍,쾌할, 부리, 姓 쾌 2.까칠까칠할 괄	목구멍 쾌

順番	音價	漢字	古今	韓國	北韓	民衆	東亞	教學	本書案
1137	쾌	夬	괘이름 쾌	결단할 쾌	결단하다,륙십 사괘의 하나	1.터 놓을,쾌괘 쾌 2.깍지 결	1.괘 이름 쾌 2.깍지 결	1.결단할,괘이름 쾌 2.깍지 결	괘이름/결단할 쾌
1138	타	佗	짊어 질 타	다를 타	다르다, 저, 짊어지다, (죄를)더하다	다를.짊어질,姓,풀끌 타	1.다를,더할,입을 타 2.아름다울 이	1.다를,남,짊어질,아름다울, 더할, 풀어헤칠 타 2.꼬불꼬불하게 가는모양 이	짊어질/다를 타
1139	타	沱			강의 지류,눈물이 흐르는 모양	물이름,눈물흐를,비쏟아질,흐를 타	물 이름,물 흐르는 모양 타	1.물갈래,눈물흐르는모양,비쏟아지는모양,깨끗할,물에휩쓸리는모양 타 2.못 지	물이름/눈물흐를 타
1140	타	鮀			모래무지	문절망둥어 타	모래무지 타	점어,모래무지,악어 타	모래무지 타
1141	타	鼉	자라 타		자라와 비슷하고 몸이 긴 동물	악어 타	악어 타	타룡 타	자라/악어 타
1142	타	它			1.다를 타,다르다, 저, 짊어지다 2.뱀 사	1.다를,성 타 2,뱀 사	1.다를 타 2.뱀 사	1.다를,남,어지러울,낙타,姓 타 2.뱀 사	다를 타 | 뱀 사

順番	音價	漢字	古今	韓國	北韓	民衆	東亞	教學	本書案
1143	타	嶞			회오리봉,작고뾰족한,좁고 긴 산	뾰족할,회오리봉 타	산 높을 타	산이 좁고도 기다랄 타	산 좁고 길 타
1144	타	紽			실의 가닥	타래 타	타래 타	다섯올 타	타래 타
1145	탁	橐	자루 탁	전대 탁	전대 탁	전대, 풀무, 절구질하는 소리 탁	전대 탁	1. 주머니,담을,풀무,삼태기,절구질하는소리 탁 2.낙타 락 3.자고 자	전대 탁
1146	탁	蘀			이울다,떨어지다,마르다	1. 낙엽,대껍질,갈대잎,떨어질 탁 2.택사 택	1.낙엽 탁 2.벗풀 택	낙엽,풀이름,떨어질 탁	낙엽 탁
1147	탁	椓	칠 탁	칠 탁	치다,두드리다,흙을다지다,망치,거세하는 악형	칠,다질,궁형,내시,쫄 탁	칠 탁	1.칠,해칠,헐뜯을,궁형탁(本音:착) 2.나무가선채로말라죽을 저	칠 탁
1148	탄	僤			도탑다,빠르다		1.빠를 탄 2.움직이는 모양 선 2.땅이름 천	1.후할,빠를,다할 탄(本音:단) 2.가는모양 선 3.땅이름 천	빠를 탄
1149	탄	殫	다할 탄	다할 탄	다하다,병들다 탄	다할,쓰러질,두루 탄	다할 탄	다할,두려워할,병들,쓰러질 탄	다할 탄

順番	音價	漢字	古今	韓國	北韓	民衆	東亞	敎學	本書案
1150	탄	驒			1.돈점박이 탄 2.[驒]돌말 타	연전총,가리온 탄	연전총 탄	1.헐떡거릴 탄 2.얼룩말 타 3.전혜 전	연전총(連錢驄) 탄
1151	탄	嘽	1.헐떡거릴 탄 2.시름 없을 천		1.[嘽嘽]헐떡거리다,성한모양,많다,기뻐하다 탄 2.소리가 느러지다 천	1.헐떡거릴,많을,기뻐할,성할 탄 2.느릴 천	1.헐떡일 탄 2.두려울 천	1.헐떡거릴,성할,기뻐할 탄 2.느릿할 천 3.두려워할 단	헐떡거릴 탄 | 느릿할 천
1152	탄	疃			[町疃]사슴의 발자국	자귀 탄	1.마당 탄 2.염우 없을 톤	짐승이밟은자리,마을 탄	짐승발자국/마을 탄
1153	탈	梲			1.막대기 탈 2.동자기둥 절	1.막대기,벗을 탈 2.동자기둥 절	1.지팡이 탈 2.쪼구미 절 3.날카로울 예	1.지팡이,소략할 탈 2.동자기둥 절 3.날카로울 예	막대기 탈 | 동자기둥 절
1154	탐	嗿			여럿이 먹는 소리	많을 탐	많을 탐	먹는소리 탐	먹는소리/많을 탐
1155	탐	醓		육장 탐			장 담(本音:탐)		육장 탐
1156	탑	漯			[溚漯](물이) 모인모양	1.물이름 탑 2.강이름 루	모이는 모양 탑	1.탑수,저습할,땀나는모양 탑 2.강이름 루	물이모이는 모양 탑 | 강이름 루

順番	音價	漢字	古今	韓國	北韓	民衆	東亞	教學	本書案
1157	탕	盪	씻을 탕	씻을 탕	씻다,진동하다,미루다,그릇을 부시다,밀다	움직일,씻을,방종할 탕	씻을,부딪힐 탕	씻을,밀탕,방종할,소탕할,흔들,무릅쓸,융합할,양수사,찌를 탕	씻을 탕
1158	탕	簜			마디가 긴 왕대	왕대,피리,물이름 탕	왕대,물 이름 탕	왕대,관악기,대상자 탕	왕대 탕
1159	탕	蝪			땅거미	땅거미 탕	땅거미 탕	철탕 탕	땅거미 탕
1160	태	迨	미칠 태	미칠 태	미칠 태	미칠 태	미칠 태	미칠,기회를 탈,기다릴,같을,거의 태	미칠 태
1161	태	駾			1.말의 걸음이 빠르다 태 2.냅다 뛰다 대	부딪칠,달릴 태	달릴 태	말이빠르게 달려오는모양 태	말빨리달릴 태
1162	톤	啍			[啍啍]둔하고 느린 모양,수다하다	1.거짓말,느릿느릿갈 톤 2.거듭이를 순	1.느릿할 톤 2.일깨울 순 3.말 바르지 않을 퇴	1.느릿한모양,입김 톤 2.수다스러운모양,되풀이하여깨우쳐줄 순 3.어리석은모양 향	느릿할 톤 | 일깨울 순
1163	톤	噋			啍와 同字	입마구놀릴,느릿느릿갈 톤		啍와 同字	느릿할 톤 | 일깨울 순
1164	톤	噸	무게단위 톤						무게단위 톤
1165	톤	砘							톤 톤

順番	音價	漢字	古今	韓國	北韓	民衆	東亞	教學	本書案
1166	톤	畽			1. 렴우가 없다 톤 2. 집 모퉁이의 좁은 땅 탄		1. 염우없을 톤 2.마당 탄	1. 행실나쁠 톤 2.빈터 탄	염우없을 톤 | 빈터 탄
1167	통	恫			앓다,슬프다, 아프다	상심할,으를, 의심할 통	1.상심할 통 2.뜻 얻지 못할 동	1. 슬플,끙끙거릴 통, 2. 두려워할,뜻을얻지못한 모양, 으를, 움직일 동	슬플 통 | 으를 동
1168	퇴	魋			1.짐승 이름 퇴 2.상투 추	1. 퇴곰,사람이름,姓 퇴 2. 몽치머리 추	1.곰 퇴 2.북 상투 추	1. 짐승이름, 용렬할,높고클,사람이름, 姓 퇴 2.북 상투,튀어나올 추	짐승이름 퇴 | 북상투 추
1169	퇴	隤	무너질 퇴		무너지다, [隤然]부드러운 모양	무너질,무너뜨릴, 내릴, 순할,고달플 퇴	1. 무너뜨릴 퇴 2.무너질 타	무너질,넘어갈,떨어뜨릴, 내릴, 잃을, 부드러운모양,물이땅밑으로흐를,넘어질, 산증 퇴	무너질 퇴
1170	퇴	蓷	익모초 퇴		익모초	익모초 퇴	익모초	익모초 퇴(추)	익모초 퇴

順番	音價	漢字	古今	韓國	北韓	民衆	東亞	教學	本書案
1171	투	渝		변할 투(유)	변할 투	변할,변경할,넘칠,땅이름 투(本音:유)	달라질 투(本音:유)		변할 투
1172	특	忒	변할 특		어긋나다,변하다,의심하다,허물을 고치다,심하다,간사하다	틀릴,의심할,변할 특	변하다,어긋나다,의심하다,매우	어그러질,변할,의심할,심히,사악할,소리의형용 특	변할 특
1173	파	皤	머리휠 파		희다,배가 크다,[皤皤] 머리가 센 모양,푸진(豊多之貌) 모양	휠,불룩할 파	1.머리센모양 파 2.말 옆걸음 칠 반	노인머리의 흰모양,휠,큰배의모양 파	머리휠 파
1174	파	簸	까불을 파	까부를 파	까부르다	까부를,까불,일 파	까부를 파	까부를,흔들,키 파	까부를 파
1175	파	嶓			산 이름	산이름 파		산이름 파	산이름 파
1176	파	豝			암퇘지,두 해가 된 돼지,큰돼지	암돼지,큰돼지,포 파		암퇘지,두살된돼지,큰돼지,말린고기 파	암돼지 파
1177	판	昄			크다	클 판	클 판	1.클 반 2.판도 판	클 판

順番	音價	漢字	古今	韓國	北韓	民衆	東亞	教學	本書案
1178	패	孛		살별 발(패)	1.혜성,꼬리별 패 2.요사스러운 기운 발	1.살별,어두울 패 2.안색변할 발	1.살별 패 2.안색 변할 발	1.혜성,혜성이나타나서그빛을사방으로쏘는현상,어지럽힐,姓 패 2.안색을 바꾸는모양,성한모양,접두사 발	살별 패 | 안색변할 발
1179	패	旆	기 패		큰기'발	기,깃발날릴 패	기 패	기,앞장선수레,전근,깃발이펄럭일,아래로드리워진모양,무성한모양 패	기(旗) 패
1180	패	粺			정한 쌀	정미,돌피 패	정미 패	정미,피 패	정미(精米) 패
1181	패	茷			풀'잎이 무성한 모양	우거질,깃발 패	1.무성할 패 2.나무 우거져 얽힐 발	1.깃발,엄정한모양 패 2.나무의지엽이서리어뒤얽힌모양 발 3.풀잎우거질,떼 벌	풀잎무성할 패
1182	팽	伻		심부름 팽	심부름'군	부릴,사자,하여금,따를 팽	부릴 팽	하여금,사자 팽	심부름꾼 팽
1183	팽	祊			제사 이름	제사 팽	제사 이름 팽	종묘제단,역제,고을이름 팽	제사이름 팽

順番	音價	漢字	古今	韓國	北韓	民衆	東亞	敎學	本書案
1184	편	徧	두루 편	두루 변		두루미칠,두루다닐,두루 편	두루 (변)편, 치우칠 편	(遍의 古字) 두루,모두, 돌아다닐,두루미칠,나눌, 번,치울칠 편	두루 편 | 두루 변
1185	편	褊	옷 좁을 편	좁을 편(변)	좁을 편	1.좁을,성급할 편(本音:변) 2.휘날릴 변	1.좁을 편 2.옷 날릴 변	좁을,납작할, 옷자락날리는모양,한쪽 어깨를드러낼 편	옷좁을 편
1186	편	諞			말을 교묘하게 하다	말잘할 편	말 교묘히 할 편	1.교묘히꾸며말할,속일 편 2.뽐낼 변	교묘히말할 편
1187	평	苹	다북쑥 평		다북쑥	1.쑥,사과,돌, 개구리밥 평 2.병거 편	1.개구리밥 평 2.수레이름,부릴 병	개구리밥,쑥, 평거,풀이우거진모양,물이빙돌아흐르는모양 평	다북쑥 평
1188	폐	敝	해질 폐	해질 폐	무너지다,깨지다,옷이해여지다,패하다,지다,버리다,피로하다	해칠,깨질, 질,버릴,피폐할,피폐하게할.해진옷, 줌통,겸사, 가릴 폐	1.해어질,힘쓸 폐(本音:비) 2.옷 별	1.해어질,다할,폐해,깨질,질폐,피폐할,지치게할,버릴,해칠,저,가릴, 힘쓰는모양 폐 2.절뚝거릴 별	해질 폐

順番	音價	漢字	古今	韓國	北韓	民衆	東亞	敎學	本書案
1189	포	炮	싸서 구울 포	구울 포	구울 포	통째로구울, 통째로구운 고기, 제사 포	통째로구울, 터질 포	구울, 태울, 약만들, 부엌, 포, 폭죽 포	싸서 구울 포
1190	포	炰			그슬리다	통째로구울, 기세대단할 포	구울 포	구울, 울부짖을, 불에구울 포	구울 포
1191	포	餔			저녁곁두리, 먹다, 먹이다	저녁밥, 먹을, 먹일 포	새참 포	저녁밥, 먹을, 먹일, 묶을, 관청, 설탕에 절인과자 포	저녁밥 포
1192	포	褒			기릴 포	1.기릴, 자락, 클, 넓을, 포(褒의 本字) 2.모을, 모일 부	1.기릴 포(本音:보) 2.모을 부	기릴, 옷넓고 클, 넓을, 포배, 계곡이름 포(부)(褒의 本字)	기릴 포
1193	포	麃			1.김을 매다, (굵은)딸기, [麃麃]위엄있는 모양, 성하다 표 2.노루의 한가지 포	1.고라니 포 2.굳셀, 풀깍을, 변할 표	1.큰 사슴 포 2.풀 벨, 변할 표	1.고라니, 사불상 포 2.김맬, 산딸기, 씩씩한모양, 성한모양, 姓, 털빛변색할 표	고라니 포 | 김맬 표
1194	표	儦			[儦儦]걷는 모양, 사람들이 많은 모양	떼지어다닐 표	많은 모양 표	가는모양 표	떼지어다닐 표
1195	표	嘌			빨리 부는 모양	빠를 표	빠를 표	빠를, 창법 표	빠를 표

順番	音價	漢字	古今	韓國	北韓	民衆	東亞	敎學	本書案
1196	표	摽	칠 표	칠 표	치다,지휘하다,물리치다,칼끝,버리다,치다,떨어지다	칠, 가슴칠, 떨어질,손짓할, 칼끝, 버릴 표	칠, 손짓 할 표	칠, 떨어질, 손짓할, 들, 때릴,표방할, 칼날, 떠돌, 버릴 표	칠 표
1197	표	殍	굶어 죽을 표		굶어 죽다	주려죽을 표	주려죽을 표	굶어죽을,시체 표(부)	굶어 죽 을 표
1198	표	鑣	자갈 표		말 재갈,[鑣鑣]성한 모양	재갈, 성할, 푼끌 표	재갈 표	재갈,성한모양, 말탈, 표창 표	재갈 표
1199	표	滮		흐르는 모양 퓨	흐를 퓨	물 흐르는 모양 퓨	물흐르는 모양 퓨		물흐르는모양 표 | 물흐르는모양 퓨
1200	표	瀌			[瀌瀌]눈이 많이 내리는 모양	비눈퍼부을 표	눈 퍼부울 표	눈비가세차게내리는모양 표	눈비퍼부을 표
1201	표	飆		폭풍 표	회오리 바람, 사나운 바람, [飆回]어지럽다	폭풍, 바람 표	폭풍 표	폭풍, 바람, 빠를 표	폭풍 표
1202	풍	灃					강이름 풍	풍수, 땅이름 풍	강이름 풍
1203	풍	豊	풍년 풍	풍년 풍	잔대,풍년들, 우거질,성할, 넉넉할, 클, 두터울,살질 풍	풍년 풍	넉넉할,우거질, 성할, 후하게할,살질, 제기이름,클, 가득할 풍(豐 속자 豊 4급Ⅱ)	풍년 풍(豐)	풍년 풍

順番	音價	漢字	古今	韓國	北韓	民衆	東亞	教學	本書案
1204	피	詖		치우칠 피	변론하다,간사하다,아첨하다	치울칠,교활할,판별해논할,비뚤어질,기울 피	치우칠 피	치우칠,아첨할,공정하지 않을 피	치우칠 피
1205	필	佖			가득하다	점잖을,가득할,견줄 필	점잖을 필	위엄이 없을,찰 필	점잖을/가득할 필
1206	필	觱	피리 필		[觱沸]샘물이 솟아 나는 모양,[觱發]바람이 차다,[觱篥]악기 이름	악기이름,쌀쌀할,용솟음칠 필	필률 필	필률,샘솟는 모양,바람쌀쌀할 필	피리/쌀쌀할 필
1207	필	韠			1.슬갑 필 2.칼집 병	슬갑 피(韠와 同字)	1.슬갑 필 2.칼집 병	1.슬갑 필 2.칼집 병	슬갑 필 | 칼집 병
1208	필	駜			말이 배 부르다, 말이 살진 모양	살질, 굳셀 필	말 살찔 필	말살지고튼튼할 필	말살찔 필
1209	필	怭			[怭怭]설(선)만한 모양	설만할 필	설만할 필	경박할 필	설만할 필
1210	필	鉍			창자루	창자루 필	창자루 필	1. 창자루,비스무트 필 2. 거문고 슬	창자루 필
1211	필	飶			밥 냄새	구수할 필	음식 냄새 필	음식의 향기 필	음식의향기 필

順番	音價	漢字	古今	韓國	北韓	民衆	東亞	教學	本書案
1212	핍	偪	핍박할 핍		핍박하다,행전	핍박할,행전,姓 핍	1.다가올 핍(本音:벽) 2.나라 이름 복	1.핍박할,가까울,좁을,행전,姓 핍(本音:벽) 2.나라이름 복	핍박할 핍
1213	하	嘏			크다,복	클,복,복받을 하	클 하(本音:가)	클,복,하사하	클 하
1214	하	呀						1.입벌릴,휑할,높이솟을 하 2.감탄사,웃음소리,어조사 아	입벌릴 하
1215	하	苄		지황 하(호)	지황	지황 하(호)	지황 호(하)	1.부들자리,姓 하 2.지황 호	지황 하/지황 호
1216	하	菏			무우	풀이름,늪이름,강이름 하	1.무 하 2.늪이름 가	늪이름 하(가)	풀이름/늪이름 하
1217	하	騢			적부르말,홍사마	워라말 하	적부루마 하	적부루마 하	적부루마 하
1218	학	翯		깃함치르르할 학	[翯翯]깨끗하고 윤기나는 모양	함치르르할,날개깃휠,번쩍일 학(혹)	1.함치르르할 학 2.흰깃 호	새가 함치르르한 모양 학	함치르르할 학
1219	한	熯	마를 한		1.마르다,굽다 한 2.불이 이글이글한 모양,공경하다 선	1.말릴 한 2.사를,공경할 선	1.말릴,불기 한 2.공경할 연	1.말릴,불사를,구울,쪼일 한 2.공경할 연	마를/말릴 한

順番	音價	漢字	古今	韓國	北韓	民衆	東亞	教學	本書案
1220	한	哻						코고는 소리 한(鼾의 속자)	코고는소리 한
1221	한	僩			엄숙한 모양, 너그럽다	굳셀, 노할, 엿볼 한	노할 한	관대한 모양, 엿볼, 망녕될, 우아할 한	너그러울/노할 한
1222	한	暵			마르다, 말리다, 가물다, 쪼이다	마를, 말릴, 더울 한	말릴 한	말릴, 시들, 무더워한	마를/말릴 한
1223	한	扞	막을 한	막을 한	막을 한	막을, 호위할, 다닥칠한, 당길, 팔찌, 범할 한	막을 한	1. 막을, 호위할, 저촉될, 비의, 깍지, 가릴 한 2. 펼 간	막을 한
1224	할	劼			삼가다, 힘쓰다, 굳다	삼갈 할	삼갈 할(本音: 갈)		삼갈 할
1225	할	鞈			비녀장	비녀장, 비녀장지를 할	비녀장 할	비녀장, 별이름 할	비녀장 할
1226	함	菡			꽃 봉오리 함(菡와 同字)	연꽃, 연꽃봉오리 함	연봉오리 함	함담 함	연꽃봉오리 함
1227	함	諴		화할 함	화하다, 정성	화동할, 정성, 희롱거릴 함	화할 함	화할, 정성, 입다물 함	화할 함
1228	함	闞			범의 소리	고함지를, 울 함	범 우는 소리 함	짐승의 으르렁거리는 소리, 용맹스러울 함	범우는소리 함

順番	音價	漢字	古今	韓國	北韓	民衆	東亞	教學	本書案
1229	합	嗑	입 다물 합		(입을)다물다, 먹다, 수다하다	입다물,말많을 합	말 많을 합 (本音:갑) 웃음소리 합	1.다물,어찌, 웃음소리 합 2.말많을 갑	입다물 합
1230	합	柙	짐승우리 합		향나무 이름, 짐승의 우리	1.나무이름, 우리,수감할 합 2.궤 갑	우리 합	1.우리,가둘, 궤 합 2.나무이름 갑 3.염압 압	짐승우리 합
1231	합	盍		모둘 합	하불 합	1.모일,어찌 아니할,姓 합 2.할단새 갈	1.덮을 합 2.새 이름 갈	1.덮을,합할, 어찌아니할, 어찌 합 2.갈단 갈	덮을 합 | 새이름 갈
1232	항	頏			새가 날아 내리다, 목, 소리,목구멍	내려갈,목구멍 항	새 날아 내릴 항	새날아내릴, 삼킬,목 항	새날아내릴 /목구멍 항
1233	해	醢	젓 해	젓갈 해	젓 해	육장, 절일, 삶을 해	젓갈 해	육장, 장, 형벌이름 해	젓 해
1234	해	陔			섬'돌, 거듭, 언덕,변방	층계, 층, 풍류이름 해	층층대 뜰 해	층계, 둔덕, 해하, 해, 사다리 해	섬돌 해
1235	핵	覈	핵실할 핵	핵실할 핵	핵실할 핵	1.핵실할,엄할,씨 핵 2.보리싸라기 흘	1.핵실할 핵 2.보리 싸라기 흘	1.핵실할,엄격할,씨 핵 2.겉보리 헐	핵실할 핵
1236	행	悻	발끈성낼 행		발끈 성내다	성낼 행	성낼 행	성낼,강직할 행	발끈성낼 행

順番	音價	漢字	古今	韓國	北韓	民衆	東亞	敎學	本書案
1237	허	栩	상수리,도토리 우(허)		상 수 리 나무,[栩栩]기뻐하는 모양	상수리나무,기 뻐 할 , 姓 허	성낼 행	1.상수리나무,기뻐하는 모양,姓 허 2.땅이름 우	상수리나무 허 | 상수리나무 우
1238	헌	巘		산봉우리 헌(언)	시루 봉,시루 같이생긴산,봉우리	봉우리,낭떠러지,작은산 헌	봉우리 헌	산,절벽,험준할 헌(本音:연)	산 봉 우 리 헌
1239	험	玁			1,[玁狁]종족이름 험 2,부리가 긴 개 렴	1.오랑캐 이름 험 2.개 렴	1.오랑캐 이름 험 2.개 렴	험윤,개이름 험(렴)	오랑캐이름 험 | 개 렴
1240	험	獫			1.[玁狁]종족이름 험 2.부리가 긴개 렴	오랑캐이름 험	오랑캐 이름 험	험윤 험	오랑캐이름 험
1241	혁	侐			고요하다	고 요 , 쓸쓸 혁	고요할 혁	고요할 혁	고요할 혁
1242	혁	洫	빌 , 넘 칠 혁		밭도랑,해자,도랑,비단,넘치다	봇도랑,해자,수문,빌,회람할,참람할 혁	1.봇도랑 혁 2.넘칠 일	1.도랑,해자,수문,비울,방가질 혁 2.넘칠,무게단위 일	빌[虛]/넘칠 혁
1243	혁	焃			붉다,밝다	붉을,밝을,빛날 혁	1.붉을 혁(赫의 속자) 2.꾸짖을 하	붉을 혁	붉을 혁
1244	혁	虩			승호벌레,[虩虩]두려워하는 모양	승호,두려워할 혁	1.두려워하는 모양 혁 2.범 놀랄 색	두려워할,승호 혁	두 려 워 할 혁

順番	音價	漢字	古今	韓國	北韓	民衆	東亞	教學	本書案
1245	혁	䘐			섧다	애통할 혁	애통해할 혁	애통해 할 혁	애 통 해 할 혁
1246	현	儇		영리할 현	령리하다,빠르다	영리할,빠를 현	총명할 현	약 을, 빠 를, 덮 어 , 가 릴 현	영리할 현
1247	현	嬛			1.[便嬛]새뜻하다 2.독신 외롭다 경	1.산뜻할,단단할,낭창낭창할 현 2.아름다울,홀몸 경	1.경편할 현 2.홀로 경	1.단아하고 얌전한모양 현 2.고독할 경 3.낭환 환	산뜻할 현 | 외로울 경
1248	현	昡			해'빛,[昡曜] 혼란한 모양	햇빛 현	당혹할 현	햇빛,미혹되어어지러운 모양 현	햇빛 현
1249	현	駽			검푸른 말	돗총이 현	철총이 현	철총이 현	검 푸 른 말 현
1250	현	呟					팔 현	팔 현	팔 현
1251	현	莧	비름 현		1.자리공 현 2.패모 한	비름,자리공 현	1.자리공 현 2.비름 한 3.방긋웃는 모양 완(本音:환)	1.상륙 현 2.한채 한 3.빙그레웃는 모양 완	비름 현
1252	현	鞙			말굴레,멍에끈,[鞙鞙]패옥모양	멍에끈,아름다울 현	1.멍에 끈 현 2.말 꼬리 견	매달,패옥의 모양 현	멍에끈 현
1253	혈	絜	1.잴 혈 2.조촐할 결	잴 혈	1.재다,묶다 혈 2.삼한묶음,고요하다,조촐하다,깨끗하다 결	1.잴 혈 2.깨끗할,깨끗이할 결	1.헤아릴 혈 2.깨끗할 결 3.들 계 4.홀로 갈	1.헤아릴,묶을,강이름 혈 2.깨끗할,가지런히할,청렴할,청렴하게할,밝을 결	잴 혈 | 깨끗할 결

順番	音價	漢字	古今	韓國	北韓	民衆	東亞	敎學	本書案
1254	협	洽					1.윤택하게 할 흡(本音:협) 2.강이름 합(洽)	온화할,젖을 협	젖을 협
1255	협	恊				맞을, 합할 협	맞을 협(協과 同字)	화합할,열복할, 맞을, 연합할, 합칠 협(協과 同字)	맞을 협
1256	혜	傒			기다리다,얽어매다	가둘,姓 혜	묶을,기다릴 혜	기다릴,강우,지름길,가둘,붙좇을 혜	기다릴/가둘 혜
1257	혜	嘒	반짝거릴 혜		작은모양,반짝이는 모양,[嘒嘒]매미소리,풍류소리	작을,매미소리,소리듣기좋을 혜	가냘플 혜	매미소리,소리,희미하게 빛날 혜	반짝거릴 혜
1258	혜	徯	기다릴 혜	기다릴 혜	1.기다리다 혜2.작은길 계	기다릴,샛길 혜	샛길 혜	기다릴,소로,구금할 혜	기다릴 혜
1259	혜	盻	눈 흘길 혜		눈을 흘기다,[盻盻]가쁜 모양	흘길,돌아볼 혜	1.노려볼 탐 2.범이 보는 모양 탐	1.흘겨볼,부지런한모양,볼 혜 2.아름다운눈모양 변	눈흘길 혜
1260	혜	憓			1.사랑하다 2.순하다	순할 혜	사랑할 혜	사랑할,따를 혜	사랑할 혜
1261	혜	譓			지혜가 많다,분별하다,순하다	슬기로울,좇을 혜	슬기로울 혜	불쌍히여길,밝게분별할,순종할 혜	슬기로울 혜

順番	音價	漢字	古今	韓國	北韓	民衆	東亞	教學	本書案
1262	호	嘑	고함칠 호		고함지르다, 으르렁거리다	부르짖을,姓, 꾸짖을 호	부르짖을,거칠게 말할 호	부르짖을,강이름,성,꾸짖을 호	부르짖을 호
1263	호	怙	믿을 호		믿을 호	믿을 호	믿을 호	의지할,아비 호	믿을 호
1264	호	皜	허열 호		희다,[皜皜] 깨끗하고 흰 모양	흴 호(고)	흴 호	흴 호	흴 호
1265	호	皞	밝을 호	밝을 호	밝다, 흰 모양,[皞皞]거칠 데 없이 자유로운 모양	흴, 밝을, 자적할,姓 호(皡의 同字)	밝을 호 (皡의 속자)	깨끗하고밝을,화락할,광대할,태호의약칭 호	밝을 호
1266	호	薅	김맬 호		김 매다	김맬 호	김맬 호	김 맬, 뽑을 호	김맬 호
1267	혼	惛	흐릴 혼		1.의식이 흐리멍덩하다 혼 2.번민하다 민	1.흐릴,혼모할 혼 2.번민할 민	1.어리석을 혼 2.번민할 민	1.흐릴,미혹할,어지러울,가엾게여겨도울 혼 2.번민할 민	흐릴 혼 | 번민할 민
1268	홍	鉷			쇠뇌	쇠뇌고동 홍	돌쇠뇌 홍	쇠뇌고동 홍	쇠뇌 홍
1269	홍	鬨	싸움 소리 홍	싸움소리 홍	싸우다	싸울, 떠들 홍(항)	싸울 홍(항)	1.싸울,함성,번성할,어지럽힐,떠들썩할 홍 2.마을 항	싸움소리 홍

順番	音價	漢字	古今	韓國	北韓	民衆	東亞	敎學	本書案
1270	홍	洚			1.물이넘쳐흐르다,[洚洞]물이가없이넓은모양 홍 2.물이름 강	큰물 홍	1.큰물 홍 2.넘칠 일	1.물넘칠 홍 2.내릴,강이름 강	물넘칠 홍
1271	확	矍	건장할 확		놀라서 보는 모양,[矍矍]빨리 달아 나는 모양	두리번거릴,씩씩할,姓 확(本音:곽)	두리번거릴 확(本音:곽)	놀라두리번거리는 모양,다급한모양,눈빛이 빛날 확	두리번거릴 확
1272	확	雘	붉을 확		붉을 확	1.진사확 2.붉을,붉은빛 호	진사 확(호)	진사 확	붉을/진사(辰沙) 확
1273	환	圜	돌 환	1.두를 환 2.둥글 원	1.빙 돌다,두르다 환 2.둥글다,온전하다,전체 원	1.두를,에울 환 2.둥글 원	1.두를 환 2.둥글 원	1.두를 환 2.원,옥,하늘,돌,화폐 원	두를 환 | 둥글 원
1274	환	懽	기뻐할 환	즐길 환	즐길 환(歡와 同字)	기뻐할 환	기뻐할 환	기뻐할 환 근심있어도하소연할곳이없는모양 관	기뻐할 환

順番	音價	漢字	古今	韓國	北韓	民衆	東亞	敎學	本書案
1275	환	睆			밝다,환하다,깨끗하다	익을, 밝을, 고울,바라볼 환	1.가득찬 모양 환 2.추파 던질 완	알찬모양,눈알불거진모양, 바라볼, 반짝거리는 모양,미소지을,아름다운 모양,나라이름, 현이름 환(완)	밝을 환
1276	환	豢	기를 환	기를 환	기르다,치다	칠, 기를, 가축,꿜 환	기를 환	가축기를,가축,이익을미끼로꾈,음식이바지를잘할,탐낼 환	기를 환
1277	환	鍰			엿냥중,고리	엿냥쭝,고리 환	무게단위 환	무게의 단위,고리,돈 환	무게단위/고리 환
1278	환	鐶		고리 환	가락지,고리	고리 환	고리 환	고리, 동전 환	고리 환
1279	환	芄	왕골 환		[芄蘭]새박'덩굴	박주가리,우거질 환	왕골 환	환란 환	왕골 환
1280	환	逭	도망할 환	도망할 환	피하다,갈마들다,교체하다	달아날 환	피할 환	달아날,면할,바꿀 환	도망할 환

順番	音價	漢字	古今	韓國	北韓	民衆	東亞	教學	本書案
1281	활	濶	넓을 활(闊)	넓을 활(괄)	넓을 활(闊의통속자)	넓을, 멀, 성길, 거칠, 간략할, 오활할, 근고할, 너그러이할활(闊의속자)	트일 활(本音: 괄)(闊의 속자)	넓고클, 관대할, 멀, 늦출, 드물, 막힐, 오활할, 호사할, 헤어질, 애쓰고고생할, 길이 활(闊의 속자)	넓을 활
1282	황	堭			벽없는 집, 해자	벽없는집, 해자 황	전각(벽없는 집) 황	전당, 해자 황	해자 황
1283	황	喤			[喤喤]어린아이의우는 소리, 지껄이다	1. 울음소리, 조화할, 떠들썩할 황 2. 떠들썩한소리 횡	1. 어린아이 울음, 많을 황 2. 갈도 소리 횡	울음소리, 떠들썩할, 성낼, 종소리 황	울음소리 황
1284	황	媓			[娥媓]전설로 일러 오는 순임금의 안해	어미, 사람이름 황	어머니 황	어머니, 순의 비 황	어머니 황
1285	회	洄			돌아 흐르다	돌아흐를, 거슬러올라갈 회	거슬러 올라갈 회	거슬러흐를, 돌아흐를, 빙돌아흐르는 강물, 고을이름 회	거슬러흐를/돌아흐를 회
1286	회	頮	낯씻을 회	낯씻을 회	얼굴을 씻다	세수할 회	세수할 회	낯 씻을 회	낯씻을 회
1287	회	薈	무성할 회		초목이 성한 모양	우거질, 일, 숲 회	무성할 회(本音:외,의)	초목우거진 모양, 가려질, 모일 회	초목무성할 회

順番	音價	漢字	古今	韓國	北韓	民衆	東亞	教學	本書案
1288	획	擭			1.움키다,잡다 획 2.덫 확(화)	1.잡을 획2.덫 화(확)	1.잡을 획 2.덫 확	1.잡을 획 2.덫 확(화) 3.널리퍼질 호	잡을 획 | 덫 확
1289	효	効	본받을 효(效)	본받을 효(效)	본받을 효(效와 同字)	본받을,힘쓸,드릴,나타낼,줄,공,보람,姓 효(效의 속자)	본받을 효(效의 속자)	본받을,드릴,줄,힘쓸,밝힐,아뢸,드러낼,증거,공효 효(效의 속자)	본받을 효
1290	효	嘵		두려워할 효	[嘵嘵]두려워 하다	두려워할 효	두려워 할 효	겁먹을소리,시끄러울,다툴 효	두려워할 효
1291	효	傚			본받다	본받을 효	본받을 효	본 받을 효	본받을 효
1292	효	囂		시끄러울 효	지껄이다,[囂囂]소리,만족한 모양,많은 모양	들렐,姓 효	1.들렐 효 2.많을 오	1.들렐,경박할,방자할,만족해할,한가로울 효 2.많은모양,구렁,새이름,짐승이름,강이름 효(本音:오)	들렐 효
1293	효	殽	섞일 효	안주 효	뒤섞이다,어지럽다,안주,반찬,살이 붙은 뼈	섞일,섞을,어지러울,어지럽힐,뼈붙은살,안주,본받을 효	섞일,본받을 효	섞일,어지러울,뼈가붙은살점,반찬,산이름,본받을,보람 효	섞일/안주 효

順番	音價	漢字	古今	韓國	北韓	民衆	東亞	教學	本書案
1294	효	虓			범의 고함 소리	범울부짖을, 범성낼 효	울부짖을 효	범울부짖을, 두드릴, 용맹스러울, 사자 효	범울부짖을 효
1295	효	鴞	부엉이 효		올빼미	올빼미 효	부엉이 효	치효(올빼미) 효(本音:요)	부엉이/올빼미 효
1296	후	詡		자랑할 허(후)		자랑할, 두루미칠, 클, 날랠, 아리따울 후	자랑할 후		자랑할 후
1297	후	酗	주정할 후	주정할 후	주정할 후	주정할 후	주정할 후	술에 빠질, 주정할 후	주정할 후
1298	후	餱		말린밥 후	말린 밥	건량 후	건량 후	건량 후	건량 후
1299	후	鍭	살촉 후		화살촉	화살, 살촉 후	화살 후	후시, 화살촉, 창의한가지, 깃의뿌리 후	화살촉 후
1300	훈	纁	분홍 빛 훈	분홍빛 훈	분홍빛, 세 번 물들이다	분홍빛 훈	분홍빛 훈	분홍색, 노을 훈	분홍빛 훈
1301	훈	鑂			금이 투색하다	금빛투색할 훈	바랠 훈	칙칙해질 훈	금빛 바랠 훈
1302	훤	咺			서러워하다, 점잖다	울, 의젓할 훤	의젓할 훤	울어댈, 드러날 훤	울 훤
1303	훤	諠	시끄러울 훤		지껄일 훤	잊을, 들렐, 떠들, 속일 훤	잊을 훤	왁자지껄할, 잊을, 속일, 펼 훤	지껄일/잊을 훤

順番	音價	漢字	古今	韓國	北韓	民衆	東亞	教學	本書案
1304	훤	諼			잊을 훤	속일, 잊을, 시쓰러울 훤	속일 훤	속일, 잊을, 원추리, 왁자지껄할 훤	속일/잊을 훤
1305	훤	貆	담비 새끼 훤		담비 새끼	1. 오소리 훤 2.오소리, 호저 환	담비 새끼 환(훤)	오소리새끼, 호저 환(훤)	담비새끼 훤
1306	훼	虺	독사		1. 독사, 작은 뱀 2.[虺隤] 병 들다	1. 살무사, 작은뱀, 우렛소리, 성 훼 2. 고달플 회	1.살무사 훼 2.고달플 회	살무사, 작은 뱀, 석척(도마뱀), 많고 성할, 지쳐서 앓을 훼	독사/작은 뱀 훼
1307	휘	翬	날개 훨훨 칠 휘	훨훨날 휘	훨훨 날다, 꿩의 한 가지	훨훨날, 꿩 휘	훨훨 날 휘	훨훨날, 꿩, 휘두를, 빛, 오색깃 휘	날개훨훨칠/꿩 휘
1308	휴	睢			1.[睢盱]눈을 부릅뜨고 보다, 기뻐하는 모양 2.물이름 수(濉와 같음)	1. 부릅떠볼 휴 2.물이름, 姓 수	1. 부릅떠 볼휴 2.강 이름 수	1.노려볼, 우러러볼, 기뻐하는모양, 소박할 휴 2. 강이름, 고을 이름, 성 수	부릅떠볼 휴 | 물이름 수

順番	音價	漢字	古今	韓國	北韓	民衆	東亞	敎學	本書案
1309	휴	咻			지껄이다,앓는 소리	1.신음소리,지꺼릴 휴 2.따스히할 후	1.떠들 휴 2.따뜻하게 할 후	1.지껄일,헐떡거릴,슬퍼하는모양 휴 2.신음하는소리,병자를위로할,따뜻할,따뜻하게할 후 3.외칠 효	지껄일 휴 | 따뜻하게할 후
1310	휴	攜	끌 휴		끌 휴	끌,들,떨어질,연할,姓휴(携의本字)	끌 휴(携의本字)	1.끌,떠날 휴 2.곤하여약해진모양 혜	끌 휴
1311	휴	觿	뿔송곳 휴		맺음을 푸는 뿔 송곳	뿔송곳 휴	뿔송곳 휴	1.뿔송곳 휴 2.큰거북 규	뿔송곳 휴
1312	휼	遹	좇을 휼		좇다,발어사,사특하다	좇을,이에,姓휼(本音:율) 간사할 휼(本音:술)	1.비뚤휼(本音:율) 2.간사할 휼(本音:술)	편벽될,따를,이에,오가는모양,姓 휼	좇을/간사할 휼
1313	흉	訩	흉악할 흉(兇)		송사하다,다투다,어지럽다,차다,[訩訩]떠들다	떠들썩할,재화,송사할,울 흉	송사할 흉	다툴,난리,두려워할 흉	흉악할/다툴 흉
1314	흔	忻		기뻐할 흔	기쁠 흔(欣와同字)	기뻐할,姓흔	기뻐할 흔	기뻐할,계발할,姓 흔	기뻐할 흔

順番	音價	漢字	古今	韓國	北韓	民衆	東亞	教學	本書案
1315	흔	釁	틈 흔	틈 흔	틈 흔	피칠할,허물,틈,바르,움직일,姓 흔	피바를 흔	피바를,바를,틈,조짐,잘못,힘차게움직일,훈할 흔	틈 흔
1316	흘	仡	날랠 흘		머리를 쳐 들다,[仡仡]건장하고 날랜 모양;높직한 모양	1.날랠,높을,머리들 흘2.흔들릴 올	1.날랠 흘2.불안할 올	1.날랠.우뚝할,고개들,부지런히힘쓸,두려워말못하는모양 흘2.배 흔들리는모양 올	날랠 흘 | 배흔들리는모양 올
1317	흘	汔			물이 잦아 들다	거의 흘	거의 흘	거의,물이마를,다할,이를 흘	거의 흘
1318	흘	迄		이를 흘	이르다,마침내	이를,까지,마침내 흘	이를 흘	이를,마칠,마침내,거의 흘	이를 흘
1319	흘	齕	씹을 흘	깨물 흘	씹다	깨물,씹을 흘	깨물 흘	깨물,해칠,침탈,턱 흘	씹을/깨물 흘
1320	흡	潝		물빨리 흐를 흡		물빨리흐르는 소리,부화할 흡		빠르게 흐르는 물소리,여럿이부화뇌동할 흡	물빨리흐를 흡
1321	희	咥			크게웃다,웃다,물다,씹다	1.웃을 희 2.깨물 질	1.웃음소리 희 2.물 절	1.웃을희(질) 2.깨물 절	웃을 희 | 깨물 절

順番	音價	漢字	古今	韓國	北韓	民衆	東亞	教學	本書案
1322	희	嘻	탄식하는 소리 희	화락할 희	탄식하는 소리,[嘻嘻] 화락한 소리	화락할,한숨 쉴,놀랄 희	웃을 희	아(감탄이나 찬미의 뜻,슬픔이나 유감,놀라움을 나타내는 소리),웃을 희	탄식하는소리/화락할 희
1323	희	爔			불		불 희	불,햇빛 희	불 희
1324	희	豨	돼지 희		큰 돼지	돼지,돼지달릴 희	멧돼지 희	돼지 희	돼지 희
1325	희	餼		먹일 희	먹이다,쌀,산 짐승	보낼,쌀,꼴,희생 희	보낼 희	보낼,살아있는희생,곡식,배부를,날고기,사료,봉록 희	보낼 희
1326	희	橲				사람이름 희	나무이름 희		나무이름 희
1327	희	饎					주식 치(희)		주식 희
1328	힐	襭				옷자락 걷을 힐	옷자락 꽂을 힐	옷자락에 꽂을 힐	옷자락에꽂을 힐

南 基 卓

韓國語文敎育硏究會 會長·韓國語文會 理事
江原大學校 人文大學 國語國文學科 敎授
國語審議會 語文規範委員會·漢字分科委員會 委員
江原大學校 新聞社 主幹·人文大學 學長·韓國語文化院長 歷任
日本 天理大學 客員敎授 歷任
國語國文學會代表理事·中央語文學會·韓國漢字能力檢定會 會長 歷任

著書로는『수수께끼의 언어』(共譯, 1993, 강원대학교 출판부),『韓國漢字訓音硏究』(2005, 한국문화사),『국어학 논총』(共著, 2006, 동인),『漢字 敎授·學習 方法의 理論과 實際』(共著, 2007, 월인),『韓國漢字訓音硏究2』(2009, 월인),『인문학 말하기와 글쓰기』(共著, 2011, 북스힐),『기초漢字와 생활언어』(2014, 韓國語文敎育硏究會),『한자능력검정시험 특급』(2012, 한국어문교육연구회),『고전 한문의 이해』(2015, 한국어문교육연구회),『韓中日 공용한자 808자』(2015, 한국어문교육연구회) 등 多數가 있다.

韓國 漢字 訓音 硏究 3

초판 1쇄 인쇄 2018년 2월 24일
초판 1쇄 발행 2018년 2월 28일
편저자 南 基 卓
펴낸이 朴 成 福
펴낸곳 도서출판 월인
등록번호 제6-0364호 등록일 1998. 5. 4.
주소 142-879 서울특별시 강북구 한구름길 19-3
대표전화 (02) 912-5000 팩스 (02) 900-5036
e-mail_worinnet@hanmail.net homepage_http://www.worin.net

ISBN 978-89-8477-658-6 93710

값 21,000원